Johan Hjelmborg / Louise Kirsebom

Zeichen und Planeten in der Hand

Johan Hjelmborg / Louise Kirsebom

Zeichen und Planeten in der Hand

Edition Astrodata

Umschlagfoto: Image Bank, CH-Zürich
Druck: Gasser AG, CH-Chur
ISBN 3-907029-18-6

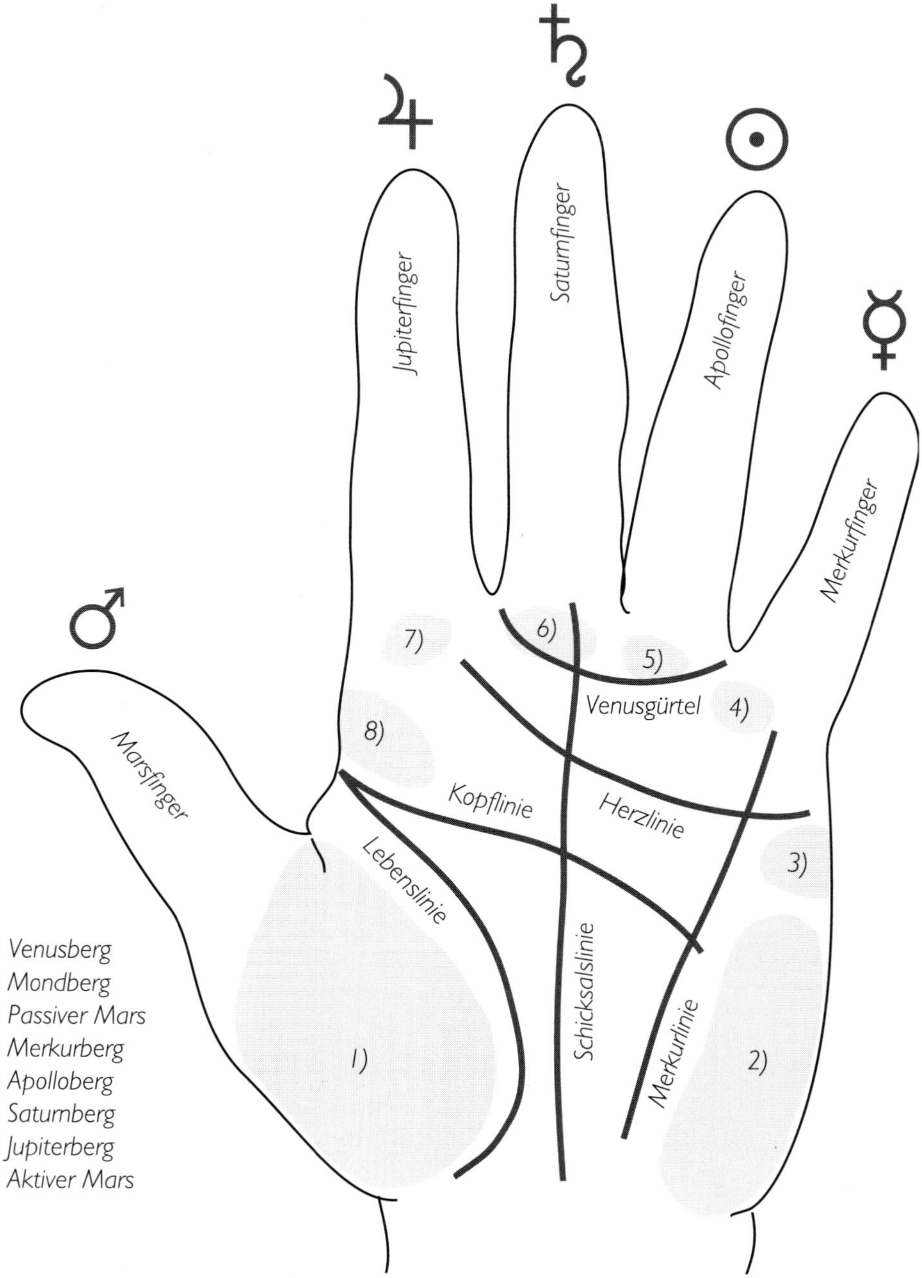

1) Venusberg
2) Mondberg
3) Passiver Mars
4) Merkurberg
5) Apolloberg
6) Saturnberg
7) Jupiterberg
8) Aktiver Mars

Inhalt

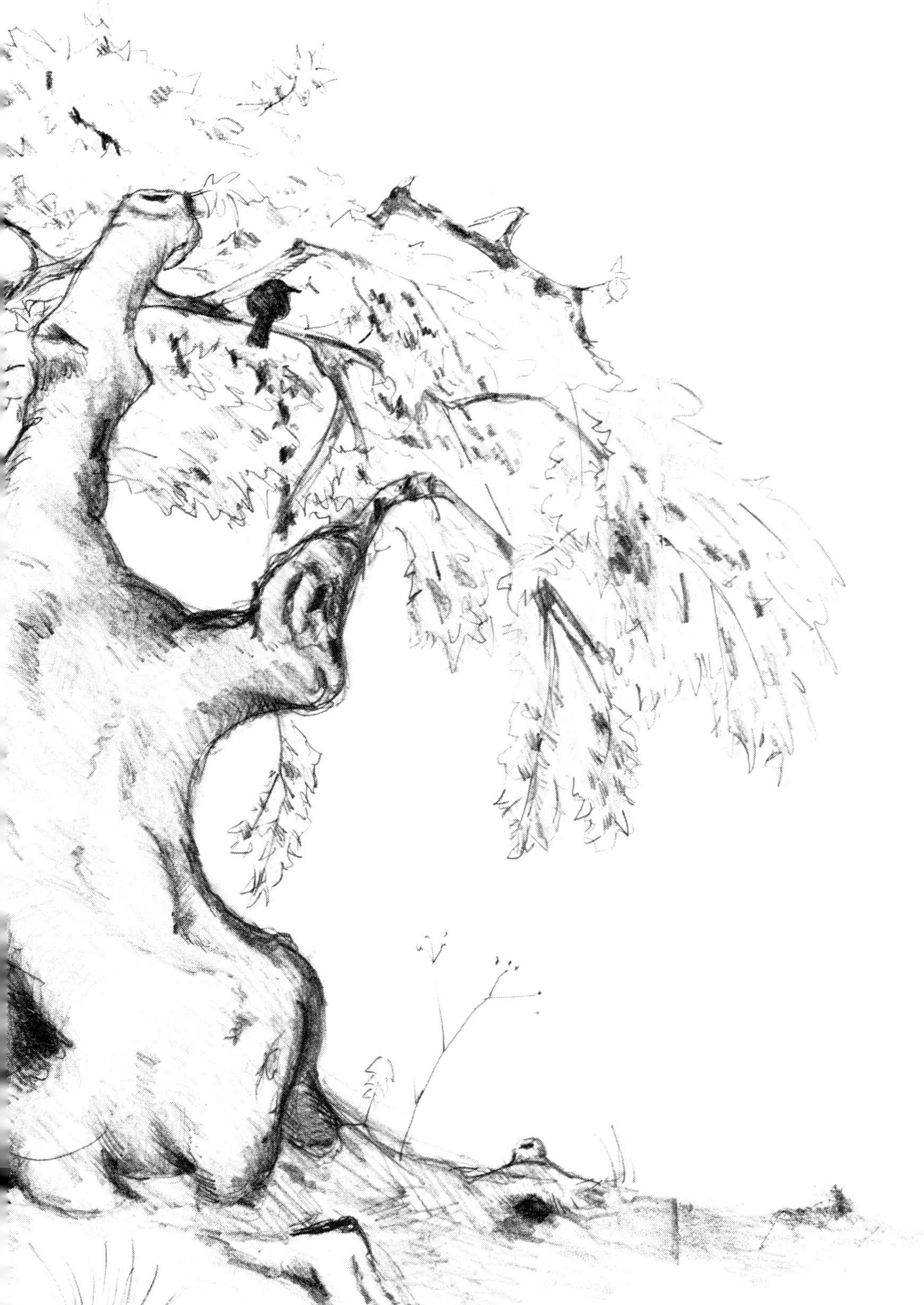

Vorwort von Johan

Mein erstes chiromantisches Erlebnis hatte ich im Sommer 1969 in Pakistan, als ein einheimischer Pandit mir und meinem Freund aus den Händen las. Von Tag an war mein Weg abgesteckt und ein Samenkorn aus uralter Zeit fing zu keimen an. Später fanden wir Cheiros *Language of the Hand,* einen herrlichen Klassiker der Chiromantie, also der Handlesekunst, den wir immer wieder von neuem lasen. Seit unserer Rückkehr haben wir mit dem Studieren und Suchen nie mehr aufgehört.

Bald entdeckte ich, dass das Handlesen weit über das Beherrschen einiger Deutungsregeln hinausgeht: Es erfordert eine besondere Art des symbolischen Sehens und Denkens, die allen esoterischen und okkulten Fachrichtungen gemeinsam ist. Die Aufgabe erweiterte sich, und ich sah mich «gezwungen», mich auch mit der Astrologie auseinanderzusetzen. Der erste Kontakt mit einem esoterischen Studium ist wie die kleine Tür im Märchen: Hat man sie einmal geöffnet, geht kein Weg mehr zurück.

Im Jahre 1972 setzte ich mich mit einer alten Londoner Handlesegesellschaft, der *SSPP* (Society for the Study of Physiological Patterns) in Verbindung. Ihre Anregungen waren von unschätzbarem Wert. 1977 lernte ich dann *Louise,* meine Frau, kennen, die damals noch nichts über Chiromantie wusste – doch das sollte sich bald ändern! Seit mehr als zehn Jahren unterrichten wir gemeinsam in verschiedenen astrologisch und chiromantisch interessierten Kreisen Europas. Wir möchten hier in diesem Zusammenhang einen besonderen Dank an *Ueli Sauter* (Sauter-Organisation, «Ferienkurse auf dem Stoos», Schweiz) richten.

Dieses Buch ist das Ergebnis einer langjährigen und engen Zusammenarbeit zwischen mir und meiner Frau. Herauszufinden, wer jeweils die Feder führte, sei dem Scharfsinn des Lesers überlassen.

Johan

Vorwort von Louise

Die Begegnung mit *Johan* war auch die Begegnung mit dem Handlesen. Er hatte sich damals schon einige Jahre intensiv damit beschäftigt und kannte sich schon gut aus. Er konnte stundenlang erzählen – ich konnte stundenlang zuhören. Unsere Beziehung war in dieser Hinsicht archetypisch.

In meinen Händen habe ich lange, schräge Linien auf dem Mondberg und «offene Formationen» an der Kopflinie. Am Ende des Buches werdet Ihr wissen, dass sich diese Kombination bei Menschen findet, die sich vom Mystischen und Fremdartigen (auch von Ausländern) faszinieren lassen, ungeduldig sind und ohne Rücksicht auf Konsequenzen handeln.

Ich lese ungern Fachbücher und Gebrauchsanleitungen, sie sind mir zu umständlich. Ich will lieber sofort ausprobieren. Am Anfang ging es beim Handlesen mit dem Ausprobieren recht gut, wenn auch nicht gerade schnell. Dazwischen bin ich immer wieder auf Umwege geraten. Jedesmal, wenn jemand begeistert von einem anderen Fach sprach und dazu auch klare Resultate – Zeugnisse seines Könnens – aufweisen konnte, bin ich eingestiegen um zu schnuppern. Wichtige Persönlichkeiten und Lehrer waren *Claire Glaser* mit der Reflexzonentherapie, *Marcella Rüdlinger* mit der Numerologie, *Martin Brofmann* mit dem Visionworkshop (er hat als erster klar von den Chakren und den Farben des Regenbogens gesprochen, so dass ich damit etwas anfangen konnte) und ein paar wunderbare Leute, die sich mit dem asiatischen Fünf-Elementen-System beschäftigen.

Es war war uns allen klar, dass wir uns mit denselben Gesetzmässigkeiten auseinandersetzten. Jede esoterische Denk- und Kunstart bereichert ja unsere Lebensbetrachtung mit einem neuen Auge. Jedes neue Auge gibt uns die Möglichkeit, die Zeichen der Hände neu zu sehen, neu zu verstehen – die Hände erzählen eine unendliche Geschichte.

Nur, meine chiromantischen Vorläufer kannte ich nicht, bis auf *Cheiro,* der keine schwerfälligen, technischen Rezeptbücher schrieb, sondern seine spannenden Erlebnisse mit dem Handlesen weitergab (seine Memoiren sind unbezahlbar).

Dann, drei Wochen vor Redaktionsschluss dieses Buches, besuchte ich einen Anfängerkurs bei *Agma,* einer bekannten dänischen Handleserin. – Und ich war wieder Anfängerin! Agma schaute sich zuerst die Aussenhände intensiv an, beobachtete Hand- und Hauttypen, Fingerlängen, Krümmungen und Ringe. Und die «Schäden»: langjährige Narben, frische

Schnitte, aber auch Verfärbungen der Haut, die erst während des Handlesens entstehen! Zuerst untersuchte sie die linke Hand, um zu sehen, was vorausgegangen war, dann die rechte, um etwas über die Zukunft zu erfahren.

So sah sie beispielsweise an einer Markierung des Kleinfingers, dass sich eine Kursteilnehmerin vor drei Monaten heftig verliebt hatte, und am Mittelfinger und Kleinfinger meiner Kollegin Cathrine Oppenheim, dass diese damals Probleme mit ihrer Wohnung hatte und vielleicht ein Umzug bevorstehen würde. (Cathrine hatte mir auf der Hinfahrt erzählt, dass sie und ihr Mann auf Wohnungssuche seien, bereits aber etwas in Aussicht hätten. – Zwei Wochen später wurde der Vertrag unterschrieben.)

Bei der Analyse der Innenhand hat sich Agma der klassischen Deutungsfaktoren bedient: Sie sah Vierecke, Dreiecke, Fische und Vögel in den Handlinien und erzählte uns über ihre Botschaften. Und mir begann plötzlich zu dämmern, was die «Alten» mit diesen merkwürdigen kleinen Zeichen alles angefangen hatten. Ich konnte also nicht umhin, in den noch nicht abgeschlossenen Kapiteln dieses Buches auf die Methoden Agmas hinzuweisen; sie haben mir wieder ein neues Auge geöffnet!

Euch, meinen Lesern, möchte ich empfehlen, nicht das ganze Buch durchzulesen, um dann erst mit der Praxis anzufangen. Macht es wie Agma: Die wichtigen Dinge, sagt sie, sieht man schon auf Anhieb. Von Beginn an sich darin zu üben, das Offensichtliche und Naheliegende zu erkennen, führt schnell zu ermutigenden Erfolgserlebnissen – und das Linienbild der Hand ist ein spannender Irrgarten für Übende.

Bei der Arbeit an diesem Buch wurden wir immer wieder von grosser Ehrfurcht vor den Weisheiten und Mysterien, die in den Hände geschrieben stehen, ergriffen. Immer wieder wurden Fragen aufgeworfen, deren Antworten auch wir noch nicht gefunden haben. Wir haben aber versucht «Konzepte, nicht Rezepte zu vermitteln» (wie der Schweizer Psychophysiognom *Ruedi Hangartner* es ausdrückt). Wenn Ihr nur ein Nachschlagewerk sucht: es gibt schon mehrere auf dem Buchmarkt.

Unsere Arbeit besteht nicht nur aus der *Lesung in den Händen,* bei der diese betrachtet und beschrieben werden. Die Menschen, die uns aufsuchen, kommen nicht aus purem Interesse an der Sache, sondern befinden sich meistens an einem *Kreuzweg* oder Wendepunkt ihres Lebens und brauchen oft praktische Ratschläge, um mit konkreten und aktuellen Schwierigkeiten fertigzuwerden.

Geht vorsichtig mit dem Wissen um, besonders wenn Ihr anderen Ratschläge geben wollt! Eine gute Faustregel ist, Themen, zu denen man nichts Ermunterndes oder Konstruktives sagen kann, nicht zu berühren. Aus demselben Grunde haben wir es unterlassen, die Handzeichen für Todesfälle und andere unabwendbare Ereignisse in diesem Buch zu beschreiben. Eine andere wichtige Faustregel sagt: Nach einer Besprechung sollte der Horizont des Ratsuchenden erweitert sein, der Horizont des Handlesers aber auch.

Ich wünsche Euch einen möglichst tiefen Einblick in die Kunst des Handlesens und viel Geduld!

Louise

Einführung

Das Handlesen ist eine uralte Disziplin, so alt, dass ihr Ursprung auf die Zeit vor der Erfindung der Schrift zurückgeht. Ihre Wurzeln sollten sicher nicht in der profanen historischen Vergangenheit gesucht werden, obschon man eine lange Reihe eminenter Persönlichkeiten auflisten könnte, die sich mit dem Handlesen beschäftigt haben. Die Methoden haben sich natürlich im Laufe der Jahrtausende entwickelt, Erfahrungen sind gesammelt und dem jeweils herrschenden Menschenbild und Zeitgeist gemäss formuliert worden.

Wir, die Autoren dieses Buches, sehen das Handlesen nicht als blosse Technik, die es einem ermöglicht, eigene und fremde Lebensmuster aufzudecken. Der praktische Aspekt ist zwar spannend und brauchbar – wir befinden uns hier jedoch auf einer geistigen Expedition, deren Ziel Selbsterkenntnis und Einsicht in die Lebensgesetze sind.

Es gibt viele Wege zu diesem Ziel – religiöse, mystische und wissenschaftliche Traditionen zeugen davon. In Scharen können wir die erste Strecke eines dieser Wege gehen und der einen oder anderen Gruppe beitreten; viele verbleiben dann in dieser sie bestätigenden Gemeinschaft. Doch: Wer weitergeht, befindet sich bald auf einem einsamen Pfad.

Die Alchymie ist im Volksmund als «Goldmacherei» bekannt: Aus unedlem Blei entsteht edles Gold. Dem Eingeweihten geht es aber nicht darum, auf schnellem Weg materiellen Reichtum zu erwerben; der Weg vom Blei zum Gold ist ein symbolisches Bild für die Verwandlung des Geistes auf dem spirituellen Entwicklungsweg. Unterwegs werden verborgene Gesetzmässigkeiten und magische Mechanismen enthüllt, die die Wirklichkeitsauffassung des Suchenden erweitern und verändern.

Die Astrologie, der Tarot und das Handlesen haben, wie die Alchymie, einen äusseren *und* einen inneren Aspekt. Der Handleser ist als Wahrsager (oder Wahrsagerin) bekannt – weniger bekannt ist sein Erkenntnisdrang und seine Erforschung der Lebensgesetze.

In neuerer Zeit werden viele esoterische Fachrichtungen «verwissenschaftlicht», okkulte Phänomene werden wissenschaftlicher Methodik unterzogen und in ein wissenschaftliches Weltbild eingeordnet. Doch das wissenschaftliche Weltbild ist in erster Linie materiell fundiert. So kann beispielsweise eine Geisteskrankheit als ein Fehler im chemisch-hormonalen System oder als ein genetischer Defekt definiert werden. Die Ursachen werden also in der materiellen Kausalität gesucht. Diese Denkart geht davon aus, dass sich die endgültige Wahrheit entschleiern lässt und dass jedes Phänomen seinen Namen und seinen bestimmten Platz bekommen wird, sobald die richtige Methode und das richtige Modell gefunden sind.

Von einem geistigen Weltbild her gesehen ist eine solche mechanisch-materielle Totalkatalogisierung und Einordnung des Menschen unmöglich, da der menschliche Geist in einer geistigen Entwicklung gesehen wird. Die Materie ist die Verdichtung des geistigen Universums, die Wahrheit muss deshalb im Geistigen gesucht werden. Der materielle Weg führt in die Welt der unendlichen Manifestationen, der geistige Weg führt in den Menschen selbst hinein. Der Leser wird bei der Lektüre dieses Buches und bei der Betrachtung der eigenen Hände nicht umhin können, zum eigenen Leben Stellung zu nehmen: «Ist es wirklich richtig, dass ...? Bin ich so?»

Die Verfasser halten sich bestimmt nicht für fehlerfreie Autoritäten. Sollte der Leser der Meinung sein, eine Deutung könne unmöglich stimmen, muss er versuchen, selber eine sinnvollere Bedeutung zu finden.

Unzählige Male haben wir uns – wundernd und fragend – in die eigenen Hände geschaut. Die verschlossenen Türen sind die eigenen Illusionen über uns selbst und andere. Die Antworten auf unsere Fragen melden sich mit zunehmendem Willen, tiefer in sich selbst hineinzuschauen. Dazu braucht es auch Talent und Glück.

Wir sehen den anderen durch die eigenen Augen

Alle Menschen sind zusammengesetzt, reine Typen gibt es nicht. Und der Mensch steht in seiner Entwicklung nicht still: Was gestern noch ein Fehler war, ist morgen vielleicht schon in Erfahrung und Selbsterkenntnis übergegangen. Deshalb wäre es nicht sinnvoll, einem Menschen in die Hand zu schauen, um dann autoritär zu sagen: «Soundso bist du!» Gewiss, die Hand und ihre Linien ändern sich im Laufe der Jahre, doch der Grad an Selbsteinsicht und geistiger Reife steht nicht in den Linien geschrieben. Wir tragen ja auch das ganze Leben hindurch unser Geburtshoroskop mit uns. Doch jeden Tag verändern wir uns, und man kann ebensowenig mit dem Horoskop in der Hand proklamieren: «Soundso bist du!»

Neigungen und Wesenszüge wie auch potentielle Fähigkeiten lassen sich beschreiben. Mit dem Wissen um die Zeichen der Alterung sowie der Zeitmessung und mit der Kenntnis des Omens in der Hand lassen sich sowohl prinzipielle als auch konkrete Entwicklungsverläufe und biographische Stationen beschreiben; doch die Hand ist kein Geschichtsbuch: Die Schrift in der Hand ist eine Symbolschrift – sie muss übersetzt werden.

Zu jedem Wesens gehören Benehmens- und Reaktionsmuster, Ereignisse, Anlagen und Fähigkeiten, Hoffnungen und Wünsche. Und jeder Mensch ist nur für jeweils einen kurzen Augenblick wirklich eindeutig. Jeder Mensch ist aber einmalig und immer anders als *ich*. Da wir aber alle die Welt durch die eigenen Augen sehen, laufen wir bei der Deutung Gefahr, anderen unsere eigenen Gefühle, Gedanken und Motive zu unterstellen. Ein dänisches Sprichwort sagt: «Der Dieb meint, jeder stehle».

Es ist immer interessant, die Beschreibung eines Menschen geschildert zu bekommen, den man erst später zum erstenmal sieht. Meistens bekommt man dann einen ganz anderen Eindruck. Was wurde eigentlich beschrieben? Je gefühlsintensiver und wertender die Beschreibung ist (Bewunderung oder Abscheu), desto mehr wird die seelische Haltung des Erzählers blossgelegt. Hat der Erzähler selbst ernsthafte Probleme (Neid, Beschränktheit, Vorurteile, Frustrationen), werden seine Beschreibungen den Charakter einer Verurteilung annehmen.

Einen anderen Menschen wirklich zu verstehen, ist nur begrenzt möglich, denn dies würde voraussetzen, dass man sich völlig in ihn hineinversetzt, sich völlig mit ihm identifiziert. Im Grunde kann man wohl einen anderen nur in jenem Bereich verstehen, wo er wirklich gleich fühlt und denkt. Jeder kann also zu Recht sagen: «Die anderen verstehen mich nicht.» Diese Aussage ist banal, aber wahr. Es ist völlig unangemessen, von anderen Verständnis zu erwarten. Man kann sich nur bemühen, sie in ihrer Eigenart anzunehmen, und darauf hoffen, dass sie dasselbe tun.

Als Lebensleser und Zeichendeuter, als Astrologen, Handleser, Graphologen, Körperleser etc. stehen wir dem Problem gegenüber, dass wir, wie alle anderen, die Welt durch die eigenen Augen sehen. Wir werden nur das sehen, was wir im voraus kennen, nur das verstehen, was ein inneres Echo hervorruft. Je weiter wir in Entwicklung und Selbsterkenntnis voranschreiten, desto grösser wird der innere Resonanzboden und desto tiefer werden wir in andere Menschen hineinzuschauen vermögen.

Manchmal erlebt man als Handleser oder Astrologe, dass die Persönlichkeitsbeschreibung nicht sehr zur momentanen Situation passt, vor ein paar Jahren hingegen sehr treffend gewesen wäre – oder umgekehrt, dass die beschriebenen Wesenszüge noch nicht zur Entfaltung gekommen sind, vielleicht lediglich durch den Partner erlebt werden. Mit guter Technik und Methode ist es möglich, Schwerpunkte des Charakters und der Entfaltungsmöglichkeiten einzukreisen, genau wie es für einen kompetenten Musiker möglich ist, ein Musikstück korrekt zu spielen. Doch der Deutungsvorgang beinhaltet auch künstlerisch-intuitive Aspekte. Das Künstlerisch-Intuitive betrifft teils die Auswahl der relevanten Themen, teils die Wortwahl. Die richtigen Begriffe zum richtigen Zeitpunkt können den Nagel auf den Kopf treffen.

Die Technik kann erlernt werden, das Künstlerisch-Intuitive jedoch ist eine Frage des Talents, der Lebenserfahrung und der Menschenkenntnis. – Wir wünschen unseren Lesern viel Glück auf ihrer Wanderung.

Zur Terminologie

Schon immer wurden in der klassischen Chiromantie mythologische Namen benutzt. In den letzten hundert Jahren haben einige Handleser versucht, neue Bezeichnungen einzuführen, wahrscheinlich in der Hoffnung, seriöser als ihre Marktplatzkollegen zu erscheinen. Die mythologischen Namen sollten aber nicht als Entlehnungen aus der Astrologie oder als Überbleibsel einer abergläubischen Vorzeit verstanden werden, denn Mythen, Sagen und Märchen sind heute genauso lebendig, wie sie immer waren. Die moderne wissenschaftliche Zivilisation ist nur ein dünner Firnis, der über den ewig gültigen mythischen Strömungen der menschlichen Psyche liegt. Unsere Träume und Phantasien zeugen davon.

Das Handlesen kann nur zum Teil von einem wissenschaftlichen Standpunkt aus betrieben werden, beispielsweise was die medizinischen Aspekte betrifft. Das Handlesen als Lebensdeutung, Schicksalsbeschreibung und persönliche Beratung ist eine Kunstart, deren Ausführung in bezug auf Form und Qualität von Persönlichkeit und Lebensauffassung des Handlesers abhängt.

Wir sehen keinen Grund, die herkömmlichen Namen zu ändern, denn sie sind mehr als technische Bezeichnungen – jeder Name erzählt eine Geschichte. Hingegen haben wir viele Kombinationen «getauft» und ihnen einen Namen gegeben, die früher namenlos waren. Ein Name sollte beschreibend sein und Gedankenreihen auslösen, die das Verständnis und somit die Deutung fördern.

In der indischen Tradition gibt es eine Unmenge von Namen und Bezeichnungen, die einem Europäer sinnlos und unüberschaubar erscheinen würden; allein für die Lebenslinie kennt man mehr als ein Dutzend Namen, je nachdem, wie sie aussieht. Kombinationszeichen werden als Signaturen gelesen, sie erhalten Namen wie beispielsweise Fisch, Tempel, Fahne, Blume oder Rad. Sie haben mehr oder weniger festgelegte Bedeutungen und werden nicht als Teile eines grösseren Zusammenhanges gesehen. Einige der abendländischen (Zigeuner-)Deutungen scheinen ihre Wurzeln in der indischen Tradition zu haben, beispielsweise: «Ein Stern auf dem Jupiterberg bedeutet glückliche Ehe.» Für den analytisch denkenden Abendländer mit einem Bedürfnis nach Logik sind solche losgelösten Signaturdeutungen unbefriedigend und ungenügend.

Wir finden nicht, dass *Chiromantie,* also Handlesen, durch respektablere Namen wie Chirosophie, Chiroskopie, Chirologie etc. salonfähiger wird. Dass die Herzlinie «obere Transversalis», die Schicksalslinie «Longitudinalis» genannt wird, ändert nichts an ihrer Bedeutung. Unter Medizinern gibt es natürlich klare Etiketten, und Lateinisch ist die internationale Arztsprache. Doch beim Handlesen, wo kreatives, verbindendes und intuitives Denken entscheidend ist, wirken Namen wie Venus- oder Mondberg stimulierender als Begriffe wie «thenare» und «hypothenare» Zone. Allerdings werden wir bei den Papillarmustern die Ausdrücke *ulnar* und *radial* für die Kleinfinger- bzw. Daumenseite der Hand benützen.

Seit der Entdeckung der – dem blossen Auge unsichtbaren – drei Planeten *Uranus, Neptun* und *Pluto* haben die Handleser versucht, ihnen einen Platz in den Händen zuzuweisen. Die Frage ist, ob sich die drei äusseren Planeten überhaupt so wie die alten Planeten einordnen lassen. Uranus, Neptun und Pluto sind unsichtbar, und die ihnen zugeschriebenen Prinzipien grenzüberschreitend. Moderne Handleser setzen Neptun in die Handbasis, Uranus erhielt einen Platz auf dem unteren Mondberg und Pluto bekam seinen Wohnsitz entweder anstelle des Passiven Mars oder im tiefsten Mondberg. – Die Auffassungen der betreffenden Handleser über die Symbolik prägen diese Zuordnungen.

Wir sind von der Bedeutung der drei äusseren Planeten überzeugt, sie hinterlassen an vielen Stellen ihre Spuren, doch wir glauben nicht daran, dass sie auf bestimmte Bereiche begrenzt sind. Deshalb befinden sie sich in diesem Buch nicht auf unserer «Landkarte», also in dem von uns benutzten System, sie werden aber da und dort erwähnt.

Zudem sieht man in gewissen neueren Büchern, dass die Venus (Daumenballen) und die Sonne (oder Apollo: Ringfinger) ihre Plätze tauschen. Dies muss wiederum der persönlichen Auffassung des jeweiligen Verfassers zugeschrieben werden. Wir folgen jedoch auch hier der Tradition. Die Begründung dafür wird aus dem Text hervorgehen.

Erste Beobachtungen

Der Handleser ist in erster Linie Menschenleser, und seine Aufmerksamkeit ist von dem Moment an geschärft, wo ein Besucher, der sich von ihm aus den Händen lesen lassen will, durch die Tür tritt. Meistens werden die Eindrücke während der ersten Minuten entscheidende Anhaltspunkte für die folgende Handdeutung liefern.

Wer noch nie bei einem «Schicksalsdeuter» war, wird sich natürlich beim erstenmal angespannt und unsicher fühlen. Einige stehen dazu, andere versuchen, Überlegenheit zu demonstrieren. Sie sind schweigsam oder behalten deutlich Abstand. Besonders männliche Akademiker und Geschäftsleute überspielen ihre Nervosität oft, indem sie vorgeben, das ganze sehr «interessant» oder «lustig» zu finden. Doch die Leute kommen nie aus blosser Neugier, es gibt immer einen tieferen Grund. Der Handleser bemerkt natürlich diese Unsicherheit im Benehmen und kann daraus bereits seine ersten Schlüsse ziehen, doch gleichzeitig sorgt er dafür, dass sich der Klient wohlfühlt. Doch was dem einen angenehm ist, kann einem anderen unangenehm sein. Die Menschen sind alle verschieden, der Handleser muss sich also flexibel und sensitiv verhalten.

Ich erinnere mich an eine junge Frau, die in die Beratung kam. Schon in der Tür wirkte sie gefühlsmässig sehr entgegenkommend, ihr Blick war geradezu «flirtend», doch beim Händedruck gab sie mir nur ihre Finger. Bei einem richtigen Händedruck berühren sich die Handflächen; hier zeigte sie Zurückhaltung und Abstand. Das äussere entgegenkommende Signal passte also nicht zum Händedruck. Als Handleser wusste ich, dass die Hand die echte Mitteilung gab, und ich war schon auf der Spur ihrer Kontakt- und Gefühlskommunikationsschwierigkeiten.

Als die Besprechung zu Ende war, drückten wir uns zum Abschied nochmals die Hände. Wieder gab sie mir nur ihre Finger, jetzt machte ich sie jedoch darauf aufmerksam und zeigte ihr einen ordentlichen Händedruck. Das machte ihr grossen Eindruck; ich hatte ihre Grenzen überschritten. Ich forderte sie auf, nachzuspüren, wie diese Situation auf sie wirke, nicht nur gefühlsmässig, sondern auch körperlich, und erzählte ihr erst jetzt, was ich bei ihrer Ankunft gespürt hatte.

Viele der ersten Signale spiegeln die Nervosität, doch auch nervöse Reaktionen sind individuell verschieden. Wie auch immer: jedesmal stellt man Ich-Aspekte zur Schau. Auch wenn sich der Handleser auf Hände spezialisiert hat, dreht es sich ja immer um den ganzen Menschen. Es ist ein Vorteil, etwas über Körpersprache und Signaldeutung zu wissen – viele psychologische Mechanismen offenbaren sich so auf direkte Art. Wie kommt der Klient ins Zimmer? Wie nimmt er den Stuhl in Besitz? Sitzt er mit verschränkten Armen und mit gekreuzten Beinen da oder nimmt er eine offene Körperhaltung ein? Eine Besprechung ist ein Prozess und ein Dialog und kann nicht mit dem stillen Studium der Handabdrücke verglichen werden. Reaktionen und persönliche Beiträge des Klienten müssen miteinbezogen werden.

Neben der psychologischen Deutung der Signale gibt es auch die symbolische Deutung, das heisst die Deutung der Erscheinung des Klienten als ein Omen für sich selbst und seine Situation. Hier spielen Kleider, Schmuck und Farben eine wichtige Rolle. Die symbolische Betrachtung ist irrational und eng mit der Traumdeutung verwandt. In der Stundenastrologie und im Tarot ist die Symboldeutung sehr wichtig.

Nach den einleitenden Empfangsritualen (und Beobachtungen) wendet sich der Handleser den Handabdrücken zu. Farbe wird auf die Hände aufgetragen, die dann auf ein Papier gedrückt werden. Auch diese Situation liefert viele kleine Informationen. Einige spreizen die Finger, so dass der Daumen ausserhalb des Papiers zu liegen kommt, andere trauen sich kaum, die Hand auf das Papier zu legen und drücken die Finger so eng zusammen, dass sich die Hand fast krümmt. Andere versuchen, die Hand so schön wie möglich hinzulegen, so dass die Abstände zwischen den Fingern ganz regelmässig sind, wiederum andere legen die Hand schnell und etwas impulsiv hin.

Betrachtet das Papier wie ein Territorium, das in Besitz genommen wird: Wird dies mit dem Gefühl der Selbstverständlichkeit gemacht oder mit dem Gefühl, quasi zuerst um Erlaubnis bitten zu müssen? Wird die Papiergrenze überschritten, so hat der Betreffende vielleicht auch Mühe, die Territorialgrenzen anderer zu respektieren.

Zum Schluss wird vom Daumen ein Abdruck gemacht. Hier sollte nur ganz leicht gedrückt werden, damit sein Muster nicht verschmiert wird. Meistens wird er mit übertriebener Kraft aufs Papier gedrückt: Der Klient merkt dabei, dass es guttut, sich mit dem Daumen nachdrücklich zu markieren. Wenn man sich einen guten Daumenabdruck sichern will, muss man ausdrücklich darum bitten, dass der Daumen nur hingelegt wird. Allerdings verpasst man so eine aufschlussreiche «Daumendrucksituation». In der Chiromantie ist der Daumen Ausdruck der Vital- und Selbstbehauptungskraft (astrologisch *Mars*). So ist es ganz klar, dass gerade der Daumen mit besonderer Muskelkraft auf das Papier gedrückt wird.

Während der Arbeit mit den Handabdrücken hat man reichlich Zeit, sich die Konstitution und den Ausdruck der Hände zu merken, ohne dabei ins Detail zu gehen. Es ist gut, zuerst auch der Intuition einen Platz einzuräumen. *Betrachtet die Hände zuerst mit dem Auge des Bildhauers, dann mit dem Auge des Ingenieurs.*

Konstitution

Die erste grobe Einteilung der Hand unterscheidet zwei Kategorien: *Werkzeug* und *Fühler*. Breite, muskel- und knochenstarke Hände haben männlichen Charakter, sie sind nützlich und praktisch. Das sind *Werkzeuge*. Feingliedrige und abgerundete Hände mit weicher Haut und vielen Linien sind weiblich; das sind *Fühler*. Sie haben nicht die Funktionstauglichkeit der Werkzeughände, zeugen hingegen von feinfühlender Registrierung und Sensitivität. Betrachtet diese erste Einteilung als eine typbestimmende «Grundfarbe». Bei der Beurteilung der Konstitution kann man folgende Kontrolliste zu Hilfe nehmen:

Sind die Hände – breit oder schmal
– fleischig oder knotig
– steif oder flexibel
– weich, hart oder elastisch
– kraftvoll oder schwach
– blutreich oder blutarm?

Jede dieser Kategorien ist wie ein Spektrum zwischen zwei extremen Polen: Es gilt herauszufinden, wo in diesem Spektrum die Hände hingehören. Die Konstitution verändert sich wenig und nur sehr langsam während der naturgegebenen Reifung und Alterung. Die konstitutionellen Faktoren haben somit fast Dauerbedeutung. Mit der Übung wird man auch imstande sein, zu beurteilen, wie eine gealterte Hand früher ausgesehen haben muss.

Ausdruck

Die Gestik gehört zur Körpersprache. Die Stellung und die Bewegungen der Hände sagen uns etwas über die Geisteshaltung und über die Einstellung zu anderen Menschen. Dies lässt sich nicht wie die Konstitution definieren, da wir in ständiger Bewegung und Entwicklung sind. Mit der Zeit entdeckt man jedoch, dass der Ausdruck der Gestik von der Konstitution abhängig ist. Menschen mit lebhaften (nicht ruckartigen und nervösen) Bewegungen fühlen sich wohl und haben Freude daran, sich auszudrücken. Die Finger sind gespreizt und die Handfläche wird «zur Schau gestellt». Hier wird Extraversion, Interesse und der Wunsch nach Austausch gezeigt. Bei professionellen Unterhaltungskünstlern und Kommunikatoren finden sich praktisch immer gespreizte Finger, wobei der Daumen einen Bogen weg von der Handfläche beschreibt.

Werden die Hände hingegen mit gesammelten oder gar gekrümmten Fingern dicht am Körper gehalten, zeigt dies Zurückhaltung, vielleicht auch Misstrauen oder Ängstlichkeit an; dieser Mensch möchte sich nicht ausliefern und könnte als kontaktgehemmt beschrieben werden. Entspannte, weniger gestikulierende Menschen sind kontaktabwartend, ohne dabei introvertiert zu sein. Das Spektrum kann mit dem Begriffspaar *kontaktfreudig/verschlossen* definiert werden: Forcierung (Angst vor Isolation) gegenüber Verkrampfung (Isolation).

Bei Geisteskranken finden sich merkwürdige, verzerrte Finger- und Handstellungen, was die Qualen dieser Menschen beschreibt. Manchmal sind die Finger steif gespreizt (häufig bei Retardierten), manchmal sind sie fast zu einem Knoten verschränkt (bei Angst- und Zwangszuständen).

Vitalität und Geisteszustand

Eine gute Durchblutung ist für den Vitalzustand entscheidend. Man entdeckt ohne nähere Untersuchung, ob die Hände geschmeidig oder schlaff, rötlich oder bleich, kraftvoll oder schwach sind. Bei der Berührung merkt man, ob die Hände kalt oder warm, trocken oder feucht sind. Es geht hier natürlich nicht um eine medizinische Diagnose, sondern um den seelischen und physischen Ausdruck. Kraftüberschuss ergibt Tätigkeitsdrang und Engagement, Schlaffheit weist auf eine aufgebende, passive Haltung hin. In einer Beratungssituation muss man vom momentan herrschenden Zustand ausgehen. Es ist also wichtig, sich den *Handausdruck* zu merken.

Temperatur und Feuchtigkeit schwanken, sie sind wie Barometer für die unmittelbare Stimmung der Seele. Ein Mediziner würde hier anführen, dass diese Faktoren gesundheitsbedingt sind, was der Handleser keineswegs abstreitet. Es dreht sich immer sowohl um physiologische als auch um seelische Mechanismen.

Warme Hände strahlen seelische oder vitale Wärme aus. Sie schöpfen aus einem inneren Überschuss. Kalte Hände hingegen verlangen nach Wärme. Die Temperatur gehört zum Spektrum *introvertiert/extravertiert.*

Zwei typische Anspannungs- und Nervositätsreaktionen sind *Kälte* und *Feuchte.* Kalte Hände verraten, dass sich die Person in sich selbst zurückgezogen hat, ihre inneren Kräfte sammelt und abwartend ist. Feuchte Hände finden sich häufig bei Pubertierenden (physiologisch gesehen hormonal bedingt) und zeugen von gefühlsmässiger Unsicherheit und Verletzlichkeit (Element Wasser): Sie haben ein ausgesprochenes Bedürfnis nach Sympathiekundgebungen. Feuchtkalte Hände zeigen einen Angstzustand an. Trockene Hände hingegen schirmen die intimeren Gefühle ab. Sie dürfen nicht als gefühlskalt betrachtet werden, halten aber einen selbstbeschützenden Abstand.

Als Handleser geht man nicht systematisch durch die Checkliste; mit zunehmender Erfahrung sammelt man locker die verschiedenen Eindrücke. Ein Laie würde zur Beschreibung von Händen etwa folgende Fragen benützen:

Sind die Hände – lebhaft und ausdrucksfähig
– ängstlich und verkrampft
– begehrlich und grausam
– praktisch und konstruktiv
– träumerisch und unpraktisch
– geschickt und beweglich
– grob und schwer
– schwammig und sinnlich
– nervös und unruhig?
etc.

Alle reagieren auf Stil und Benehmen anderer Menschen, doch es fordert Übung, sich genauer bewusst zu machen, was in der Begegnung mit anderen bestimmte Regungen und innere Reaktionen hervorruft. Der erste Schritt ist Beobachtung und Einordnung der Eindrücke.

Schon hier wird man auf Probleme stossen, denn die Mannigfaltigkeit ist überwältigend, und wenn auch eingeordnet werden muss, so darf man nicht stur einstufen. Dann entdeckt man bald, dass die Etiketten, die normalerweise zur Beschreibung anderer Menschen benützt werden, sowohl ungenügend als auch stark vereinfacht sind.

Das Männliche und das Weibliche

Wir beginnen unsere Anfängerkurse gerne mit einigen übergeordneten Betrachtungen zum Polaritätsprinzip als dem tragenden Prinzip des Daseins und dessen vielfältigen Facetten. Nach etwa einer halben Stunde entwickelt sich der Vortrag zu einem Wort- und Begriffsspiel, und die Kursteilnehmer werden aufgefordert, Begriffe von polarer Natur paarweise anzuführen. Wir bringen als Vorschlag einige einfache Beispiele wie *Mann–Frau* oder *Tag–Nacht* und bitten sie, die Liste fortzusetzen, wobei betont wird, dass die Beispiele so einfach und naheliegend wie möglich sein sollten. Es geht ja nicht darum, raffinierte philosophische Begriffspaare zu konstruieren, sondern gerade durch die Einfachheit Verständnis zu gewinnen. Im Laufe von fünf bis zehn Minuten entsteht meistens in etwa diese Liste:

Mann–Frau, Tag–Nacht, warm–kalt, schwarz–weiss, leicht–schwer, weinen–lachen, weich–hart, lang–kurz, Säure–Base, plus–minus, Himmel–Erde, dick–dünn, gut–böse, Hass–Liebe, Osten–Westen, hoch–tief, rechts–links, ausweitend–zusammenziehend, positiv–negativ, Stillstand– Bewegung, innen–aussen, Krieg–Friede, Ruhe–Tätigkeit, Leben–Tod, Sonne–Regen, Flut–Ebbe, nass–trocken.

Diese kleine Übung hat den Zweck, mit den Teilnehmern die Grundlage esoterischen Denkens zu üben, das Erleben von Polaritäten, die Fähigkeit, zwischen Yin und Yang, zwischen männlich und weiblich zu unterscheiden. Wenn sich auch die genannten Begriffspaare auf ganz verschiedene Dinge beziehen, werden sie doch durch die Polarität als roten Faden zusammengehalten. Die Liste könnte ins Unendliche fortgesetzt werden, doch diese Reihe von Gegensätzen genügt, um das Wesentliche zu pointieren.

Gruppierung der Polaritätsbegriffe

Es ist zweckmässig, die Begriffe etwas einzuordnen, denn trotz des gemeinsamen Nenners, der Polarität (Dualismus), gehören sie zu verschiedenen Gruppen. Die Einteilung in folgende Kategorien dient zwar nicht unmittelbar dem praktischen Handlesen, doch sobald man sich mit psychologischen und existenziellen Analysen von Schicksalsmustern und Partnerschaftsdynamiken auseinandersetzt, werden sie sich als wertvoll erweisen.

Wir ordnen die Begriffspaare in diese Gruppen ein:

Kategorie A: absolute Gegensätze;
Kategorie B: relative Gegensätze;
Kategorie C: Energieschwingung/Pulsbewegung zwischen zwei Polen.

Es gibt nicht so viele absolute Gegensatzpaare, die meisten Wortpaare kann man nämlich mit «mehr oder weniger» oder «im Verhältnis zu» relativieren. Beispielsweise sind «warm und kalt» oder «dick und dünn» überaus relative Begriffe. Begriffe wie «Ebbe–Flut» oder «Sommer–Winter» gehören zur Kategorie C, da es sich hier um eine Pulsbewegung – eine Schwingung mit gleitendem Übergang zwischen zwei Extremen – handelt, doch könnten sie auch in Kategorie B fallen, da sie ja «mehr oder weniger» stark sein können. Begriffspaare wie «Mann–Frau», «Ja–Nein» und «innen–aussen» müssen als absolut bezeichnet werden.

Vielschichtigkeit von Polaritätsbegriffen

Übertragene Bedeutungen

Die Einordnung in diese Kategorien gibt in der Regel Anlass zu einer Diskussion, die bald eine philosophische Färbung annimmt. Sind beispielsweise Leben und Tod wirkliche Gegensätze? Oder handelt es sich hier in Wahrheit um Varianten von «Ruhe–Tätigkeit» oder «Stillstand– Bewegung»? Spirituell orientierte Teilnehmer weisen vielleicht darauf hin, dass im Grunde nichts als tot betrachtet werden kann, dass Leben und Tod nur Bezeichnungen verschiedener Schwingungszustände sind, oder dass hier die Existenz auf materieller bzw. nichtmaterieller Ebene beschrieben wird. Ein Begriffspaar wie «plus–minus», das ja grundsätzlich neutral, also nicht wertend ist, sondern lediglich entgegengesetzte Verhältnisse oder Grössen bezeichnet, führt oft zu einer Diskussion über dessen Gebrauch im Sinne von «wertvoll–wertlos».

Die Anwendung von Begriffen löst oft Missverständnisse aus, beispielsweise ruft der Gebrauch von «männlich–weiblich» häufig Irritation hervor, besonders bei gewissen weiblichen Teilnehmern. Schuld daran sind die Wertungen, die so weit als möglich vermieden werden sollten. In unserem Kulturkreis sind die sogenannten männlichen Eigenschaften aufgewertet, die weiblichen entsprechend abgewertet worden. Begriffe wie Erfolg, Extraversion, Aktivität, Wachstum, Entwicklung – die Abgötter der westlichen Welt – sind zum Massstab des «Gelingens» geworden.

Die Begriffe Hass und Liebe stehen nicht in einem polaren Verhältnis, auch wenn sie fast immer als Gegensätze erwähnt werden. Sie sind *wesensfremd.* Leidenschaftliche Gefühle, zehrende Sehnsucht und heftige Faszination werden oft Liebe genannt; auf einer gewissen Entwicklungsstufe ist man den polaren Schwankungen völlig ausgeliefert, Liebe in reiner Form ist jedoch über persönliche Motive erhaben und kann deshalb nicht enttäuscht werden und in ihren Gegensatz umschlagen.

Mehrere der erwähnten Begriffspaare werden in ganz verschiedenen Zusammenhängen benutzt, auch in übertragener Bedeutung. So wird beispielsweise «warm–kalt» sowohl für die Temperatur als auch für Menschen oder Farben gebraucht.

Ein Begriffspaar wie «ausweitend–zusammenziehend» ist interessant, weil es sich eher prinzipiell als buchstäblich verstehen lässt. Astrologisch orientierte Leser sind hier vielleicht geneigt, an *Jupiter* (Wachstum, Fülle, Erweiterung) und *Saturn* (Sammlung, Konzentration, Reduktion) zu denken, da alle Begriffe hinter dem astrologischen Denken prinzipieller Natur sind.

Polarität in der Chiromantie

Wieviele Begriffe unserer Liste haben einen direkten Bezug zum Handlesen? Es sind verblüffend viele, wenn man bedenkt, dass die Kursteilnehmer ja die Begriffe aus dem Stegreif gewählt haben, ohne an chiromantische Deutungsfaktoren zu denken: Mann–Frau, warm–kalt, leicht–schwer, weich–hart, lang–kurz, dick–dünn, rechts–links, Stillstand–Bewegung, Ruhe–Tätigkeit, nass–trocken.

Wirklich grundlegend in der Deutung ist die Unterscheidung zwischen Männer- und Frauenhänden und zwischen rechts und links; ausserdem sind wichtig: Temperatur, Fülle, Proportionen sowie der Grad an Lebendigkeit und Beweglichkeit.

Die angeführten Deutungsfaktoren werden wir einzeln behandeln, wichtig ist in diesem Stadium, zwischen zwei Polen zu unterscheiden, die wir also fortan «maskulin–feminin» oder «männlich–weiblich» nennen werden. Die Bedeutung von männlich–weiblich wird sich hauptsächlich auf Mann und Frau als Archetypen beziehen, physisch wie psychisch.

Eine einfache Betrachtung des männlichen und weiblichen Körperbaus gibt uns den ersten Leitfaden zum Verständnis der physischen Erscheinung der Hand (Muskeln, Haut, Knochenbau, Linien), wo wir zwischen männlichen und weiblichen Signaturen unterscheiden können.

Weiblich	*Männlich*
– runde und kurvige Formen	– eckige und gerade Formen
– das Weiche und Biegsame	– das Feste und Steife
– zarte Struktur	– kraftvolle Struktur
– dünne, weiche, glatte Haut	– dicke, zähe, rauhe Haut

Frauenhände können ohne weiteres männliche Signaturen tragen und umgekehrt Männerhände weibliche. Die Frau, die ihr eigenes Geschäft führt oder anderweitig ihrer Individualität Ausdruck verleiht, hat eindeutig männliche Züge. Dasselbe gilt für die Frau, die eine akademische, intellektuelle Karriere macht, oder die Frau, die sich erotisch-erobernd verhält.

Der Mann, der im Elternhaus hängen bleibt und sich ganz den (wirklichen oder vermuteten) Normen der Umgebung anpasst, weist deutlich weibliche Züge auf, ebenfalls die Männer, die sich in Gruppen und gesicherten Stellungen befinden oder in Fürsorge- und Pflegeberufen tätig sind (Krankenpfleger, Psychologen, Volksschullehrer etc.).

Männlich–weiblich lässt sich auf vielen verschiedenen Ebenen verstehen. Beispielsweise kann sich ein Mann seiner Frau gegenüber cholerisch–dominierend verhalten und in dem Sinne männlich genannt werden, doch wenn man genauer hinschaut wird klar, dass sein ganzes Lebensmuster in bezug auf Lebenswerte, Anpassung an kollektive Normen, kleinbürgerlichen Ehrgeiz und Angst oder Abneigung dem Unbekannten gegenüber sehr traditionell ist: Lebensversicherungen, Krankenversicherungen, Diebstahlversicherungen und andere Versicherungen werden als Mauer gegen die grosse, unsichere Welt aufgebaut. Allerdings ist dies eine recht neurotische Version.

Das Bedürfnis nach Sicherheit und Schutz in Gruppe oder Gesellschaft ist an sich weiblich, doch angstvolles Klammern an das Vertraute und Unterdrückung des Unbekannten und Andersartigen weisen auf unbewusste und verdrängte männliche Wesenszüge hin und auf eine Flucht in weibliche Muster, die dann natürlich nicht gerade schmeichelhaft zum Ausdruck kommen.

Künstler und spirituelle Menschen

Interessant ist übrigens, dass unter Künstlern und psychologisch oder sprirituell orientierten Menschen die Frauen deutlich männliche Züge aufweisen, sonst wären sie ja auch nicht imstande, sich klar und kreativ auszudrücken. Die betreffenden Männer haben entsprechend weibliche Züge, ohne die sie nicht fähig wären, sich intuitiv in andere Menschen hineinzuversetzen oder sich der Phantasie hinzugeben. Dies zeigt sich in den Händen als männliche bzw. weibliche Signaturen.

Kollektive Muster

Physische und psychische Energie

Das Prinzip «männlich–weiblich» lässt sich in verschiedenen Zusammenhängen beobachten. Betrachten wir einmal physische und psychische Energie und deren Entfaltungsräume:

Weiblich	***Männlich***
psychisch	physisch

Ein paar (archetypische, also kollektive) Betrachtungen können hier für die Gedankenassoziationen hilfreich sein: Der Mann beherrscht die physische Materie, die Frau die psychische. Die Männer bauen, die Frauen beleben die Häuser. Die Männer eroberten den Wilden Westen, die Frauen brachten die Kultur. Das Streben der Männer orientiert sich an der grossen Welt, das Streben der Frauen an der Familie und den engeren Beziehungen.

***Beispiel 1:* Eine technisch-physische Situation**

Ein Mann und eine Frau fahren je in einem alten Auto. Das Auto des Mannes hat eine Reifenpanne, und er beginnt leicht gereizt das Rad zu wechseln. Die Schraubenmuttern sind verrostet, es erfordert besondere Kraft, den Schaden zu beheben. Er krempelt die Ärmel hoch und erledigt das Problem, und dem Ärger zum Trotz spürt er eine gewisse Befriedigung: *Er* mobilisierte seine *physische* Energie.

Auch die Frau hat eine Reifenpanne. Es ist ihr recht zuwider, mit der groben Arbeit zu beginnen, vielleicht weiss sie gar nicht, wie man diese macht oder wo sich das Werkzeug befindet; zudem ist sie frisch manikürt. Sie stellt sich neben ihr Auto, sieht recht hilflos aus und lächelt etwas unsicher vor sich hin. Nach kurzer Zeit hält ein Mann an und ordnet die Angelegenheit. Sie quittiert mit einem Lächeln und der Mann freut sich, das Erlebnis hat ihn sogar bereichert: *Sie* mobilisierte ihre *psychische* Energie.

***Beispiel 2:* Physische und psychische Gewalt**

Eines Abends meldet sich eine Frau bei der Polizei und beklagt sich über ihren brutalen und gewalttätigen Mann. Ihr gebrochener Arm und ihr blaues Auge reden eine deutliche Sprache. Es wird ihr Verständnis entgegengebracht, und es werden Massnahmen ergriffen, den Mann zu verhaften. Ohne Zweifel wurde physische Gewalt ausgeübt, und es ist offensichtlich, wer der Sünder ist. Er wird bestraft.

Später meldet sich auf dem Polizeirevier ein etwas jämmerlich aussehender Mann, deprimiert, erschöpft und leicht angetrunken. Er kann es nicht mehr aushalten: Jahrelang hätte seine Frau sein Selbstvertrauen untergraben, die Potenz sei weg, sie hätte in Gegenwart anderer über ihn gespottet, jede Nacht halte sie ihn mit ihren Klagen und Forderungen wach, so dass er jetzt am Rande derVerzweiflung und des Wahnsinns sei. Mit einer herablassenden Bemerkung, dass «so ein Waschlappen» lieber einen Psychologen oder seine Mutter aufsuchen sollte, setzt ihn die Polizei vor die Tür.

***Beispiel 3:* Auf dem Arbeitsamt**

Zwei Männer ohne eigentliche Ausbildung sind auf Stellensuche. Der eine hat muskulöse, feste und eckige Hände, in der etwas groben Haut lassen sich nur wenige, kräftige Linien finden. Die Hände des anderen sind weich und leicht gepolstert, in der Handfläche gibt es mehrere kurvenförmige Linien. Der Arbeitsvermittler, den die beiden aufsuchen, ist ein erfahrener Menschenkenner; er denkt sofort an zwei Anfragen, die am Morgen eingegangen sind: Aushilfe in einem Restaurant und Waldarbeit.

Die weibliche Hand eignet sich am besten für die Arbeit mit Menschen und ihren Bedürfnissen, zudem würde sie unter den physischen Strapazen der Waldarbeit leiden und könnte wahrscheinlich nicht die erforderliche Muskelkraft aufbringen.

Die männliche Hand hat Freude an kraftvoller Aktivität und würde sich unter den Menschen im Restaurant recht unfrei fühlen. Ausserdem könnte sie sich in Stresssituationen recht taktlos benehmen.

***Beispiel 4:* Unangemeldeter Besuch bei einem Junggesellen**

Ein Junggeselle bekommt eines Morgens Besuch. Das Wohnzimmer gleicht mehr oder weniger einer Werkstatt oder einem Büro. Überall liegen Werkzeuge und Papiere herum, und in einer Ecke steht der dreckige Teller von gestern abend. An der Decke hängt eine Birne ohne Lampenschirm, und an den Fenstern fehlen die Vorhänge. Der Besucher wird zu einem Bier (direkt aus der Flasche) und vielleicht zu einem schnell zubereiteten kalten Essen eingeladen. Wahrscheinlich müssen zuerst noch ein paar Teller gespült werden.

Beispiel 5: **Unangemeldeter Besuch bei der Frau**
Eine Frau erhält ebenfalls unangemeldeten Besuch. An der Eingangstür hängt eine Blume oder ein Herz, in der rosafarbigen, niedlichen Diele steht auf dem Tischchen vor dem Spiegel ein Blumenstrauss. Das Wohnzimmer ist gemütlich und im Regal stehen einige sorgfältig eingerahmte Photos. Auf dem Tisch findet sich neben den Blumen ein Kerzenhalter mit einer Kerze, deren Farbe zum gestickten Tischtuch passt. Die schönen Vorhänge und die Blumen auf dem Fensterbrett schaffen eine nette, intime Stimmung.

Zeitliche Orientierung

Weiblich	***Männlich***
Vergangenheit	Zukunft

Das Jetzt liegt in der Brandung zwischen Vergangenheit und Zukunft. Ein wesentliches Ziel für den spirituell, okkult und magisch suchenden Menschen ist, sich im Jetzt zu befinden, um sich über die Polarität, das heisst die Bedingungen von Zeit und Materie, hinaus zu erheben. Bei den Händen steht «unten» als Symbol für die Wurzeln und die Vergangenheit (zurück bis zur Entstehung und zum Ursprung aller Dinge), «oben» symbolisiert die Zukunft und die potentiellen Zukunftsbilder. Auf der kollektiv-archetypischen Ebene sind Frauen enger mit dem *Nachtbogen* (Vergangenheit), Männer dagegen mehr mit dem *Tagesbogen* (Zukunft) verbunden. Im Körperbau haben Frauen ihren Schwerpunkt unten (Hüften), die Männer oben (Schulter und Brust).

Viele *Männer* jagen nach Neuem, ohne das Bestehende zu schätzen. Das Einführen neuer Technologie appelliert an den männlichen Drang nach neuen Entwicklungsperspektiven. Einige Männer müssen unbedingt das Neueste haben (Computer, Autos, Photoausrüstung etc.), obwohl sie, was tatsächliche Bedürfnisse betrifft, längstens eingedeckt sind. Das Neueste zu besitzen, markiert eine männliche Frontposition und schafft Prestige. Viele *Frauen* sträuben sich gegen Modernisierungen und technische Erneuerungen. Wenn sie sich weigern, ihren Intellekt einzusetzen, um Neues zu lernen, könnte man von einer geistigen Faulheit sprechen. Solch eine Bewusstseinsorientierung bezieht sich eher auf das Bestehende und das praktisch Brauchbare und weniger auf undefinierte Zukunftsmöglichkeiten; diese scheinen ihnen nicht relevant oder nicht genügend konkret zu sein.

Aktionsradius

Weiblich	*Männlich*
– das Nahe	– das Ferne
– Sicherheit	– Herausforderung

Zum Weiblichen gehören der nahe Kreis und das unmittelbare Netzwerk, zum Männlichen gehören die Fremde und die fernen Horizonte. So wird der Kontakt zur Familie vornehmlich durch die Frau aufrechterhalten, und die Verbindung zu den Nachbarn erfolgt meistens durch sie und die Kinder. Entwicklungssprünge und Erneuerungen gehen normalerweise vom Mann aus.

Zur Zeit der Höhlenmenschen standen die Notwendigkeit zu überleben und die Erhaltung der Art im Zentrum des Seins (Wurzelchakra-Thema). Der Mann und die Frau mussten beide auf ihre eigene Art dazu beitragen. Der Mann ging auf die Jagd oder auf Raub und trug die Beute nach Hause in die Höhle. Er brachte Nahrung, Gegenstände und auch neue Ideen mit sich. Seine Findigkeit und Kraft sicherten Zukunft und Entwicklung der Familie. Durch ihn konnte das Territorium erweitert werden.

Zu Hause sorgte die Frau für die Kinder. Wenn Krankheiten oder Unglücke die Familie heimsuchten, war es ihr zu verdanken, wenn einige der Kinder überlebten. Sie war für die Befriedigung der unmittelbaren Bedürfnisse zuständig und kümmerte sich in ihrer täglichen Arbeit um Bekleidung, Essen und Wohlergehen der Familie. Durch sie wurde der Fortbestand der Familiendynastie gesichert.

Risiko oder Sicherheit?

Ein Mann, Mitte Vierzig, hat über Jahre ein Geschäft aufgebaut. Er und seine Familie haben eine gesicherte Existenz, «alles» ist da. Eines Tages hat er eine Idee, ein Vorhaben, das eine völlig neue Aufgabe an ihn stellen würde und spannend und vielversprechend aussieht. Doch zur Durchführung seines Vorhabens müsste er sein ganzes Vermögen einsetzen. Seine Frau ist verzweifelt: «Jetzt ging es uns doch gerade so gut!»

Eine Frau – Anfang Vierzig – entdeckt, dass das Leben aus mehr als Kindern, Haushalt und Strickzeug besteht. Jetzt will sie einen Astrologiekurs besuchen: «Ihr müsst jetzt jeden Montag selbst das Abendbrot zubereiten, ich besuche jetzt den Kurs, und übrigens werde ich mich nächstes Jahr als Arztgehilfin ausbilden lassen.» Der Mann lebte im Glauben, er hätte sie ganz für sich, und ist bestimmt nicht auf Kochen und Waschen erpicht, all das funktionierte ja immer «wie von selbst». – Bei diesen beiden Beispielen steht dem Bedürfnis nach Herausforderung das Bedürfnis nach Sicherheit gegenüber – männlich kontra weiblich.

Gleiches Zeichen – entgegengesetztes Geschlecht

Viele Signaturen der Hand erhalten verschiedene Betonungen und Nuancen, je nachdem, ob sie bei Frauen- oder bei Männerhänden auftreten. Bei der genau gleichen Linienkombination könnte das Urteil der Umwelt beispielsweise für den Mann «dynamischer Pantoffelheld» und für die Frau «fürsorgliches Reibeisen» lauten.

Am grössten ist der Unterschied im *Nachtbogen* (unterer Handraum, *vgl. Kapitel «Die Hälften und die Quadranten»).* Der Nachtbogen ist der Schicksalsraum, hier sind unveränderliche Lebensbedingungen gegeben, beispielsweise ob wir als Mann oder als Frau geboren werden. Im *Tagesbogen* (oberer Handraum) wird praktisch oder geistig an der Entwicklung des Gegebenen gearbeitet. Diese Arbeit ist nicht direkt vom Geschlecht abhängig. Dass ein Mann mit weiblichen oder eine Frau mit männlichen Geschlechtsorganen auf die Welt kommt, ist ja wirklich selten. Aktive Frauen und passive Männer hingegen gibt es überall.

Auch die archetypischen Rollenverteilungen gehören zum *Nachtbogen.* Wie oben beschrieben, sind Frauen Träger der engeren Kultur, die Pfeiler der Familie und Bewahrer der Traditionen. An der untersten Lebenslinie lassen sich psychologische Verhaltensmuster ablesen, die auf die Mutter zurückgehen oder gar auf die Grossmutter oder Urgrossmutter. «Unten» werden keine Fragen gestellt, das Leben ist einfach so, wie es immer war. Traditionell verwöhnen die Frauen ihre Männer, auch ihre Söhne. Die Männer sind sich bis zu einem gewissen Mass gewohnt, bedient zu werden, und sie bemerken dies oft erst, wenn dieser «Service» eines Tages ausfällt. Natürlich hat dieses Verhalten auch eine Funktion als ein «Mittel zur Bindung des andern».

Bestimmte Zeichen einer solchen Bindung bei einem Sohn bedeuten, dass er bei äusseren Widerständen Trost und Stütze bei der Mutter (später bei der Ehefrau) holt. Für ihn besteht die Gefahr, dass er in seinem Verhalten immer wieder ins Säuglingsalter zurückfällt und sich vor allen Kraftproben, denen er in der Welt ausgesetzt ist, drückt.

Bei einer Tochter bedeuten die gleichen Zeichen, dass sie sich mit der Mutter identifiziert und deren Verhalten und Normen übernimmt. Für sie besteht die Gefahr, nie über Herd und Bügelbrett hinauszukommen.

Beziehungen

Weiblich	*Männlich*
Nähe/Kontinuität	Distanz/Hier-und-Jetzt

Eine weibliche Freundschaft ist intim und wird durch häufigen Kontakt gepflegt, beispielsweise durch tägliche Telefonate. Die Freundin nimmt an den alltäglichen Erlebnissen teil, auch die intimsten Details werden ins Gespräch miteinbezogen. Die Freundin kennt mit der Zeit die ganze Familie und weiss immer, was «läuft». Das Hauptgewicht wird auf Erlebnisse und Gefühle gelegt. Frauen wissen, was zwischen den Menschen passiert.

Männliche Freunde sehen sich von Zeit zu Zeit; in der Regel dreht sich ihre Beziehung um ein gemeinsames Interesse. Qualität und Intensität der Freundschaft sind nicht durch häufigen Kontakt bedingt; selbst wenn sie längere Zeit nichts voneinander hören, wird dies nicht als «Verrat» oder als Ende der Freundschaft betrachtet. Es können Jahre ohne Kontakt vergehen, ohne dass die Beziehung darunter leidet. Persönliche, intime Gefühlserlebnisse aus dem Familienleben oder qualvolle Erlebnisse am Arbeitsplatz sind sehr private und sensitive Dinge, die höchstens der Frau, der Freundin oder der Mutter anvertraut werden. Wenn der Mann Mitleid, Trost oder Sympathie braucht, geht er zu einer Frau. Die Frau ist seine Vertraute. Der Mann stellt selten seine Schwächen zur Schau.

Wenn eine Mutter ihre erwachsenen Kinder fragt, wie es ihnen gehe, wird der Sohn meistens mit einem (ausweichenden) «Ausgezeichnet!» antworten. Vielleicht fügt er hinzu, dass er enorm viel Arbeit hat, er erzählt aber nicht, was in der Familie oder beim Nachbarn geschieht. Die Mutter kann nicht erwarten, dass er eine eingehende Beschreibung seiner Gefühle und Erlebnisse abgibt. Die Tochter hingegen wird viel eher über sich selbst und ihre Gefühle, über die Kinder und deren Tun und Lassen berichten.

Sexualität

Die weibliche und die männliche Sexualität sind polar. Darüber sind lange Abhandlungen und Romane geschrieben worden, wir wollen uns mit ein paar prinzipiellen Betrachtungen begnügen.

Für den Menschen ist die Sexualität grundsätzlich nicht nur ein biologischer Prozess mit der Fortpflanzung als Ziel. Die Schlüsselworte sind Schöpfung und gegenseitige Verwandlung auf allen Ebenen. Sowohl biologisch wie auch als Phänomen lassen sich das männliche und das weibliche Prinzip unmittelbar erkennen. Die Geschlechtsorgane des Mannes sind aussen, «im Licht» und sichtbar, die der Frau innen, «im Dunkeln» verborgen und beschützt. Der Mann dringt ein, gibt seinen Samen ab, die Frau empfängt und lässt sich befruchten. Feuer und Erde begegnen sich, im Wasser entsteht neues Leben. Von dem Moment an ist die Frau konkret und sichtbar verwandelt, während die Verwandlung des Mannes unsichtbar bleibt.

Vom Sinnlichen her gesehen ist die Sexualität des Mannes punktorientiert und in den Geschlechtsorganen konzentriert, die der Frau breitet sich über die erogenen Zonen auf den ganzen Körper aus. Spannungsaufbau und Orgasmus sind beim Mann schnell und konzentriert, bei der Frau langsam und umfassend. Das klassische Problem: Der Mann ist «zu schnell», die Frau «zu langsam».

Auffassung und Beurteilung

Weiblich	***Männlich***
– gefühlsmässig/intuitiv	– mental/analytisch
– Praxis	– Theorie

Das Leben für eine Idee einzusetzen ist männlich, das Leben für einen Menschen einzusetzen ist weiblich – und dies gilt sowohl für Männer wie für Frauen. Frauen wie beispielsweise *Marie Curie* oder *Margaret Thatcher* setzten ausserordentlich starke männliche Züge ein, um ihre Toppositionen als Forscherin beziehungsweise als Politikerin zu erreichen. Bei beiden stehen Ideen, Theorien und Prinzipien im Vordergrund. Eine Frau wie *Mutter Theresa* verwirklicht durch ihre Arbeit ein weibliches Ideal (Mitgefühl), doch die Art wie sie dies tut, ist männlich.

Wenn Männer und Frauen schreiben

Interessant ist der Unterschied von männlichen und weiblichen Autoren in der psychologischen Literatur. Die Männer beschreiben und erklären; sie gehen von übergeordneten theoretischen Modellen aus. In ihren Abhandlungen finden sich seitenweise Prinzipien und Begriffe. Das sind die Bücher, die von Frauen als «zu theoretisch» beschrieben werden, denn sie sind in einer «unweiblichen» Sprache abgefasst. Der Mann geht vom *Tagesbogen* aus, mit dem Risiko, allgemein nicht verstanden zu werden. Vielleicht ist seine Theorie nur eine Gedankenkonstruktion, die keinen Halt in der Wirklichkeit hat.

Frauen hingegen erzählen lieber Fallbeispiele aus dem praktischen Leben, manchmal mit vielen (intimen) Gesprächen und Interviews. Oft sind sie etwas zu umfassend: Die Essenz ihrer Ausführungen hätte in wenigen sorgfältig gewählten Sätzen ausgedrückt werden können. Aufgrund des zusammengetragenen Materials (Nachtbogen) wird dann das psychologische Modell geformt. Die Frau geht vom *Nachtbogen* aus, mit dem Risiko, an banalen Vorurteilen und primitiven Etikettierungen hängenzubleiben.

Argumente in Konfliktsituationen / Kindererziehung

Männer und Frauen haben beide ihre Art zu argumentieren, was bei einem Streitgespräch eine Einigung nicht gerade erleichtert. Der Mann nimmt seinen Ausgangspunkt in Prinzipien und zwingt autoritär, manchmal dogmatisch, seinen Willen auf. Ohne Rücksicht auf die vorliegende menschliche Situation soll um des Prinzips willen ein unbarmherziges Exempel statuiert werden.

Die Frau dagegen nimmt ihren Ausgangspunkt in der Empfindung, sie beurteilt gefühlsmässig, und ihre Vorwürfe haben in der Regel einen moralisierenden, empörten Ton: «Wie kannst du mir dies antun, nach alldem, was ich für dich getan habe?» Sie vergisst oft die Notwendigkeit einer (pädagogischen) Perspektive und kann auch ein Verbot erlassen, um unmittelbar danach eine Ausnahme zu machen, «weil es schade um ihn ist».

Ein Thema mit unendlichen Variationen

Männlich und weiblich als Prinzipien finden sich hinter allen Phänomenen, hier wurden nur einige wenige typische Beispiele erwähnt. Wir könnten sie beliebig fortsetzen, doch dann würde dies kein Buch über das Handlesen. Wesentlich ist, dass diese Prinzipien ihre Signaturen in die Hände setzen, und dass sie identifiziert werden können. Doch Voraussetzung für die Deutung ist die Vertrautheit mit den Prinzipien und ihren Ausdrucksformen im Alltag. Wir haben also bewusst ein unfassbar grosses Thema vereinfacht.

Integration des Gegenpols

Weiblich	*Männlich*
– Peripherie	– Kern
– die anderen	– ich

In unserem Inneren liegt, verborgen und unbewusst, unser seelischer Gegenpol. *C. G. Jung* nennt den weiblichen Pol im Manne «Anima», den männlichen Pol in der Frau «Animus». Was im Inneren verborgen ist, wird immer irrationale Gefühle und Reaktionen wie Faszination, Angst oder Mystifizierung hervorrufen. Hier liegt der Schlüssel zu unseren Projektionen. In der Begegnung mit dem Gegenpol werden wir ganz; nur dort kann eigentliche Schöpfung und Erneuerung stattfinden.

Ein Leben lang versuchen wir, diesen inneren Pol zu integrieren, besonders von Anfang Dreissig bis Ende Vierzig (Lebensmitte). Die Frau verbindet sich mit dem Männlichen, der Mann mit dem Weiblichen. Die Krisen in der Lebensmitte (und später) sind eng mit diesem Prozess verknüpft, und die Wurzeln vielfältiger Probleme können mit ihm als Schlüssel gesucht werden. Die Verwandlung als solche steht nicht als «Wahlmöglichkeit» offen, die Frage ist eher, inwieweit man sie akzeptiert und wie man mit ihr umgeht.

In der Jugend richten die meisten Männer ihre Aufmerksamkeit und Energie auf eigene Ziele, vielleicht ganz ohne an andere zu denken. In der Lebensmitte kommen die Wertkrisen, vielleicht meldet sich dann das Bedürfnis, nicht nur den persönlichen Ehrgeiz zu befriedigen, sondern darüber hinaus auch etwas für andere Menschen, für die Gesellschaft, für die Natur zu tun. Menschliche Werte und Lebensqualität werden zu aktuellen Themen.

Umgekehrt richtet sich die Aufmerksamkeit und Energie der Frau vorerst auf die Umwelt, auf deren Spielregeln und Bedürfnisse. Sie hat ihren Kern und ihre individuelle Zielsetzung noch nicht gefunden. In der Lebensmitte erwacht dann oft eine Ich-Kraft, ein Drang, persönliche Ziele zu verwirklichen und sich als Individuum zu profilieren. Dies zeigt sich besonders in intellektuellen, künstlerischen oder wirtschaftlichen Leistungen.

Naheliegende Deutungen

Bei der Untersuchung einzelner Bereiche der Hand und deren Funktionen kann mittels Analogiedenken auf verschiedene chiromantische Entsprechungen geschlossen werden: durch einfache Betrachtung der Hand. Nachfolgend einige solcher Beobachtungen mit den entsprechenden Interpretationen.

Der Daumenmuskel

Der Daumenmuskel ist der stärkste Muskel der Hand. In ihn läuft die Pulsader hinein, ihm wird am meisten Energie zugeführt. Dort ist der *Venusberg.* Der direkte (analoge) Schluss: physisch-körperliche Vitalkraft, Produktions- und Wachstumspotential, Regenerationskraft, Lebenstauglichkeit, Lebensappetit, Sexualität.

So ist verständlich, dass die Linie, die den Venusberg umzäunt, Lebenslinie heisst. Es ist jedoch ein alter Aberglaube, dass die Länge der Lebenslinie die Länge des Lebens bestimme, doch sie gibt Auskunft über die Lebensqualität im Sinne von Überschuss oder Mangel an Lebensenergie *(vgl. Kapitel «Die Lebenslinie: zwischen Mars- und Venusberg»).*

Ein grosser, protzender Venusberg mit schön geschwungener Lebenslinie kann folgendermassen gedeutet werden: «Ein lebensfroher, sinnlicher Mensch mit Kraftüberschuss und viel Energie und einem guten Selbstvertrauen.»

Ist der Venusberg hingegen eng und flach, von einer fast senkrecht fallenden Lebenslinie eingeengt, so kehrt sich die Deutung mehr oder weniger um: «Ein Mensch, der jeden Tag gegen Müdigkeitserscheinungen und Erschöpfungszustände ankämpfen muss und es nicht vermag, grössere Unternehmungen zu starten. Ein solcher Mensch hat für andere nur wenig Energie zur Verfügung und zweifelt an der Wirksamkeit der eigenen Kräfte.»

Die Handkante

Dem Venusberg gegenüber, an der Handkante, liegt der *Mondberg.* Dieser Teil der Hand lässt sich nicht unmittelbar kontrollieren oder steuern, er hat keinen eigenen Finger, auch keine direkte Pulsaderversorgung. Alle Prozesse laufen im Muskelinnern ab.

Der analoge Schluss: passiver, unkontrollierbarer Bereich ausserhalb der Reichweite von Wille und Verstand; innere Kräfte wirken in sich selbst. Die Tradition besagt, dass der Mondberg Sitz der Träume und Phantasien sei, der Ort, der Passivität und subjektive Zustände anzeigt.

Ist der Mondberg gross, vielleicht mit einer Ausbuchtung an der Handkante, dreht es sich um einen Menschen mit lebhafter Phantasie und einem starken Innenleben; äusseres Streben tritt in den Hintergrund. Das Leben wird in ungeplante Bahnen gelenkt und ist vom Wechselhaften geprägt. Wenn die Hand elastisch und die Linien klar sind, sind ein grosses kreatives Potential, Originalität und Ideenreichtum gegeben.

Ist die Muskulatur schlaff und die Linien schwach, wird der Betreffende nicht imstande sein, sein eigenes Leben zu dirigieren. Er weht wie ein Blatt im Winde. Wenn der Mondberg flach ist und zudem unten nicht entwickelt, werden Kunst, Phantasie, Poesie und Mystik keine oder nur eine unbedeutende Rolle spielen.

Die Handbasis

Die Handbasis ist generell ziemlich undifferenziert und bildet Kraft- und Nahrungsgrundlage für die eigentliche individuelle Entwicklung, die im oberen Teil der Hand zu Hause ist. In gewissem Sinne repräsentiert die Handbasis frühere Entwicklungsstufen, die Anteile unserer Natur, die den Tieren am nächsten sind: Instinkt, Trieb, Ahnung, Intuition.

Die Finger

Der Daumen ist der stärkste Finger; er kann greifen und festhalten. Analoger Schluss: Kontrolle und Daseinsbeherrschung. Je grösser der Daumen, desto mehr Kraft – je kleiner, desto weniger. Die Tradition deutet einen grossen Daumen als dominierend, willensstark und herrschend, einen kleinen Daumen als anpassend und einordnend. Der Daumen ist das stärkste Werkzeug der Hand.

Die andern Finger hingegen sind feiner differenziert und können alleine keine eigentliche Arbeit ausführen; die feinste und präziseste Arbeit wird in Zusammenarbeit zwischen Daumen und Zeigefinger, mit Stütze des Mittelfingers, ausgeführt. Der Zeigefinger meistert mit dem Daumen die bewussteste motorische Steuerung. Es ist naheliegend, eine Zusammenarbeit zwischen Daumen, Zeigefinger und Mittelfinger mit Kontrolle, Arbeit, Überblick und Steuerung zu verbinden.

Ring- und Kleinfinger sind anders: Sie sind muskelschwach und treten arbeitsmässig eher als Stützen auf, haben aber als Ringträger eine wichtige passive Rolle. Nur bei besonderen Funktionen, wie beispielsweise bei der Bedienung von Musikinstrumenten, werden sie auf Aktivität trainiert. Diese Seite der Hand (auch der Handrand) kann als reaktiv (passiv) betrachtet werden.

Die Finger sind motorisch und nervenmässig die am feinsten entwickelten Teile der Hand. Die Fingerspitzen sind so sensitiv, dass sie auch kleinste Unregelmässigkeiten (Blindenschrift) und Gegenstände erkennen können; es wird sogar behauptet, dass Blinde imstande seien, mit den Fingerspitzen Farben voneinander zu unterscheiden.

Es ist also nicht verwunderlich, dass die Handleser die Finger mit den rezeptiv-koordinierenden Funktionen des Bewusstseins und mit mentaler und kommunikativer Tätigkeit verbinden. Eine genaue Betrachtung der Einzelteile der Hand gibt uns viele Möglichkeiten für analoge Schlussfolgerungen (besonders, wenn man über die Anatomie der Hand und ihre physiologischen Verbindungen zum Rückenmark Bescheid weiss). Doch der grosse Sprung zur Deutungskunst wird erst mit der *symbolischen* Deutung vollzogen.

Die Muskeln

Die Muskeln erzählen über Art und Menge der vorhandenen Energie. Astrologisch gesehen gehören die Muskeln zu Mars in seinem motorischen, dynamischen und energieumsetzenden Aspekt. Kurzum: Es dreht sich hier um Energie.

Die Untersuchung der Muskeln gehört zur grundlegenden Typenbestimmung. Doch ungeachtet des angewandten Systems kann man immer zwischen vollen und flachen Muskeln unterscheiden, die von mehr oder weniger weicher oder harter Konsistenz sind.

Muskeln	=	*Energie*
volle Muskeln	=	viel Energie
flache Muskeln	=	wenig Energie
feste Konsistenz	=	männliche Qualität, physisch
weiche Konsistenz	=	weibliche Qualität, psychisch
entspannter Zustand	=	Eindrucksempfänglichkeit
angespannter Zustand	=	Leistungsintensität

Die Energiemenge ist für Lebensgefühl und Arbeitskapazität entscheidend. Ein energiegeladener Mensch wird viel mehr ausrichten können als ein energieschwacher, und zudem wird er von einem Kraftgefühl getragen, das an sich schon Selbstvertrauen und Tätigkeitsdrang stimuliert. Der energieschwache Mensch wird vielleicht schon nach dem Frühstück von einer Kraftlosigkeit befallen, die Selbstvertrauen und Selbstwertgefühl unterminiert; mit Mutlosigkeit kommt man nicht weit. Die als treibende Kräfte der Gesellschaft wirkenden führenden Persönlichkeiten sind alles energievolle Menschen, die meist weit über die üblichen Arbeitszeiten hinaus tätig sind.

Die Muskeln und ihre Konsistenz sind für die Deutung von ungeheurer Wichtigkeit. Der Anfänger wird sie oft vernachlässigen, da die Linien so spannend sind. Doch wenn man dies tut, geschieht dasselbe, wie wenn man am Anfang einer grossen Rechenaufgabe einen Fehler begeht.

Der Muskeltest

Die Grösse und die Ausbuchtungen der Muskeln sind sofort ersichtlich, doch die Konsistenz muss erspürt werden. Die zu deutende Person muss die Hand entspannen. Nehmt die Hand und untersucht sie so wie ein Tuchhändler, der die Qualität eines Stoffes erspüren möchte, bevor er ihn kauft. Stellt mit dem Daumen fest, ob die Muskeln gleichmässig sind, oder ob Blockaden und Spannungen vorhanden sind. Reflexzonentherapeuten und Masseure werden schon wissen, worum es geht. Habt keine Angst, zu fest zu drücken: Es tut nicht weh! Danach muss der Test im angespannten Zustand wiederholt werden. Nehmt jetzt wahr, welche Teile der Hand schlaff bleiben.

Bei diesem Test sollte man sich vorstellen, dass es ganz dunkel ist; man ist völlig auf sein Gefühl angewiesen. Das ganze Bewusstsein sammelt sich in den Händen: «Wer ist dieser Mensch?» Intuitive Begabungen werden aus dem Test mehr herausholen als blosse technische Informationen über die Muskeln.

Im *entspannten* Zustand erzählen die Muskeln über die Eindrucksempfänglichkeit dieses Menschen. Auch kraftvolle Muskeln können empfänglich und auf Austausch mit anderen Menschen eingestellt sein. Im *angespannten* Zustand erzählen sie über die Kraftkonzentration und den Krafteinsatz in akuten Situationen, also über das Leistungspotential.

Einige Hände können im entspannten Zustand sehr weich und im gespannten Zustand fast hart sein, was von einem breiten Spektrum zeugt sowie von der Fähigkeit, sich den Umständen entsprechend zu verhalten. Andere sind im entspannten und gespannten Zustand mehr oder weniger gleich, das Spektrum ist kleiner, und der Betreffende wird kein Bedürfnis nach grossen Schwankungen haben.

Beschaffenheit der Muskeln

Wir können die Muskelqualitäten – den Qualitäten der vier Elemente entsprechend – in vier Gruppen einteilen.

Die vier Elemente

Die Muskeln sind – bildlich ausgedrückt – wie: *Stein* (Erde), *Stahlfeder* (Feuer), *Gummiball* (Luft) oder *Schwamm* (Wasser). Spezifische Deutungen finden sich im Abschnitt über die vier Elemente.

Weibliche und männliche Qualität

Bevor die eigentliche Deutung beginnt, muss zwischen weiblicher und männlicher Qualität unterschieden werden. Gemeint ist hier der Grad an Spannkraft der Muskeln.

Feste Muskeln: männlich

Volle, feste Hände haben einen Tätigkeitsdrang von sowohl motorischer als auch mentaler Beschaffenheit, der weit über den Durchschnitt hinausgeht. Die männliche Energie richtet sich auf Dinge oder Begriffe. Solche Menschen haben keine Lust auszuruhen. Wenn 18 Stunden am Tag gearbeitet wird, kommt wirklich viel dabei heraus. Sie können recht dominierend sein und sind als Arbeitgeber fordernd.

Flache, feste Muskeln sind ebenfalls in ununterbrochener Aktivität, doch meistens von introvertierterer Natur. In der Regel geht es hier vor allem um mentale Arbeit. Eine Entspannung kommt erst, wenn sich die Erschöpfung meldet, weil die Körpersignale meistens ignoriert werden. Jedoch: Intelligente Strategie und Planung kompensieren für den Mangel an Energie. Der Arbeitstag ist allerdings nicht so lang wie bei vollen Muskeln.

Weiche Muskeln: weiblich

Menschen mit *vollen, weichen Muskeln* sind stimmungsabhängig, das Aktivitätsniveau schwankt nach Lust und Laune. Sie haben ein ausgeprägtes Bedürfnis, mit anderen zusammenzusein. Die weibliche Energie richtet sich auf Menschen und innere Erlebnisse; sie kommt dort am besten zum Zuge, wo es sich um Stimmungsaufbau und Steuerung der psychischen Atmosphäre handelt.

Traditionell wird von solchen Menschen gesagt, sie seien sinnlich und physisch faul. Das stimmt! Die Faulheit ist aber kein Dauerzustand, bei entsprechender Gelegenheit und Stimmung können sie überaus aktiv sein. Sie sind gefühlsmässig dominierend, sogar aufdringlich, wenn die Muskeln in der Tiefe eine gewisse Spannkraft aufweisen («Zuschuss» von männlicher Energie).

Menschen mit *flachen, weichen Muskeln* haben es recht schwer und leben oft in tiefer Abhängigkeit von einer energiestärkeren Persönlichkeit. Oft wird als Kompensation für den Mangel an Energie eine strategisch-manipulative Fähigkeit entwickelt, damit andere das erledigen, was man selbst nicht kann oder vermag.

Verspannte und weiche Bereiche

Während des Muskeltests wird man entdecken, dass die Hand auch im entspannten Zustand Verspannungen aufweisen kann. Diese Verspannungen sollten als Problembereiche betrachtet werden (Überbelastung, Blockaden, Angst). – Ebenso bleiben manchmal im gespannten Zustand gewisse Bereiche schlaff. Diese Bereiche entziehen sich dem Bewusstsein und sind Quellen zur «Unterminierung». Sie liegen typisch am Handrand. Hierzu werden spezifische Deutungen in den Kapiteln *«Stichworte zu den sieben Chakren»* und *«Der Chiroman»* gegeben.

Die Handtypen

Der Mensch ist ein multidimensionales Wesen, das sehr viele verschiedene Aspekte in sich vereinigt. Zahlreich waren die Versuche, Einordnungssysteme zu finden und zu definieren, mit denen die Menschen gruppiert und als Typen beschrieben werden können. Eine jede Typeneinteilung aber – von den naturgegebenen einmal abgesehen – wird von der Lebensauffassung ihres Erfinders und vom Zeitgeist, in welchem sie definiert wurde, geprägt sein. Ein Mensch mit viel Lebenserfahrung und einem differenzierten Menschenbild wird ein nuancierteres Typensystem mit Ausbaumöglichkeiten fordern. Ein beschränkter Mensch unterscheidet vielleicht nur zwischen gut und böse, wie dies kleine Kinder tun.

Jede Typeneinteilung ist eine Kategorisierung, die einen Bezugsrahmen für die Deutung bildet; Körper- und Handformen lassen sich mit psychologischen Wesenszügen verbinden. Aus einleuchtenden Gründen wird hier nicht diskutiert, inwieweit es überhaupt einen Zusammenhang zwischen Körperbau und psychologischem Typus gibt.

Psychologische Typen

Die Einteilung in psychologische Typen hat eine lange Vorgeschichte; am bekanntesten sind wohl die *vier Temperamente,* die im Altertum mit den vier Elementen und den vier Körpersäften verbunden wurden.

Temperament	*Körpersaft*	*Element*
Sanguiniker	Blut	Luft
Choleriker	Gelbe Galle	Feuer
Melancholiker	Schwarze Galle	Erde
Phlegmatiker	Lymphe	Wasser

Der Engländer *Fred Gettings* hat sein Handtypensystem auf den vier Elementen aufgebaut. Die vier Elemente sind für den Esoteriker Begriffe für Urenergien und Urzustände und gehören auch zu den fundamentalen Bausteinen *astrologischen* Denkens. Viele Astrologen sehen einen Zusammenhang zwischen diesen vier klassischen Typen und den von *C. G. Jung* beschriebenen vier psychischen Funktionen. Wir sind solchen direkten Übersetzungen gegenüber recht zurückhaltend; die Tatsache allein, dass hier wie dort vier Typen definiert sind, bedeutet nicht unbedingt, dass es sich um dieselben «Koordinaten» handelt.

Auch der Farbpsychologe *Prof. Max Lüscher* beschreibt vier psychische Grundfunktionen, die sich ebenfalls, trotz grosser Ähnlichkeit mit den Elementen und den psychischen Funktionen, als eigenes, geschlossenes System verstehen lassen.

Schon im ersten Kapitel wurden die Hände in verschiedener Weise gruppiert und somit gewissermassen in Typen eingeteilt. Es handelte sich dabei primär um eine Beobachtungsübung, doch im Grunde sind solche Beobachtungen der erste Schritt zum Aufbau des eigenen Typensystems.

Die sieben klassischen Handtypen

In der herkömmlichen Chiromantie gibt es zwei verschiedene Sieben-Typen-Systeme. Das klassische System spricht von elementaren *(Abb. 1)*, spatelförmigen *(Abb. 2)*, quadratischen *(Abb. 3)*, konischen *(Abb. 4)*, philosophischen *(Abb. 5)*, psychischen *(Abb. 6)* und zusammengesetzten *(Abb. 7)* Händen. Bei dieser Methode wird die Handform in ihrer Ganzheit betrachtet: Sie ist jedoch unpraktisch, da die reinen Typen wirklich selten auftreten.

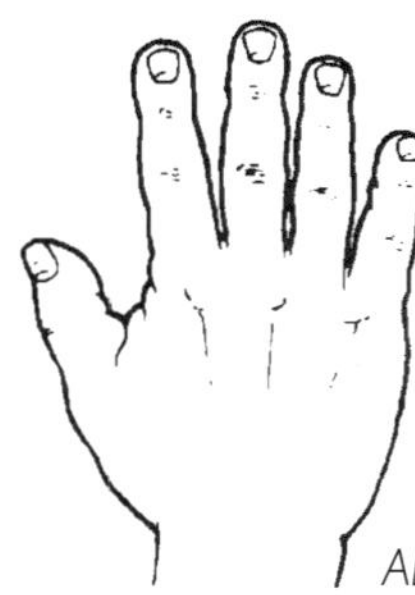
Abb. 1

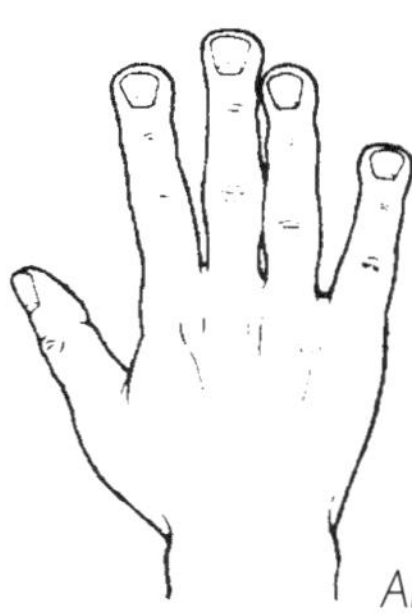
Abb. 2

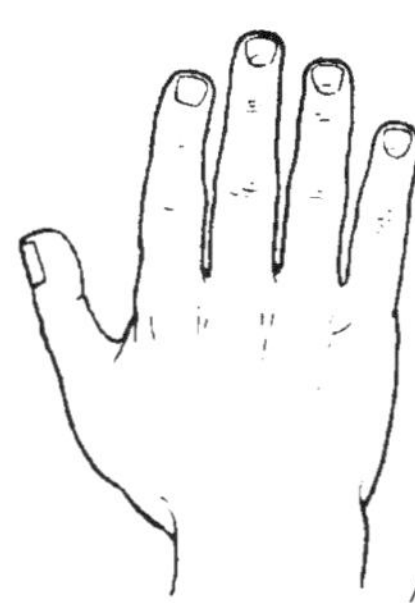
Abb. 3

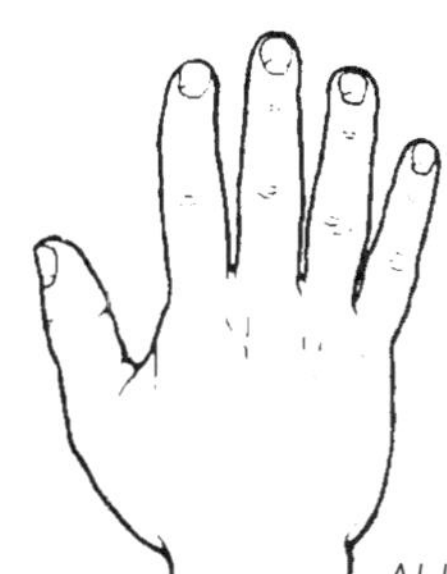
Abb. 4

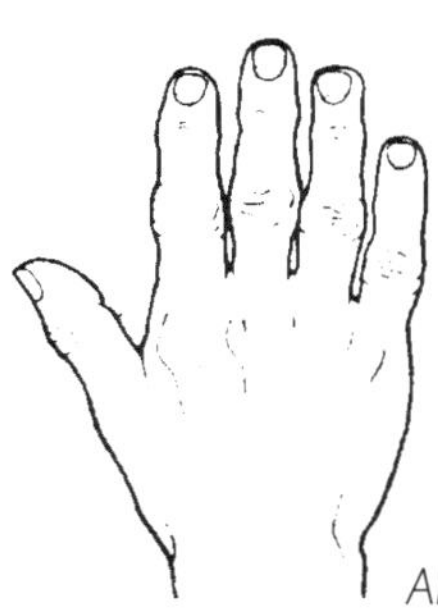
Abb. 5

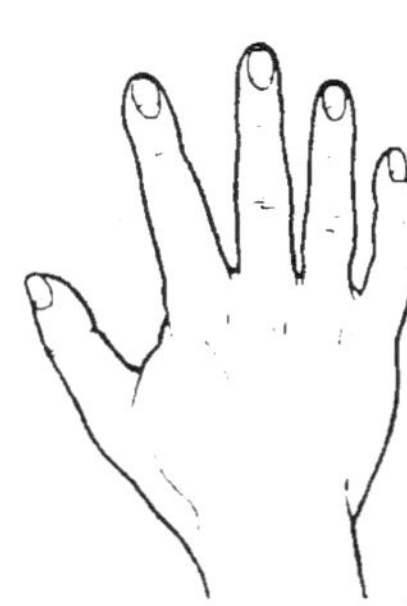
Abb. 6

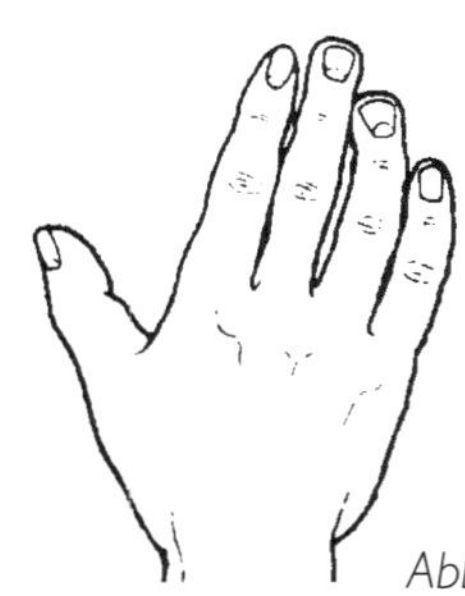
Abb. 7

Die Handtypen gemäss den sieben Planeten

Das andere Sieben-Typen-System ist auf Sonne, Mond und den Planeten aufgebaut und also eng mit der *astrologischen Typologie* verknüpft, hat aber nichts mit dem vorher erwähnten System zu tun. Diese Methode ist spezifischer. Jeder Finger und jeder Muskel (Berg) ist einem Planeten zugeordnet, und jedem Planeten entspricht eine bestimmte Charakteristik der Hand (und des Körperbaus).

Viele klassisch arbeitende Handleser kombinieren die beiden Systeme, und in neuerer Literatur merkt man, dass die beiden Modelle immer noch existieren, obschon sie vielleicht nicht direkt erwähnt werden.

Medizinisch orientierte Hand- und Menschentypen

In den letzten hundert Jahren sind einige Typensysteme dazugekommen, die in der Konstitution und im Stoffwechsel ihren Ausgangspunkt nehmen. Die Bücher des französischen Handlesers *Henri Mangin* verdienen besonders hervorgehoben zu werden. Er beschreibt und kombiniert vorbildlich mehrere Methoden, unter anderem auch die vier Elemente.

Wir finden es wichtig, dass neugierige und forscherfreudige Leser die Existenz dieser Systeme kennen, auch wenn wir sie nicht benützen. Wir zeigen nachfolgend einige Illustrationen und verweisen auf sein Buch *Abrégé de Chiroscopie Médicale* (Medizinische Handdiagnostik).[1] Bei einem der Systeme wird zwischen folgenden drei Typen unterschieden:

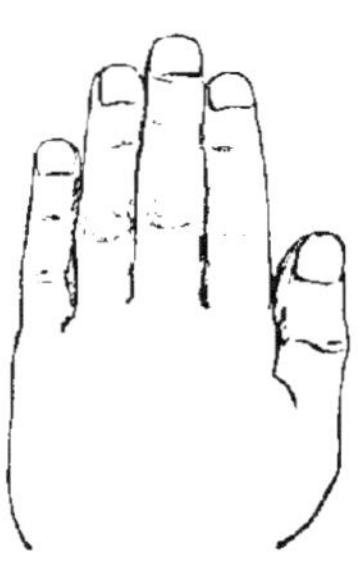

Karbonischer Typus

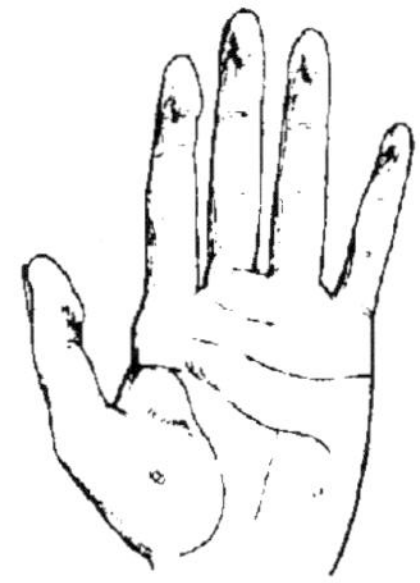

Phosphorischer Typus

Fluorischer Typus

Weiter erwähnt Mangin unter der Rubrik «Konstitutionstypen» den Franzosen *Claude Sigaud,* der seine Untersuchungen auf das Verhältnis des Menschen zu seiner Umwelt fokussierte und von diesem Gesichtspunkt aus ebenfalls vier Typen definierte:

Verdauungstypus

Muskeltypus

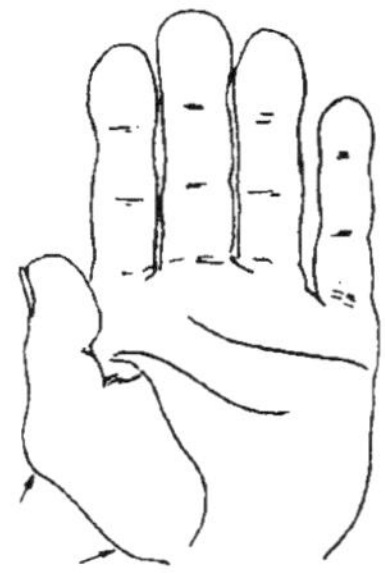

Verstandestypus

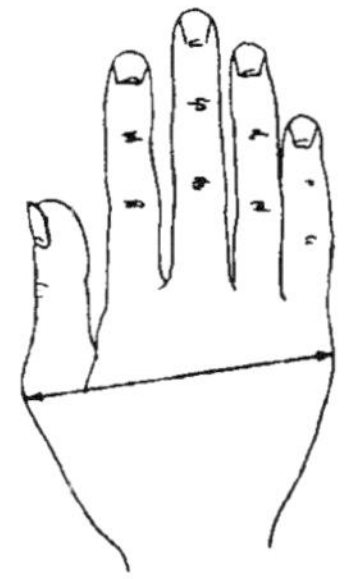

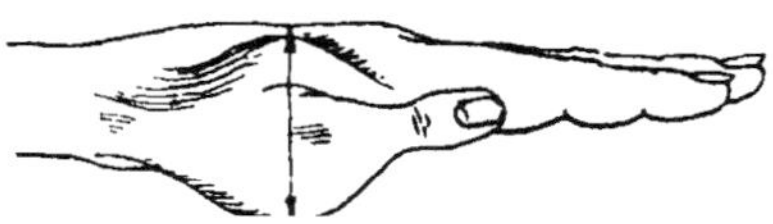

Atmungstypus

Ebenso bezieht sich Mangin in seinem Buch auch auf den deutschen Homöopathen *Grauvogl,* der für Diagnose- und Behandlungszwecke drei biochemische Typen beschreibt:

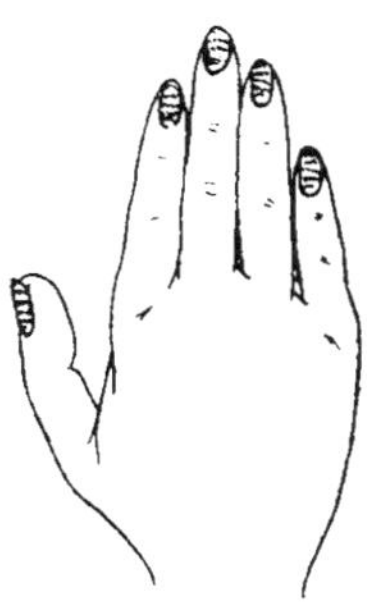

Sauerstofftypus

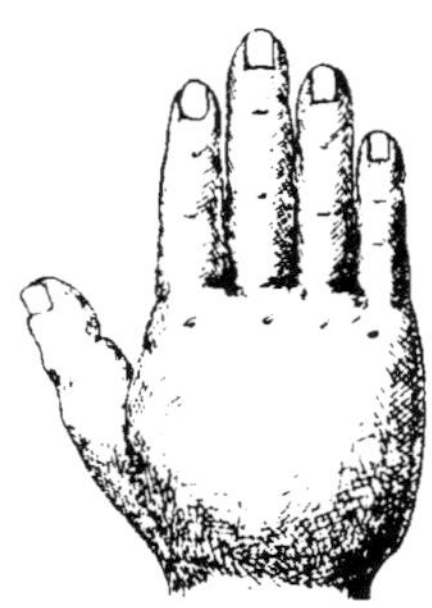

Wasserstofftypus

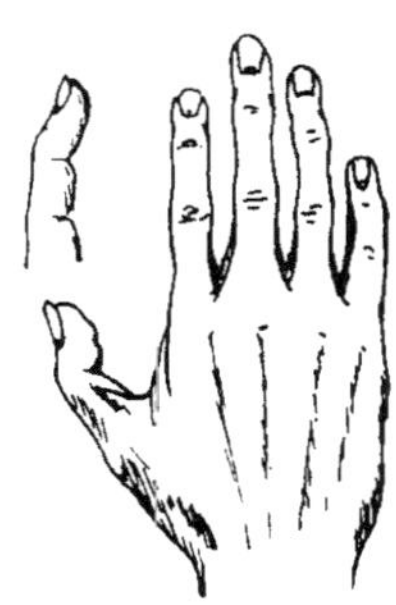

Stickstofftypus

Schliesslich beschreibt das Buch die klassischen Sieben-Planeten-Typen sowie einen achten Typus, den sogenannten Erdtypus. Die Illustrationen sind sehr gut und verdienen es, bekanntgemacht zu werden *(siehe Abbildung auf der nachfolgenden Seite).*

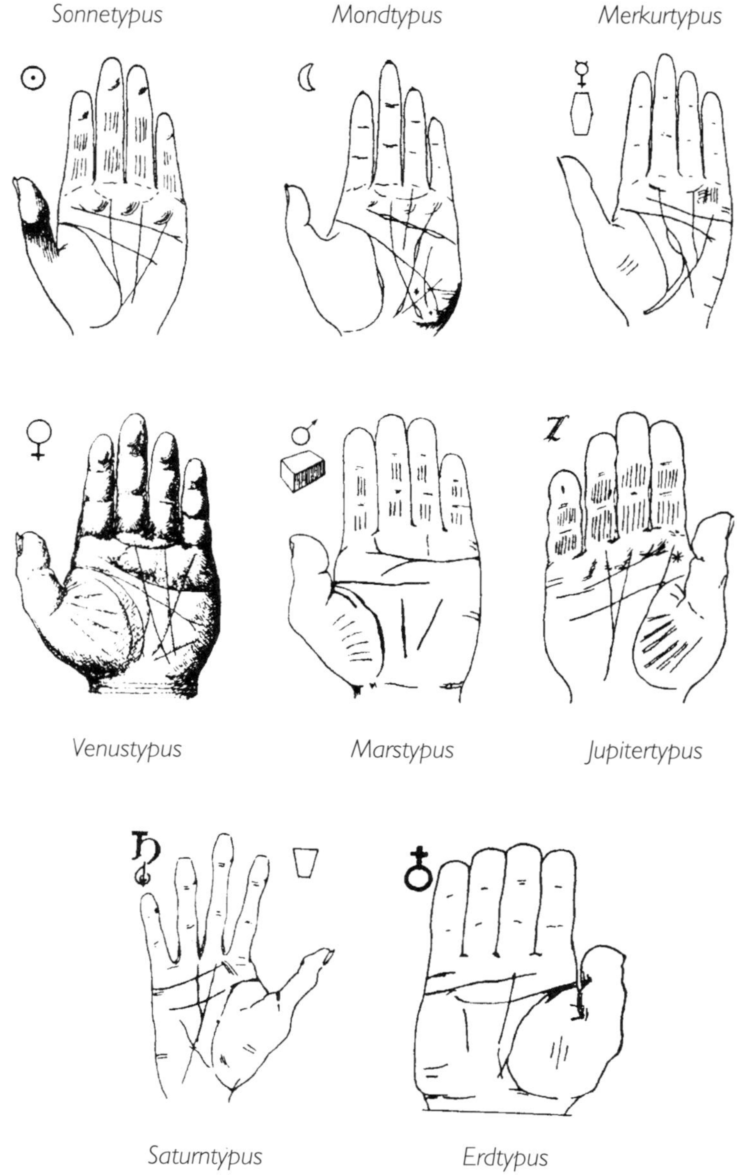

Ein weiteres medizinisch orientiertes Typensystem wurde von der Ärztin und Handleserin *Charlotte Wolff* definiert.[1] Es nimmt seinen Ausgangspunkt in der Funktion der endokrinen Drüsen und beschreibt hervorragend und systematisch folgende drei Typen, wobei jeder Typus aus zwei Gruppen besteht:

elementarer Typus	a) simpel	b) unregelmässig
motorischer Typus	a) knotig	b) fleischig
sensitiver Typus	a) klein	b) lang.

Ihre psychologischen Profile der verschiedenen Typen sind klar und präzis. Doch muss erwähnt werden, dass sie als Medizinerin die pathologischen Aspekte betont und einen nüchternen Abstand zur chiromantischen Tradition behält. Wenn man überhaupt nach einem Handtypensystem arbeiten will, kann ihr Modell wärmstens empfohlen werden.

Man kann nicht über Typensysteme sprechen, ohne den deutschen Psychiater *Ernst Kretschmer* anzuführen. Er beschrieb die Körpertypen und die dazugehörende Psychologie folgendermassen: *pyknisch, asthenisch* (hierunter auch leptosom), *athletisch* und *dysplastisch.* Darüberhinaus definierte er zwei Temperamentstypen: *zykloid* und *schizoid.* Verständlicherweise haben sich die zeitgenössischen Handleser inspirieren lassen, Kretschmers Typen in den Händen zu finden.

Auch der amerikanische Arzt *W. H. Sheldon* und der deutsche Psychophysiognomiker *Carl Huter* müssen erwähnt werden. Beide beschreiben Systeme, die sich aus dem Drei-Keimblatt-Stadium des Embryos entwickelt haben; sie arbeiteten also mit einem Drei-Typen-System, das später eingehend beschrieben wird. Es sollte vielleicht noch erwähnt werden, dass die beiden Forscher von verschiedenen Warten aus ihre Systeme beschreiben: Sheldon war Arzt und Konstitutionspsychologe, Huter hingegen war Esoteriker.

Auch die deutsche Theologin und Handleserin *Ursula von Mangoldt* arbeitete mit einem Drei-Typen-System, das durch die Handform definiert wird: *spatelförmig, eckig* und *konisch.* Genau wie beim klassischen Sieben-Typen-System hat man hier aber Probleme bei der Zuordnung, da die Grundtypen in unendlichen Variationen auftreten.

Es gibt noch mehr Typensysteme als die hier angeführten, wir haben aber nicht die Absicht, eine komplette Liste zu geben. Im Prinzip kann man wohl nach jeder Methode arbeiten. Wer vorhat, praktischer Handleser zu werden, muss unterwegs seinen eigenen Stil finden und den Bezugsrahmen wählen, der am besten zu ihm passt.

Wie aus alledem hervorgeht, gibt es in bezug auf Typeneinteilungen gar keine Begrenzungen, mehrere Typen sind eng verwandt oder überlappen sich gegenseitig. Ob man mit einem oder mehreren Systemen arbeiten oder noch ein zusätzliches definieren will, hängt allein vom eigenen Standpunkt ab.

Die fundamentalste aller Einteilungen ist die *Polarität,* die in unseren Definitionen eine entscheidende Rolle spielt. Das Polaritätsprinzip herrscht überall – ungeachtet der Manifestationsebene. Diese Betrachtungsweise stimmt auch mit dem esoterischen Denken überein.

Wir arbeiten aber ebenso mit der *Dreiheit* in ihrem esoterischen Aspekt – den klassischen *drei Welten* der Chiromantie – und mit den drei Konstitutionstypen. Auch die *vier Elemente* und die verschiedenen *Planetentypen* gehören zu unseren Werkzeugen.

Harmonie und Disharmonie

Einzelne Faktoren des Handlesens können an sich nie gut oder schlecht sein. Wesentlich ist – ungeachtet des Handtypus – die Zusammensetzung der Faktoren zu einer harmonischen oder einer disharmonischen Ganzheit. Hier beurteilt der *Bildhauer,* nicht der *Ingenieur.*

Das Gleichgewicht ist das theoretische Ideal, zu viel ist ebenso kritisch wie zu wenig. Man kann jedoch nicht einen idealen, wohlproportionierten Handtypus von mehr oder weniger neutraler Beschaffenheit definieren: Einen solchen gibt es gar nicht.

Es gibt viele verschiedene Typen, jeder Typus ist an sich richtig und hat seine ihm eigene Spezialität. Die zahlreichen verschiedenen Handtypensysteme zeugen davon, doch äusserst selten lässt sich ein Typus so finden, wie er beschrieben wird. Es wird immer individuelle Abweichungen von den Lehrbuchbeispielen geben. Sicher wird man in Zukunft neue Systeme (er-)finden, die neuen Entdeckungen und neuen Erkenntnissen über den Menschen entsprechen.

Es ist wichtig, einen Blick für den Ausdruck und für die Proportionen der Hand zu entwickeln. Eine wohlproportionierte Hand kann ohne weiteres zu einer bestimmten Gruppe oder Klasse gehören, denn Harmonie ist nicht an den Typus gebunden. Entscheidend ist, dass kein Bereich auf Kosten anderer Bereiche überentwickelt oder als Zeichen mangelnder Funktionstüchtigkeit unterentwickelt ist. Die Proportionen der Hand werden durch Muskel- und Knochenbau und durch den Fingeransatz bestimmt.

Disharmonische Zeichen

- zu lange oder zu kurze Finger im Verhältnis zur Handfläche
- eine allzu schmale oder allzu breite Handfläche
- eine allzu volle oder allzu dünne Hand
- krumme oder verdrehte Finger
- allzu hoher oder allzu tiefer Ansatz von einem oder zwei Fingern
- zu kurzer oder zu langer einzelner Finger im Verhältnis zur Normallänge

Die Liste könnte beliebig erweitert werden, denn im Grunde geht es hier um Ermessensgrade an Schiefheit oder Verzerrungen der Hand und, was die Proportionen betrifft, um ein Zuviel oder ein Zuwenig.

Negative Eigenschaften sind nicht mit einem einzelnen Prinzip oder mit einzelnen Deutungsfaktoren verbunden – der Grad an Disharmonie ist bestimmend. Die Persönlichkeit erlebt die am wenigsten entwickelten Bereiche als minderwertig (das heisst die entsprechenden Eigenschaften, Talente und Wesenszüge), was zu negativen Kompensationen und Projektionen Anlass gibt.

Harmonische Zeichen

Die harmonische, wohlproportionierte Hand hat keine über- oder unterentwickelten Bereiche. Die Finger sind nicht krumm und in ihrem Ansatz beschreiben sie einen regelmässigen, flachen Bogen. Die Muskulatur ist fest, warm und federnd – nicht hart wie ein Brett oder weich wie ein Schwamm.

Charakterbildende Unregelmässigkeiten

Bestimmte Bereiche der Hand können ohne weiteres betont sein, es sollte sich nur nicht um eine Übertreibung handeln. Kleine Unregelmässigkeiten können Zeichen persönlicher Originalität sein und zu besonderen Leistungen anspornen. Kleine Dissonanzen können Charakter und Schönheit ergeben.

Einer harmonisch proportionierten Hand fehlt vielleicht die Dynamik, sie kann etwas profillos wirken. Originalität und Störungen im Linienbild können ihr Dynamik verschaffen. Wenn der Handtypus und die Linien Stärke ausstrahlen, wird der Betreffende kaum Verständnis für Qualen und Mängel anderer Menschen aufbringen. Eine Faustregel: Eine wohlproportionierte Hand kann ein schwieriges Linienbild vertragen, eine unregelmässige Hand braucht ein gutes und klares Linienbild.

So ist ein gut funktionierender Intellekt günstig, wenn er nur das Gefühl nicht abtötet. Ebenso wirkt ein gutes Energiepotential positiv, wenn es von Gefühl und Verstand gesteuert wird. Und eine lebhafte Phantasie ist gut, wenn sie sich nicht als Wirklichkeitsflucht und Verlogenheit äussert.

Die Hälften und die Quadranten

Ich-Seite und Du-Seite

Wie aus den nachfolgenden beiden Illustrationen hervorgeht, zählen wir Daumen, Daumenballen und Zeigefinger zur *Ich-Seite,* während Ringfinger, Kleinfinger und Mondberg zur *Du-Seite* gehören. Der Mittelfinger und seine Längsachse bilden die Grenze zwischen diesen beiden Seiten. Oft dominiert eine der beiden Seiten.

Ich-Seite
Die Ich-Seite hat die grösste Kraft und die grösste motorische Kontrolle; mit ihr werden sowohl das Bleistift wie der Hammer gesteuert. Von hier aus wird das eigene Territorium erweitert, befestigt und verteidigt – im materiellen wie im geistigen Sinne.

Du-Seite
Die Du-Seite vermittelt den Kontakt und den Austausch mit der Umwelt und mit anderen Menschen. Hier steckt der Ehering am Ringfinger, der auf persönlicher Ebene ein Treuezeichen ist, zugleich aber auch ein Symbol des Ehestandes gegenüber der Gesellschaft.

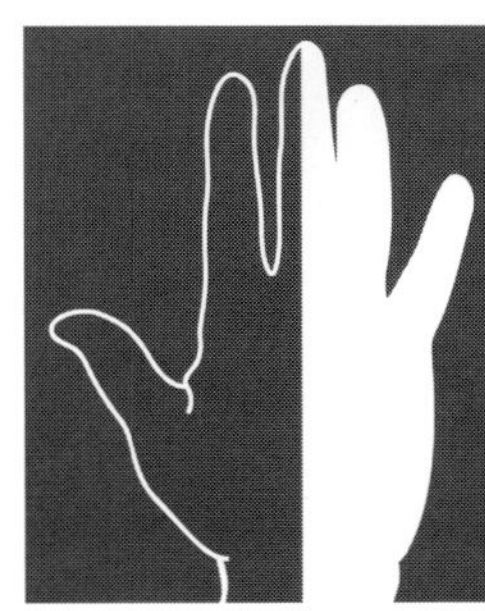

Ich-Seite
Ein typischer Ich-Seite-Mensch will gerne die Kontrolle über das eigene Leben behalten. Er wird versuchen, möglichst selbständig zu funktionieren und gründet hierzu vielleicht eine Fabrik oder übernimmt den Bauernhof der Eltern. Er hat aber die Tendenz, sich zu isolieren.

Du-Seite
Ein typischer Du-Seite-Mensch geht unter die Leute. Zu ihm passt Teamarbeit und kommunikativer Austausch. Wir finden ihn beispielsweise unter Verkäufern, Unterhaltungskünstlern und Ärzten.

Nachtbogen und Tagesbogen

Der *Nachtbogen* oder Kollektivraum beinhaltet alles, was allen Menschen gemeinsam ist – dasjenige also, was gegeben ist, was immer da war und worüber wir uns keine Gedanken machen, weil es zu den Selbstverständlichkeiten gehört und in diesem Sinne «unsichtbar» und unbewusst ist.

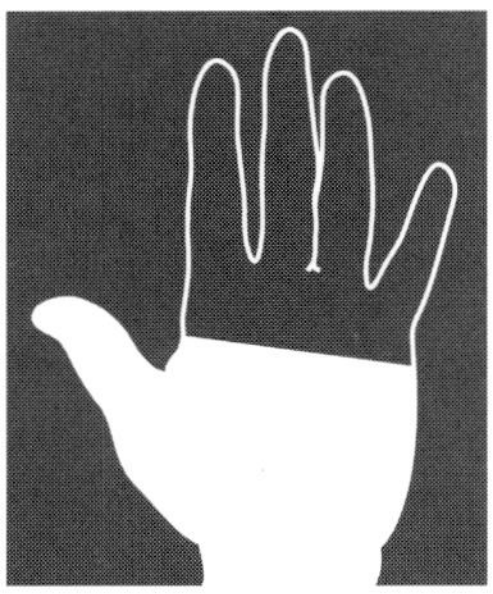

Nachtbogen

Hierzu gehören die ganze biologische und seelische Erbmasse, der Körper, seine physiologischen Funktionen, Instinkte, Bedürfnisse und eingeübten Reflexe, aber auch gemeinsame seelische Sehnsüchte und kollektive Urbilder, die wir später bei der Behandlung des *Mondbergs* näher anschauen werden *(vgl. Kapitel «In der Tiefe des Nachtbogens».*

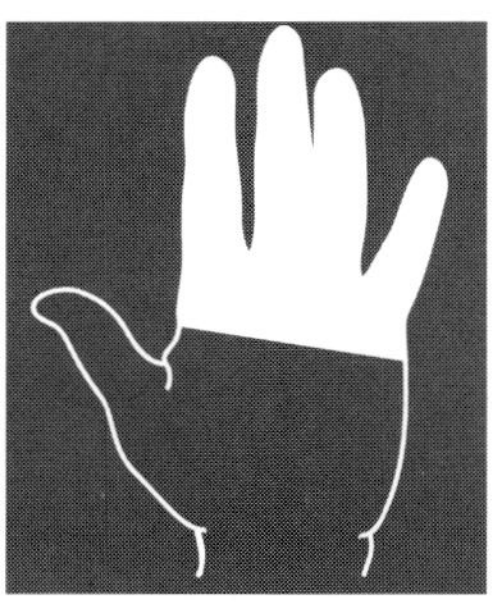

Tagesbogen

Zum *Tagesbogen* oder Individualraum gehören Dinge, die uns voneinander unterscheiden; hier sind wir als Einzelpersonen sichtbar. Wichtig sind besonders die Stellung in der Gesellschaft, Titel, Rolle, soziale Einstufung. Auch das Denk- und Unterscheidungsvermögen sowie die Ideale und Zukunftsvorstellungen gehören zum Tagesbogen. Die *Herzlinie* wird Näheres darüber erzählen *(vgl. Kapitel «Die Herzlinie»).*

Charakteristische Formen

Die *Nachtbogenhand* hat ihren Schwerpunkt im unteren Handraum; die Basis ist breit und voll, und die Form der Hand hat Ähnlichkeiten mit einer Birne. Die *Tagesbogenhand* hingegen hat ihren Schwerpunkt im oberen Teil. Ihre Finger sind lang, und die Hand hat die Form eines Dreiecks mit der Spitze nach unten. Dies sieht dann etwa so aus wie auf der nebenstehenden Abbildung.

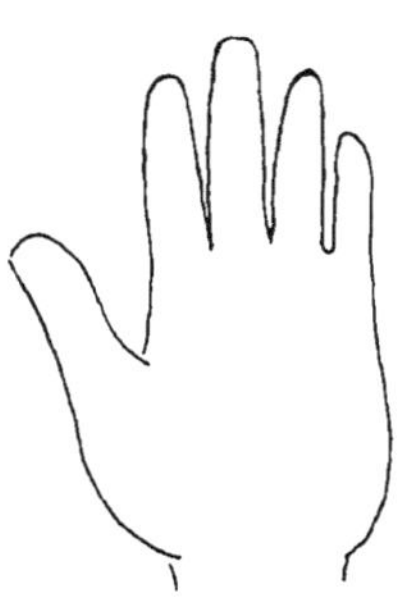

Nachtbogenhand

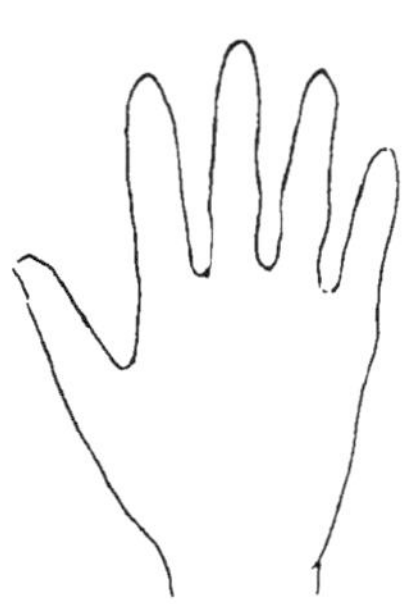

Tagesbogenhand

Nachtbogen-Verhalten
Der Nachtbogentypus ist naturverbunden, er hält nichts vom hektischen Grossstadtstress und fühlt sich wohl im Vertrauten. Wenn er auf Reisen geht, verschmilzt er unmittelbar mit der neuen Umgebung. Er urteilt nach seinem Gefühl oder nach den Erfahrungen und Weisheiten der Vorfahren, nicht aufgrund rationaler Argumente («Was für meinen Vater gut genug war, wird auch für mich gut genug sein»). Ist der Tagesbogen dabei unterentwickelt, besteht die Gefahr, dass dieser Typus geistig träge und unwillig ist, Neues zu sehen, zu lernen und zu verstehen.

Tagesbogen-Verhalten
Da, wo die Hand besser entwickelt ist und einen grösseren Raum beansprucht, liegen logischerweise auch die Stärken der betreffenden Person. So beschäftigt sich der Tagesbogentypus mit Organisation und Administration und versucht, den Überblick zu behalten. Er eignet sich für abstrakte Studien oder befindet sich an einer koordinerenden Stelle, beispielsweise als Organisationsleiter oder als Sekretärin. Ist dabei das Verhältnis zum Nachtbogen gestört, hat der oder die Betreffende Mühe, Wurzeln zu schlagen und ein harmonisches Familienleben zu führen – und überhaupt Schwierigkeiten damit, sich auf andere unmittelbar und vorbehaltlos einzulassen. Er hat dann die Tendenz, alles – auch das Gefühlsleben – zu systematisieren.

Die vier Quadranten

Durch die Einteilungen in *Ich-Seite* und *Du-Seite* sowie in *Tagesbogen* und *Nachtbogen* entstehen die vier Quadranten der Hand *(siehe Abbildung unten)*, deren Grundzüge hier in Stichworten *(siehe nächste Seite)* skizziert werden. Diese Einteilung gehört zum Skelett unseres Systems; bei der Be-

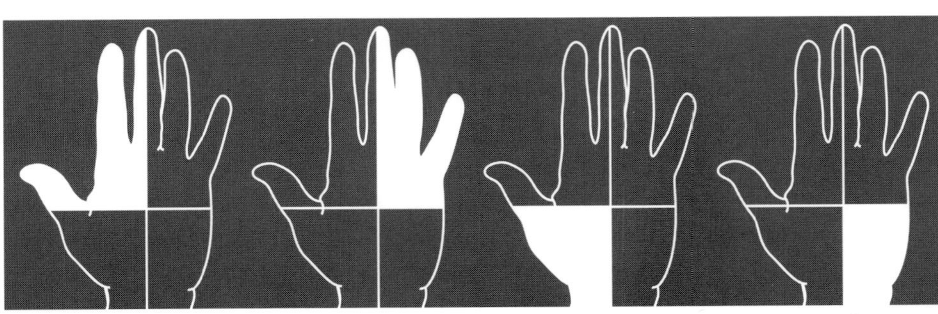

1) *2)* *3)* *4)*

sprechung einzelner Räume oder Linien der Hand werden wir immer wieder darauf hinweisen. Die Astrologen unter den Lesern werden hier mühelos die Quadranteneinteilung des Horoskops wiedererkennen.

1) Der Elfenbeinturm

(Ich-Seite/Tagesbogen)
Gewissen
Individualismus
Einsicht
Bewertung, Beurteilung
Prinzipientreue
Selbstdisziplin
Initiative

2) Die Weltbühne

(Du-Seite/Tagesbogen)
Öffentlichkeit
Kultur und Politik
Spielregeln, Gesetze
Gesellschaftsleben
Status, Strategie, Intrige
Markt, Börse
Schaufenster

3) Die Heimat

(Ich-Seite/Nachtbogen)
Familie, Wohnung
Vitalität, Ressourcen
Ökonomie, Besitz
Rohmaterial, Lager, Bestand
Geborgenheit
Grundstein, Basis
Untergrund, Bergwerk

4) Die Ferne

(Du-Seite/Nachtbogen)
grosse Geheimnisse
kosmische Gesetze
Unterwelt, Religiosität
Mystik, Rausch, Ekstase
Sucht, Sehnsucht, Reise
Anziehung, Bezauberung
Charisma, Suggestion, Magie

Rechts und links

Wenn auch unsere beiden Hände, das «siamesische Zwillingspaar», physisch getrennt sind, so können sie doch nie isoliert voneinander betrachtet werden. Im Yin ist immer Yang, im Yang ist immer Yin enthalten. Die moderne Gehirnforschung hat uns Handlesern aufschlussreiche Informationen und Anregungen vermittelt, denn was für die beiden Gehirnhälften gilt, hat sich empirisch auch im Handlesen bewährt. Zu beachten ist, dass sich die linke Gehirnhälfte mit der rechten Körperseite verbindet und umgekehrt. Die *rechte Hand* (linke Gehirnhemisphäre) entspricht primär dem Rationalen und Physischen, die *linke Hand* (rechte Gehirnhemisphäre) primär dem Irrationalen und Psychischen.

Die linke Gehirnhälfte sorgt in erster Linie für die verstandesmässigen und verbalisierenden Funktionen, sie denkt in Reihenfolgen und gibt Erklärungen. Die rechte sorgt für die gefühlsbetonten und die erlebenden Funktionen. Sie «denkt» in Zusammenhängen, Gleichnissen und Bildern. Die linke Hand sorgt für Erlebnisse, die rechte fürs Überleben.

Körper

(rechts/links)

Wie andere Zonen des Körpers (Reflexzonentherapie) reflektieren auch die Hände Schwächen und Krankheiten: Die linke Hand widerspiegelt die linke Körperseite, die rechte Hand die rechte. Es existiert auch eine Handreflexzonentherapie, die allerdings nicht so verbreitet ist.

Geschlecht

(männlich/weiblich)

Bei Rechtshändern ist die Rechte männlich und aktiv, die Linke weiblich und stützend. Der geübte Handleser kann den Linkshänder dadurch erkennen, dass die linke Hand männlichere Züge aufweist als die rechte.

Normalerweise ist beim *Rechtshänder* die linke Hand schmäler und deren Mittelfinger ein bisschen länger. Sie ist linienreicher und die Linien sind zarter und verästelter. Der linke Mondberg ist tiefer, meistens auch voller. Für den *Linkshänder* ist im Alltag die linke die ausführende, die rechte die stützende Hand. Dies bedeutet jedoch nicht, dass die zwei Gehirnhälften nun ihre Funktionen völlig vertauscht haben. Und trotz der

Linkshändigkeit befinden sich ja im Körper Herz und Milz immer noch auf der linken Seite, Leber und Galle aber auf der rechten. Allerdings kann man im grossen und ganzen gesehen spezifischer deuten, wenn man abklärt, ob der Linkshänder auch «linksäugig» und «linksbeinig» ist. (Welches Bein gebrauchst du beim Fussballspielen? Mit welchem Auge schaust du durch das Fernrohr?) Die Dreiteilung Auge/Arme/Beine entspricht chirologisch Herz-, Kopf- und Lebenslinie. Als Faustregel gilt: Für Linkshänder sollen – bis auf die Motorik – die Deutungsregeln *nicht* umgekehrt werden.

Raum

(aussen/innen)
Rechte Hand (aussen – *was man macht*): Oberfläche, Fassade, physischer Körper, Heim (Gebäude). Linke Hand (innen – *wie man ist*): Persönlichkeit, Ausstrahlung, Heim (Familienleben).

Zeitablauf

(Vergangenheit/Zukunft)
Bei der dänischen Handleserin Agma *(vgl. «Vorwort von Louise»)* entspricht die Linke Vergangenem, die Rechte Kommendem – wir selber stehen im Jetzt zwischen den beiden Händen. Wenn Agma die Aussenhände liest, verraten «Meldungen» (Haut, Nägel, Fingerringe, Schäden etc.) an der Linken, was vergangen (aber noch aktuell) ist, an der Rechten jedoch, was gerade angefangen hat und noch kommen wird. Diese Methode funktioniert phantastisch – auch bei Linkshändern!

Dauer

(immer/manchmal)
Die rechte Hand symbolisiert die messbaren Gesetze von Zeit und Raum. Der Körper ist immer da, ist an die vorhersagbaren biologischen Prozesse gebunden. Zeitlich oder in anderer Weise quantitativ messbar sind Dinge, die wir bekommen oder erwerben, wie etwa ein Haus, Geld oder ein Titel, aber auch Fähigkeiten und Partnerschaften. Zuordnungen der linken Hand sind nicht messbar: Ich kann berechnen, wieviel Zeit und Geld ich für meine Freundin aufgewendet habe, aber nicht, wieviel von meiner *psychischen* Energie.

Alter

(Kind/Erwachsener)
Traditionell heisst es: In jungen Jahren (bis 15 bzw. 30 Jahre) lebt man das Potential der linken Hand, danach das der rechten. Mit zunehmendem Alter entwickeln sich normalerweise immer mehr Fähigkeiten, die praktisch in der Aussenwelt eingesetzt werden können.

Es kann vorkommen, dass die Linke in diesem Prozess verdrängt wird, so dass sich das Leben nur noch um die äussere Fassade, um Profite, Pflichten und Resultate dreht. Wer sich derart mit gesellschaftlichen Vorstellungen identifiziert, kann nach der Pensionierung zugrunde gehen, weil er nicht mehr weiss, worauf er eigentlich Lust hat.

Entwicklung

(angeboren/angelernt)
Die Tradition sagt: Die Linke zeigt, womit du geboren bist, die Rechte, was du daraus machst. Das Kind ist hilflos, kann nicht für sich selbst sorgen (Kleider, Essen, Wohnung, Geld etc.), auch ist sein Körper noch ohne feste Form. Im Laufe der Jugend erwirbt es sich immer grössere Kontrolle über das Materielle, und sein Körper entwickelt sich zu einem brauchbaren Werkzeug. Die rechte Hand gibt über *Beschaffenheit* und Möglichkeiten dieses Werkzeuges Auskunft.

Doch dabei bleiben die Qualitäten der Linken nicht unwirksam. Sie zeigen *wie man ist,* womit man sich gerne beschäftigt, und bestimmen somit auch Art und Inhalt der Freizeitbeschäftigung. Wenn man einen kreativen Beruf ausübt, werden sie also auch die Arbeit persönlich prägen. Agma meint dazu: «Mit der Linken nimmt man auf, mit der Rechten gibt man ab.»

Wenn die der Rechten zugeordneten Funktionen übermüdet, erschöpft und überanstrengt sind, wenn man also an die Grenzen seiner Erfahrung gerät, beispielsweise in der Konfrontation mit einem unbekannten Problem, dann kann plötzlich die andere Seite (repräsentiert durch die Linke) das Zepter übernehmen: In einer bedrohlichen Situation im Verkehr hat man keine Zeit, im Geiste das Theoriebuch durchzublättern (rechte Seite: erworbene Kenntnisse), dann «tritt die Linke in Aktion». So soll es auch nicht verwundern, wenn in einem kritischen Moment eine nette, freundliche Person zur rasenden Furie wird – oder aber umgekehrt aus einem tatkräftigen, verantwortungsbewussten Mann plötzlich ein kleines, schluchzendes Kind wird.

Talente

(Funktion/Bedürfnis)
Weist die rechte Hand auf bestimmte Fähigkeiten hin, die in der linken fehlen, so setzt die betreffende Person diese nur ein, wenn es die Umstände oder die Umwelt erfordern. Ein Beispiel: Bei einem Mann zeigt nur die rechte Hand «Beredsamkeit und Autorität» an, die linke nicht. Der Betreffende ist vielleicht von Beruf Dozent, er kommt aber kaum auf die Idee, in der Familie oder bei Freunden unaufgefordert in langen Monologen zu belehren. Talente in der linken Hand dienen nicht direkt der Existenzbewältigung. Weist beispielsweise die linke Hand Zeichen für ein Talent zum Kochen auf, die rechte aber nicht, so ist man sicher nicht Koch von Beruf. Wenn aber Lust und Zeit da sind, wird in der Küche experimentiert. «Was? – Du kannst auch kochen?», wundern sich die Leute dann, die den betreffenden Menschen nur «von aussen» kennen.

Dominanz

(allein/zusammen)
Die Linke ist dem Herzen näher (natürlich auch bei Linkshändern). In der Freizeit, wenn von der Aussenwelt keine Bedingungen oder Aufgaben gestellt werden, herrscht dieser Teil von uns und bestimmt die Art der Beschäftigung. Sobald wir aber auf andere Rücksicht nehmen müssen (beispielsweise bei der Zusammenarbeit mit andern), wird der andere (rechte) Teil aktiv.

Hierzu sei ein interessantes psychologisches Experiment erwähnt: Einige fotografische Personenportraits wurden der Länge nach geteilt. Beide Hälften wurden dann fotografisch gespiegelt und so zusammengesetzt, dass zwei Portraits entstanden: ein Linksportrait und ein Rechtsportrait. Da die Gesichtshälften immer verschieden sind, ergaben sich zwei ganz unterschiedliche Bilder. Als die Fotografierten gefragt wurden, mit welchem Bild sie sich mehr identifizieren würden, wählten sie das Linksportrait.

Bewusstsein

(bewusst/unbewusst)
Diese Begriffe sind schwer einzuordnen, weil nicht eindeutig ist, was wir eigentlich damit meinen. Im psychologischen Sinne verstehen wir darunter meist den Grad an Einsicht und Selbsterkenntnis.

Als «Etiketten» im Handlesen sind diese Worte geeignet, um einen Wach- von einem Schlafzustand zu unterscheiden, und gehören in dieser Bedeutung zur Polarität oben–unten, Tagesbogen–Nachtbogen, Individualraum–Kollektivraum. Folglich haben beide Hände einen bewussten und einen unbewussten Aspekt.

Erfahrungen

(psychisch/physisch)
Muster der Linken: Wenn ich meinen Mann beschimpfe, ist er verletzt und spricht tagelang nicht mit mir. Muster der Rechten: Wenn ich nicht vorsichtig mit dem Hammer umgehe, schlage ich mir auf den Daumen.

Gedächtnis

(zusammenhängend/detailliert)
Muster der Linken: Wenn ich einem Menschen nach langer Zeit wieder begegne, erinnere ich mich daran, was er mir früher von sich erzählt hatte, von seiner Frau, seinen Kindern und seinen Gedanken. Muster der Rechten: Wenn ich um Auskunft gefragt werde, kann ich seitenweise aus Büchern zitieren: Schulwissen auf Abruf.

Bei der Arbeit

(analytisch/intuitiv)
Beispielsweise als Astrologin kann ich im Prinzip auf zwei verschiedene Arten arbeiten. Rechts (analytisch nach dem Lehrbuch): «Du hast den Mars im zweiten Haus, also bist du ... und die Venus im siebten, also ist deine Frau ...» Links (mehr intuitiv): Die Person gibt mir durch ihre Erscheinung einen Eindruck, den ich mit den Möglichkeiten, die mir das Horoskop zur Verfügung stellt, verbinde.

Partnerschaft

(Ich/Du)
Die Partnerschaft und der Partner werden traditionell aus der Ehe- und Herzlinie gelesen: Eine stabile Herzlinie bedeutet stabile Partnerschaft, eine verästelte Herzlinie gehört zu einem flirtenden Typ etc. Daran ist sicher viel Wahres, doch greift eine Partnerschaft in sämtliche Lebensbe-

reiche ein (Alltag, Arbeit, Sex, Wohnung, Familie etc.) und kann nicht auf ein einziges Linienstück reduziert werden.

Es ist schwierig, um nicht zu sagen unmöglich, einen Menschen in seiner Ganzheit zu erfassen. Seine Partnerschaft zu beschreiben ist umso schwieriger. Sowohl die ganze rechte Hand wie auch die ganze linke Hand müssen beim Thema Partnerschaft beachtet werden.

Wir haben keine Kochbuchregeln für Partner und Partnerschaft gefunden und gehen immer vorsichtig und nachfragend mit dem Thema um. Doch hat sich in der Praxis bewährt, wichtige Aspekte des Partners, der ja zur Aussenwelt gehört, in der rechten Hand zu lesen; demgegenüber in der linken Hand sein Wesen und seine Persönlichkeit. (Wir können also keine objektive und ganzheitliche Beschreibung des Partners geben, wahrscheinlich würde er sich auch nicht einmal damit identifizieren, wenn er dabei wäre.)

Dort, wo sich die Rechte von der Linken unterscheidet (Form, Linien etc.), findet man den Partner:

- *bewunderungswürdig*
  (er kann etwas, was ich nicht kann)
- *interessant*
  (er kann etwas, was ich brauche oder gerne könnte)
- *dominierend*
  (er füllt den Raum, ich komme nicht zum Zuge)
- *irritierend*
  (er macht etwas, was ich nicht verstehe).

Wir sehen hier den Partner als Projektionsträger, als Spiegel derjenigen Fähigkeiten, die noch zu entwickeln wären. Was wir selber als Individuen in die Beziehung einbringen, ist in der Linken zu sehen. Diejenigen Themen, bei denen die Rechte Schwierigkeiten anzeigt, wird man auch beim Partner als schwierig erleben. Wenn an den «Angelegenheiten», die die rechte Hand betreffen, etwas geändert wird, beispielsweise Wohnort oder Beruf, wird sich auch die Partnerschaft ändern.

Eltern

(Vater/Mutter)
Auch die Eltern sehen wir durch die eigene Brille. So beschränken wir uns in der Deutung auch hier darauf, Aspekte der Eltern – wie diese wahr-

genommen werden oder wurden – zu beschreiben. Geschwister haben verschiedene Hände und Linienbilder und erleben die Eltern natürlich auch verschieden. Was ein Kind als irritierend erlebt, erlebt ein anderes vielleicht als interessant. Man könnte sagen, dass die Eltern auf verschiedene innere Knöpfe bei den Kindern drücken. Ein Beispiel:

Von zwei Schwestern hat die eine *Bindungszeichen* in den Händen, die andere *Freiheitszeichen:* Ilse hat Freiheitszeichen und geht mit dem Vater auf die Jagd. Er erzählt von seinen weiten Reisen, von schwierigen und gefährlichen Situationen, von seinen Geschäften und riesigen Geldsummen. Er wird für Ilse zum Symbol von Kraft, Mut und Abenteuer.

Nina hat Bindungszeichen, sie bleibt zu Hause und spielt mit ihren Puppen. Die Mutter beklagt sich hinter dem Bügelbrett über den Vater: Letzte Woche musste sie das Abendbrot stundenlang warmhalten, heute morgen hat er mit dem Nachbarn diskutiert, anstatt den Rasen zu mähen, und jetzt amüsiert er sich auf der Jagd, während sie arbeiten muss. Nina entwickelt, wie schon die Mutter, eine moralisierende, herablassende Haltung dem Vater gegenüber.

Die Hände der beiden Schwestern beschreiben zweimal den gleichen Vater, aber auch zwei grundverschiedene zukünftige Ehemänner.

In der Rechten finden wir Aspekte des Vaters in bezug auf seine Gesundheit und seine gesellschaftliche Stellung (Beruf), in der Linken Aspekte seines Wesens und seiner Persönlichkeit. Umgekehrt sehen wir in der Linken den Körper und die praktische Existenzbewältigung der Mutter, wogegen ihre Persönlichkeit und ihr Benehmen in der Rechten zu finden sind.

Die Art, einen physischen von einem psychischen Aspekt der Eltern zu unterscheiden, wird den Astrologen bekannt vorkommen. Beispielsweise gibt in der traditionellen Astrologie das vierte Haus konkrete Auskunft über die Mutter, das zehnte Haus über den Vater. Die bekannte englische Astrologin *Liz Greene* sieht es umgekehrt – sie interpretiert eben von einer tiefenpsychologischen Warte aus.

Der dänische Familienforscher *Oluf Martinsen-Larsen* hat in seinen Forschungen herausgefunden, dass Bruchstücke der elterlichen Biographien wiederholt werden. Hier ein Beispiel aus seinen Untersuchungen: Ein Vater ist mit 26 Jahren fast ertrunken – dieselbe Geschichte wiederholt sich nun beim Sohn, der im gleichen Alter ebenfalls beinahe ertrunken wäre. Dies ist für den Handleser völlig logisch. Wir ererben nicht nur Aspekte des Körpers, des Geistes und der Seele, sondern auch ganz konkrete Ereignisse, die sich daraus ergeben.

Das Wissen um diese Zusammenhänge ist therapeutisch sehr hilfreich. Die Klienten werden dadurch gezwungen, ihre Eltern oder den Partner auch als Schattenfiguren zu erkennen und nun für ihre Probleme selber die Verantwortung zu übernehmen.

Stichworte zu den sieben Chakren

1) Wurzelchakra

- Verankerung, Verwurzelung, Ursprung, Grundausrüstung, Überlebenswille, Existenzminimum
- vorgeburtliche Erfahrungen
- grundlegendes Geborgenheitsgefühl und Selbstvertrauen
- Urbedürfnisse: Nahrung, Kleidung, Wohnung
- das gemeinsame biologische Erbe: Mutter Erde, Vorzeit, Traditionen, Heim und Familie
- Erhaltungstrieb der Gattung Mensch
- Erhaltung und Erweiterung der Lebensbasis, stehen und gehen
- intuitiver Kontakt zur kosmischen Ordnung, aussersinnliche Wahrnehmung, instinktsicheres Urteilsvermögen

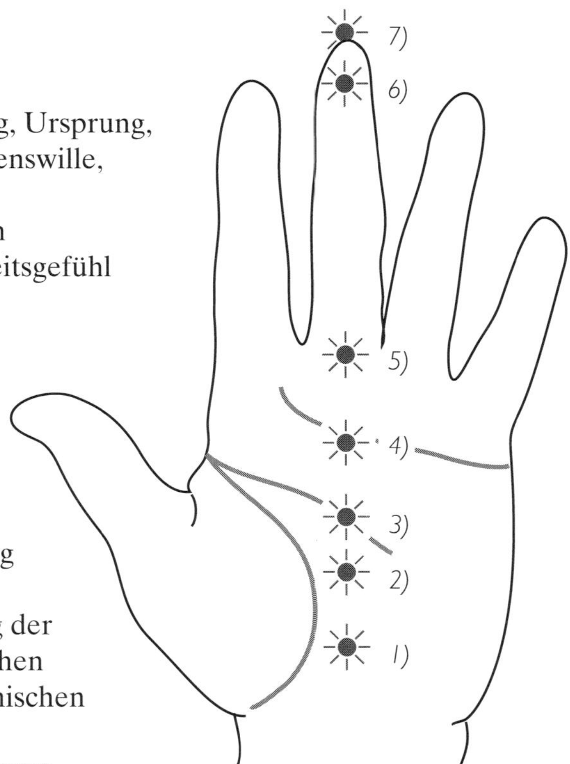

Die sieben Chakren in der Hand

Körper: Geschlechtsorgane, Beine und das ganze Rückgrat
Chiromantisch: Handgelenk, Handbasis

2) Harachakra

- Territorium
- Lokalkultur und Zeitgeist
- Speicher (Nahrung und Erfahrung), Reserven, Talente, Substanz
- Nährboden, Schutz, Fruchtbarkeit, Produktivität
- Lebensfreude, Spontaneität, Experimentierfreudigkeit, Erlebnisdrang, Sinnlichkeit, Genuss, Vergnügen, allgemeines Wohlbefinden, Komfort, Lust und Unlust

- Puls und Rhythmus
- Verdauung und Verarbeitung, Rationalisierung, praktisches Erfindertum
- Funktionstüchtigkeit, Alltag, Brutpflege und Beschützerinstinkt
- Gewohnheiten, Reflexe, Routinen
- Assimilation und Verwertung, «Servicementalität»
- Konsolidierung und Vertiefung
- Handelswaren und ihre Qualität, Handelswert, Besitz
- Lebensstil und Lebensqualität
- sparen/verschwenden, Geiz/Grosszügigkeit

Körper: Fortpflanzungsorgane, Gedärme, Nabelbereich (Hände und Unterarme können sich auch mit anderen Chakren verbinden)
Chiromantisch: «Gürtel» zwischen Handbasis und Kopflinie

3) Solarplexus

- Brennpunkt
- Kontrolle
- Gegenwärtigsein, Hier-und-Jetzt, Situationsbewusstsein
- Durchsetzung in der physisch-praktischen und psychisch-emotionalen Realität
- Initiativen, Kämpfe, gezielte Energieeinsätze
- Resultatorientierung und Konkurrenzdenken
- Konfrontation, Konzentration, Fokussierung
- Gleichgewicht
- Aktion/Reaktion, Angriff/Verteidigung, gewinnen/verlieren
- in Beziehungen: Harmonie- und Geltungsbedürfnis, Herr/Sklave-Thema
- Strategie, Manipulation, demagogisches Talent

Körper: Leber, Magen, Nieren, Ellenbogen
Chiromantisch: «Gürtel» im Raume der Kopflinie

4) Herzchakra

- soziales Bewusstsein, Mitmensch werden
- Ideale, Leitbilder, Zukunftsbilder
- Menschenbild und die Einstellung zum Leben

- Empfänglichkeit für höhere Werte
- Ethik und Humanismus
- Demut, Gerechtigkeit, Hingabe
- kulturelles und politisches Leben
- Freunde, Pädagogik
- Klassenbewusstsein, Status und Prestige

Körper: Herz, Lunge, Schultern
Chiromantisch: Herzlinienraum, vor allem unterhalb Ring- und Mittelfinger

5) Halschakra

- «Pforte zum Himmel», «Todestunnel»
- Verlassen der physischen Welt, Astralprojektionen, Todesangst
- Vermittlungszentrale zwischen innen und aussen, oben und unten
- geistige Klarheit, gedankliche Ordnung und Einordnung
- Organisation, Planung, Administration
- beurteilen, unterscheiden, beschreiben
- differenzierte, sublime Erlebnis- und Ausdrucksfähigkeit
- Nuancen, Humor, Arroganz
- Lehren und Lernen, Inputs/Outputs
- Gedächtnis im Sinne von Karteikarten (im Gegensatz zum Harachakra, dem «Erlebnisspeicher», und zum Wurzelchakra, der genetischen oder kollektiven Erinnerung)
- Bereitschaft zu Wachstum, Wandlung und Entwicklung

Körper: Schultergürtel, Hals
Chiromantisch: Herzlinie unter dem Zeigefinger, Venusgürtel und Fingeransatz

6) Das Dritte Auge

- Übergeordnete Koordinationszentrale
- Wahrnehmung, Selektion der Wahrnehmung, Vorausschau
- sehen, hören, Bewusstseinsaspekt von Riechen und Schmecken

Körper: Gehirn, Augen, Ohren
Chiromantisch: Finger (spezifisch die Spitzen)

7) Die Krone

- Kontakt zum höheren Selbst und zur Teilnahme am «grossen Plan»
- Zielsetzung im weitesten Sinne
- innerer Kompass und Wegweiser
- auswählende Intuition

Die *Krone* liegt eigentlich ausserhalb des physischen Körpers, bei Kleinkindern ist dies die Fontanelle («die kleine Quelle»).

Der Chiroman

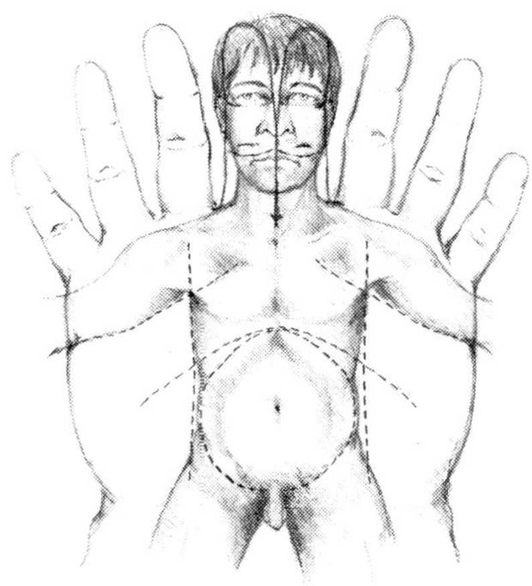

Den meisten Reflexzonentherapeuten, Ohrakupunkteuren sowie anderen, die sich mit alternativen Heilmethoden beschäftigen, wird die nebenstehende Darstellung des Menschen vertraut sein: der *Chiroman*. Das Bild fasst viele unserer Deutungskomponenten zusammen, darunter die Themen rechts/links, Ich-Seite/Du-Seite, Nachtbogen/Tagesbogen, die Dreiheit, die Chakren und die Linien.

Ich-Seite und Du-Seite

Auf dem Bild liegt die Ich-Seite innerhalb, die Du-Seite ausserhalb des physischen Körpers. Mit Armen und Beinen überschreiten wir die Grenze zum Du-Raum: geben und nehmen – gehen und reisen.

Die *Beine* beherrschen den untersten Raum, sie bestimmen den Standort (Ich-Seite) und die Bewegungsfreiheit (Du-Seite). Sie gehören primär zum Wurzelchakra, die Oberschenkel jedoch auch zum Harachakra. Die *Arme* gehören zum ganzen Daseinsbereich, je nach Bedarf dienen sie dem Harachakra (praktische oder künstlerische Arbeit, beispielsweise Kochen oder Schreinern), dem Solarplexus (Faustkampf, Handgemenge) oder dem Herz- und Halschakra (Verständigung, Führen, Zeigen).

Die *Lebenslinie* liegt im Nachtbogen, verborgen im Körperinnern und im Prinzip unsichtbar und unbewusst. Zu ihr gehören Wohlbefinden und Vitalität. Die *Kopflinie* ist die Trennlinie zwischen Nachtbogen und Tagesbogen. Am Körper markieren wir meistens diese Linie durch unsere Kleidung: oben Hemd, unten Hose, oben Pulli, unten Rock. Die Kopflinie ist in der Ich-Seite verankert, sie bezieht sich auf die Durchsetzung (Solarplexus). Die *Herzlinie* gehört zum Tagesbogen und zur Du-Seite (bewusste Kommunikation mit der Umwelt) und reicht mehr oder weniger in die Ich-Seite hinein. Das Gleichgewicht zwischen Geben und Nehmen (Arme) ist eines der Hauptthemen.

Von den *Fingern* gehören nur der Zeigefinger und eine Hälfte des Mittelfingers zur Ich-Seite.

Handlesen und Horoskop

Obwohl dies ein Handlese-, nicht ein Astrologiebuch ist, wollen wir hier kurz einen vergleichenden Blick auf das Horoskop werfen, denn auch im Astrologieunterricht verbinden wir das Horoskop direkt mit dem Körper. Die Astrologie kann *nicht* direkt aufs Handlesen übertragen werden, obwohl die Planeten an verschiedenen Stellen in den Händen ihre Signaturen setzen, doch bilden die Chakren wie auch die vier Quadranten einen gemeinsamen Nenner für die beiden Fachrichtungen.

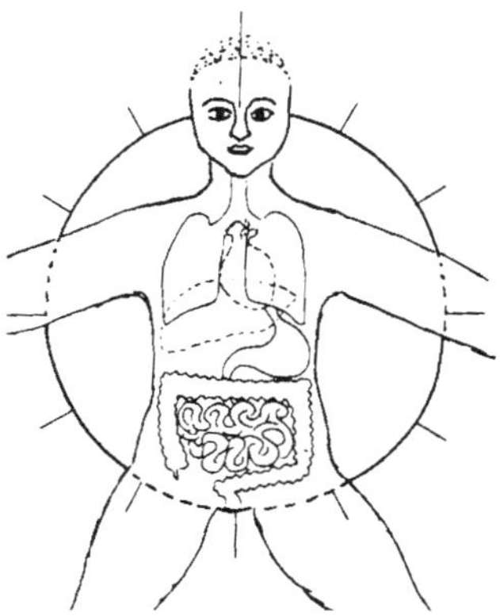

Vom Zenit zum Nadir

Tages- und Nachtbogen in der Hand entsprechen Tages- und Nachtbogen im Horoskop. Die Horizontalachse teilt das Horoskop in zwei Hälften: unten Nacht und Dunkelheit, oben Tag und Helligkeit.

Entsprechungen zwischen Chakren und Horoskop

Krone: Kontakt zum höheren Selbst, innerer Kompass – MC

Halschakra: geistige Klarheit, gedankliche Ordnung und Einordnung – entspricht dem elften und dem neunten Haus

Herzchakra: Ideal, Leitbild, Menschenbild, Solidarität – astrologischer Bezug zum elften und zum achten Haus

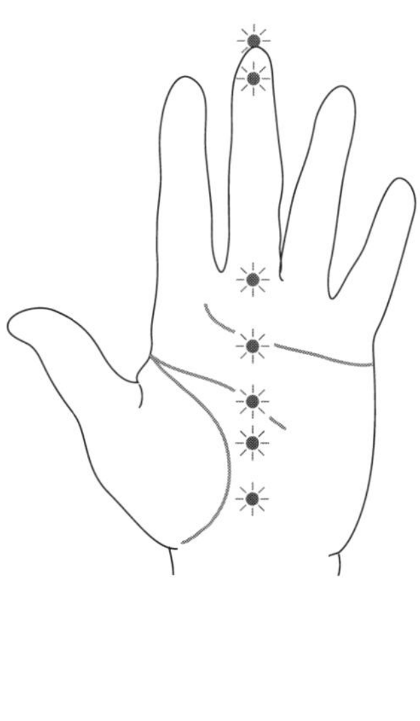

Solarplexus: Strategie, Durchsetzung, Initiative, Konkurrenz, Konfrontationen – Bereich um die Aszendent/Deszendent-Achse

Harachakra: Territorium, Speicher, Nährboden, Experimente, Verdauung, Funktionstüchtigkeit etc. – Ebene des zweiten, dritten, fünften und sechsten Hauses

Wurzelchakra: Bereich um den IC (Ursprung, Heim etc.)

Um den Astrologen unter den Lesern den Zugang zum Handlesen zu erleichtern, werden wir ab und zu die Zusammenhänge aufzeigen – viele Phänomene werden mit Hilfe der astrologischen Sprache beschrieben. Doch wie gesagt: Horoskop und Hände decken sich nicht, denn im Handlesen gibt es alles in doppelter Ausführung.

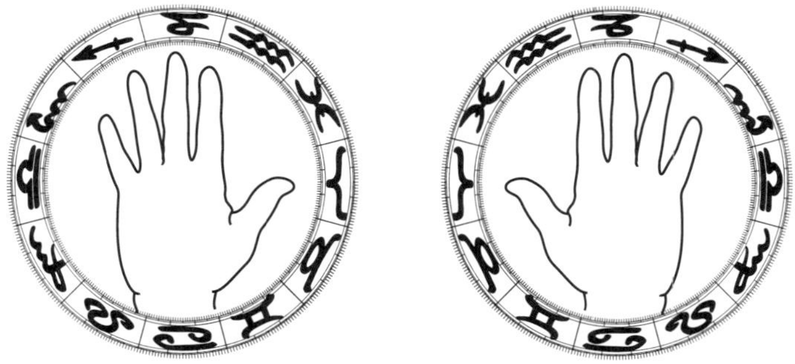

Rechts und links

Astrologisch wird das Horoskop nicht nur in «oben» und «unten» geteilt, sondern auch in eine Ost- und eine Westseite, die *Ich-Seite* und *Du-Seite* genannt wird. Im Handlesen gibt es sowohl in der rechten wie in der linken Hand eine Ich-Seite und eine Du-Seite – astrologisch können wir entsprechend zwischen einem *physischen* und einem *psychischen* Aspekt der jeweiligen astrologischen Häuser unterscheiden:

Häuser	*physisch*	*psychisch*
1. Haus	physische Erscheinung	persönliche Initiativen
2. Haus	Besitz	Intimsphäre
3. Haus	Nachbarn	Neugierde
4. Haus	Wohnung	Geborgenheit
5. Haus	Kinder	Entfaltungsdrang
6. Haus	Arbeitsplatz	Anpassungsbereitschaft
7. Haus	Partner	Konfrontationsfähigkeit
8. Haus	Titel	Wertmassstäbe
9. Haus	Emigration	Philosophie
10. Haus	Regierung	innerer Kompass
11. Haus	Freunde	Interessen
12. Haus	Gefängnis	meditative Schau

Die Kreuze

Das Urkreuz

Das Urkreuz besteht aus «senkrecht» und «waagrecht» – das einfachste Koordinatensystem der Natur. Dieses Kreuz steht im Raum und wird von zwei Kreisen umgeben, in deren Mitte sich der Mensch befindet: Der obere und der untere Halbbogen (erster Kreis) umfassen uns in der Senkrechten als Tagesbogen und Nachtbogen – um uns herum haben wir in der Waagrechten den grossen kreisförmigen Horizont (zweiter Kreis). Zusammen bilden sie eine unendliche Kugelsphäre.

«Nach dem Paradies»

Die senkrechte Achse verbindet Himmel und Erde.
Die waagrechte Achse symbolisiert die Entfaltung auf der Erde.

Die nebenstehende Zeichnung zeigt den Menschen – auf der Erde stehend – als Bindeglied zwischen Kosmos und Natur. Im Menschen selbst begegnen sich Geist und Materie.

Das Rückgrat des Menschen erscheint hier als Lot oder Kompassnadel: in der Natur verankert den Kosmos anpeilend. Der Mensch selbst lebt im engen Grenzbereich dieser beiden Sphären.

Die waagrechte Achse symbolisiert die Begegnung und die Konfrontation mit der Welt. Hier manifestiert sich das Leben. Die Mittelzone ist die «Brandung» des Lebens. Ebtsprechung in der Hand: der Daumen, die Marsebene und die zwei Marsberge.

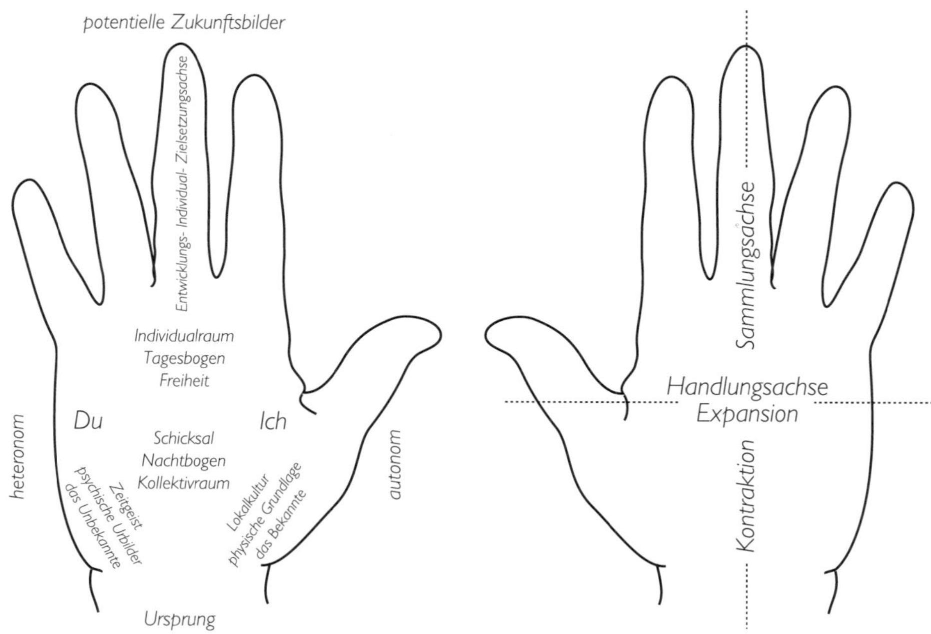

Im Handlesen gehört das Handgelenk zur Natur, die Fingerspitzen jedoch gehören zum Himmel *(vgl. «Tagesbogen und Nachtbogen», «Die Dreiheit» und «Die sieben Chakren»).* Die senkrechte Achse der Hand heisst auch *Sammlungs-* oder *Kontraktionsachse,* im Gegensatz zur waagrechten, der «Handlungs- oder Expansionsachse». Zusammen bilden sie das *Urkreuz.*

Das Thema des Urkreuzes ist die physische Existenz oder, wie es der Esoteriker ausdrücken würde, die Inkarnation. Astrologisch gehört Saturn zur Längsachse, Mars zur Querachse.

Der rechte Winkel

Im Handlesen, wie auch in der Astrologie, spielt der *rechte Winkel* (90 Grad) als Materialisations- und Manifestationszeichen eine ungeheuer wichtige Rolle. Wenn sich zwei Linien zu einem rechten Winkel kreuzen, muss diesem Faktum grosse Bedeutung beigemessen werden: Hier sprechen wir nicht von Veranlagungen und Tendenzen, hier geht es um Tatsachen!

In den Händen unterscheiden wir zwischen *Längs-* und *Querlinien*. Die Längslinien sind Wege und Talentbahnen, die Querlinien zeigen die Manifestationen, psychologisch gesehen die Motivationen.

Ein Kreuz wird immer aus einer Längslinie und einer Querlinie bestehen. Eigentlich gibt es zu einer jeden Linie eine ergänzende senkrechte Achse. Diese beiden stehen in einem *Funktionsverhältnis* zueinander. Zusätzliche Bedeutungen können abgeleitet werden, indem die Richtung der Linie berücksichtigt wird. Ab und zu wird eine querliegende Linie als Funktionsachse erwähnt – sie wird dann in ihrer Bedeutung mit der entsprechenden senkrechten Längslinie verknüpft.

Kreuzen sich beispielsweise Kopflinie und Merkurlinie unter einem rechten Winkel, ist dies ein Zeichen von Kompetenz und Tüchtigkeit. Auch wenn sie nicht lange genug sind, um sich zu kreuzen, können allein ihre Richtungen den rechten Winkel bilden.

Alle Linien mit derselben Richtung gehören zur gleichen Achse, egal wo in der Hand sie sich befinden. Eine Waagrechte steht somit immer im Funktionsverhältnis zu einer Senkrechten, auch wenn beide an verschiedenen Orten auftreten.

Eine Waagrechte (oft mit Sperrungs- oder «Deckelfunktion») wird immer auf Existenz- oder Überlebensthemen fokussieren (physisch/materiell oder psychisch/spirituell), weil sie zum Urkreuz gehört; als Querlinie wird sie bekämpfen oder blockieren.

Die Sammlungsachse

Die senkrechte Achse kann sowohl die Handform und die Finger als auch das Linienbild dominieren. Die schmale, langgestreckte Hand zeugt von einem introspektiven Menschen; die Energie ist zentripetal, richtet sich nach innen. Sind Zeige- und Kleinfinger tiefgestellt *(vgl. Kapitel «Länge und Form der Finger»)*, bilden die Fingeransätze einen spitzen Bogen, eine Signatur der Sammlungsachse.

Taillierte, «eingeschnürte» Finger mit markierten Gelenken stehen unter der Herrschaft der senkrechten Achse; die Gedanken sind grüblerisch und tiefbohrend. Sind die Finger eng zusammengehalten und der Daumen dicht an die Handfläche gelegt, ist Ängstlichkeit angezeigt.

Im Linienbild können Schicksals- und Lebenslinie von der Sammlungsachse eingefangen werden. Selbst die Kopflinie kann derart kurven, dass sie zu einer Längslinie wird.

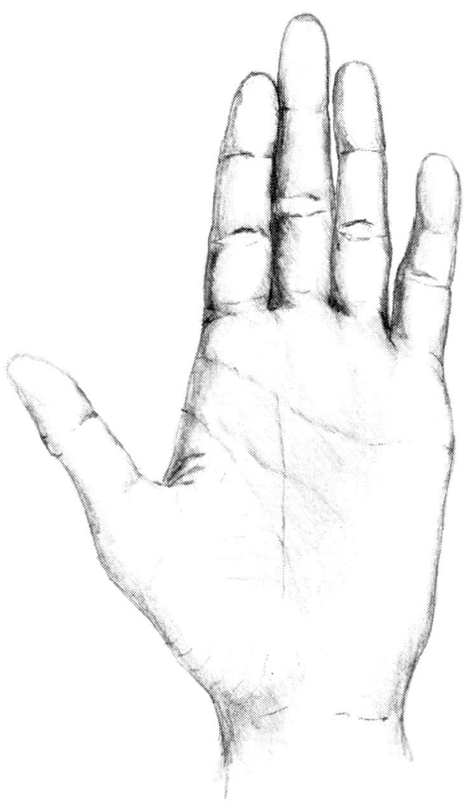

Die Handlungsachse

Die waagrechte, querliegende, expandierende Richtung der Handform oder des Linienbildes bildet die Funktionsachse der Sammlungsachse. Die breite Hand orientiert sich nach den Möglichkeiten und Herausforderungen in der Umwelt. Ihre Energie ist zentrifugal, nach aussen gehend. Sie weist starke Muskelausbuchtungen an der Handkante und kräftige und fleischvolle Finger auf *(vgl. Kapitel «Die Form der Handkante»).*

Sind die Finger mehr oder weniger auf einer Geraden angesetzt, betonen sie die Waagrechte, haben also grosse Durchschlagskraft. Auch gespreizte Finger und abstehender Daumen sind Zeugnisse der Waagrechten.

Im Linienbild betont typisch das äusserste Stück (oder ein «Anhängsel») der Kopflinie die Handlungsachse. Die Simian ist die extremste Variante.

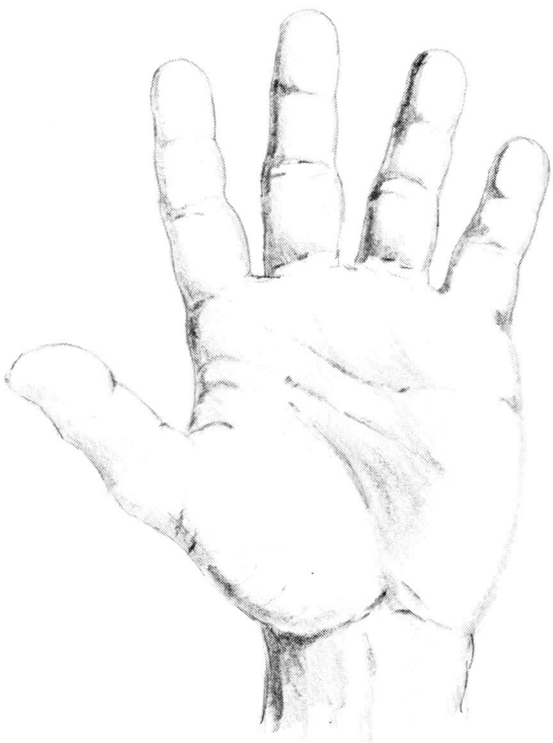

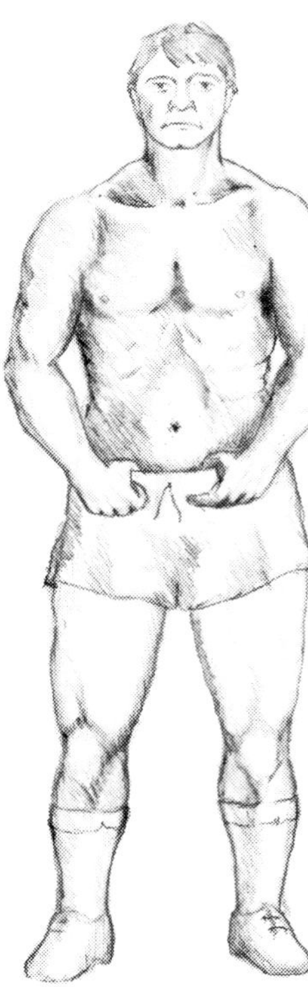

Die Diagonalachsen

Die schrägen Längslinien verbinden nicht nur den Nachtbogen mit dem Tagesbogen, sondern gleichzeitig die Du-Seite mit der Ich-Seite. Das Kreuz teilt die Hand in vier Quadranten, die sich auch als «Schauplätze» der vier Elemente verstehen lassen.

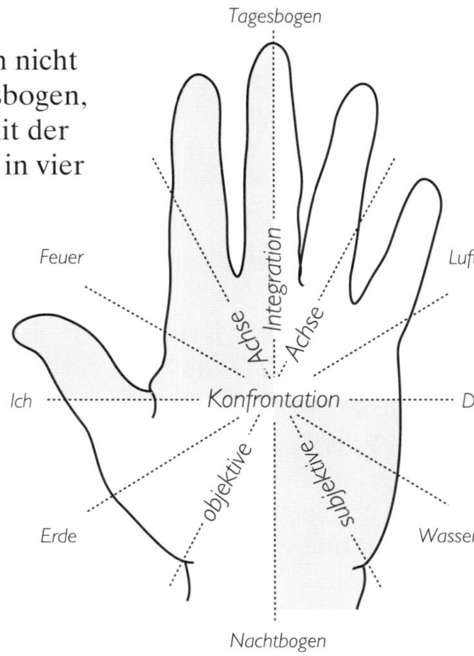

Zeigefingerquadrant:
Feuer (subjektiv)
Ring- und Kleinfingerquadrant:
Luft (objektiv)
Venusbergquadrant:
Erde (objektiv)
Mondbergquadrant:
Wasser (subjektiv)

Die Linien müssen auch in ihrer Richtung gedeutet werden: Alle gleichgerichteten Linien schwingen thematisch und zeitlich zusammen.

Die objektive und die subjektive Achse

Diese Bezeichnungen sind nicht nur aus den Elementqualitäten abgeleitet; sie sind auch beschreibend. Die *objektive* Achse verbindet Erde- und Luftquadrant, die *subjektive* Achse Feuer- und Wasserquadrant. Beide Achsen bilden Kreuze mit Querlinien, ihren *Funktionsachsen.* Jede der Achsen kann durch Handform und/oder Linienbild dominieren.

Die subjektive Achse

Eine *subjektiv* dominierte Hand wird typisch einen hochgestellten Zeigefinger und einen tiefen Mondberg aufweisen. Nicht selten ist dabei der Kleinfinger tiefgestellt und der Venusberg schwach (geschwächte objektive Achse).

Es kann Schräglinien auf dem Mondberg geben, deren Richtung zum Jupiter verläuft *(vgl. Kapitel «Die Schräglinien aus dem Mondberg»)* – oder Linien, die aus der Lebenslinie zum Jupiter weisen. Kopf-, Lebens- und Schicksalslinie können von der Achse eingefangen werden.

Wie der Name andeutet, handelt es sich bei dieser Achse um subjektive und undurchschaubare Prozesse, die in den Augen der Umwelt unbegreifbar erscheinen. Der Mondberg repräsentiert archetypische Bilder, der Jupiterberg prinzipielle Erlasse. Im Unterricht nennen wir sie die «Guruachse»; erfühlte Religiosität wird hier mit geistiger Stellungnahme verbunden.

Die Tradition besagt, dass die aus dem Mondberg kommende Schicksalslinie mit Richtung Jupiter «Macht über die Massen» bedeutet. Prinzipiell geht es um ein kollektives Leitbild (Retter, Führer, Idol), das personifiziert wird (Jupiterfinger als Identität und Autorität). Eine starke Persönlichkeit wird zur Trägerin der kollektiven Sehnsüchte. Eine jede Idolfigur ist ein Archetypus, der durch den Zeitgeist getragen wird. Menschen, die eine Idee höher einstufen als Komfort und Luxus, leben die subjektive Achse (es kann sich aber auch um einen Verrückten handeln).

Die *Schwächen* liegen in der fehlenden Fähigkeit, sich objektiv zu organisieren und zu manifestieren; oft zeigt sich auch ein Mangel an allgemeiner Bildung sowie Schwierigkeiten, sich in die Gesellschaftsstruktur einzuordnen. Mit einer subjektiven Achse ist man nicht geeignet, um Geschäfte zu führen: Sie ist in materieller Hinsicht schwach. Ihre *Ziele* sind Lebensweisheit und geistige Einsicht.

Die objektive Achse

Die *objektiv* dominierte Hand hat typisch lange Klein- und Ringfinger. Der Zeigefinger ist vielleicht etwas kurz und/oder tiefgestellt. Der Venusberg hat Fülle und Verankerung. Die Merkur- und Sonnenlinien sind deutlich gezeichnet. Die objektive Achse zeigt – was Geld, Produktion und Ansehen betrifft – in der Regel mehr Erfolg an als die subjektive: Solche Menschen haben ein natürliches Talent für Umgangsformen, Spielregeln, Kommunikation und Systematik. In allen etablierten Gesellschaftsstrukturen, die ja hierarchisch aufgebaut sind, werden Eintrittskarten gefordert, wenn man die Erfolgsleiter hinaufklettern möchte. Diese Eintrittskarten werden durch diverse Schulen und Mitgliedschaften erlangt und sind von Titeln, Uniformen und Auszeichnungen begleitet *(vgl. Kapitel «Die Herzlinie» – Abschnitt «Unter dem Apollofinger»)*. Topfiguren in Politik und Wirtschaft haben eine starke objektive Achse.

Wir nennen sie auch die «Talentachse»; die Ressourcen aus dem Venusberg werden durch Apollo und Merkur veredelt und verfeinert, um dann präsentiert und verkauft zu werden. Künstler, Handwerker und Intellektuelle brauchen die objektive Achse.

Die *Schwäche* bei solchen Menschen kann darin liegen, dass trotz umfassender Orientierung und fachlichem Wissen ein Mangel an Glauben und innerer Überzeugung angezeigt ist. Deshalb findet man hier auch übertriebene Autoritätsgläubigkeit und Abhängigkeit von äusseren Wertmassstäben. Ihr *Ideal* sind Kunst, Wissen und Lebensfreude.

Die Querlinien

Die *Querlinien zur subjektiven Achse* sind persönlicher Natur und verraten Prozesse, die tief ins eigene Leben hineingreifen; sie werden später unter den Prozesslinien näher erläutert. Gefühle und geistige Einstellungen werden getestet. Man kann sich hier nicht nur betrachtend verhalten, sondern muss Stellung beziehen, was wiederum viel Mut und Vertrauen erfordert. Der Betreffende erlebt viele verletzende Angriffe auf die eigene Person.

Doch ohne die Querlinie wäre die Längslinie nur eine Möglichkeit ohne Motivation. Weisheit zu erlangen erfordert eine Lebenserfahrung, die nicht aus Büchern gelernt werden kann. Die nicht integrierte Prozesslinie führt zu Machtkämpfen.

Die *Querlinien zur objektiven Achse* fordern konkrete Einsätze. Hier wird es notwendig, sich durch Fleiss und Wiederholung Fertigkeiten zu erarbeiten. Die Kopflinie liegt als steuernde Funktionsachse im objektiven Kreuz. Weiter gibt es oft kleine, aus der Lebenslinie herkommende Querlinien, die diese Funktion ausüben *(vgl. Kapitel «Die Kopflinie»)*. Die Querlinien der Hand sind ereignisorientiert und können weitgehend zeitlich ausgemessen werden.

Die Dreiheit

Die drei Welten der Chiromantie

In der traditionellen Chiromantie wird die Hand in *drei Welten* ein geteilt – in drei waagrechte Zonen mit ihren spezifischen Qualitäten. Die vorherrschende Zone dominiert die Deutung.

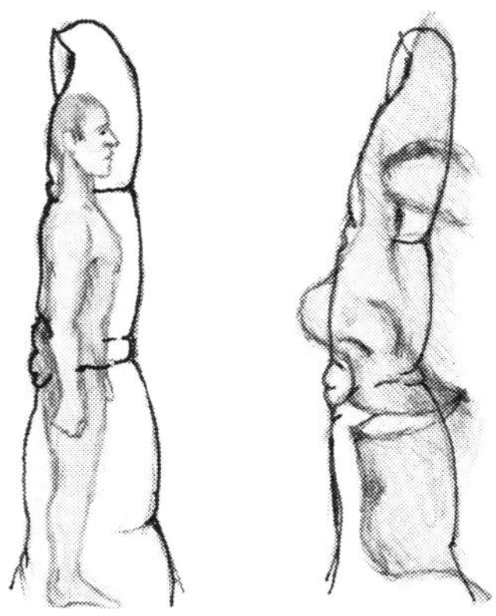

Die drei Fingerglieder werden als höhere Oktave der drei Welten gesehen

Die unterste Zone umfasst den Venusberg und den Mondberg, die mittlere Zone den Aktiven und den Passiven Mars, den Daumen und den Kopflinienraum (Marsebene) und die oberste Zone die Herzlinie und die Finger. Alle Körper- und Gesichtsleser kennen diese Dreiteilung, bei der jede Zone durch weitere Unterteilungen differenziert wird.

Den Menschen gleichzeitig als Dreiheit und als Einheit zu betrachten, als Wesen zwischen einer höheren und einer niederen Welt, lässt sich in Religionen, Philosophien und psychologischen Modellen wiederfinden. Der Mensch als Dreiheit ist archetypisch. *Dr. Sigmund Freuds* psychologisches Modell von *Über-Ich, Ego* und *Es* lässt sich in vielerlei Hinsicht auf die drei chiromantischen Welten übertragen.

In der *Transaktionsanalyse* wird mit drei Kommunikationsebenen gearbeitet. Auch die *Hunalehre* (Hawaii) sieht den Menschen als Einheit in drei Welten: Das Ich in der Mitte kann durch das höhere Ich mit der geistigen Welt in Kontakt treten und durch das niedere Ich bei den Elementarwesen der Natur Hilfe holen.

Im Kapitel über das *Urkreuz* ist der Mensch als verbindendes Glied zwischen Himmel und Erde beschrieben. Der Geist verbindet sich mit der Materie, die dadurch belebt und differenziert wird. Das Leben an sich spielt sich auf der Erdoberfläche ab. Die Mittelzone ist der Raum des Existenzkampfes. Der auf der Erde stehende Mensch ist das *Urbild der Dreiheit.*

Untere Zone:	die Naturkräfte im Menschen; Instinkte und Triebe.
Mittlere Zone:	der arbeitende, in der Gesellschaft tätige Mensch.
Obere Zone:	der Mensch als Geistwesen; mentale Aktivität und ideales Streben.

Die Handleser zeigen an dieser Stelle gerne einen Baum: Die Wurzeln sind in der Erde verankert, die Krone strebt zum Himmel hinauf.

Graphologie

In der *Graphologie* wird zwischen drei Schriftzonen unterschieden, deren Bedeutung mit den drei Welten des Handlesens übereinstimmt. Neben dieser Parallele der drei Zonen gibt es in der Formensymbolik der Graphologie noch viele andere Entsprechungen zur Handlesekunst.

Astrologie

In der *Astrologie* werden die zwölf Tierkreiszeichen in Polaritäten, in Triplizitäten und in die vier Elemente eingeteilt. Die Triplizität (Dreiteilung) ist mit den drei Welten eng verwandt.

Konstitutionstypen

In der *Konstitutionspsychologie,* wie sie bei *Dr. W. H. Sheldon* und in *Carl Huters* Psychophysiognomie beschrieben wird, gibt es drei Grundkonstitutionen. Da auch die Hände die Konstitution widerspiegeln, gehen wir nachfolgend etwas näher auf dieses Thema ein:

In einem sehr frühen Stadium der Embryonalentwicklung organisiert sich die Zellmasse in drei sogenannte *Keimblätter,* aus denen sich später die Organe formen. Das innere Keimblatt – das Endoderm – entwickelt sich zum Verdauungs- und Drüsensystem, das mittlere – das Mesoderm – zum Knochen- und Muskelsystem, das äussere – das Ektoderm – zur Haut und zum Nerven- und Gehirnsystem.

Eines dieser Keimblätter hat immer eine bevorzugte Stellung – es wächst schneller und wird die Konstitution bestimmen. Sheldon spricht von drei Typen: «endomorpher», «mesomorpher» und «ektomorpher» Typ.

Der *Endomorphe* zeichnet sich durch seine breite, rundliche Kopfform und den vollen Körperbau aus; er neigt zur Fettleibigkeit. Der *Mesomorphe* hat lange, muskulöse Glieder, eine längliche Kopfform und ein kräftiges Kinn; er ist der sportliche Typ. Der *Ektomorphe* ist feingliedrig, mit schmalem Kinn und hoher Stirn; er ist der nervöse Typ.

Carl Huter geht in seiner Beschreibung der Körpertypen von der gleichen Drei-Keimblatt–Phase aus, doch zieht er als Esoteriker auch Parallelen zu den Formen der Natur: Die Organisation in drei Grundformen ist nicht nur ein menschliches Phänomen, sondern findet sich überall in der Natur. Huter benannte die drei Typen *Ruhe- und Ernährungsnaturell, Bewegungsnaturell* und *Empfindungsnaturell.*

Sheldons und Huters Beschreibungen stimmen überein. Bei ihren Charakterisierungen denkt man sofort an typische Karikaturen: der «Professor» mit seinem allzu grossen, kuppelförmigen Kopf auf einem kleinen, zarten Körperchen; der «Kapitalist», der gross und mächtig an einem üppig gedeckten Tisch sitzt; der «kommunistische Arbeiterheld» auf dem politischen Plakat, der mit entschlossenem Kinn und stählernem Blick in die Ferne schaut. Diese Bilder geben zwar eine vereinfachte, aber doch sehr aussagekräftige Darstellung. Der Volksmund hat seine eigene Sprache: «Kaufmann, Krieger, Priester».

Schematischer Überblick

Chiromantie:	Herzlinie	Kopflinie	Lebenslinie
	Differenzierung	Tätigkeit	Verankerung
	Erkenntnis	Auseinandersetzung	Substanz
Konstitution:	Empfindung	Bewegung	Ernährung
	Ektomorph	Mesomorph	Endomorph
	Priester	Krieger	Kaufmann
Astrologie:	veränderlich	kardinal	fix
Graphologie:	obere Zone	mittlere Zone	untere Zone

Zum Endomorphen («Magentyp») gehören breite, steife und volle Hände mit kurzen, unter Umständen auch glatten Fingern. Zum Mesomorphen («Muskeltyp») gehören grosse, eckige, muskelstarke Hände mit knochenstarken Fingern von mittlerer Länge. Zum Ektomorphen («Nerventyp») gehören feingliedrige, flexible Hände mit differenzierten, oft langen Fingern. Bei der Beurteilung wird nicht nur die Struktur der Hand beachtet: In der Regel ist eine der drei grossen Linien beherrschend und betont dadurch eine der drei Welten. Ist eine der Linien verdoppelt, ist dies an sich schon ein Dominanzanzeichen.

In der *Graphologie* werden die drei Zonen mit folgenden Stichworten charakterisiert:

oben: Visionen, Zielvorstellungen, Ideale, geistige und ethische Werte;
Mitte: Einstellung zu den praktischen Alltagsaufgaben, der Arbeit und der Umwelt;
unten: Einstellung in bezug auf Essen, Sex, Konventionen, Traditionen, Geld und Besitztümer.

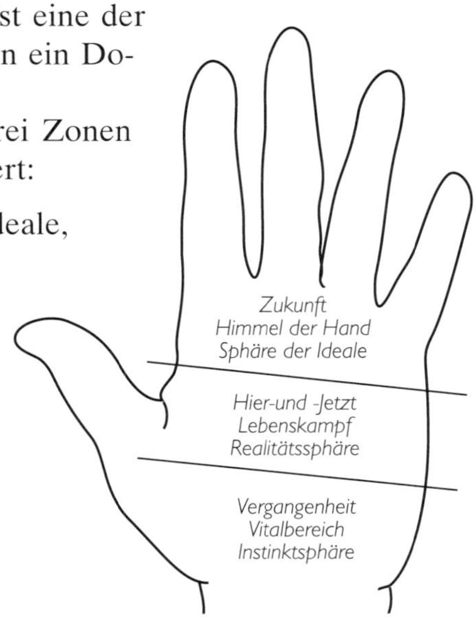

Die Chiromantie bestätigt das System der Graphologie: In jeder Hand lässt sich ebenfalls diese Dreiteilung wiederfinden *(siehe Abbildung oben).*

Drei Schwingungssphären

Das Bild rechts zeigt die *Lebenslinie* als Ausschnitt des Erdballs *(1).* Hier sind wir alle den gleichen Bedingungen unterworfen: dem Puls und Kreislauf der Erde, dem Wechsel der Jahreszeiten, Tag und Nacht, Leben und Tod.

Auf der Ebene der *Kopflinie* ergreifen wir selbst Initiativen, setzen in Bewegung, «werfen Steine ins Wasser» *(2).* Die Wirkungen breiten sich aus.

Die *Herzlinie* gleicht einer auf den Kosmos gerichteten Parabolantenne; hier stellen wir uns auf höhere Schwingungen ein, und hier lässt sich der Kontakt zum Leitstern finden *(3).*

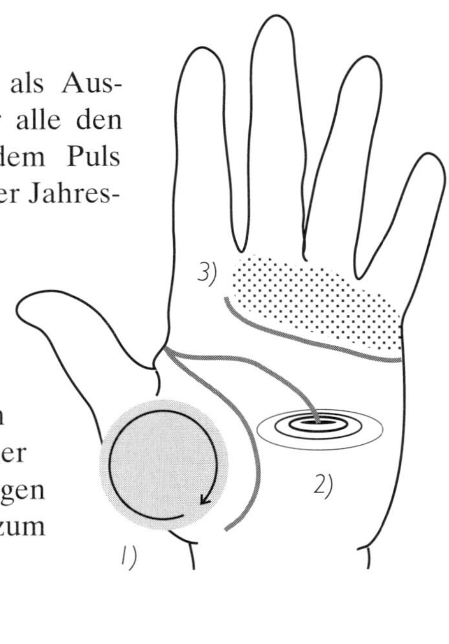

Die vier Elemente

Die vier Elemente *Erde, Wasser, Luft* und *Feuer* sind Repräsentanten verschiedener Formen von Energie. Wie bei allen Schlüsselprinzipien gibt es auch hier eine Vielfalt von Manifestationsebenen – sichtbaren und unsichtbaren. Die Elemente lassen sich ganz materiell als die vier Grundzustände der Materie (fest, flüssig, gasförmig, strahlenförmig) verstehen, doch als Handleser befassen wir uns nachfolgend mit ihrer symbolischen Bedeutung, also mit der Übereinstimmung von Hand und Temperament. Für sein Überleben braucht der Mensch alle vier Elemente (Energien):

Feuer	als Licht und Wärme von der Sonne;
Erde	in Form von fester Nahrung;
Luft	für die Atmung;
Wasser	in Form von flüssiger Nahrung.

Wenn eines der vier Elemente fehlt oder zerstört wird, erlischt das Leben. Die heutige Umweltverschmutzung betrifft ja alle vier Elemente: Die Erde, das Wasser und die Luft werden ständig vergiftet, der Abbau der Ozonschicht verstärkt die gefährlichen ultravioletten Strahlen. Ausserdem nimmt die Strahlungsverschmutzung durch Radioaktivität und elektronische Geräte zu. Wenn sie auch manchen antik erscheinen mögen, so sind die vier Elemente heute genauso aktuell wie früher.

Stellen wir uns vor, dass wir die vier Elemente in den Händen halten – nun lassen wir sie los: Das Element *Erde* fällt auf den Boden und bleibt unbeweglich liegen, das Element *Wasser* rinnt nach unten und fliesst zur stärksten Vertiefung hin, das Element *Luft* verweht und das Element *Feuer* strahlt in alle Richtungen aus. Dieses Bild vermittelt uns einen ersten Eindruck der Stimmungen und Sphären der vier Elemente. Der Ausdruck «in seinem Element sein» meint, dass Temperament und Umgebung übereinstimmen. Die folgende Beschreibung kann als kleiner Reiseführer durch die Welten der vier Elemente angesehen werden.

Erde

(autonom, weiblich, melancholisch)

Die Erde ist gebundene Energie im Ruhezustand, die feste, abgegrenzte Form. Sie ist der Brennstoff und repräsentiert die Ressourcen, den physischen Rahmen für das biologische Leben.

Die Knochen sind in ihrer Unbiegsamkeit und der Regelmässigkeit ihrer Struktur vom Einfluss des Elementes Erde geprägt. Die feste, breite, starke Hand mit markantem Knochenbau, derber, trockener Haut und wenigen Linien ist die archetypische *Erdhand* (sie ist verwandt mit der «elementaren» oder «praktischen» Hand anderer Typensysteme).

Die Erde ist fest und robust, von ihr geprägte Menschen wünschen keine Veränderungen oder modischen Erneuerungen: Man weiss, was man hat, aber nicht, was man bekommt. Die Stabilität der Erde sichert die Kontinuität. Die Erde gibt Nahrung und Schutz. Grundlegend wichtig bei diesem Element ist die wiederholende Tätigkeit, also der Rhythmus und die Routine. Nichts ist zufällig oder unüberlegt. Ehrgeiz und Streben spielen keine Rolle, nur der natürliche Zuwachs.

Der Erdtypus provoziert nicht, wirkt vielmehr vertrauenswürdig und zuverlässig durch seine Ruhe und Unerschütterlichkeit. Er lässt sich nicht erregen oder mitreissen und sagt sich: «Warten wir erst einmal ab.»

Wie das Wasser Schutz in den Höhlen der Erde sucht, so braucht auch der Wassertypus den sicheren Rahmen des Erdelementes. Doch dürfte der Erdtypus allein bestimmen, würde die Zeit stillstehen und das Leben wäre grau und ausschliesslich funktionell. Der Erdtypus schätzt den vertrauten Rahmen der Familienhierarchie und anerkennt die Kraft und das Tempo der Natur. Seine Tugenden – wie Treue und Gewissenhaftigkeit – werden mit Auszeichnungen für jahrelangen Dienst belohnt. Stichworte: Traditionen, Ahnengalerie, Erbschaften.

Wasser

(heteronom, weiblich, phlegmatisch)

Das Wasser ist ein mystisches Element, es erfährt die wunderlichsten Verwandlungen in Eis, Schnee, Wasser und Dampf. Es löscht das Feuer, wäscht die Erde aus und verdampft in die Luft. Die Farbenmagie des Regenbogens ist die Begegnung zwischen Feuer, Luft und Wasser. Wasser ist unfassbar (braucht ein Gefäss), fliesst durch die Finger davon, ändert ständig seinen Zustand. Und alles, was durch Wasser betrachtet wird, wirkt vergrössert, verkleinert oder verzerrt.

Wasser ist das Sein, von dem man sich nicht distanzieren kann, geradeso, wie wenn man von Gefühlen und Stimmungen gefangengehalten wird. Während die Erde die objektive Realität repräsentiert und auch die durch die Luft vermittelten Eindrücke objektiv sind, ist das Feuer eine von innen kommende Kraft; es ist subjektiv – wie eben auch das Wasser.

Das Wasser ist Kommunikationselement für die biologischen Prozesse, es hat Verbindungs- und Übertragungsfunktion. Wasser hat keine Tätigkeitskraft, es ist reaktiv und spiegelnd. Das hilf- und wehrlose Kind, das Opfer, der Invalide: sie alle appellieren an Beschützerinstinkt und Mütterlichkeit anderer Menschen. Wasser sucht Sympathie und Geborgenheit; das Fruchtwasser umfliesst das ungeborene Kind. Das Wasser ist auch Reinigungs- und Besänftigungsmittel.

Wasser ist strukturlos, dieser Typus kann sein Leben schlecht organisieren oder planen, da er oft wie ein Kind handelt und reagiert, das alles in seinem Zimmer herumliegen lässt, oder gar wie ein Säugling, der einerseits total von der Mutter abhängig ist, andererseits immer von Stimmungen und Erlebnissen erfüllt ist und sich nicht zu schützen weiss (er kann sich nicht selber anziehen, strampelt nachts das Deckbett weg etc.).

Wenn der Wassertypus unzufrieden ist, reagiert er mit Stimmungstyrannei oder ist emotional völlig aufgelöst: Auch die Tränen entsprechen dem Wasserelement. Wasser nimmt keine Haltung ein, hat aber auch keine Vorurteile; es passt sich an und widerspiegelt das, was ist. Wasser akzeptiert, dass es höhere Mächte und Kräfte gibt; es ist hingabefähig. Sein Spektrum liegt zwischen Religiosität und Apathie.

Die Wasserhand ist ohne Struktur, schlaff, feucht und oft leicht «gepolstert»; mit «Löchern» statt Knoten. Die dünnen Linien laufen richtungslos, oberflächlich und zahlreich über die glänzende, dünne Haut. Sie ist wie die Hand des Säuglings.

Feuer

(autonom, männlich, cholerisch)

Feuer ist freigesetzte Energie, es strebt nach aussen und nach oben. Das Feuer ist die Lebenskraft, ohne die die Hand nur ein totes Stück Fleisch wäre. Das Blut pulsiert vitalisierend durch die Hand und gibt ihr Wirkungskraft. Feuer ist Energie und Aktivität, sportliche und andere Kraftleistungen sind Manifestationen des Feuerelementes.

Die Feuerhand ist muskelstark und warm und hat scharf gezeichnete Linien; intensive Durchblutung gibt ihr eine gute Farbe. Der Feuertypus ist draufgängerisch und direkt, manchmal auch einseitig und unsensibel. Ist er erst von der Flamme seiner heiligen Mission erfasst, spielen die Kosten keine so grosse Rolle. Von Begeisterung und Inspiration getragen und von Lebenswillen erfüllt, kann er fanatisch und bombastisch wirken und die Haltung einnehmen, dass der Zweck die Mittel heiligt.

Doch ohne Inspiration (Luft) und Brennstoff (Erde) erlischt der Lebensfunke, ohne Kontrolle und Disziplin (Erde) verbrennt alles. Der Feuertypus braucht Platz und Herausforderung, er ist Pionier und Anführer. Stichworte: Impuls, Initiative, Eroberung, Sieg.

Luft

(heteronom, männlich, sanguinisch)
Luft symbolisiert Bewegung und die Suche nach Freiheit. Der Lufttypus engagiert sich nicht emotional, doch solange etwas interessant ist, ist er dabei. Er bleibt an der Oberfläche, geht nicht in die Tiefe und ist wie die Biene, die von Blüte zu Blüte tanzt, oder wie die Blätter, die vom Winde umhergewirbelt werden. Das Luftelement ist ungreifbar, was sich auch in den Händen zeigt. Feingliedrigkeit, Beweglichkeit, Lebhaftigkeit und beschreibendes Gestikulieren deuten auf den Lufttypus hin; auch der Wille zur Veränderung, Unruhe und neue Blickwinkel gehören zu ihm. Er liebt die Beweglichkeit und meidet Ernst und Verpflichtung. Dieses Prinzip entspricht dem Weg der Gedanken, der Kombination von Ideen und Informationen, wohingegen der Wassertypus Stimmungen empfängt und verbindet. Beides sind kommunikative Elemente, doch das Prinzip Luft hält Distanz und will sich nicht einfangen lassen: Es gehört zur Welt der Ideen, Abstraktionen, Luftschlösser, Theorien und Ideologien. Wie die konkreten Verhältnisse wirklich sind, interessiert hier weniger.

Der Lufttypus will Neues und Sensationelles, ist modern, will aber keine Verantwortung tragen – er fühlt sich wie ein Postbote, der für den Inhalt der Briefe auch nicht verantwortlich ist. Vor Stillstand und Gefangenschaft hat dieser Typus am meisten Angst. Die Rhetorik, die effektvolle Darstellung und die überzeugenden Argumente sind seine Waffen: Ein Slogan, ein Spruch kann den Gegner entwaffnen; als Verkäufer kann er den Kunden mit seinem ununterbrochenen Redeschwall verwirren, er gibt diesem keine Zeit, sich die Sache zu überlegen. Der schnellredende, «smarte» Stadtmensch (Luft) stösst – oft mit gutem Grund – auf Skepsis beim besinnlichen Landbewohner (Erde). Die Lufthand hat differenzierte Finger, viele lebhafte Linien und eine matte, etwas trockene Haut.

Fazit

Diese Beschreibung der vier Elemente könnte beträchtlich erweitert werden. Doch ebenso wie man in einem fremden Land auf eigene Faust am meisten erlebt, würde auch hier eine allzu detaillierte und im voraus beschriebene Reise dem Leser die Möglichkeit zu eigenem Erleben eingrenzen. Es geht ja hier nicht darum, Regeln und Phänomene auswendig zu lernen. Die Elemente gehören einer eigenen Welt an, mit der man sich vertraut machen muss.

Astrologisch-chiromantische Elementendiskussion

Es ist eine verbreitete Praxis, zu Beginn einer astrologischen Analyse die Dominanz der Elemente im Horoskop nach einem mehr oder weniger ausgeklügelten System zu berechnen. Aus dem Resultat wird dann das Temperament des Horoskopinhabers bestimmt. Normalerweise wird die Anzahl der Planeten in jedem Tierkreiszeichen (dem Element entsprechend) zusammengezählt, auch Aszendent und Meridian werden miteinbezogen.

Unsere chiromantischen Erfahrungen lehren uns, dass diese Art der Dominanzberechnung unbrauchbar, manchmal geradezu irreführend ist. Wir streiten nicht ab, dass die Elemente durch die Tierkreiszeichen repräsentiert werden, nur die Berechnungsmethode und die daraus abgeleiteten Schlüsse scheinen uns fragwürdig zu sein.

Unserer Kritik widersprach einmal ein Astrologe, indem er einwandte, dass die Elementendominanz nicht nur mit Hilfe der Tierkreiszeichen berechnet werde, sondern dass dabei auch die Häuser eine entscheidende Rolle spielen würden. Beispielsweise würden Planeten im ersten Haus (einem Feuerhaus») den Planeten im Feuerzeichen Widder (dem ersten Zeichen des Tierkreises) entsprechen, hätten also Feuerqualität. Dies könne man auf alle Häuser so anwenden.

Unserer Ansicht nach lässt sich aber auch mit dieser Methode das Problem nicht lösen, weder prinzipiell noch praktisch. Denn mehr als die Hälfte aller Astrologen auf der Welt arbeitet mit dem *siderischen* Tierkreis, der im Verhältnis zu unserem Tierkreis zurzeit um knapp 24 Grad (durch die Präzession) verschoben ist. Würden also diese Astrologen eine solche Aufzählung vornehmen, fiele ihre Berechnung ganz anders aus als mit dem bei uns üblichen System. Ausserdem wird dadurch, dass die Häuser bei der Elementenzuteilung mitberücksichtigt werden, die Angelegenheit noch komplizierter, da es mehr als 20 verschiedene Häusersysteme gibt. Überhaupt finden wir es zweifelhaft, die beiden Symbolkreise – Tierkreis und Häuser – einander gleichzustellen. Natürlich hat in der Astrologie jeder Kreis mit jedem anderen Kreis eine analoge Verwandtschaft, die Frage ist nur welche und auf welcher Ebene.

Der Handleser steht mit seiner Methode nicht solchen technischen und theoretischen Problemen gegenüber. Die Hand zeigt sich genau so, wie sie ist! Auch gibt es hier keine unsicheren Faktoren wie etwa die Genauigkeit der Geburtszeit, und es gibt auch nicht diese Probleme mit den verschiedenen Analysemethoden wie bei der Astrologie. Beim Handlesen ist nur genaue Beobachtung gefordert.

Beispiele für die Dominanz der Elemente

Eine Frau mit Löweaszendent (geboren am 31.12.1960), Sonne, Merkur, Jupiter und Saturn in Konjunktion im Steinbock (Erde) und dem Mond in Zwillinge (Luft) kam eines Tages in die Beratung. Sie hatte typische Lufthände, und in der Deutung betonte ich *nicht* das Erdelement – trotz der fünf Planeten und dem Mondknoten in Erdzeichen –, sondern erzählte über das Element Luft.

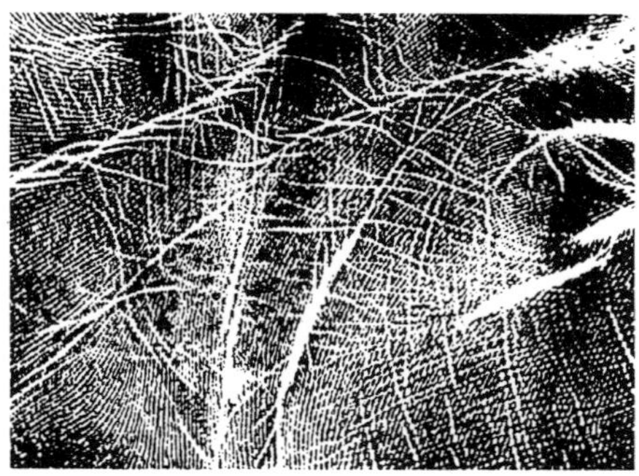

Sie hatte ein ausgeprägtes Bedürfnis nach Veränderungen und Reisen, war mehrere Jahre im Softwareverkauf (Computerprogramme) angestellt und war jetzt mit Kundenkontakten und Softwareentwicklung beschäftigt. Ihre Biographie wies auf viel Bewegung hin, nie wohnte sie mehr als zwei Jahre am gleichen Ort. Das Luftelement zeigte sich bei ihr nicht nur im Temperament ihres Wesens, sondern auch im biographischen Muster! Offensichtlich prägte der Mond in Zwillinge ihr Leben, doch nur zwei von zwölf Faktoren ihres Horoskops befanden sich im Element Luft.

Kurzum: Die Elementendominanz manifestiert sich in den Händen klarer und ist dort unmittelbar ersichtlich. Wenn sich keine Übereinstimmung mit der astrologischen Methode finden lässt, kann es dafür zwei Gründe geben: Entweder ist die Methode falsch oder man versteht es nicht, diese auf genügend differenzierte Art zu gebrauchen.

Auf den nächsten beiden Seiten zeigen wir vier weitere Handabdrücke und geben auch das Sonnenzeichen der betreffenden Person an. Wir haben diese Beispiele gewählt, um zu zeigen, dass das dominierende Element nicht unbedingt mit dem Geburtszeichen übereinstimmen muss, aus der Hand aber eindeutiger gelesen werden kann.

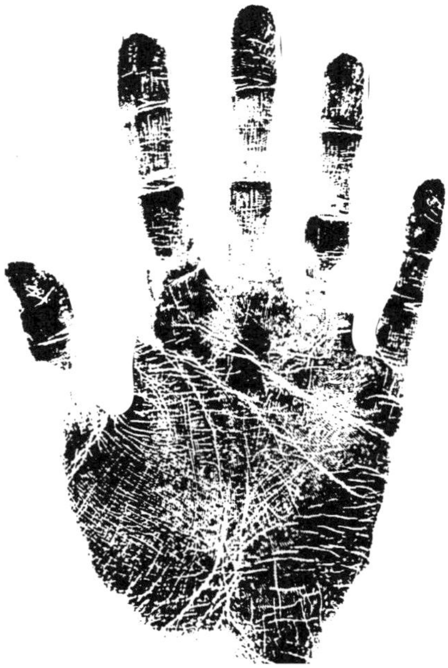

Löwegeborene : *Luft/Wasser*
Bei einer Frau – im Feuerzeichen Löwe geboren – zeigt das Linienbild Einflüsse der Elemente Luft und Wasser. Sie ist eine sehr introvertierte Persönlichkeit, hat grosse Mühe, sich darzustellen und Kontakt aufzunehmen, wirkt also nicht löwehaft. *Handanalyse:* deutliche Sammlungsachse, die Handform betont die subjektive Achse; Kleinfinger tiefgestellt; das «Anhängsel» der Kopflinie zeigt Blockaden, die steile Schicksalslinie – parallel zur Lebenslinie – deutet Isolation an (saturnisch).

Wassermanngeborener: *Erde/Luft*
Bei einem Mann – im Luftzeichen Wassermann geboren – sind die Linien kraftvoll und weisen auf die Elemente Erde und Feuer hin. Er ist ein konkret und praktisch denkender Mensch, Leiter eines Freizeitzentrums. *Handanalyse:* bemerkenswert ist die Breite der Hand und die Fülle des Venusbergs; die Schicksalslinie ist eine Variante der Gruppenlinie und weist auf Fremdeinflüsse hin. Er ist in einem Hotel aufgewachsen, seine Mutter ist Ausländerin. Seine Biographie passt wohl zum Zeichen Wassermann, seine Konstitution aber nicht.

Stiergeborene: *Luft/Feuer*
Eine sehr dynamische Frau – im Erdzeichen Stier geboren – arbeitet in einer grossen Headhunter-Firma. *Handanalyse:* Luft und Feuer prägen diese Hand; auffällig sind ihre Fülle und die grosszügigen, eleganten Kurven des Linienbildes.

Stiergeborener: *Luft/Feuer*
Ein sehr vielseitiger Mann – im Erdzeichen Stier geboren – hat verschiedene Ausbildungen und übt parallel verschiedene Berufe aus. Unter anderem ist er Konzertmusiker (Flöte) und Heiler. *Handanalyse:* primär Luft und Feuer; zu beachten sind die vielen Längslinien.

Mächtige Männer

Wie verschieden die vier mächtigen Männer, die wir auf dieser und der folgenden Seite abbilden, auch sind, so haben sie doch viele gemeinsame Charakteristiken der Hand. Auch wenn die Linien nicht sichtbar sind, kann man allein aus den Handformen und Fingerlängen einige interessante Beobachtungen anstellen. Die Herren *George Bush, Fidel Castro* und *Michail Gorbatschow* haben alle sehr volle Handmuskeln, *Ronald*

Der Russe Michail Gorbatschow und der Kubaner Fidel Castro

Reagans Hände sind weniger kraftvoll, was zwar teilweise mit seinem Alter zusammenhängt, doch sein Handtyp gehört grundsätzlich zu einer anderen, feingliedrigeren Kategorie.

Die vollen Handmuskeln weisen auf Energie und Unermüdlichkeit hin: Man muss schon etwas leisten, um in das höchste Amt eines Landes zu gelangen. Politische Arbeit beschränkt sich nicht auf einen gewöhnlichen Arbeitstag; es ist sehr strapaziös, manchmal bis tief in die Nacht hinein an Sitzungen teilzunehmen. Man muss daher vermuten, dass Ronald Reagan geholfen wurde, in seine Position zu gelangen – vielleicht ist er durch sei-

Der Amerikaner Ronald Reagan

Der Amerikaner George Bush

nen Charme dahingelangt. Reagans Energie, wie aus der Hand ersichtlich, ist die «luftigste».

Chiromantisch betrachtet werden alle gesellschaftlichen Spitzenpositionen durch den *Apollo-* und den *Merkurfinger* angezeigt. Nicht ohne Grund heisst der entsprechende Quadrant «Weltbühne» oder «Schaufenster». Deutlich sichtbar ist, dass alle vier Politiker lange Ring- und Kleinfinger (Apollo- und Merkurfinger) haben, zudem sitzen die Finger mehr oder weniger auf einem Flachbogen (abgesehen von Reagans tiefgestelltem Zeigefinger). Finger mit solchem Ansatz deuten auf Selbstwertgefühl und Unbezwingbarkeit hin *(vgl. Kapitel «Länge und Form der Finger»).*

Drei der Präsidenten haben auch gute Handbasen. Reagan fällt hier wiederum aus dem Rahmen, sein tiefgestellter Zeigefinger und die dominanten Ring- und Kleinfinger weisen eher auf den Showman als auf den Staatsmann hin, was wohl auch dem allgemeinen Bild von ihm entspricht. Seine Berater müssen sehr grossen Einfluss gehabt haben.

Der Körperbau von George Bush ist vom Bewegungsnaturell geprägt; er treibt ja auch viel Sport (Dynamik und Bewegung). Reagan ist vornehmlich das Empfindungsnaturell (Nerventyp): Dieses hat Sinn für die raffinierte Präsentation, ist aber weniger tatkräftig. Gorbatschow und Castro gehören zum Ernährungsnaturell (Magentyp): Gewichtigkeit und Energie, die ihnen das «Landesvaterimage» geben. Gorbatschows Hände und Finger sind die harmonischsten und die am schönsten geformten. Im Vergleich dazu wirken die Hände Castros etwas rudimentär, die von Reagan etwas dekadent und jene von Bush weniger differenziert.

Fingerringe erzählen

Die Fingerringe und ihre traditionelle Plazierung an den einzelnen Fingern geben uns viele interessante Hinweise zum besseren Verständnis der Finger: Auch die Ringe an sich gehören – wie die anderen Signale (Kleider, Farbenwahl, Körpersprache) – zur Deutung.

Die Ringe als direkte und als symbolische Signale

Ein Ring betont *und* isoliert den betreffenden Finger. Der Ring ist nicht nur ein individuelles Schmuckstück, er gibt auch Botschaften an die Umwelt, beispielsweise über die Mitgliedschaft in einer Gemeinschaft, über Auszeichnungen oder einen besonderen Status. Persönliche Ringe vermitteln eine Gefühlsbotschaft, eine Erwartung. Doch bei gewissen Personen muss man sich fragen, ob ihr Schmuck nicht wie der Halsring der Sklaven wirkt. Würdezeichen an der Hand verpflichten. Wenn viele Ringe an einer Hand sind – oder gar Ringe an allen Fingern –, müssen diese entweder als «Schutzschirm» oder als «Schlagring» gedeutet werden. In beiden Fällen verbirgt sich hinter der Fassade eine Unsicherheit.

Das Aussehen der Ringe ist sehr aussagekräftig, doch es würde hier zu weit führen, mehr ins Detail zu gehen. In erster Linie lässt sich zwischen männlichen und weiblichen Signalen unterscheiden, dann kann die Form- und Farbensymbolik miteinbezogen werden. Wichtig ist natürlich auch, ob der Ring bloss gross und teuer ist, oder ob dessen Wert in der fein detaillierten Verarbeitung liegt. Manche Ringe sind symmetrisch aufgebaut, andere sind asymmetrisch oder «künstlerisch schief und verzogen». Einige Ringe sind protzend (beispielsweise aus Rotgold mit einem grossen farbigen Stein), andere diskret teuer (beispielsweise aus Weissgold mit Diamanten). Dann gibt es die eher bescheidenen Ringe aus billigerem Material. Der Gebrauch von Modeschmuck zeugt von einer gewissen Abhängigkeit von den kollektiven Normen und vom Wunsch, sich nicht allzu individuell zu markieren. Menschen ohne Ringe wollen sich selbst sein, wollen nicht eingeordnet werden, gewisse anarchistische Züge könnten sich hier bemerkbar machen.

Auch Schrammen und Narben an der Hand sind für den Handleser nicht zufällig oder willkürlich da – sie sind Hinweise für die symbolische Deutung. Dabei ist es sehr wesentlich zu erfahren, wann die Verletzung entstanden ist.

Der Daumenring

Auf alten Portraits von Königen und anderen Herrschern findet sich manchmal ein Daumenring. Der Daumen (zugehöriger Planet: *Mars*) ist ja vor allem ein Arbeitsfinger. Ein Ring an dieser Stelle will betonen, dass sein Träger über gewöhnliche praktische Arbeit erhaben ist. Das Motto lautet: «Mein Wille ist Gesetz, ich bin über Gesetze anderer erhaben.» Oder wie es der französische Sonnenkönig Louis XIV. ausdrückte: «L' état c'est moi.» Und die traditionelle Deutung eines grossen und starken Daumens heisst entsprechend: Dominanz und Kontrolle. Ein Ring hebt die Bedeutung des Fingers hervor, symbolisiert hier also die weltliche und persönliche Macht seines Besitzers.

Der Zeigefingerring

Macht

In katholischen Kreisen hat der Zeigefingerring besondere Bedeutung, da am Zeigefinger der Papst seinen «Fischerring» trägt (auch Kardinäle und Bischöfe). Chiromantisch gehört der Zeigefinger zu *Jupiter,* der astrologisch in den zwei «religiösen» Zeichen Schütze und Fische herrscht. Interessant ist, dass Jupiter auf Sanskrit «Guru», also geistiger Lehrer heisst und der Jupiterberg (der Muskel unter dem Zeigefinger) «Pitri Sthana». Pitri hat den gleichen Wortstamm wie Pater und Vater, und in der indischen Astrologie gehört Jupiter zum Vater. Viele Herrscher werden mit dem Zeigefingerring abgebildet: So wird deren geistige, gesetzgebende und urteilende Macht unterstrichen. Früher gab es am Zeigefinger auch den sogenannten Doktorring. Der Zeigefingerring ist ein Würdezeichen, ein Zeichen geistiger Autorität.

Chiromantisch wird der Zeigefinger mit Überblick und Urteilskraft verbunden; das Prinzip, das er verkörpert, hat die Aufgabe, Urteile zu fällen, Dekrete kundzutun und die höchste Instanz zu sein. Ein so geprägter Mensch arbeitet aus innerer Überzeugung heraus und ist Einwänden gegenüber unempfänglich; der innere Massstab ist über Argumente erhaben.

Dem Daumen und dem Zeigefinger gemeinsam sind Muskelkraft, differenzierte Motorik und die Zugehörigkeit zur Ich-Seite. Die Themen der Ich-Seite sind: mein Wille, meine Überzeugung und meine Bedürfnisse. Auch die Siegelringe, die individuellen Stempel früherer Zeiten, wurden oft am Zeigefinger getragen. Ein wichtiges Stichwort zum Zeigefinger ist *Identität.*

Menschen mit einem Ring am Zeigefinger betonen ihre Autorität und Autonomie oder den Wunsch nach diesen Qualitäten. Er wird auch oft in esoterischen Kreisen (Silber und Amethyst) getragen, wo er einen guruhaften «Ich-gebe-Antwort-auf-alle-Fragen»-Status markieren möchte. Einem solchen Symbol gerecht zu werden, fordert von seinem Träger aber sehr viel.

Der Ringfingerring

Prunk und Ehestand

Der Ehering gehört zum Ringfinger. Der Ringfinger besitzt nicht ohne Grund seinen Namen, er ist ja der herkömmliche Ringträger. Da er nicht zu den Arbeitsfingern gehört, wirkt ein Ring an ihm auch nicht hemmend auf die Tätigkeit. Eheringe und Schmuckringe signalisieren Gefühle und suchen nach Sympathie oder Bewunderung; dies im Gegensatz zu den Daumen- und Zeigefingerringen, die ja eher Respekt oder Angst einflössen möchten.

Der Ringfinger markiert auch den Status, denn ein schwerer Goldring mit grossen Edelsteinen kostet Geld und zeigt somit – genau wie ein grosses Auto oder eine Villa – die gesellschaftliche Position an. Sowohl Ring- wie Kleinfinger können Träger verschiedenster persönlicher Gefühlsbotschaften sein. Man setzt ein Signal – und wartet auf die Reaktion. Der Ringfinger *(Sonne/Apollo)* ist der Finger der Liebe, der Kunst, der Ästhetik und der Gesellschaftsordnung. Hier werden Ehestand, Position und in gewissem Sinne auch der persönliche Geschmack gezeigt.

Botschaften

Ich erinnere mich an eine Frau, die am linken Ringfinger einen schwarzen und am rechten einen weissen Ring trug. Um ihren Hals hatte sie eine Kette aus dem gleichen Material: diese bestand abwechselnd aus schwarzen und weissen Stücken. Schwarz und weiss sind Extreme wie Ja und Nein. Ich musste ihren derzeitigen Gemütszustand als gespalten betrachten. Als ich eine Bemerkung über die Ringe fallen liess, erzählte sie, dass es eigentlich zwei schwarze und zwei weisse Ringe gegeben hätte. Doch einer der Ringe sei vor wenigen Wochen zerbrochen, weshalb sie jetzt nur noch diese trage.

Ich sagte: «Ich muss vermuten, dass vor kurzer Zeit eine Partner- oder Liebschaft in die Brüche gegangen ist, und dass du jetzt zwar anderen Kontakten gegenüber offen bist, die Grenze aber ausserhalb deiner

Schlafzimmertür gesetzt hast.» – «Wie kannst du das wissen?» fragte sie verwundert. Dabei war die Symbolik so naheliegend: Der weisse Ring an ihrer «offiziellen» rechten Hand zeigte ihre Offenheit neuen Beziehungen gegenüber, der schwarze Ring an ihrer «intimen» linken Hand zeugte von verletzten, jetzt abgeschirmten Gefühlen.

Der Kleinfingerring

Intimität und Exklusivität

Der Kleinfinger *(Merkur)* nimmt eine Sonderstellung ein. Wenn hier Fingerringe stecken, verraten sie eine gewisse Exklusivität oder einen Menschen am Rande der Gesellschaft, wo ganz spezielle Regeln gelten. Wie der Ringfinger befindet sich der Kleinfinger auf der Du-Seite, doch er ist der äusserste Finger: Wie ein Wächter bewacht er die eigentliche Intimsphäre, während der Ringfinger eher mit Form und Rahmen zu tun hat.

Wenn wir an einem Kurs vom Kleinfingerring sprechen, entsteht unter den Teilnehmern oft eine gewisse Unruhe; einige lächeln verunsichert. Ein Tabu ist berührt worden: die Sexualität. Unter Homosexuellen ist es recht üblich, einen Kleinfingerring zu tragen, und in gewissen Kreisen war der kokett abgespreizte Kleinfinger ein Emanzipationszeichen, ein «Versuch-mich-mal»-Signal.

Der Kleinfinger hat überhaupt eine recht umfassende und differenzierte Symbolik. Er herrscht gewissermassen über die ganze Du-Seite, sowohl über die nüchterne Businesswelt des Tagesbogens als auch über die intime Gefühls- und Stimmungswelt des Nachtbogens.

Dieser Ring ist auch unter Unterhaltungskünstlern verbreitet, die ja davon leben, ihre Gefühle «nach aussen zu stülpen», und ein recht unregelmässiges Leben führen; vielleicht kann er hier auch als Selbstschutz gedeutet werden (ein Ring isoliert und betont). Der Kleinfingerring findet sich weiter bei Bohemiens und anderen ausserhalb der gewöhnlichen Gesellschaftsordnung stehenden Menschen. Seine Botschaft könnte sein: «Ich habe ein Recht auf mein Privatleben.»

In den Alpen gibt es den sogenannten Sennenring, der am Kleinfinger getragen wird. Ein Senn ist den ganzen Sommer hindurch alleine auf der Alp – die Isolation dort erfordert eine besondere Psyche; der Sennenring darf erst getragen werden, wenn der Senn bewiesen hat, dass er die Einsamkeit aushalten kann. Der Kleinfingerring erzählt also über die Zugehörigkeit zu einer Minorität mit eigenen Spielregeln, während der Ringfingerring die etablierten Regeln beachtet und benützt.

Der Mittelfingerring

Im Dienste einer übergeordneten Sache / Subkultur

Der Mittelfinger ist die Mittelachse und das Lot der Hand und steht unter der Herrschaft *Saturns*. Mitglieder von Geheimgesellschaften und Logen tragen ihren Mitgliedsring am Mittelfinger. Hier sind die esoterischen Logen gemeint, nicht Prestige- oder Snoblogen, wo der Ring an einem anderen Finger getragen wird.

Eine esoterische Loge oder eine okkulte Bruderschaft konzentriert sich auf die geistige Entwicklung. Die Gesellschaft ist hierarchisch aufgebaut, der Weg aufwärts durch die Hierarchie geht über strenge Rituale, Selbstdisziplin, Konzentration und Entbehrung. Forderungen und Verpflichtungen gehen weit über die Gesetzgebung der Gesellschaft hinaus. Saturn ist der schmale, lange und steile Weg durchs Nadelöhr.

Der Mittelfingerring bezeugt, dass man sich zu einer Subkultur mit festgelegten Regeln und Normen bekennt, einer Subkultur, die mehr oder weniger im Kontrast zur bestehenden Ordnung steht oder diese vielleicht sogar direkt herausfordert. Heutzutage sieht man den Ring häufig bei Rockern (beispielsweise bei den Hell's Angels), auch bei Satanisten und ähnlichen Gruppierungen, doch sollte die Bedeutung dieses Rings nicht an sich als Konfrontationssignal gesehen werden, sondern eher als Zeichen von Isolation.

Einige sagen ja, andere nein

Einer unserer Freunde hat das äusserste Stück des rechten Mittelfingers bei einem Unfall verloren. Er ist seit vielen Jahren freiwillig arbeitslos, hat sich mehr oder weniger bei der Gesellschaft abgemeldet. Er wollte nicht länger an der verschleissenden und sinnlosen Produktion seiner Branche mitwirken. Durch den Unfall hat er angezeigt, wie er auch seine Stellung in der Gesellschaft (rechter Mittelfinger) «amputiert» hat.

Vor vielen Jahren kam eine Frau mit einem schönen, alten Silberring mit Mondstein am rechten Mittelfinger in die Praxis . Sie erzählte, sie hätte ihn von der Grossmutter geerbt, eigentlich würde sie ihn lieber am Ringfinger tragen, wo er aber zu gross sei. Es zeigte sich, dass sie eine der führenden Persönlichkeiten der dänischen Frauenbewegung war. Die Symbolik ist verblüffend: Silber und Mondstein gehören astrologisch beide zum Mond, dem Träger des weiblichen Prinzips. Am Mittelfinger der rechten Hand zeigt der Ring die grössere Verpflichtung einer gesellschaftlich kontroversen Sache gegenüber und symbolisiert zudem die Zugehörigkeit zu einer Subkultur.

Das Bild einer alten Geschichte

Das nebenstehende Bild aus dem letzten Jahrhundert mag auf den ersten Blick naiv erscheinen, doch es erzählt in seiner einfachen, direkten Bildersprache viel mehr über die Hand und ihre Symbolik als manche abstrakte Erklärung.

Auf dem *Jupiterberg* sitzt ein zugleich weltlicher und geistiger Herrscher; vielleicht ist er ein Hohepriester oder ein Magier, der die Leute zur Audienz empfängt.

Auf dem *Saturnfinger* und seinem Berg befinden sich – neben der Todessense – auch einige Minenarbeiter. Saturn ist als Schicksalsplanet bekannt; er herrscht über Stofflichkeit, Zeit und Inkarnation: Das Leben wird als ein zeitlich begrenztes Absteigen in die Materie verstanden.

Unter dem *Apollofinger* sitzt Apollo mit seiner Leier; durch ihn werden die schönen und erheiternden Seiten des Daseins offenbar.

Auf dem *Merkurberg* steht ein Schriftgelehrter (oder ein Anwalt), der in Worten und mit Argumenten eine Sache aus verschiedenen Gesichtswinkeln darlegt.

Oben auf dem *Passiven Mars* steht ein unbekleideter («ungeschminkter») Mann, der irgendetwas in der Hand hält. Da seine Körperhaltung abwartend ist, dürfte es kaum eine Waffe sein. Vielleicht ist es eine Schreibfeder, vielleicht ein Spiegel, denn man sieht im aussen nur das, was innen Widerhall findet. Er schaut hinaus und registriert. Hier findet die direkte Begegnung mit der Welt statt. In der Mitte der Handfläche, auf der *Marsebene,* wird gekämpft. Dies ist der Bereich des Lebenskampfes, die Brandungszone des Lebens.

Auf dem *Mondberg* befindet sich ein Segelschiff – der Horizont ist unsichtbar.

Auf dem *obersten Daumenglied* (dem «Willensglied») steht eine Person in Kommandostellung; vielleicht ist es bloss eine sich aufblasende Figur, die zum Duell herausfordert. Auf dem unteren Glied («Logik») spricht ein Mann durch einen Trichter; vielleicht mahnt er zur Besinnung.

Auf dem *Venusberg* befindet sich ein Liebespaar; hier ist der Bereich der Liebe, des Genusses und der Fruchtbarkeit.

Der *Lebenslinie* entlang schreitet ein Mensch auf seinem Weg zwischen Wiege und Grab.

Um das *Handgelenk* liegen die «magischen Armbänder». In der modernen Deutung werden schön gezeichnete Handgelenklinien mit Kraft

und Gesundheit verbunden, besonders wenn es deren zwei oder gar drei sind. Klassisch ordnet man hier Reichtum, Reisen, Lebenslänge und diverse exotische Bedeutungen bei. In der englischsprachigen Literatur heisst es dazu: «Health, wealth and happiness».

Botschaften der Finger

Die Fingernägel verändern sich je nach Beanspruchung und Pflege. Der Zustand der Nägel wie auch Schrammen und Flecken an der Hand haben für den Handleser etwa dieselbe Bedeutung wie ein Stundenhoroskop für den Astrologen: auch sie zeigen symbolisch eine aktuelle Situation an.

Die *linke Hand* berichtet in diesem Zusammenhang über innere Zustände, über Gedanken und Gefühle, die der Umwelt noch nicht mitgeteilt wurden. Oder aber über Ideen, die noch nicht praktisch ausgeführt wurden. Es kann sich auch um noch frische Erinnerungen oder um frühere Ereignisse handeln. Schrammen und ähnliche Schäden deuten also auf Vergangenes hin, oberflächliche Flecken symbolisieren noch nicht verwirklichte Vorhaben.

Die Themen der *rechten Hand* sind materiell wirksam und auf die Zukunft gerichtet. Ihre Markierungen sprechen von aktuellen und kommenden Geschehnissen. Die «Laufzeit» kann hier durch die Wachstumsgeschwindigkeit der Nägel bestimmt werden, doch unabhängig davon muss jedes Zeichen als relevant angesehen werden, solange es sichtbar ist (dasselbe gilt übrigens für die Handlinien). Dauerschäden wie Narben oder Zerstörung des harmonischen Nagelwachstums zeigen tiefgreifende Themen an, während oberflächliche Verletzungen, kleinere Schrammen und «zufälliger» Schmutz auf vorübergehende Zustände mit kurzem Zeithorizont hinweisen.

Die einzelnen Fingerglieder beschreiben Fundament, Tätigkeitsebene und Ideenwelt *(vgl. Kapitel «Die Dreiheit»). S*ie widerspiegeln das, was sich tiefer unten auf der Handfläche ebenfalls manifestiert hat: Das unterste Glied des Fingers entspricht der Handbasis, das Mittelglied dem Kopflinienraum und das Nagelglied dem Herzlinienraum. Der geübte Handleser kann seine Deutung verfeinern, wenn er berücksichtigt, auf welcher Seite die sich Markierungen befinden (Mitte, ulnar oder radial).

Der Daumen

Der *Daumen* hat hierarchisch eine übergeordnete Position, er ist der König der Hand. Wenn er verletzt ist, leiden alle Finger darunter. Spezifischer als die anderen Finger weist der Daumen auf Lebenstüchtigkeit, Gesundheit und Familiensituation des Inhabers hin.

Der Zeigefinger

Schäden und Markierungen am *Zeigefinger* betreffen Autonomie und Selbstachtung in bezug auf persönliche Ziele. Typischerweise geht es hier um fehlgeschlagene Erwartungen und gekränktes Ehrgefühl in der Arbeit.

Basisglied: Geld und Autorität
Mittelglied: Ehrgeiz und Status
Nagelglied: Visionen und Ideale

Der Mittelfinger

Der *Mittelfinger* reflektiert die Existenz und den Standort in der Welt und in der Gesellschaft: «Wo stehe ich?»

Basisglied: Wohnung
Mittelglied: materielle Bedingungen
Nagelglied: Pflichtbewusstsein

Der Ringfinger

Der *Ringfinger* symbolisiert all das, was uns aus alltäglichen Notwendigkeiten und blossem Machtstreben heraushebt: Liebe, Kunst und Wissen. Verletzungen zeigen enttäuschte Gefühle und verlorene Lebensfreude an.

Basisglied: sinnlicher Genuss
Mittelglied: Verwirklichung von Talenten
Nagelglied: Idealismus und Ästhetik

Der Kleinfinger

Am *Kleinfinger* hinterlassen Gedanken, Gefühle und Überlebenskampf ihre Spuren. Hier spiegelt sich der wechselvolle Alltag.

Basisglied: Geld und Ressourcen, Sexualität
Mittelglied: Handel, Handwerk, Koordination
Nagelglied: Rhetorik und Kommunikation

Länge und Form der Finger

Die Finger sind die differenziertesten und beweglichsten Teile der Hand. Man merkt sofort, ob sie fein- oder grobgliedrig, ob sie mehr oder weniger muskelstark, ob sie *Fühler* oder *Werkzeuge* sind. Die Finger geben Auskunft über den Intellekt und über die feinmotorische Koordinationsfähigkeit. *(Da der Daumen beim Handlesen eine Sonderstellung einnimmt, behandeln wir ihn im folgenden Kapitel «Der Daumen» separat.)*

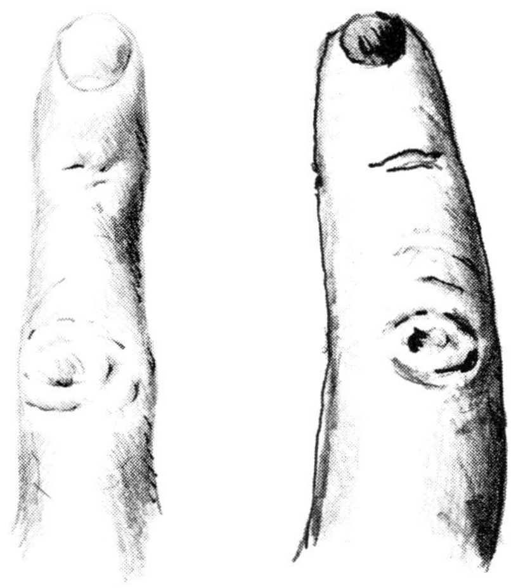

Differenzierter Finger *Plumper Finger*

Beurteilungskriterien

- Länge der Finger im Verhältnis zur Handfläche (kurz oder lang)
- Form (knotig oder glatt, knochig oder fleischig)
- Ansatz (hoch- oder tiefgestellt)
- relative Länge der Finger (Ich-Seite/Du-Seite/Mittelachse)
- Neigung (krumm oder gerade)
- Zwischenräume
- Geschmeidigkeit der Finger (steif oder nach hinten beweglich)
- relative Länge der Glieder untereinander (die «drei Welten»)
- Form der Fingerspitzen (zugespitzt, eckig, konisch, spatelförmig oder sensitiv-tropfenförmig)

Lange und kurze Finger

Lange Finger bei einem Menschen (Betonung des Tagesbogens) weisen auf einen guten Blick für Details, aber auch auf den Hang, sich mit Einzelheiten aufzuhalten und für die mentale Verarbeitung längere Zeit zu benötigen. Sind die Finger *kurz* (Nachtbogendominanz), laufen die mentalen Prozesse schneller und intuitiver ab; Entscheidungen werden eher aus dem Stegreif getroffen. Nicht ohne Grund gehören kurze Finger traditionell zu ungeduldigen und impulsiven Menschen. Wenn die Finger ausgesprochen lang oder ausgesprochen kurz sind, ist dies für die Bestimmung des Handtypus sehr wichtig.

Selbst unter Handlesern ist es recht unklar, wie die Länge der Finger genau gemessen wird. Dabei sollten folgende Punkte beachtet werden: Auf der Handflächenseite beginnen die Finger oberhalb der Fingerberge, während auf der Handrückenseite ab den Knöcheln gemessen wird.

Wir selber messen auf der Handflächenseite: Das normale Mass des Mittelfingers steht zur Handfläche im Verhältnis 2:3 *(siehe nebenstehende Abbildung)*. Misst also beispielsweise der Mittelfinger vom Fingeransatz bis zur Spitze 8 cm und die Handfläche von der Handgelenklinie bis zum Fingeransatz 12 cm, so haben sie die normalen Proportionen im Verhältnis von 2:3 (8 cm : 12 cm). Bei der praktischen Beurteilung der Proportionen sollte aber auch die Breite der Hand berücksichtigt werden. Wir ziehen es vor, grundsätzlich zwischen Nacht- und Tagesbogendominanz zu unterscheiden. Bei dieser Beurteilung ist wiederum das Auge des Bildhauers gefordert!

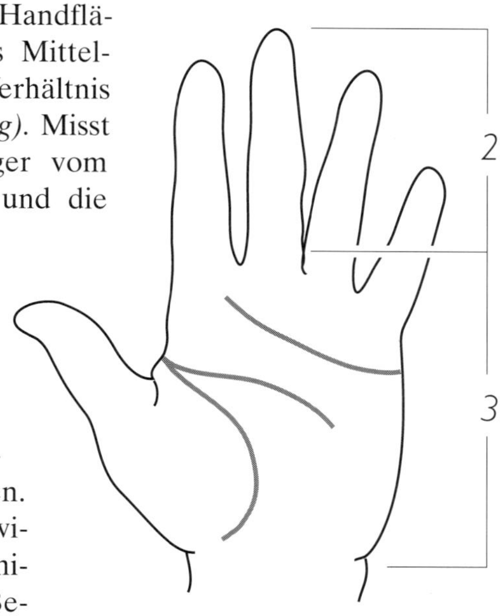

Ideale Proportionen von Mittelfinger und Handfläche

Philosophische und konstruktive Knoten

Manchmal sind die einzelnen Knoten an den Fingern deutlich sichtbar, entweder weil die Hand an sich mager ist (*philosophische Knoten:* betonte Sammlungsachse, entspricht der schmalen Hand) oder weil das Skelett selber fest und kräftig ist *(konstruktive Knoten)*.

Skelett und Struktur gehören astrologisch zu *Saturn*. Da hier vom Intellekt (Fingerbereich) die Rede ist, lautet die Deutung: Analyse und mentale Konstruktion, Tiefe und Ernsthaftigkeit, Genügsamkeit. Die knochigen und fleischarmen Finger deuten auf eine analytisch-mentale und introvertierte Veranlagung hin: je länger die Finger, desto ausgeprägter ist diese Veranlagung. Diese Finger werden traditionell «philosophisch» genannt, es muss aber bemerkt werden, dass sie bloss einen kritischen, fragenden und prüfenden Intellekt verraten. Philosophisches Denken im Sinne von analytischem Suchen nach übergeordneten Zusammenhängen, nach Wahrheit und existenziellem Sinn ist erst bei langer Herzlinie und starken Zeige- und Kleinfingern angezeigt.

Knotenfinger

Besitzt die Hand an sich schon Anzeichen einer Blockade (schmal, verzogene Finger, Bindungszeichen im Linienbild), so kann der Handleser Behandlungen empfehlen, die Körperverspannungen und gehemmte Gefühle lösen, beispielsweise eine Körpertherapie. So ein Mensch kann nicht von sich aus in Kontakt mit der Umwelt treten, er ist in seinen negativen Selbstanalysen und falschen Vorstellungen von Beziehungen gefangen. Der Handleser kann solche Menschen auch darauf hinweisen, dass sich nicht alle Probleme über den Kopf lösen lassen: «Du denkst zuviel und handelst zuwenig spontan! Man kann eine Suppe auch mit allem Nachdenken nicht mit einem Messer schöpfen oder mit einer Gabel essen.»

Ist die Hand hingegen muskulös, mit starken Knochen, wird der Betreffende einen praktischen Tätigkeitsdrang besitzen und auch die Fähigkeit, zweckmässig zu konstruieren. Fülle und Breite der Muskeln und Knochen sagen etwas aus über die *Werkzeugfunktion* einer Hand, also über die handwerklichen Fähigkeiten. Gröbere Finger zimmern gut, feinere schreinern besser. Ein gut entwickelter Mondberg ist Anzeichen für erfinderische Kreativität.

Glatter Finger

Glatte Finger

Bei fleischigen Fingern sind Knochen und Gelenke mehr oder weniger unsichtbar. Dies zeugt von einem emotionaleren Gemüt, bei dem das Denken kein introvertierter und isolierter analytischer Prozess ist. Das Fleischige des Fingers weist auf eine ausgeprägte Sinnlichkeit hin, die Gedanken werden von äusseren Begebenheiten stimuliert.

Traditionell wird Menschen mit *glatten* Fingern Intuition zugesprochen: Sie denken in Zusammenhängen, nicht in Details, und wenn sie gefühlsmässig unbeteiligt sind, funktioniert die Intuition auch meistens ausgezeichnet. Sind sie persönlich betroffen, wird die subjektive Emotionalität die Oberhand gewinnen. Wenn zudem die Finger noch kurz sind, ist dies ein Anzeichen dafür, dass die betreffende Person viele Fehler und heikle Situationen mit etwas mehr Überlegung und weniger übereilten Schlussfolgerungen vermeiden könnte.

Sind die Finger geradezu dick und plump (primitiverer Handtypus), kann man davon ausgehen, dass eigentliche Gedankenarbeit der unmittelbaren Bedürfnisbefriedigung weichen muss, und dass Sinnlichkeit, Gefühle und Bilder mehr Gewicht haben als ausgeklügelte Gedanken und Argumente .

Die Finger des «Kunsthandwerkers»

Die Finger des Kunsthandwerkers sind durch Fülle, Muskelkraft und starke Knochen charakterisiert. Sie sind rundlich und kräftig bis in die Spitzen. Die Hand als solche ist steif *(Saturn-* und *Erde-*Einfluss), auch der Daumen ist voll und steif, er ist traditionell – wie man im Englischen sagt – «the carpenter's thumb». Bei Frauen würde man vielleicht sagen, ihr Handtypus sei männlich (worüber diese allerdings selten begeistert sind). Es ist dies einer der kompetentesten Handtypen: Er ist fähig, sich der verschiedensten Werkzeuge und Instrumente zu bedienen. Zeigt die Hand ausserdem noch Kreativität und künstlerisches Verständnis an, so können ausserordentliche Leistungen auf diesem Gebiet erbracht werden.

Der Ansatz der Finger

Nur selten sitzen die Finger auf einer Geraden, in der Regel ist einer der Finger *hochgestellt* (hoher Ansatz) oder *tiefgestellt* (tiefer Ansatz). Ein tiefgestellter Finger sitzt wie in einem Loch, ein hochgestellter wie auf einer Bergspitze. In der Durchschnittshand thront der Saturnfinger (Mittelfinger) über allen anderen Fingern. Äusserst selten kommt es vor, dass der Jupiterfinger (Zeigefinger) oder der Apollofinger (Ringfinger) einen höheren Ansatz haben als der Saturnfinger.

Normalerweise beschreiben die Fingeransätze einen Flachbogen: Der Kleinfinger sitzt ein bisschen tiefer, ohne dabei tiefgestellt zu sein. Alle Abweichungen von dieser Norm sollten bei der Handdeutung berücksichtigt werden. Ist ein Finger hoch- oder tiefgestellt, wird die ganze Handstruktur unregelmässig und die Handlungsachse automatisch ge-

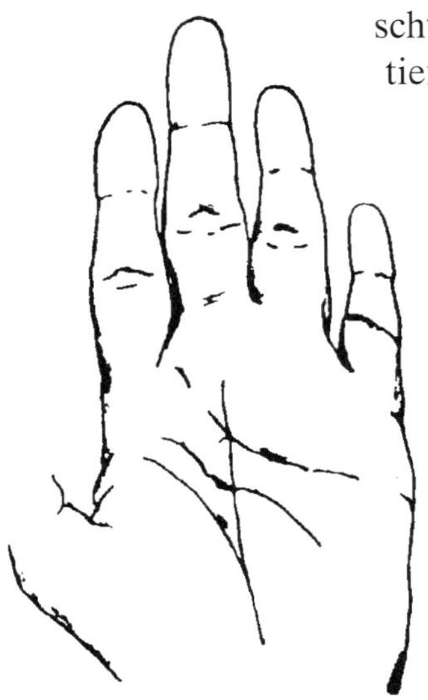

Tiefgestellte Zeige- und Kleinfinger

schwächt. Sind sowohl *Zeige-* als auch *Kleinfinger* tiefgestellt *(siehe Abbildung links)*, wird die Sammlungsachse betont – die Hand sieht dann etwas schmal und langgestreckt aus.

Strukturelle Unregelmässigkeiten einer Hand zeigen generell Unregelmässigkeiten in der Lebensführung der betreffenden Person an, ebenso einen Mangel an Konsequenz, Ordnung und Anpassung. Ein unklares Linienbild erschwert die Situation. Wenn das Linienbild hingegen klar ist, zeigt dies die Möglichkeit an, durch originelles Denken und Handeln den Mangel an Anpassung kreativ umzusetzen. Zudem wird der Betreffende Verständnis für Aussenseiter und Eigenbrötler haben.

Ein hochgestellter Finger ist an sich ein Stärkezeichen, das von ihm repräsentierte Prinzip ist lebens- und interessenbestimmend, besonders wenn auch der zugehörige Fingerberg gut entwickelt und die entsprechende Längslinie ausgeprägt gezeichnet ist. Normalerweise sind es Zeige- und Ringfinger, die hochgestellt sind. Nur äusserst selten findet sich ein hochgestellter Kleinfinger (er ist dann auf gleicher Höhe wie der Ringfinger). Ein solcher Kleinfinger hat – symbolisch gesprochen – eine kolossale Schlagkraft!

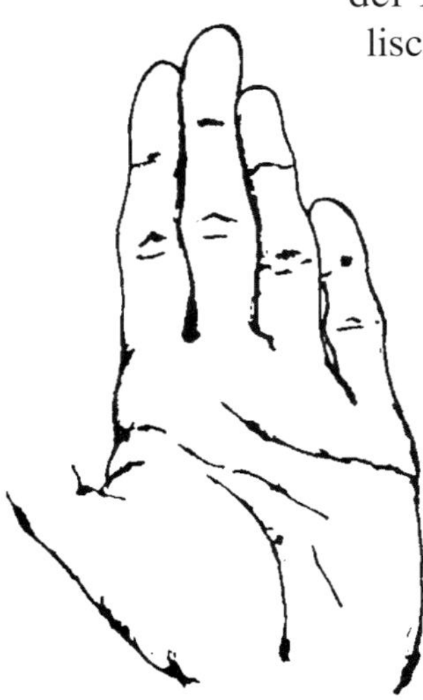

Tiefgestellter Kleinfinger

Ein tiefgestellter Finger hat gewissermassen seine Autonomie verloren, astrologisch würde man sagen, dass er im Exil ist. Solche Menschen agieren nur, wenn sie sich auf sicherem Grund fühlen; beispielsweise werden sie mit einem tiefgestellten *Kleinfinger (siehe Abbildung links)* nicht imstande sein, «cool» mit anderen zu verhandeln, da sie gefühlsabhängig (repräsentiert durch den Mondberg) sind. Bildlich gesprochen wird ein solcher Finger sich dann in den Dienst des herrschenden Fingers dieser Hand stellen (er ist also nicht «unbrauchbar», nur weil er tiefgestellt ist). In populären Deutungen heisst der tiefgestellte Kleinfinger «Kleinfinger der Krankenschwester». Gemeint ist damit, dass solche Menschen wehrlos gegenüber den Bedürfnissen anderer sind und unfähig, sich abzugrenzen und nein zu sagen. Ist die Lebenslinie ausserdem im unteren Teil beschädigt («saturnisch»), besteht das Risiko, sich ausnützen zu lassen. Psychologisch betrachtet kann in einem solchen Fall die betroffene Person versuchen, gefühlsmässige Nähe damit zu erreichen, dass sie andern hilft und sich für sie aufopfert – und somit andere in Abhängigkeit von sich bringt.

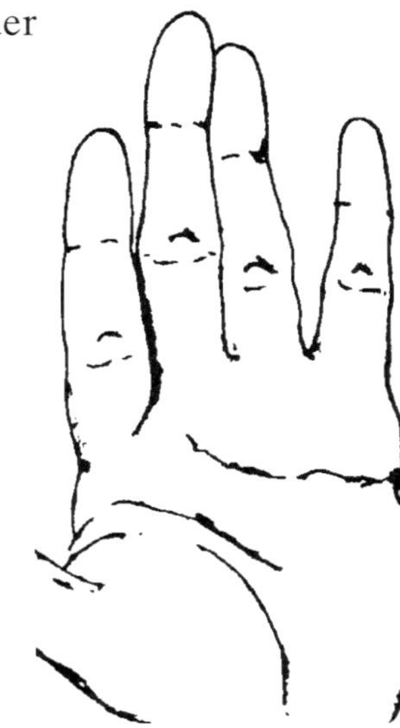

Tiefgestellter Zeigefinger

Ein tiefgestellter *Zeigefinger (siehe Abbildung rechts)* zeigt, dass sein Besitzer Verankerung in materieller und familiärer Hinsicht sucht (bildlich gesprochen ist er vom Venusberg abhängig). Er wird nur mit Vorbehalt Autorität ausüben, und wenn, dann immer in einer allgemein akzeptierten Form (er «arbeitet im Schatten Apollos»).

Ein tiefgestellter *Ringfinger* ist ein Zeichen für die Mühe, die der Betreffende mit Stil und Selbstdarstellung hat: er wird sich in Gesellschaft eher verstecken, sich vielleicht einem «Toastmaster» oder «Choreographen» unterordnen.

Wenn alle Finger auf einer mehr oder weniger *geraden Linie* angesetzt sind *(siehe Abbildung rechts)*, bekommt die Handfläche eine fast quadratische Form. Diese Fingerstellung ist in der Praxis des Handlesers selten, da solche Menschen sich nicht leicht entmutigen lassen und selten Hilfe suchen. Wenn sie überhaupt in eine Beratung gehen, dann nur, um eine Bestätigung für das zu bekommen, wofür sie sich ohnehin entschlossen haben. In der Regel sind sie in der Gesellschaft erfolgreich, haben dafür aber wenig Verständnis für die Schwächen anderer (was in der Partnerschaft dann Probleme schaffen kann).

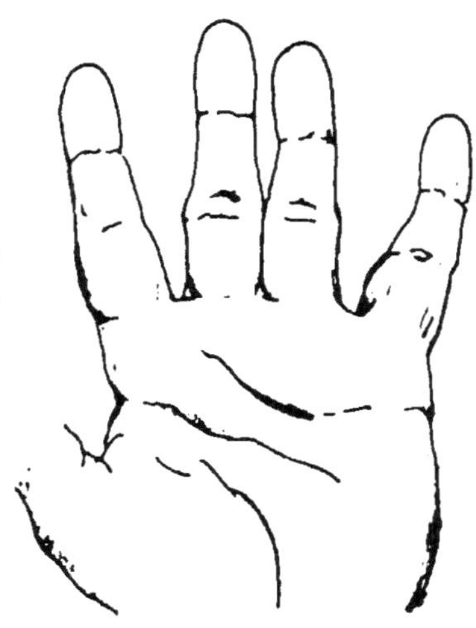

Alle Finger auf einer Linie

Die relative Länge der Finger

Für eine genaue Messung der Fingerlängen muss darauf geachtet werden, dass die Hand gerade und in direkter Verlängerung von Unterarm und Handgelenk gehalten wird, sonst verschiebt sich die relative Länge der Finger (besonders zu beachten, wenn man beispielsweise am Fernsehen Hände beobachtet!). Die ideale Normallänge der Finger ist folgende:

- *Zeige- und Ringfinger* sind gleich lang und reichen bis zum Nagelbett des Mittelfingers.
- Der *Kleinfinger* reicht bis zur Beugefalte zwischen den beiden oberen Gliedern des Ringfingers.

Unterschreiten die Fingerlängen das Idealmass, werden sie als *kurz* bezeichnet (und sind in ihrer Bedeutung geschwächt); überschreiten sie die Norm, werden sie als *lang* bezeichnet (und sind in ihrer Wirkung dominant und themenbestimmend). Man beachte besonders den Kleinfinger: Wenn er die Norm nur schon um 1 mm überschreitet, gilt er als lang, wenn gar um 3-5 mm, so ist er sehr dominant. Wenn sowohl Kleinfinger als auch Ringfinger länger als die Norm sind, wirkt der Mittelfinger kurz, wenn sie aber die Normgrenze nicht erreichen, so gilt dieser als lang. Ist einer der beiden Finger lang oder normallang, der andere jedoch kurz, so gilt der Mittelfinger als normallang. Die relative Länge zwischen *Ringfinger* und *Zeigefinger* ist also sehr wichtig, egal ob sie die Standardnorm erreichen oder nicht. In der Regel ist der eine etwas länger als der andere, was aber nicht nur für den Finger an sich bedeutungsvoll ist (er wirkt dominant), sondern auch die ganze Balance von Ich-Seite und Du-Seite beeinflusst.

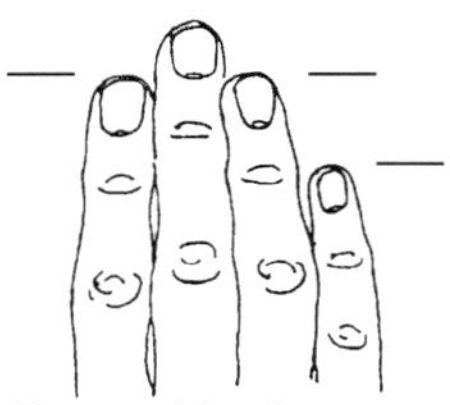

Zeige- und Ringfinger normal Kleinfinger normal

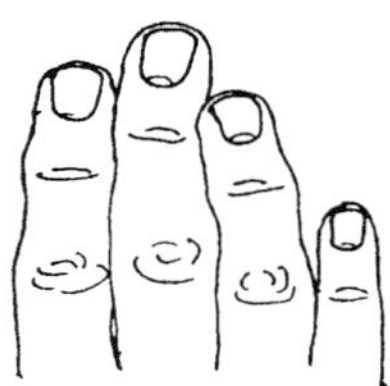

Zeigefinger lang, Ringfinger normal, Kleinfinger kurz

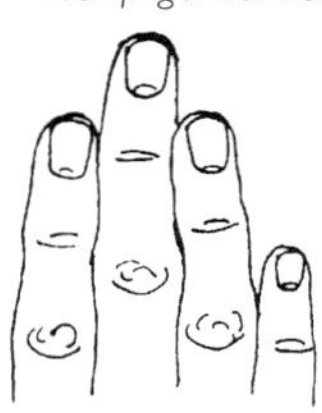

Mittelfinger lang, Kleinfinger kurz

Mittelfinger kurz, Kleinfinger lang, Ringfinger länger als Zeigefinger

Zeigefinger lang, Ringfinger normal, Kleinfinger normal

Zeigefinger normal, Ringfinger lang, Kleinfinger lang

Krümmungen und Neigungen der Finger

Nur selten sind die Finger gerade. Meistens krümmen sie sich nach innen oder zur Seite, manchmal beides *(siehe Abbildung unten)*. Menschen mit einem krummen Finger sind bestenfalls vorsichtig, taktvoll und diplomatisch, in schlimmeren Fällen gehemmt, misstrauisch, verkrampft und unehrlich.

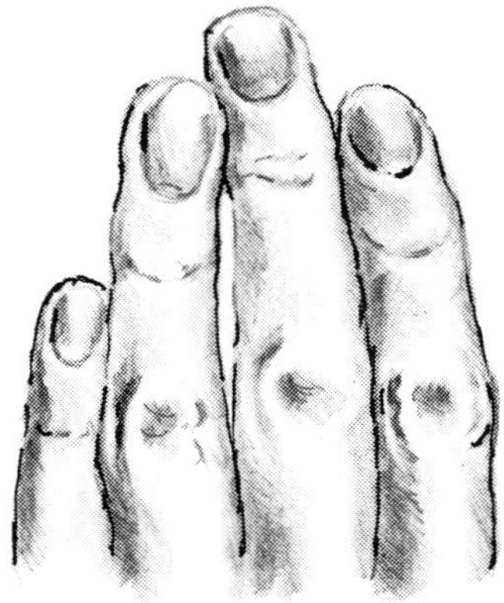

Der ideale Finger ist schön geformt und steht senkrecht zur Handfläche, alles andere muss als problematisch gedeutet werden. Doch sind problematische Anzeichen nicht unbedingt schlecht, auch wenn sie unter Umständen mit Schmerzen und Schwierigkeiten verbunden sind: Probleme wirken auch als Antrieb für Entwicklung, Einsicht, Erfindungsgeist und künstlerisches Schaffen.

Wenn sich die Finger nach *innen* gegen die Handfläche krümmen, sind gefühlsmässige Verschlossenheit und Selbstschutzbestrebungen angezeigt *(siehe Abbildung rechts)*. Man kann in diesem Fall von einem Menschen weder gefühlsmässige noch materielle Freigiebigkeit erwarten – das Linienbild wird wahrscheinlich den Hintergrund eines solchen Verhaltens enthüllen. Richten sich die Finger geradezu steif nach innen gegen die Handfläche, zeigt das oft jahrelanges Unglück an.

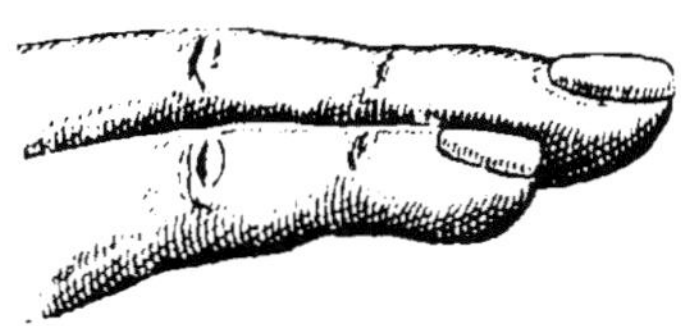

Traditionell sagt man von diesen Fingern, sie seien Symbol für Geiz, während das andere Extrem, die nach *aussen* (dem Handrücken zu) gebogenen Finger *(siehe Abbildung unten)* Grosszügigkeit anzeigten. *Flexible* Finger und Fingerspitzen gehören oft zu kritiklosen Menschen, die in entsprechender Gemütsverfassung weder Geld noch Geheimnisse für sich behalten können.

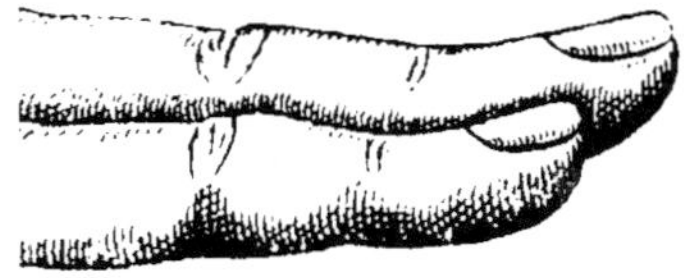

Wenn sich die Finger seitwärts krümmen, entsteht eine Schwerpunktsverschiebung in Richtung Mitte, entweder zur Ich-Seite oder zur Du- Seite hin. Personen mit einem seitwärts geneigten Finger können nicht auf dem vom entsprechenden Finger angezeigten Gebiet brillieren.

Manchmal neigen sich alle Finger zur *Ich-Seite,* der Zeigefinger ist dann meistens lang. Dies deutet auf selbstverschuldete Isolation und Kontaktschwierigkeiten hin, auf einen Rückzug in die eigene Gedankenwelt. Es kommt auch vor, dass alle Finger sich zur *Du-Seite* hin neigen (der Ringfinger ist hier typischerweise lang, vielleicht auch der Kleinfinger), ein Hinweis auf die starke Abhängigkeit dieses Menschen von äusserer Bestätigung und Stütze.

Häufig lehnen sich sowohl Zeigefinger als auch Ringfinger an den Mittelfinger an (gleichzeitig lehnt sich dann meistens der Kleinfinger an den Ringfinger). Dies entspricht der Bedeutung eines langen Mittelfingers: im Kontakt zurückhaltend und scheu, innerlich unsicher, unwillig sich auszuliefern, Bedürfnis nach Geborgenheit in Gemeinschaften oder in der Zweisamkeit.

Einen besonders schlechten Ruf hat der *gebogene* Kleinfinger *(siehe Abbildung links)*, in der englischen Literatur «crooked» genannt («crook» bedeutet auch Dieb oder Schwindler). Die psychologische Geschichte, die hinter einem solchem Kleinfinger steht, erzählt von vielen verletzten Gefühlen, und nur ein ethisch gut verankerter Mensch lässt sich davon nicht unterkriegen. In der positiven Ausdrucksform symbolisiert der gebogene Kleinfinger Sinn für taktvoll-gekonnte, manchmal poetische Formulierungskunst, doch die Grenzen zwischen Lüge, Dichtung und Diplomatie sind recht fliessend. Ist ein solcher Kleinfinger zudem lang, die Schicksalslinie (Integration) schwach und die Kopflinie mit Anzeichen von Gier bestückt, kann diese Hand einem Verbrecher gehören. Doch man bedenke: Wenn der Detektiv nicht etwas von einem Verbrecher und der Psychiater nicht etwas von einem Geistesgestörten hätten, wären sie für ihre Berufe nicht geeignet.

Zwischenräume

Hält man die Hand vor das Licht oder legt man sie auf die Tischplatte, so werden die Räume zwischen den Fingern sichtbar. Ein oder zwei Finger stehen meistens von den anderen Fingern etwas weg (astrologisch entspricht dies der Uranussignatur im Sinne von Freiheitsbestreben und Eigenwilligkeit).

Wenn der *Zeigefinger* sich absondert, bedeutet dies: Eigenwilligkeit im Beurteilen von anderen, unter Umständen eine allgemein unkonventionelle Haltung. Ist der *Kleinfinger* nach aussen gespreizt, bedeutet dies: eigenwillige Handlungen, nicht an Konventionen gebunden sein (meist aber auf diskrete Art). Betonter Zwischenraum zwischen *Ringfinger* und *Mittelfinger* bedeutet: bohemehafte Lebenseinstellung, Gefühlsverpflichtungen werden gemieden, unter Umständen Verantwortungslosigkeit (kritisch bei einem zusätzlich gebogenen Kleinfinger, was als Junggesellensignatur bezeichnet wird). Ein Finger, der mehr oder weniger an einen anderen Finger «angeleimt» scheint, befindet sich symbolisch gesprochen in Gebundenheit und Abhängigkeit: ein solcher Finger ist nie dominant.

Geschmeidigkeit und Steifheit

Jede Geschmeidigkeit ist weiblicher Natur. *Geschmeidige Finger* bedeuten Offenheit und Beeinflussbarkeit gegenüber Ideen und Gedanken (positiv bei Fremdsprachen) und zeigen ein Bedürfnis nach Übereinstimmung und Austausch an. Ist die Hand motorisch begabt, sind hier gute Möglichkeiten gegeben, Instrumente zu spielen und mit Werkzeugen zu arbeiten.

Grosse Flexibilität (60–90 Grad Biegsamkeit nach hinten) symbolisiert Stimmungsabhängigkeit und Inkonsequenz; ein solcher Mensch ist also weder systematisch noch verlässlich, kann sich aber ohne weiteres den verschiedensten Situationen anpassen. Mit flexiblen Händen weicht man allgemein vor Aufgaben zurück, die viel Ausdauer erfordern. So jemand braucht Aufmunterung von seiner Umwelt und zeigt Begabung für eher oberflächlichen Journalismus, nicht aber für tiefergehende Analysen. Der nicht zu anspruchsvolle Stil passt gut zum Gesellschaftsleben.

Steife Finger offenbaren die Hemmnis ihres Besitzers, sich auf Neues einzustellen (saturnische, isolierende Signatur). Wenn dieser jedoch in Ruhe arbeiten kann, wird er dies systematisch und gründlich tun, es sei denn, das Linienbild weise auf Konzentrationsmangel oder generelle Ineffizienz hin. Der Unwille, sich auf andere Perspektiven einzustellen, kann aber zum Problem werden, besonders wenn die Finger knotig sind und/oder an ihren Spitzen Wirbelchen aufweisen.

Die drei Glieder der Finger

Die drei Fingerglieder reflektieren eine «höhere Oktave» der drei Welten und vertreten das gleiche Konzept wie diese. Auch die Körper- und Gesichtsleser benützen die Dreiheit für ihre Systeme, beispielsweise beim Gesicht, den Ohren oder den Augen. In jedem Körperteil spiegelt sich die Dreiheit wider *(siehe Abbildung unten).* – Die Hand ist ein einzelnes Glied des Armes, der sich in Oberarm, Unterarm und Hand unterteilen lässt.

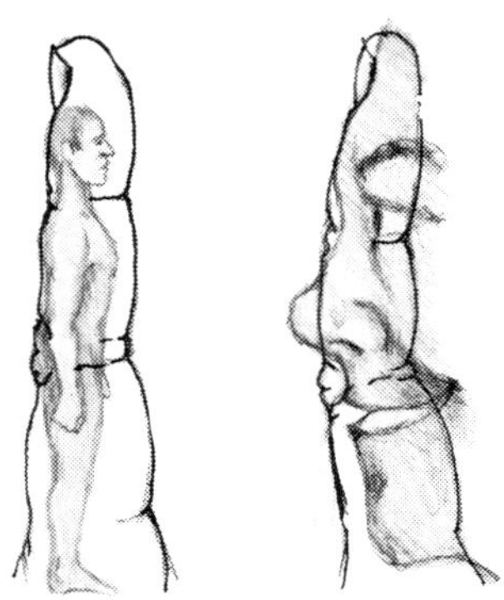

Die Hand an sich besteht aus drei Abschnitten: dem unteren Teil (Handwurzel), dem Mittelteil (Daumenregion) und dem oberen Teil (Finger). Die Finger sorgen für die feinste Differenzierung des Charakters. Die einzelnen Fingerglieder sind jedoch dem grundlegenden Hand- und Fingertypus untergeordnet. Einem plumpen, kurzen Finger wird also keine Verfeinerung in mentaler Hinsicht zuteil, nur weil das Nagelglied sehr lang ist. Bildhaft kann man den drei Gliedern folgende Grundtypen zuordnen: dem untersten Glied den *Geniesser,* dem mittleren Glied den *Arbeiter* und dem obersten Glied den *Theoretiker.* Bei der Beurteilung der Fingerglieder spielen Länge und Form eine wichtige Rolle. Etwas vereinfacht gesagt, kann man aus der Länge auf die *Quantität* der zugeordneten Eigenschaft schliessen und aus der Form auf die *Qualität.*

Die *Länge* wird am besten an der Seite der Finger von Beugefalte zu Beugefalte gemessen. Wichtig dabei ist, darauf zu achten, ob eines der Glieder im Verhältnis zu den anderen zwei Gliedern aussergewöhnlich kurz oder aussergewöhnlich lang ist. Ein langes Glied symbolisiert ein dominantes Prinzip, ein kurzes Glied ein eher schwaches (die zugehörigen Eigenschaften werden hier von der Person oft unterschätzt oder als minderwertig betrachtet).

Die *Form* der Finger wird nach den schon beschriebenen Richtlinien gedeutet: Die Gesetzmässigkeiten sind die gleichen wie bei der Beurteilung der ganzen Hand. Ein dickes, fleischiges Fingerglied vertritt ein energiegeladenes und expansives Prinzip – vielleicht fehlt es dieser Person aber an Raffinement und Subtilität. Ein mageres Fingerglied zeugt von einem starken Innenleben; oft fehlt hier das Interesse für materielle Belange.

In der Handdeutung kann der prinzipielle Unterschied zwischen «fleischig» und «knochig» (sei es bei der Hand in ihrer Ganzheit oder bei einzelnen Fingergliedern) folgendermassen beschrieben werden: Jemand mit fleischigen Merkmalen richtet sich sinnlich und handelnd auf die Umwelt, jemand mit knochigen Komponenten dagegen wirkt im Verborgenen. Der magere Typus will das Essentielle destillieren, der fleischige sucht die Fülle.

Die relative Länge der Fingerglieder

Die Fingerbasis

Das Wurzelglied der Finger (bei der Handfläche) gibt Hinweise über das Verhältnis des Betreffenden zu allem Körperlichen, über seine Lebensbasis und die materiellen Verhältnisse. Die Deutung richtet sich nach dem Thema des jeweiligen Fingers. *Lange, dicke* Wurzelglieder sind Anzeichen für einen Hang zur Fülle: viel Geld, üppiges Essen, Komfort und Luxus. Bei primitiver Handform kann das soweit gehen, dass diese Bedürfnisse alle mitmenschliche Rücksichtnahme zudecken. Auf längere Sicht kann die Gesundheit unter diesem Hang zur Übertreibung leiden (astrologisch entspricht dies dem zügellosen Jupiterprinzip).

Ein *schwaches* Wurzelglied bedeutet, dass der betreffenden Person die materiellen Verhältnisse relativ unwichtig sind, was zu ökonomischen Problemen führen kann oder gar die materielle Lebensgrundlage als solche bedroht. Bei mageren Menschen mag hier eine von Grund auf asketische Lebenseinstellung vorhanden sein: Solche Menschen werden nie als Bankdirektor fungieren und sich nie als Hotelchef etablieren.

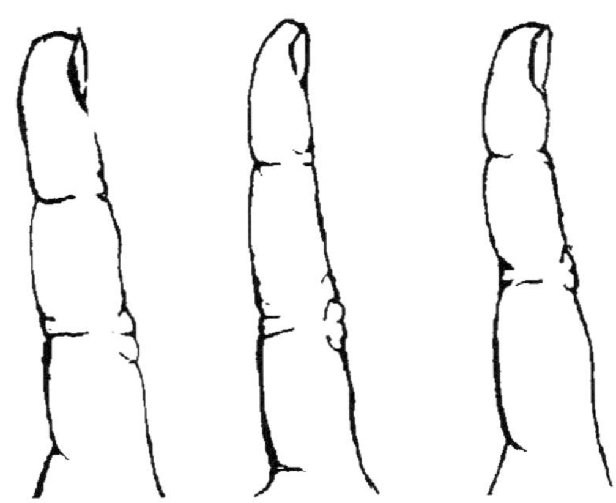

Langes Nagelglied — Langes Mittelglied — Langes Wurzelglied

Das Mittelglied

Das Mittelglied der Finger entspricht dem Daumen- und Kopflinienraum, jenem Bereich also, in dem Bedürfnisse und Ideen aufeinandertreffen, die sich idealerweise in eine befriedigende, doch alltagstaugliche Tätigkeit umsetzen sollten. Wenn das Mittelglied dominiert, so regiert der gesunde

Menschenverstand, weder materielle Einäugigkeit noch geistiger Fanatismus erhalten die Oberhand. Die Mittelzone sorgt für die realistische Anpassung an die Lebensbedingungen und für die Verwirklichung der persönlichen Zielvorstellungen.

In der Deutung wird das Mittelglied mit Wurzel- und Nagelglied verglichen, die ihrerseits selten gleich lang sind. Das Mittelglied symbolisiert jenes Prinzip im Menschen, welches dasjenige praktisch zu verwirklichen vermag, was durch das dominierende Fingerglied repräsentiert wird. Wenn also die beiden untersten Glieder (Wurzelglied und Mittelglied) dominieren, wird man sich in praktischer und zielsetzungsmässiger Hinsicht gut verwirklichen können.

Ein schwaches Mittelglied braucht als Ausgleich eine gute Kopflinie. Ist die ganze Mittelzone geschwächt, wird der Betreffende nicht imstande sein, praktisch für sich selbst zu sorgen.

Das Nagelglied

Das Nagelglied hat keine Muskelkraft, dafür ein verfeinertes Empfindungs- und Unterscheidungsvermögen. Es hat für die subtileren Bewusstseinsprozesse grosse Bedeutung. Dieses Glied entspricht dem obersten Drittel der Hand und bezieht sich vor allem auf mentale Aktivität und ideales Streben.

Menschen mit *langen* Nagelgliedern richten den Blick auf höhere, überpersönliche Entwicklungsziele und auf übergeordnete Prinzipien. Bei *kurzen* Nagelgliedern hingegen orientieren sie sich an lebensnahen Zielen; sie versuchen nicht, «schon zu Lebzeiten in den Himmel zu kommen». Ihre Lebenseinstellung: das Praktisch-Mögliche innerhalb eines abgesteckten Zeithorizonts zu erreichen.

Lange Nagelglieder an einer Hand mit langen Fingern und schwachen Wurzeln sind eine gefährliche Kombination: hochfliegende Ideale sind vorhanden, die nicht konkret umgesetzt werden, und der praktische Alltag wird nicht bewältigt.

Diese Menschen meinen oft, sie seien in geistiger Hinsicht etwas Besonderes – eine traurige Illusion, denn eine Geistigkeit, die sich nicht in der Welt verwirklicht und den Mitmenschen zugute kommt, ist sinnlos. Das ist Selbstbetrug.

Lange Nagelglieder bei einer gut proportionierten Hand hingegen offenbaren einen hohen Sinn für die feineren Aspekte, manchmal auch ein Streben nach höheren Zielen, die in den Dienst der ganzen Menschheit gestellt werden.

Die Form der Fingerspitzen

Die Form der Fingerspitzen deuten wir nach den Regeln der klassischen Literatur. Dort werden vier verschiedene Formen unterschieden: *spitz, konisch, eckig* und *spatelförmig* (graduell von schmal nach breit). Diese Formen finden sich auch entsprechend bei der Hand wieder. Es ist wichtig, dass die Beurteilung der Handform der Beurteilung der Fingerspitzen vorangeht. Übrigens haben die Fingerspitzen selten dieselbe Form wie die dazugehörige Hand. Normalerweise sind Zeige- und Kleinfinger eher konisch geformt, der Ringfinger eher spatelförmig und der Mittelfinger entweder konisch oder eckig.

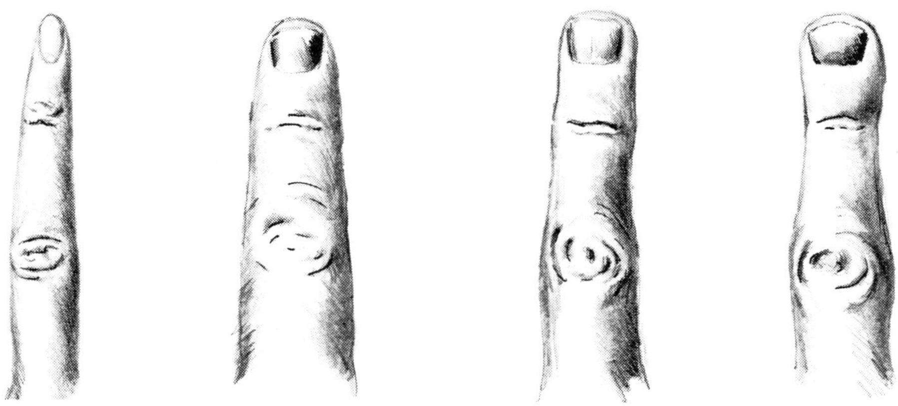

Spitz *Konisch* *Eckig* *Spatel*

Spitz

Die schmale und zugespitzte Hand heisst klassisch die «psychische Hand». Sie hat normalerweise auch zugespitzte Fingerspitzen, welche folgende Deutungen zugesprochen bekommen: unpraktisch und der Wirklichkeit fern, träumerisch und zart, Sinn für feinere Nuancen, doch kaum fähig, dies im Alltag umzusetzen, von andern abhängig. Ein zugespitzter Finger ist eindeutig ein «Fühler», kein «Werkzeug».

Konisch

Die konische Fingerspitze ist abgerundet und entspricht der konischen Hand. Mit dieser Hand hat man eine Vorliebe für das Schöne und sucht den Lebensgenuss, besitzt aber gleichzeitig auch Sinn für das Lebensnotwendige. Man ist äusseren Eindrücken gegenüber empfänglich und hat ein

Flair für Kunst und Kunsthandwerk, besonders wenn die Finger ausserdem auch noch Muskelfülle aufweisen.

Eckig
Die eckige Fingerspitze gehört normalerweise zur rechtwinkligen (rektangulären) Handfläche, die unter allen Handformen am ehesten zu einem Menschen gehört, der verlässlich, konstruktiv und vernünftig ist. Sie symbolisiert Rahmen und Form. Selbst bei einem sehr komplizierten Linienbild kann dies als Festigung des Menschen interpretiert werden. Die rechtwinklige (manchmal quadratische) Form (günstiger Saturn) ist ein Zeichen für eine sichere Existenz ohne gehemmte Kreativität. Nur wenn die Hand steif, knotig und mit einem schwachen Linienbild versehen ist, kann man hier von zwanghaftem Verhalten und Systemfixierung sprechen. Mit guten Proportionen weist diese Hand aber unter allen Typen am meisten auf Erfolg hin, sei es in Kunst, Wissenschaft, Handwerk oder Politik.

Spatelförmig
Die spatelförmige Fingerspitze ist breit und dicklich. Hier ist sowohl eine Fülle des Fleisches als auch eine Betonung der Handlungsachse im mentalen Sektor vorhanden. Die breite Spitze zeigt ein starkes Expansionsbedürfnis an, eine Fülle von Kraft (oder Sturheit), wenn es um die eigenen Ziele geht, jedoch wenig Offenheit für die Ideen und Gefühle anderer. Bei einer wohlgeformten Hand ohne primitiven Einschlag weist die Deutung auf Originalität, Ideenreichtum und Wissensdurst. Traditionell weist man solche Hände Erfindern und Pionieren zu. Bei primitiven Händen ohne Hinweise auf ein visionäres und ideelles Potential sind diese Finger eher Anzeichen für vorhandene Brutalität. Es ist natürlich besonders wichtig, sich die Form des dominanten Fingers zu merken. Beispielsweise besitzt eine Bekannte, die Kunstblumenhändlerin ist, nicht unerwartet einen langen, geraden Ringfinger mit einer Spatelspitze.

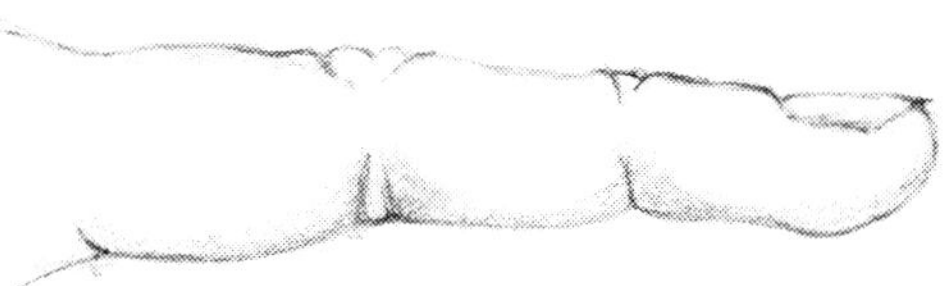

Sensitiver Tropfen
Manchmal sieht man an der Fingerbeere ein kleines, tropfenförmiges Kissen, «sensitiver Tropfen» genannt. Der Name ist gut gewählt, denn dieser Tropfen findet sich bei Personen, die eine grenzenüberschreitende Empfänglichkeit (Neptun) für andere und eine hohe Differenzierung ihrer Sinneseindrücke ihr Eigen nennen.

Der Wille der Götter

Götter und Planeten vertreten die gleichen Prinzipien wie die Finger der Hand. *Jupiters* geistiger Aspekt ist religiös und spirituell geprägt und mit einer intuitiven und salomonischen Urteilskraft ausgestattet. *Saturn* vertritt jenes Prinzip, welches uns zur Suche nach den Mysterien der Natur bringt (Überzeugungen auf höherer Ebene, okkulte Antenne). *Apollo* vermittelt uns die Vision des idealen Menschen und den Sinn für das Ästhetische als erhebende Kraft für eine gepeinigte Menschheit. *Merkur* verleiht uns messerscharfes Unterscheidungsvermögen und die Fähigkeit, für jedes Problem eine Lösung zu finden.

Diese schönen Beschreibungen sind ideale Leitbilder, wie sie in Sagen und Mythen, in der Astrologie oder eben in der Kunst des Handlesens beschrieben sind. Die Handleser sagen, dass für die Verwirklichung dieser Ideale ein klares Linienbild und eine wohlproportionierte Hand vonnöten seien.

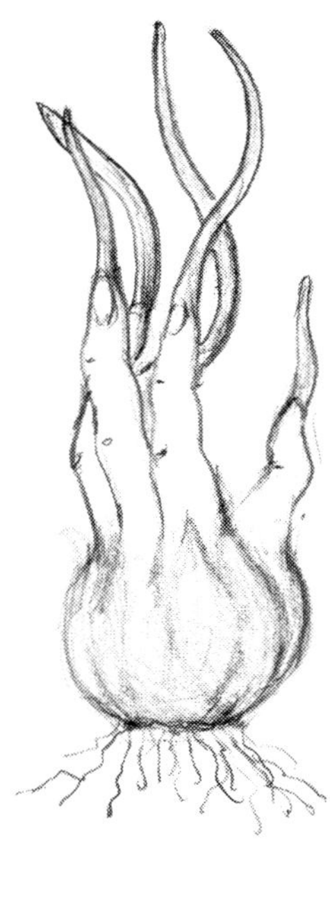

Der Daumen

Der Daumen ist der stärkste und selbständigste Teil der Hand. Seine Beschaffenheit und Grösse sind typbestimmend; in seiner Bedeutung ist er ebenso wichtig wie der eigentliche Handtypus. Er zeigt den Grad an Willensstärke und Selbstbehauptungstrieb, hat also marsische Qualitäten.

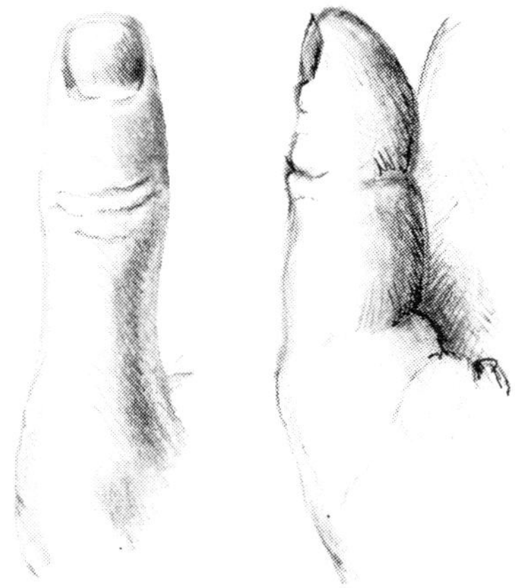

Verfeinerter Daumen — *Plumper Daumen*

Der Daumen wird nach den folgenden grundlegenden Merkmalen gedeutet: lang/kurz, breit/schmal, fleischig/knotig, steif/biegsam. Es ist von grösster Bedeutung, ihn mit dem Auge des Bildhauers zu betrachten, das heisst, ihn in Form, Harmonie, Ganzheit und Ausdruck zu erfassen. Diese Betrachtungsweise entzieht sich einer technischen Definition; man muss zwischen plumpem und verfeinertem *(siehe Abbildungen links)* sowie zwischen schwachem und kraftvollem Daumen unterscheiden – wie bei der Beurteilung des Handtypus.

Aktionsradius

Der freistehende Daumen

Wie gross ist sein Aktionsradius? Wie weit bewegt er sich beim Gestikulieren von der Handfläche weg? – Je freier der Daumen im Verhältnis zur Handfläche steht, desto unbekümmerter und freier wird sich die betreffende Person aus einem inneren Gefühlsüberschuss heraus entfalten können (das Nagelglied sollte nicht nach innen neigen).

Steht der Daumen *senkrecht* (rechtwinklig) zur Handfläche, ist dies «zu viel»: Hier zeigen sich rücksichtsloser Durchsetzungswille und Selbstbehauptungstrieb. (Dies merkt man deutlich beim Abnehmen der Handabdrücke.)

Der enganliegende Daumen

Hält sich der Daumen dicht an die Handfläche, verrät er Reserviertheit und Ängstlichkeit: selbstbeschützende Berechnung statt Spontaneität und

Grosszügigkeit. Bei älteren Menschen zieht sich der Daumen mit abnehmender Vitalkraft zurück. Dies steht auch mit dem Einschrumpfen der Handmaus *(vgl. nachfolgenden Abschnitt «Die drei Glieder des Daumens»)* in Verbindung, von der mit der Zeit nur noch lose, faltige Haut übrigbleibt.

Der versteckte Daumen
Die Säuglinge verbergen oft – wenn sie schlafen immer – ihren Daumen in der Handfläche; Wille und Selbstbehauptungstrieb sind noch unentwickelt. Bei Erwachsenen deutet diese Haltung auf einen Schwächezustand oder eine Angst hin und insofern auf ein Verlangen nach Geborgenheit oder Schutz. Vielleicht handelt es sich dabei nur um eine vorübergehende Phase der Krankheit und Erschöpfung; es kann sich aber auch eine defensive, ängstliche Grundhaltung darin ausdrücken.

Die drei Glieder des Daumens

Der Daumen ist im «Vitalkraftwerk» des Venusbergs verankert; mit der rohen Urkraft kann er greifen und eingreifen. Andererseits pflegt er aber auch eine motorisch verfeinerte Zusammenarbeit mit den andern Fingern: In diesem Sinne vereinigt er alle drei Welten *(vgl. Kapitel «Die Dreiheit»)*.

In der traditionellen Literatur sind die drei Glieder des Daumens als «Wille» (Nagelglied), «Logik» (Mittelglied) und «Liebe» (Ansatz) bekannt. Dass der Venusberg mit der Liebe verbunden wird, ist einleuchtend; doch sollte man hier an die bedürfnisbestimmte und körperliche Form der Liebe denken. Die Liebe in ihrem selbstlosen Aspekt gehört zur Herzlinie; Verliebtheit gehört zum Mondberg.

Aktiver Mars: die Handmaus
Im Winkel zwischen Daumen und Zeigefingeransatz liegt die *Handmaus,* ein mehr oder weniger gewölbter Muskel, der sich innerhalb der Lebenslinie befindet und «Aktiver Mars» genannt wird. Wird der Daumen dicht an die Handfläche gehalten, schwillt der Muskel an der Aussenhand deutlich an *(siehe Abbildung rechts).*

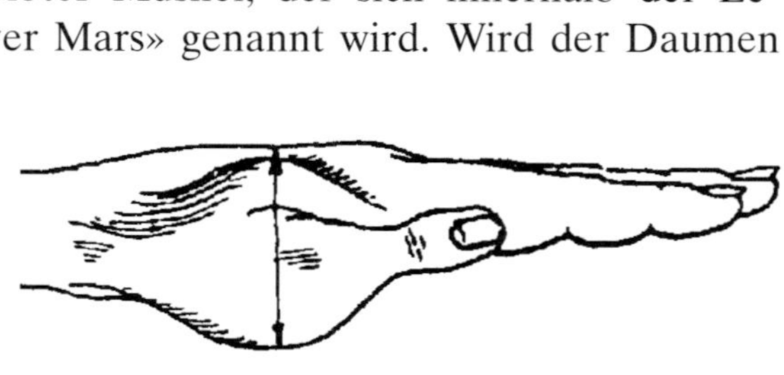

Volle Handmaus

Je grösser die Handmaus ist, desto mehr aktive physisch-motorische Energie ist vorhanden. Liegt die Haut der Maus in losen Falten, ist dies ein Hinweis darauf, dass diese eingeschrumpft ist, was wiederum mit vorausgegangener Krankheit oder mit natürlicher Alterung zu tun hat. An der losen Haut kann man abschätzen, wieviel Energie früher zur Verfügung gestanden hat.

Nagelglied und Mittelglied: Wille und Logik

Der Ansatz des Daumens im Venusberg verrät uns viel vom Überlebens- und Machtwillen seines Besitzers und davon, wie dieser sein Territorium behauptet. Die rohen Urkräfte – der tierisch-biologische Aspekt des Menschen – kommen aus dem Venusberg. Diese Kräfte müssen intelligent und zweckmässig eingesetzt werden; dafür sind die zwei beweglichen Glieder des Daumens zuständig: Das *Mittelglied* (Logik) symbolisiert die abwägende, filtrierende und ausgleichende Instanz, das *Nagelglied* (Wille) die (physische, emotionale oder mentale) nach aussen gerichtete Kraft.

Nagel- und Mittelglied sollten in bezug auf Breite und Länge möglichst im Gleichgewicht sein. Bei einem zu grossen Willensglied gilt «Kraft vor Vernunft», bei einem zu grossen Mittelglied «Gedanken statt Aktivi-

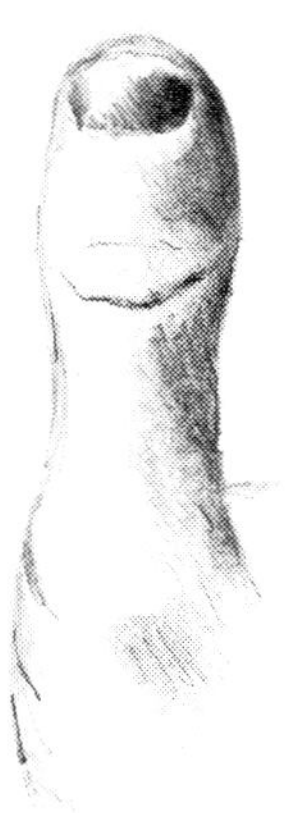

Kräftiges Willensglied

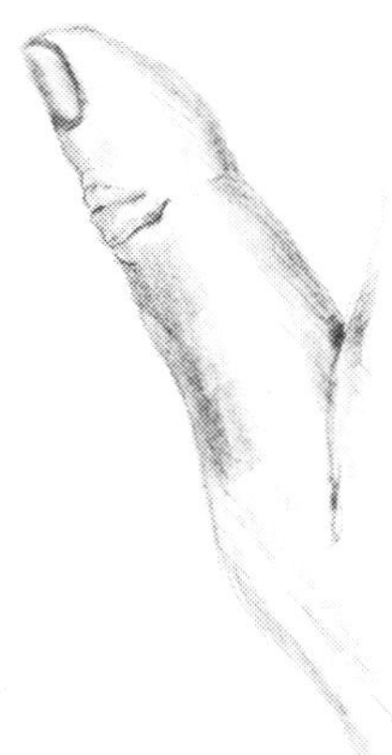

Kurzes Willensglied

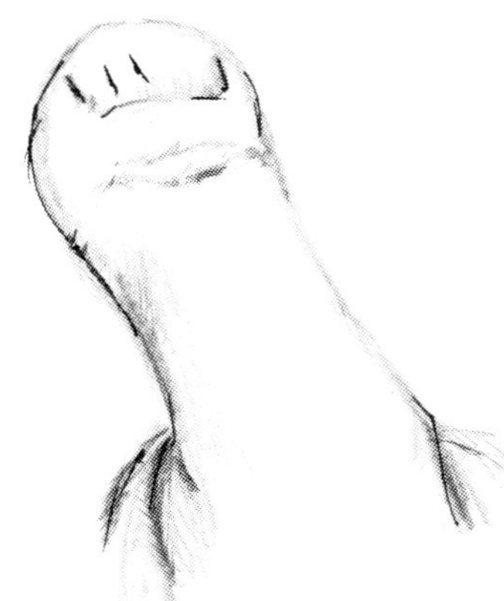

Keulendaumen

tät». Ideal wäre, die Kraft mit Vernunft einzusetzen: nicht Macht anwenden, wo Klugheit angebracht wäre; nicht zögern und abwägen, wo Handeln am Platz wäre. – Ein im Verhältnis zum Mittelglied sehr kräftiges Willensglied *(siehe Abbildung oben)* kann auf einen Menschen hinweisen, der sich zwar nicht unterdrücken, andererseits aber auch nicht mit sich verhandeln lässt. Das Nagelglied ist wahrscheinlich dafür verantwortlich, dass der Daumen mit dem Machtprinzip verbunden wird, zumal die Veranlagung für Aggressivität und Tyrannei dem Nagelglied zugeordnet wird.

Eine seltene Erscheinung ist der «Keulendaumen» *(siehe Abbildung vorherige Seite),* bei welchem das Nagelglied sehr dick und nur halb so lang wie das Mittelglied ist. Hier ist der Einsatz nicht kontinuierlich, sondern erfolgt in plötzlichen Entladungen. Menschen mit diesem Daumen sind ihrer Sturheit und ihres manchmal explosiven Temperaments wegen berüchtigt; mit einer primitiven (oder gesperrten) Hand können sie geradezu gewalttätig und gefährlich sein. Unter gewöhnlichen Umständen sind diese Menschen friedfertig und angepasst, doch wenn der innere Druck zu gross wird, kommt es zu Handlungen, die jeder Vernunft trotzen. Wenn man dann versucht, sie zu bremsen, provoziert man ihre Aggression.

Eine Person mit einem schwachen und flachen Daumennagelglied wird kaum bemerkenswerte selbständige Leistungen erbringen, auch verspürt sie keinen Drang, an die Frontlinie vorzudringen.

Ist das Mittelglied zu kurz, ist es fragwürdig, ob zwischen roher Urkraft und angemessenem Energieeinsatz ein Gleichgewicht besteht.

Manchmal ist das Mittelglied schlank und taillenförmig (traditionell: Diplomatie), die Verengung entspricht dann einem knochigen Finger und symbolisiert das Filtrieren, Analysieren und Bremsen: Der Kraftstrom aus dem Venusberg wird gezügelt. – Das Mittelglied kann jedoch auch dick und voll sein, so dass sich die zwei Glieder kaum voneinander unterscheiden lassen: Die Vital- und Triebenergien entfalten sich dann ohne Hemmung, impulsiv und emotional. *(Siehe Abbildungen oben.)*

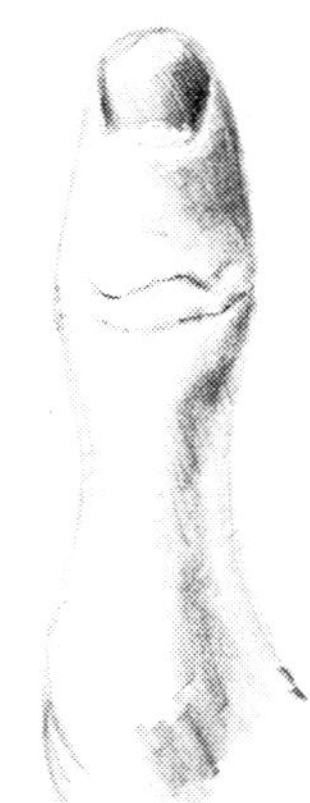

Taillenförmiges Mittelglied

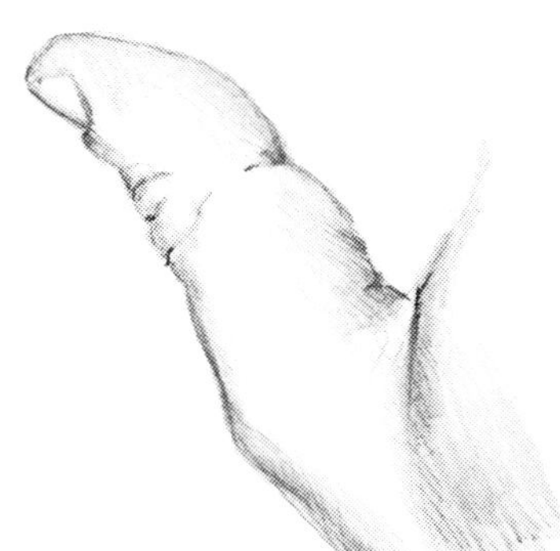

Dickes Mittelglied, Nagelglied nach aussen geneigt

Die Beschaffenheit des Daumens

Astrologisch scheint es einen Zusammenhang zwischen dem Willensglied und dem Zeichen Widder sowie zwischen dem Mittelglied und dem Zeichen Waage zu geben. Es ist hier sehr wichtig, sich das Niveau zu merken: Ein Mensch mit einem plumpen und undifferenzierten Daumen wird sich nicht über seine rudimentären instinktiven Impulse hinausheben. Mit einem fleischigen Daumen verfügt er über Ausdauer und Widerstandskraft, mit einem schwachen hingegen «macht er schlapp», bevor der Kampf überhaupt begonnen hat. Die Kriterien für seine Stärke sind *Fülle* und *Länge*.

Der Stil wird durch seine Beschaffenheit bestimmt: Ein grober Daumen zeugt von einem groben (auch herzlichen, direkten) Charakter, ein feingliedriger Daumen hingegen von einer eher kultivierten (auch raffinierten, perfiden) Wesensart. – Ein langer und muskulöser Daumen ist eine der wichtigsten Voraussetzungen für Erfolg, nicht weil er etwa ein Glückszeichen wäre, sondern weil er auf eine zähe Arbeitsnatur schliessen lässt. Ein starker Daumen ist ein klassisches Zeichen für Ausdauer, für Willensstärke und Kampfgeist: Wenn die Hand auf Talent deutet und das Linienbild eine gute Karriere verspricht, dann wird mit solch einem Daumen dieses Versprechen eingelöst werden.

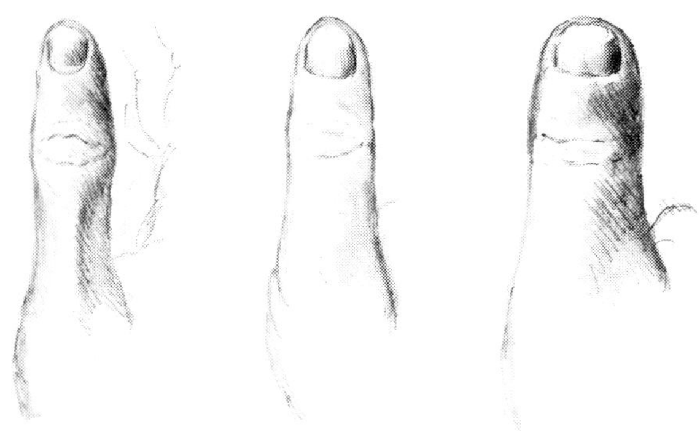

mental *emotional* *vital*

Mit einem schwachen Daumen (kurz, flach und weich) profiliert sich ein Mensch nicht persönlich, sondern sucht oft die Stütze eines Stärkeren; hier wird ein vielversprechendes Linienbild eher über die Laufbahn des Partners Auskunft geben.

Aber es gibt Fälle, in denen ein starker Daumen nicht von Vorteil ist: Ein engstirniger, frustrierter Mensch mit vielen Vorurteilen kann mit einem starken Willen beträchtlichen Schaden anrichten.

Die Form der Daumenspitze

Die Form der Daumenspitze beeinflusst die Deutung des Nagelgliedes und darf bei der Beurteilung des Handtypus nicht vernachlässigt werden.

Wiederum gelten die gleichen Deutungsregeln wie bei den übrigen Fingerspitzen; doch im Unterschied zu den übrigen Fingern ist der Daumen der König, die anderen vier Finger sind eher wie Minister, die sich den Impulsen und Launen des Königs zu fügen haben.

Bei schmalem und abgerundetem Willensglied wird ein Mensch kaum versuchen, anderen seinen Willen aufzuzwingen, schon gar nicht, wenn er dabei Konfrontationen und Unannehmlichkeiten in Kauf nehmen müsste. Eher wird er sich einordnen oder aber listige Umwege suchen. Ein flaches Willensglied ist ein Zeichen mangelnder Energie, Menschen mit solchen Daumen haben keinen «Punch».

Ein kräftiges, eckiges Willensglied ist die stärkste Erscheinung: Hier vereinen sich Selbstbeherrschung, Nüchternheit und Stärke; dieser Mensch wird seine Umgebung dominieren – im guten wie im üblen Sinne. Mit einer ausdrucksvollen und expansiven Hand wird er sich weit über seine Heimat hinaus Geltung verschaffen. In einer eher introvertierten Hand wird er innerhalb seines Arbeitsgebietes führend sein; er wird sich nicht schonen und nur selten seinen Schwächen nachgeben. Als Arbeitgeber ist er streng, aber korrekt.

Die Flexibilität des Daumens

Wie die übrigen Finger kann auch der Daumen mehr oder weniger biegsam sein. Jede Geschmeidigkeit entspricht weiblichen, jede Festigkeit männlichen Wesenszügen. Es gibt verschiedene Varianten:

– *steif*
– *steif, im Nagelglied leicht zurückgebogen*
– *elastisch biegsam in der Beugefalte (bis zu ca. 60 Grad)*
– *gummihaft flexibel, biegt sich bis zu ca. 90 Grad ohne Widerstand*
– *wackelig in der Beugefalte zwischen Mittelglied und Venusberg.*

Steifer Daumen

Bei jeder Steifheit muss man sich fragen, ob sie Willensstärke oder Sturheit anzeigt (verhärtet, blockiert, versteinert ist); die Steifheit liegt in Gelenken und Struktur.

Astrologisch betrachtet gehören Knochen, Gelenke und Struktur zu Saturn; auch Festigkeit und Steifheit entsprechen der saturnischen Natur. Eine regelmässige Handstruktur bürgt dafür, dass die Kontrolle über die Existenzgrundlage gewährleistet ist und dass das Leben sich in einem stabilen Rahmen entfaltet. Die feste, rechtwinklige (rektanguläre) Hand mit eckigen Fingerspitzen ist saturnisch; sie zeugt von einer Persönlichkeit, die wenn immer möglich nichts dem Zufall überlässt. Auch Selbstdisziplin und Genügsamkeit gehören zu Saturns Tugenden.

Der steife Daumen verrät Beharrlichkeit; eigene Ideen und Projekte werden ausgeführt, ungeachtet der Widerstände oder Behinderungen. Je ausgeprägter das Willensglied, um so mehr kommen Kraft und Persönlichkeit zum Ausdruck; die Elemente *Erde* und *Feuer* (Autonomie) treten hier in den Vordergrund.

Ist das Willensglied schwach, das heisst kurz, flach oder konisch, spricht dies kaum für konstruktives und langfristiges Planen als vielmehr für ein irrationales trotziges Verhalten. Ein kraftvolles und plumpes Willensglied verrät Anlagen zur Despotie. – Neigt das Willensglied des starken Daumens nach aussen ohne sich dabei zu biegen, zeugt dies von Offenheit für Kommunikation und Zusammenarbeit.

Elastisch biegsamer Daumen

Bei geschmeidiger Gliedverbindung zwischen «Willen» und «Logik» (bis zu 60 Grad Biegsamkeit) deutet der Daumen auf Anpassungsfähigkeit und Flexibilität, was dem Element *Luft* entspricht *(siehe Abbildung links).*

Stichworte: Vielseitigkeit und Kontaktfreude; Geselligkeit; geistige und geschäftliche Kommunikation; Fähigkeit, sich auf das Aktuelle einzustellen; oft mehrere parallele Tätigkeiten.

Bei *starkem* Willensglied stehen gute Karrieremöglichkeiten, eventuell mehrere Ausbildungen in Aussicht. Bei *schwachem* Willensglied werden Mangel an Ausdauer und die Tendenz zur Flatterhaftigkeit eine berufliche Karriere erschweren. Eine klare Schicksalslinie kann hier helfen.

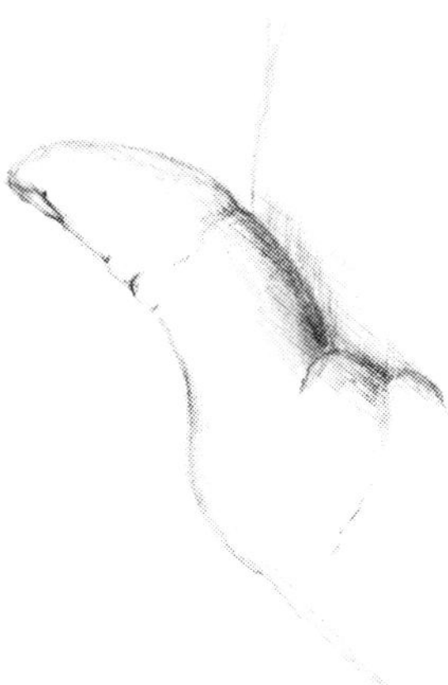

«Luft»-Biegsamkeit

Gummihaft flexibler Daumen

Die Biegsamkeit kann derart extrem sein, dass sich das Willensglied widerstandslos bis zu 90 Grad zurückbiegen lässt. Das Gemüt wird dann vom Element *Wasser* geprägt sein *(siehe Abbildung nächste Seite oben).*

Stichworte: Emotionalität; Impulsivität.

Hier herrschen Kontaktoffenheit und Beeinflussbarkeit. Die Anpassungsfähigkeit geht so weit, dass sich der Betreffende in seiner Umgebung «verliert». Ist die Hand zudem weich, wird er sich nirgends engagieren, wo Anstrengung und Selbstdisziplin erforderlich sind. Er wird von Fremdinitiativen abhängig sein, denn selbst wenn er guter Laune ist und impulsiv etwas in Bewegung setzt, bleibt er kaum mehr als einen Tag lang bei seinem Vorhaben.

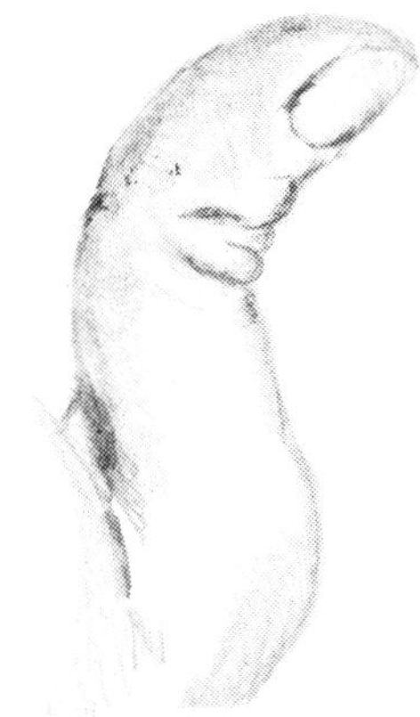

«Wasser»-Biegsamkeit

Bei einem Menschen mit einem gummihaft flexiblen Daumen wird der ganze Lebensstil (auch im finanziellen Bereich) von einer gewissen Laschheit geprägt sein. Es wird sich sicher um einen freundlichen und «gefühlsweichen» Menschen handeln, der kaum Forderungen an seine Umgebung stellt (wie auch ebensowenig an sich selbst); er verschenkt gerne seinen letzten Pfennig. Weichherzigkeit ist eine Qualität des Wasserelements.

Geld und Finanzen sind generell ein recht kritisches Kapitel im Leben dieses Menschen. Die traditionelle Literatur berichtet von Extravaganz, manchmal auch von Verschwendung. Ein Mensch mit einem gummihaft flexiblen Daumen scheint sich nicht zu sehr um seine Existenz zu kümmern, er lebt im Jetzt. So kann er impulsiv sein letztes Geld ausgeben, auch wenn morgen Zahlungstermin ist (insbesondere bei geschwächtem Saturn).

Mit einem starken Willensglied – egal ob steif oder flexibel – verfügt dieser Mensch über einen angeborenen Drang zu uneingeschränktem Selbstausdruck. Hier zeigt sich die Flexibilität als expressive, impulsive Emotionalität.

Menschen mit flexiblem Daumen handeln aus ihren Impulsen heraus, (eben impulsiv), doch ist dies eine andere Impulsivität als bei Menschen mit glatten Fingern, welche, grob gesagt, ohne Umsicht handeln. (Sind ihre Finger von normaler Länge und vielleicht mit Knoten versehen, werden diese Menschen zwar umsichtig, aber nicht unbedingt vernünftig sein.)

Die Flexibilität beinhaltet Wechselhaftigkeit und Sprunghaftigkeit, also auch viele angefangene, halbfertige Projekte. In der vorherrschenden Emotionalität (und Subjektivität) steckt auch ein Hang zur Dramatik und zur Übertreibung. Der flexible Daumen findet sich ausserordentlich häufig bei Personen der darstellenden Künste.

Wackeliger Daumen
Einige Daumen sind im Wurzelgelenk locker und können bis an den Unterarm zurückgebogen werden. Hier ist die Verbindung zwischen vitaler Kraft und ihrer gezielten Steuerung teilweise aufgelöst: Inkonsequenz und Unbeherrschtheit können leicht die Folgen sein, es sei denn, die Kopflinie bietet ein Gegengewicht. Es muss mit Irrationalität und Labilität im Energieeinsatz und in der motorischen Koordination gerechnet werden – vielleicht auch mit Plumpheit und fehlendem Sinn für das Praktische. Periodisch dürften auch Passivität und Schwächung des Selbsterhaltungstriebes auftreten. Dieser Mensch fühlt sich durch innere und äussere Begebenheiten oftmals schachmatt gesetzt.

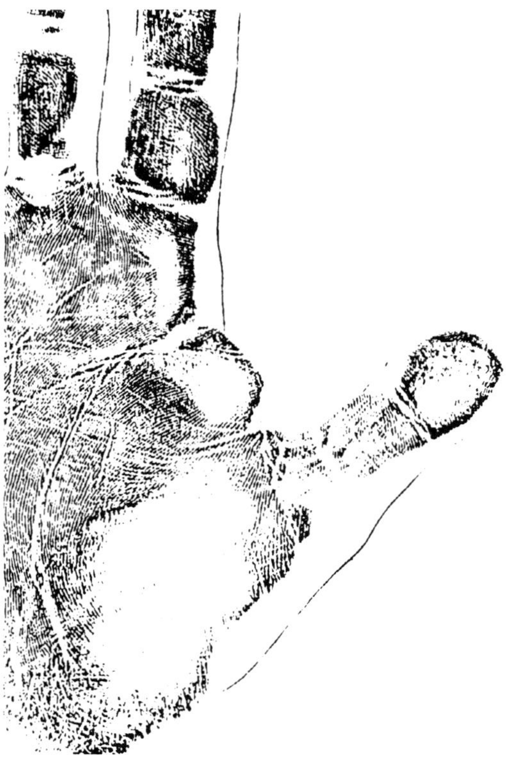

Kurzer, tiefgestellter (tief angesetzter) Daumen mit kurzem, dickem Willensglied. – Der Betreffende lebt als Lumpensammler und macht kleine, recht zweifelhafte Geschäfte. Sein Charakter ist stur und hitzig.

Der Daumenansatz

Ein tief verankerter Daumen (tiefgestellt) verspricht direkten Zugang zu den vitalen Urkräften; auch wird der Venusberg durch den tiefen Ansatz grösser erscheinen. Verfügt die Hand über Spannkraft und harmonische Form, wird dieser Kraftzuschuss die Arbeits- und Leistungskapazität erhöhen: Ein Mensch, der seinen eigenen Betrieb aufbaut, wird jahrelang ununterbrochen arbeiten müssen; Pioniere und Bergsteiger sind auf ihre eigene Kraft und ihr instinktives Urteilsvermögen angewiesen.

Bei einer undifferenzierten, vollen und «lockeren» (weichen) Hand wird die instinktive Triebkraft eingesetzt, um unmittelbare Bedürfnisse zu befriedigen *(siehe Abbildung links).*

Der hochgestellte (hoch angesetzte) Daumen zeugt von Distanz zur Kraft- und Instinktwelt. Die Handlungen werden vom Kopf aus gesteuert.

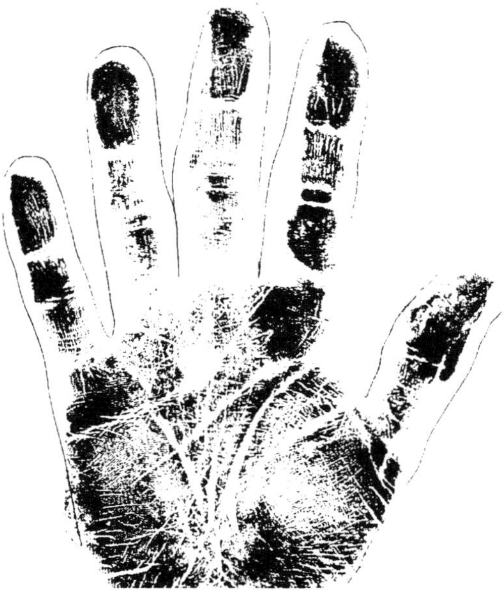

Langer und starker Daumen mit normalem Ansatz

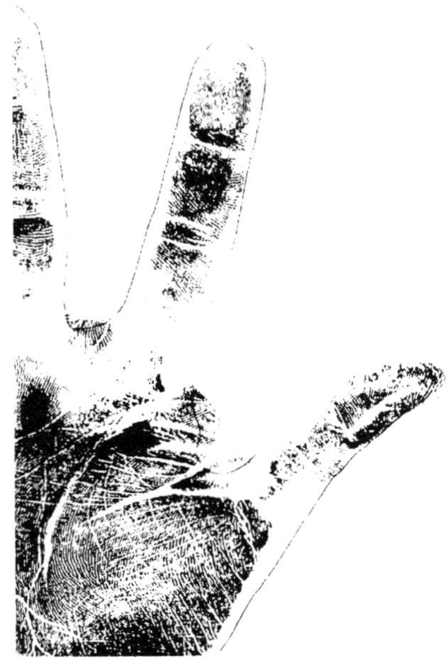

Hochgestellter, langer Daumen: «Luft»-Charakter. Dieser Mensch hat eine eigene, erfolgreiche Software-Firma aufgebaut.

Die Nägel

Die Nägel sind stets im Wachstum und spiegeln aktuelle Prozesse wider. Durchschnittlich braucht ein Nagel, je nach Konstitution und Gesundheitszustand, vier bis sechs Monate, um auszuwachsen. Der Daumennagel wächst allerdings nur halb so schnell.

Für die Mediziner sind die Nägel von besonderem Interesse; da aber Krankheitsdiagnosen ausserhalb unseres Gebietes liegen, verweisen wir hier auf die Fachliteratur.[1)]

In der psychologischen und symbolischen Deutung spielen die Nägel eine wichtige Rolle, dabei gelten die allgemeinen Deutungsregeln. Zudem bietet das schnelle Wachstum der Nägel die Möglichkeit, Veränderungen (und dadurch auch Ereignisse) innerhalb des vergangenen halben Jahres zeitlich zu bestimmen. Querfurchen, Gruben, «Falten», Flecken und andere Unregelmässigkeiten bilden sich im Nagelbett und «wandern» zur Fingerspitze hinauf. Beim gesunden und gut «funktionierenden» Menschen entsprechen die Nägel in Form und Qualität dem Handtypus. Ist dies nicht der Fall, liegt wahrscheinlich ein Ungleichgewicht im Gesundheitszustand vor.

Blanke, leicht gewölbte, rosafarbene Nägel mit kleinen «Monden» sind ein gutes Zeichen physischen und psychischen Wohlbefindens. Der Nagel ist bei guter Durchblutung rötlich, bei schlechter bläulich gefärbt; die gelblich-bräunliche Farbe ist ein Krankheitszeichen (Leber/Galle).

Dünne, fast durchsichtige Nägel finden sich bei sensiblen Menschen; Haut und Linien werden hier ebenfalls dünn sein. Schmale Nägel gehören zu schmalen, langen Händen. Kräftige, breite und starke Nägel gehören zur kräftigen Konstitution, zum robusten Typus mit starker Haut und breiten Linien.

Die Nägel können mehr oder weniger flach oder gewölbt sein. *Gewölbte* Nägel deuten auf expandierende Qualitäten, je nach Handtypus (Dynamik) in geistiger oder emotionaler Hinsicht. *Flache* Nägel deuten auf Passivität.

In der Literatur heissen die *kurzen* Nägel «kritische Nägel» (querulierend und argumentierend): Dies stimmt, falls die Finger lange Glieder und «philosophische Knoten» aufweisen.

Generell können die Nägel als Teil des Handtypus betrachtet werden, doch da sie selten die gleiche Form aufweisen, geben unter Umständen Abweichungen zusätzliche Informationen über die einzelnen Finger und deren Thematik. Ist ein Nagel schwächer, als er «sein sollte», wird die vom entsprechenden Finger symbolisierte Wesensqualität kaum im positiven Sinne zum Ausdruck kommen, vielmehr stellt diese wahrscheinlich einen wunden Punkt dar.

Querfurchen und «Falten» zeugen von physischen oder psychischen Krisenzuständen. Befindet sich mitten im Nagel eine Markierung, kann man davon ausgehen, dass es zwei bis drei Monate zuvor Stress oder Krankheit gegeben hat. Dies gilt auch für weisse Flecken, wobei diese eher Nervosität widerspiegeln und weniger gravierend sind.

Längsfurchen hingegen weisen auf chronische Krankheitszustände hin. Sollten alle Fingernägel Längsfurchen aufweisen, empfiehlt es sich, einen Arzt aufzusuchen.

Die Papillarleisten

Die Handflächen sind von feinen Rillen *(Papillarleisten)* bedeckt, die sich in mehr oder weniger komplizierten Mustern wie Rinnsale winden. Seit etwa hundert Jahren sind sie Gegenstand spezifischer medizinisch-wissenschaftlicher Untersuchungen (*Dermatoglyphie:* derma = Haut, glyph = Zeichen).

Die Muster sind genetisch bedingt und in ihrer Struktur unveränderlich; nur in der Entstehungsphase können sie andere Formen annehmen als «erwartet» (beispielsweise infolge einer Krankheit der Mutter). In Krankheitsphasen eines Menschen können sie sich teilweise auflösen, so dass sie nicht mehr wie klare Rillen, sondern wie «Perlenketten» aussehen; die Struktur jedoch – und somit das Muster – bleibt unverändert. Ist die Krankheit ausgeheilt, erholen sich auch die Rillen. Spezifische Arten der Auflösung können (genetisch bedingt) angeboren sein – sie regenerieren sich nicht.

Die Entstehung und die Struktur der Rillen stehen in direktem Zusammenhang mit der Anordnung der Schweissdrüsen, Blutgefässe und Nervenenden; diese erfolgt in der Periode zwischen dem dritten und siebten Schwangerschaftsmonat.[2)]

Diagnostik erblicher Krankheiten

Den Medizinern ist es gelungen, viele genetisch bedingte Krankheiten zu beschreiben; mehrere davon lassen sich heute aufgrund der Papillarleistenmuster diagnostizieren.

Die Forschung entwickelt sich schnell: Mit Hilfe von Scannern ist es heute möglich, die Handflächen zu photographieren. So kann ein Computer jeweils die neuen Strukturbilder mit den gespeicherten älteren vergleichen und auswerten.[3)]

Ein Mittel zur Identifikation

Die Genetik jedes Menschen ist einmalig, so dass Fingerabdrücke der Polizei als sicheres Identifikationsmittel dienen. Diese Fachrichtung nennt man *Daktyloskopie* (daktylos = Finger, skop = schauen).

Es gibt eine dänische Dissertation[4)] über die Klassifikation und statistische Verbreitung von Fingerabdrücken, welche sich mit der Häufigkeit der verschiedenen Muster an einzelnen Fingern und in ganzen Bevölkerungsgruppen befasst *(vgl. Abschnitt «Die Fingerabdrücke»)*.

Die Papillarleisten und die Chiromantie

Ungefähr in den letzten siebzig Jahren haben sich auch die Handleser mit den Papillarleisten beschäftigt und dabei versucht, ihre psychologischen Bedeutungen zu enthüllen. Hier verdient Beryl. B. Hutchinson, die als langjährige Präsidentin der *Society for the Study of Physiological Patterns* viel Material gesammelt hat, ein besonderes Lob.[5] Viele Nachfolger haben sich von ihr inspirieren lassen; einige haben, ohne Quellenangabe, ihre Deutungsvorschläge in eigenen Büchern übernommen.

B. B. Hutchinson bezieht sich ihrerseits oft auf *Noel Jacquin*, der sich für die medizinischen und psychologischen Aspekte der Papillarleisten interessierte.[6] Im deutschsprachigen Raum hat *Gertrud I. Hürlimann* den Papillarleisten eine zentrale Bedeutung eingeräumt.[7]

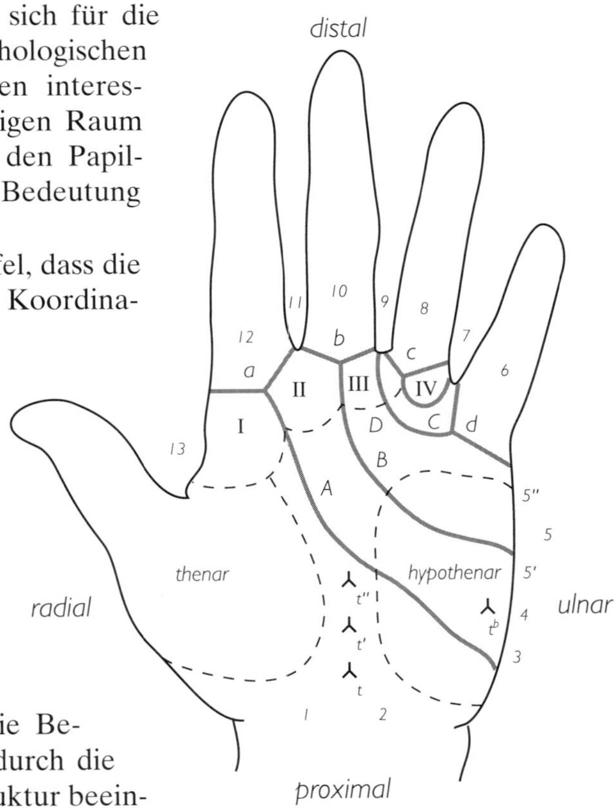

Es besteht kein Zweifel, dass die Papillarleisten ein eigenes Koordinaten- und Rastersystem darstellen und dass die weitere Forschung neue Deutungskriterien zutage fördern wird. Bezüglich der Linien ergeben sich Bedeutungsunterschiede, wenn deren Verhältnis zu den Leisten mitberücksichtigt wird; auch die Bedeutung der Berge wird durch die entsprechende Papillarstruktur beeinflusst.

Wie die nebenstehende Illustration zeigt, entstehen durch die Papillarleisten ganz andere Abgrenzungen und Bereiche der Hand als durch die herkömmlichen Berge. Die medizinische Forschung wird den Handlesern zugute kommen, wir stehen hier vor einem noch ungerodeten Land. – Als Handleser interessieren wir uns vornehmlich für die Symbolik, lassen uns aber gern von den Medizinern inspirieren.

Orientalische und indische Deutungstradition
Im klassischen Handlesen spielten die Papillarleisten keine grosse Rolle. Es gibt jedoch in der orientalischen Tradition komplizierte Regeln für die Deutung der verschiedenen Fingerspitzenmuster, und gewisse indische Handleser haben die Muster sogar mit astrologischen Betrachtungen und Definitionen verbunden; einige behaupten sogar, sie könnten allein aus dem Daumenmuster den Aszendenten ableiten! Da die Papillarleisten aber hauptsächlich erblich bedingt sind und in ganzen Familien- und Bevölkerungsgruppen auftreten, ist die Wahrscheinlichkeit nicht gross, dass diese Handleser ein so individuelles astrologisches Detail wie den Aszendenten herausfinden können.

In seinem Buch *Your Destiny in Your Thumb* zeigt zwar R. G. Rao aus Bangalore (Indien) anhand von 300 Illustrationen, wie der Aszendent aus den Fingerspitzenmustern gefunden werden kann, doch glaube ich, dass dazu nebst der Kenntnis der Deutungsmethodik auch recht viel Intuition erforderlich ist.

Grundsätzliche Betrachtungen

Die Papillarleisten verlaufen wie Ströme in *Wirbeln* und *Schleifen.* Dort, wo sich mehrere Ströme begegnen, bildet sich ein kleines Dreiecksmuster *(Triradius* oder *Delta),* das bei der Deutung als Grenzpfahl oder Brennpunkt gesehen wird *(siehe Abbildungen links).*

Klassisch wird die Handfläche in *Berge* eingeteilt, in Muskelkissen, die je nach Grösse mehr oder weniger Energie besitzen. Diese Berge entsprechen – bildhaft gesprochen – Kontinenten und Ländern; innerhalb dieser Gebiete gibt es jedoch viele Staaten, die ja politische, nicht geographische Einteilungen sind. Die Papillarleistenmuster können als politisch-kulturelle Gruppierungen aufgefasst werden; manchmal bilden sie kleine Enklaven und Freistaaten, manchmal überschreiten sie Grenzen, genauso wie einzelne Bevölkerungsgruppen mit einem gemeinsamen ethnischen und kulturellen Hintergrund verschiedene Nachbarstaaten bewohnen können.

Die Muster der Finger *(Fingerabdrücke)* breiten sich nicht über den Finger aus, sondern befinden sich wie Augen oder Fühler an den Fingerspitzen: Sie sind sowohl Scheinwerfer als auch Rezeptoren.

Wirbel und Schlingen

Ein *Wirbel* oder eine *Schlinge* auf der Handfläche muss als eine Sensibilisierung des betreffenden Bereichs gesehen werden, welcher dann oftmals auch leicht erhöht ist. Diese Sensibilisierung bewirkt, dass der betreffende Bereich an Bedeutung gewinnt. Seine Themen treten in den Vordergrund, ziehen Bewusstsein und Energie an. In der chiromantischen Deutung muss solch ein Bereich als *Spezialität* hervorgehoben werden.

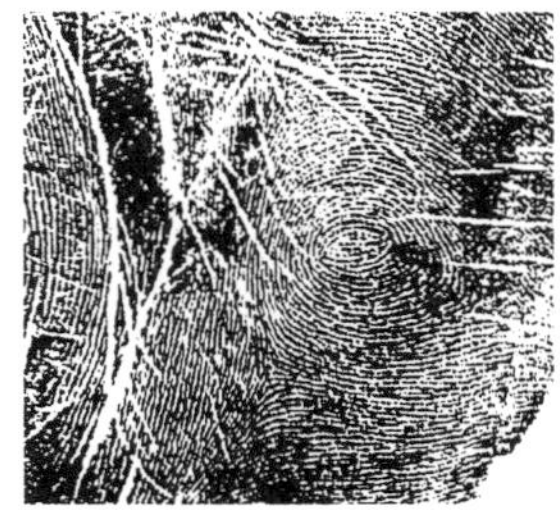

Es ist wichtig, darauf zu achten, ob ein Muster wie eine Insel *isoliert* ist – es ist dann nicht integriert und hat zu den angrenzenden Bereichen keine Verbindung. Wenn das Muster, meistens ein Wirbel, isoliert ist, kann es eine Problemquelle darstellen: Es ist wie ein Staat im Staate. Ein isolierter Wirbel birgt oftmals ein Geheimnis, sei es nun weltlich-materieller oder vielmehr geistig-seelischer Natur. Unter Umständen werden die von diesem Wirbel symbolisierten Inhalte auch in der Projektion erlebt, etwa durch den Partner.

Von der Umwelt aus gesehen ist eine «Wirbelpersönlichkeit» ein spezieller und andersartiger Mensch. Dieser Mensch muss lernen, sich im Alltag bewusst mit seinen «Wirbelinhalten» auseinanderzusetzen, um diese integrieren zu können.

Ist das Muster *offen* und mit dem grossen Papillarstrom der Hand verbunden, handelt es sich eher um ein unproblematisches, interessantes «Gewürz».

Die Deltas der Fingerberge

Normalerweise befindet sich auf jedem Fingerberg ein Triradius oder Delta, wie dieser auch genannt wird *(siehe Abbildung unten)*. Er liegt direkt mitten unter dem Finger, ausser beim Merkurfinger (Kleinfinger), dessen Delta in Richtung Apollofinger verschoben ist. Für die Klassifikations- und Beurteilungssysteme der Mediziner spielen die Deltas unterhalb des Jupiter- und Merkurfingers sowie das Delta über dem Handgelenk eine entscheidende Rolle.

Zentrale Deltas

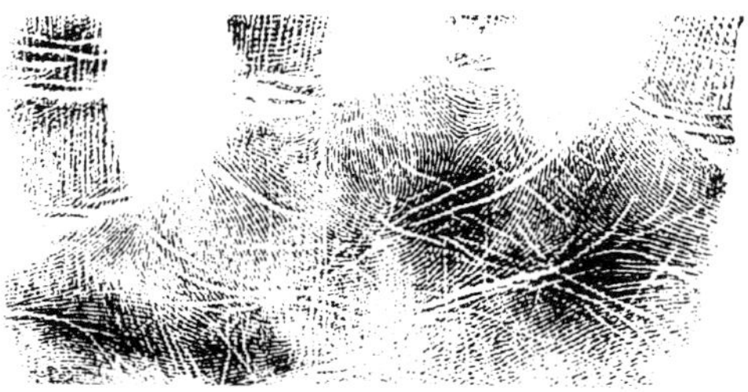

Jupiterberg und Apolloberg in Richtung Saturnberg verschoben

Die genaue Lage des Deltas beeinflusst die Bedeutung des entsprechenden Berges. – Eine zentrale Lage verleiht ihm Dominanz. Mitunter aber kommt es vor, dass unter dem Apollofinger (Ringfinger) das Delta fehlt.

Ist das Delta verschoben, steht der Berg «im Dienste des Nachbarn» *(siehe Abbildung links),* oft neigen sich dabei die Finger in die gleiche Richtung. Man sollte beachten, dass ein dominanter Berg *Linien anzieht.*

Axialer Triradius, Ankerdelta, Stromwirbel des Mondbergs

Auch über dem Handgelenk befindet sich ein Delta, normalerweise etwa 1 cm oberhalb der Armbänder zwischen Mond- und Venusberg. Die medizinische Bezeichnung ist *Axialer Triradius.* Bei vielen genetisch bedingten Krankheiten liegt er sehr weit oben, direkt unterhalb der Kopflinie.

Es kommt auch vor, dass es zwei oder drei axiale Radien gibt, doch nur, wenn sich auf dem Mondberg Schlingen oder Wirbel befinden. Der Triradius ist der «Stillstandspunkt» der drei sich begegnenden Ströme. Auch an den Fingerspitzen gibt es Deltas, nämlich dort, wo der Fingerabdruck eine Schleife oder einen Wirbel aufweist.

Wenn sich mehrere Schleifen auf dem Mondberg befinden, wird es auch mehrere Deltas geben. In der Deutung gewinnt dann der Mondberg, im guten wie im üblen Sinne, an Bedeutung. Die Phantasie, besonders die bildhafte und fabulierende, ist in diesem Falle sehr ausgeprägt, was einige Risiken und Gefahren miteinschliesst, unter anderem Verschlossenheit, Wirklichkeitsflucht, Alkohol-, Medikamenten- und Drogenmissbrauch.

Bei einem Künstler können diese Schleifen eine Inspirationsquelle bedeuten. Bei Sperrungen *(vgl. Kapitel «Die Sperrungen»)* und Blockaden im Linienbild können sie eine Bedrohung der psychischen Gesundheit anzeigen.

Wenn die archetypischen und mythischen Schichten des Unbewussten die Oberhand gewinnen, wird dies in unserem Kulturkreis als Psychose bezeichnet; bei den Naturvölkern wiederum und in Kulturen mit schamanistischer Tradition kommuniziert man «durch den Mondberg» mit Göttern, Dämonen und Geistern. Traumanalyse und Maltherapien, Beschäftigung mit Mythen und Sagen, geistigen Ritualen und mit der Natur wären mögliche Lösungswege, wenn der Mondberg zu viele Probleme enthüllt.

Die Gefahr liegt also weniger in den vom Mondberg angezeigten Problemen selbst als vielmehr in der Weigerung, sich diese bewusst zu machen und zu lösen, also in der Flucht vor sich selbst und seinen unliebsamen Schattenseiten in eine selbstgebastelte, subjektive, vermeintlich heile Traumwelt, wodurch man sich unweigerlich immer mehr von den Mitmenschen und der Aussenwelt distanziert und abkapselt – bis zur totalen Isolation. Und diese Isolation eben ist der gefährliche Preis für die Weigerung, seine Seele zu erforschen und sich mit ihren Problemen auseinanderzusetzen.

Insbesondere in der Partnerschaft und Liebe spielt das seelische Wohlbefinden (Mondberg) eine herausragende Rolle, zumal hier die Sehnsucht nach dem «grossen Abenteuer» schlummert. Mit dem Mondberg zusammenhängende Probleme manifestieren sich hier als Proportionsverzerrungen und extreme Projektionen; die nur vermeintlich grossen Abenteuer werden dann zum energieverschleissenden «Psychotrip», geprägt von absurden und seelisch zermürbenden Konflikten, von überspanntem, paranoidem Liebes- und Sexualverhalten, krankhaften Ritualen und anderen grotesken Ausschweifungen.

Bei einer introvertierten Hand wird die Umwelt diese Problematik kaum bemerken, bei einer extravertierten und dynamischen Hand jedoch wird sie ins Melodrama miteinbezogen, was übrigens oftmals akute emotionale und finanzielle Folgen hat.

Zeitmässige Auslösungen

Schleifen- und Wirbelmuster haben immer einen Kern – ein Zentrum – und ein oder zwei Deltas. Wenn die Thematik solcher Muster zeitlich ausgelöst wird *(vgl. Kapitel «Die Zeitmessung an der Lebenslinie» und «Die Schicksalslinie»)*, kann es zu drastischen Änderungen in der Lebenssituation und in den Interessen kommen. Die chaotischen und heftigen Auswirkungen gehören primär zur ersten Lebenshälfte; nach vierzig werden oft psychologische, metaphysische oder künstlerische Fähigkeiten entdeckt und entwickelt.

Der Obere und der Untere Mondberg

Durch ein nach oben verschobenes Delta wird der Mondberg erweitert, der Bereich des Unteren Mondbergs wird aber dadurch zugleich isoliert; er bekommt grössere Autonomie.

Manchmal gibt es sperrende Querlinien («Deckel») in der Nähe des Deltas; diese können auch durch das Delta hindurchgehen. Wir haben solche Kombinationen bei Scientologen, bei Mitgliedern der TM-Organisation und bei anderen Gruppen, die «Clearing» und «Übermenschlichkeit» als Zielsetzung haben, gefunden (Guru-Achse, Sperrungsthema, in der Regel dominante objektive Achse). Unsere Erfahrung zeigt, dass diese «Clearing»-Techniken meistens Verdrängungstechniken sind, wobei die verdrängten Inhalte früher oder später wieder an die Oberfläche kommen.

Räume und Richtungen des Papillarstromes und der Muster

Jupiters Scheinwerfer

Das Jupiterdelta nimmt unter den Triradien eine Sonderstellung ein. Es ist das einzige der oberen Deltas, das einen Radius (Strahl) in die Handfläche hinunterschickt. – Einer seiner Radien liegt zwischen Zeige- und Mittelfinger, ein anderer endet auf der Seite des Jupiterbergs, doch der dritte zieht sich wie eine Trennlinie über die ganze Händfläche *(siehe Abbildung links)*. Der dritte Radius, wir nennen ihn «Jupiterstrahl», weist in seinem Verlauf grosse individuelle Unterschiede auf. In manchen Händen verläuft er der Herzlinie entlang bis zum Handrand, in anderen stürzt er fast senkrecht hinab zur Handbasis; zwischen diesen zwei Extremen gibt es zahlreiche Variationen. Der Jupiterstrahl bestimmt eine Spur und eine Grenze.

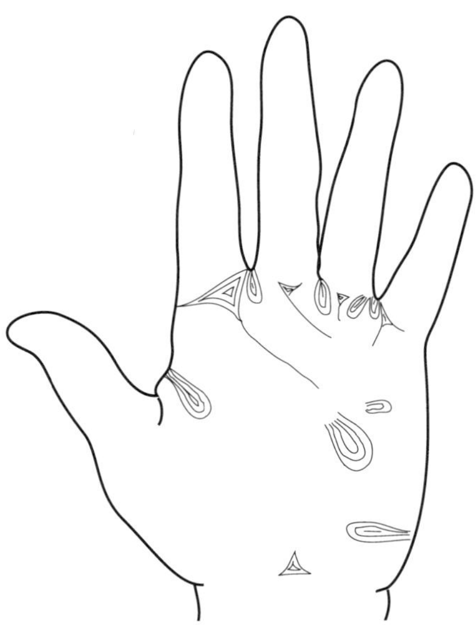

Der Jupiterstrahl fällt schräg in Richtung Passiver Mars ab

Als Spur wirkt er für die Orientierung des Menschen in der Welt wie ein Radarstrahl; der Strahl peilt Bereiche an, die dadurch zugänglich werden. Jupiter ist der Leuchtturm und die Steuerungszentrale des Bewusstseins, hier wird zwischen Wesentlichem und Unwesentlichem unterschieden. Der Strahl weist Richtung Handrand, wo er normalerweise endet, doch kann er unterwegs auch seinen Kurs ändern. Manchmal wird er in ein Schlingenmuster auf dem Mondberg miteinbezogen und dann in die Handfläche zurückgeführt.

Wir haben nicht die Absicht, definitive Deutungsregeln aufzustellen; dieser Aspekt des Handlesens befindet sich noch in seiner Wiege, doch vieles deutet darauf hin, dass auch hier übergeordnete Deutungsprinzipien, das heisst Raum und Richtung, Geltung erlangen könnten.

Jupiterstrahl im oberen Handraum

Wenn der Jupiterstrahl den oberen Handraum nicht verlässt, das heisst der Herzlinie entlang zum Handrand verläuft, ist die Veranlagung gegeben, von einer übergeordneten, vielleicht abstrakten Ebene aus zu arbeiten: geistig-seelische Orientierung, eventuell Beschäftigung mit Metasystemen philosophischer oder technisch-wissenschaftlicher Art. Das Linienbild und der Handtypus geben hierzu nähere Auskünfte. Die Papillarmuster betrachten wir dabei als Potential im Hintergrund und nicht als Manifestationen.

Jupiterstrahl zwischen Kopf- und Herzlinie

Ein Mensch mit einem Jupiterstrahl, der zwischen Kopf- und Herzlinie verläuft, scheint in seiner Orientierung eher praktisch und nüchtern zu sein. Die Möglichkeit, aktiv am Wirtschafts- und Gesellschaftsleben teilzunehmen, steht offen. In diesem Falle erstreckt sich der Strahl bis zum Handrand (zum Passiven Mars, dem Konkurrenz- und Konfrontationsraum).

Jupiterstrahl fällt in den Oberen Mondberg hinab

Fällt der Jupiterstrahl schräg ab zum Handrand beim Oberen Mondberg, wird die Orientierung subjektiver und persönlicher. Körperliches ist wichtiger als Abstrakt-Distanziertes – diese Erscheinung findet sich häufig bei Künstlern und Körpertherapeuten.

Jupiterstrahl fällt in die Tiefe des Mondbergs

Verläuft der Jupiterstrahl bis zur Handbasis hinunter, deutet dies auf eine Neigung, sich mit den irrationalen Tiefen der Seele zu befassen. Der Strahl verläuft dann der subjektiven Achse entlang. – In anderen Fällen liegt er als Funktionsachse (Querlinie) im objektiven Kreuz *(vgl. Kapitel «Die Kreuze»).*

In der subjektiven Achse gibt es weder eine Distanz zur Umwelt noch eine Relativierung im Sinne von Ich/Nicht-Ich. Es muss mit mangelnder oder gar fehlender Anpassung an die Umwelt gerechnet werden, was sich bei einer kraftvollen Hand durch revolutionäre Ideen und Taten ausdrücken kann oder durch eine alternative Lebenseinstellung.

Jupiterstrahl im Schlingenmuster des Mondbergs gefangen

Der Strahl kann auch auf einer Schleife des Mondbergs «reiten», der Rundung folgen und in die Handfläche zurückführen. Ist dies der Fall, muss der Mondberg als dominant betrachtet werden: Wiederum geht es hier um die subjektive Achse, das Muster liegt wie eine Insel im Papillarstrom, ist also nicht integriert; der Strahl zeigt auf sich selbst zurück.

Kleine Muster auf der Handfläche

Schlingen- und Wirbelmuster finden sich häufig auf dem Mondberg, viel seltener und in bezug auf ihre Form bei weitem nicht so variantenreich auf dem Venusberg. Auch zwischen den Fingerbergen gibt es oft kleine Schlingen, wobei Wirbel dort äusserst selten auftreten. – Die wichtigste grundlegende Arbeit auf diesem sonst recht unerforschten Gebiet ist von B. B. Hutchinson geleistet worden.

Einige Vorschläge und Bemerkungen zur Bedeutung

Bei der Deutung der Muster muss man in erster Linie darauf achten, in welchen Bereichen sie sich befinden, zumal ein Muster den jeweiligen Bereich immer hervorhebt und verstärkt, genau wie eine Lupe, die über eine Landkarte gehalten wird.

- Wenn man noch nicht mit den subtileren Chakra-Energien vertraut ist, kann man sich an den drei Welten orientieren *(vgl. Kapitel «Die Dreiheit»).*
- Wichtig ist, ob sich das Muster auf der Ich- oder auf der Du-Seite befindet.
- Auch kann das Muster offen oder geschlossen sein; ein Wirbel ist geschlossen und isoliert, eine Schlinge öffnet sich in die eine oder andere Richtung. Die Muster ähneln denjenigen an den Fingerspitzen und scheinen mit ihnen verwandt zu sein.
- Ein Muster hat auch eine Richtung *(vgl. Kapitel «Die Kreuze»).*

Lokalisierung der Muster

Im folgenden nun einige Stichworte zur genaueren Lokalisierung der Muster.

Oberer Mondberg: suggestive Wirkung auf die Umgebung; das Potential kann geschäftlich umgesetzt werden (Modephänomene, künstlerische Tätigkeit; häufig bei Malern).

Unterer Mondberg: übersinnliche Wahrnehmung; Erforschung der Atome oder des Universums; Heiler oder Rutengänger; tritt nicht ins Rampenlicht. – Die Mondbergmuster deuten, was persönliche Erlebnisse betrifft, auf ein photographisches Gedächtnis: detailliertes Erinnerungsvermögen.

Venusberg: potenziert die Sinnlichkeit; körperbezogen; physischer Magnetismus.

Aktiver Mars: Hier gibt es oft eine kleine Schlinge, die sich zum Handrand beziehungsweise zum Jupiterberg hin öffnet: Potenzierung der dynamischen (aggressiven) Marsenergien.

Beispiele

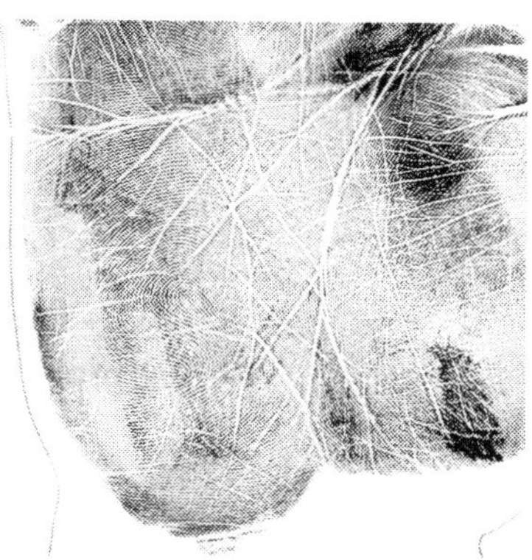

Dieser Abdruck *(siehe Abbildung rechts)* gehört einem (verstorbenen) phantastischen Homöopathen und Heiler. Seine Intuition und seine übersinnliche Begabung waren hervorragend. Ich traf ihn einmal an einer Konferenz der SSPP. Er hatte eine Landkarte vor sich, liess seinen linken Zeigefinger über die Karte gleiten und erzählte, was sich dort unter der Oberfläche befände: römische Ruinen, Gräber aus der Steinzeit etc. – Im darauffolgenden Jahr wurden dann an zwei Stellen des betreffenden Gebiets Ausgrabungen durchgeführt, und – er hatte recht gehabt!

Man beachte in diesem Zusammenhang den dicken, tiefen Mondberg mit der Doppelschlinge: intuitiver Radar und Kontakt zur kollektiven Vergangenheit.

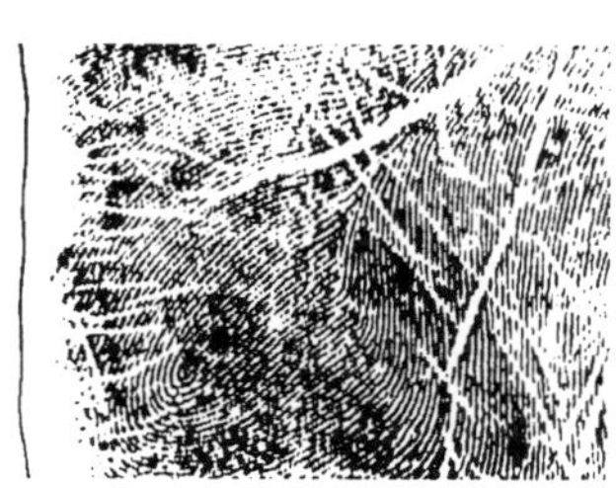

Auffällig bei diesem Beispiel *(siehe Abbildung rechts)* ist die quergestellte Schlinge zwischen dem Passiven Mars und dem Oberen Mondberg. – Die Hand gehört einem erfolgreichen Diskothekenbesitzer, der ein herrliches Talent für Schauspiel, Nachahmung und Karikatur hat.

Schlinge mit querliegender Drehung auf dem Oberen Mondberg *(siehe Abbildung links):* Bibliothekar; beschäftigt sich seit vielen Jahren mit Handlesen und Graphologie; Autor mehrerer kleiner Handbücher über Handlesen und Bumerangs; praktische Anwendung phantasiestimulierender Themen; schreibt wunderschöne Briefe.

Pop-Rock-Musiker *(siehe Abbildung links unten)*; beschäftigt sich intensiv mit Religion und den Mysterien des Lebens.

Die Kopflinie kurvt direkt in die Schlinge des Mondbergs (Längsachse!) hinein und «verliert sich». Von träumerischer Natur und mit geringer Durchschlagskraft (die Kopflinie stark fallend), ist ihm eine eigentliche Karriere nicht gelungen. Blendender und mitreissender Erzähler.

Schlingen zwischen den Fingerbergen

Mit den Schlingen zwischen den Fingerbergen haben wir uns eigentlich nicht beschäftigt und können insofern keine Erfahrungen weitergeben. Die Position im Halschakra deutet vermutlich auf ein gutes Unterscheidungsvermögen und die Fähigkeit, Eindrücke und Gedanken richtig zu ordnen. – Die Schlinge verbindet zwei benachbarte Finger miteinander, scheinbar ohne dass der eine oder andere sich unterzuordnen hätte (wie bei Fingern, die sich zueinanderneigen, und bei verschobenen Deltas).

Stichworte bei B. B. Hutchinson

Die folgenden Stichworte sollen die Schlingen zwischen den Fingerbergen kurz charakterisieren.

Jupiter-/Saturnberg:	«The rajah's loop»; Würde und Autorität.
Saturn-/Apolloberg:	Ernsthaftigkeit; sich einer Aufgabe widmen.
Apollo-/Merkurberg:	herzlicher Sinn für Humor; *Variante:* Eitelkeit.

Die Fingerabdrücke

Kein Fingerabdruck gleicht genau dem andern, am allerwenigsten von Mensch zu Mensch – auch nicht bei eineiigen Zwillingen –, denn jeder Mensch ist durch seine einzigartige Verbundenheit mit dem Leben und seinen Kräften auf ebenso einzigartige Weise in seinen inneren wir äusseren Anlagen geprägt und – im wörtlichsten Sinne – *gezeichnet.*

Die Finger gehören zum sechsten Chakra, dem «Dritten Auge»; ihre Muster befinden sich auf dem äussersten Glied, als seien sie Augen. Die Empfindung ist hier hochdifferenziert. In der Chiromantie sagen wir: Die Fingermuster verraten uns, wofür wir einen Blick und einen Sinn haben.

Ungeachtet seiner Struktur wird das Muster höher oder tiefer liegen: je höher, desto ideeller, abstrakter und theoretischer die Betrachtungen; je tiefer, desto praktischer und lebensnaher – entsprechend den drei Welten!

Jeder Finger – jede Gottheit – symbolisiert ein bestimmtes Lebensprinzip und dessen Wirkungsbereich mit den jeweiligen Aufgaben. In diesem Sinne wird auch der einzelne Fingerabdruck beziehungsweise dessen Muster unter dem Aspekt dieses Prinzips gedeutet.

Statistische Unterschiede

Die verschiedenen Mustertypen sind statistisch gesehen nicht gleichmässig verteilt, weder beim einzelnen Menschen noch unter verschiedenen Bevölkerungsgruppen: Muster, die in Europa häufig vorkommen, treten in Asien seltener auf und umgekehrt. Bestimmte Muster haben eine «Vorliebe» für bestimmte Finger und sind bei Frauen wiederum anders als bei Männern.

Es ist ausserordentlich wichtig zu wissen, dass statistisch häufig vorkommende Muster keine grosse individuelle Bedeutung haben – im Gegensatz zu den seltenen Mustern.

Das statistische Material regt dazu an, sich über die Mentalitäts- und Kulturunterschiede einzelner Völker Gedanken zu machen.

Klassifikation

Im dänischen Kriminalregister wird das sogenannte *Henrysystem* zur Klassifikation der Fingerabdrücke benutzt. Es wird zwischen vier Hauptgruppen unterschieden:

- *Bogen* (auch Zeltbogen)
- *Schlingen* (radiale und ulnare)
- *Wirbel*
- *komplexe Muster* (Doppelschlinge, «Pfauenauge», Zusammengesetzte).

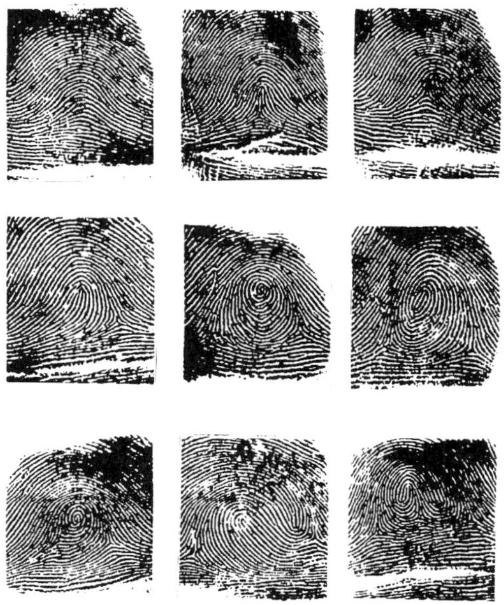

Diese Illustration stammt aus C. H. Vogelius Andersens Dissertation: «The Finger Prints of Danish Males und Females». [4]

Die nachfolgenden Beispiele von Fingerabdrücken des rechten Zeigefingers sind gemäss dem Henrysystem eingeteilt und dienen der Anschaulichkeit der Klassifikationstypen *(siehe Abbildung links);* die Reihenfolge geht von links oben nach rechts unten.

Der *Bogen* (1) hat kein Delta. Der *Zeltbogen* (2), der mit seiner senkrechten Mittellinie tatsächlich wie ein Zelt aussieht, erhebt sich über einem Delta. Die *Schlinge* (3 + 4) hat je nach Richtungslage auf der linken oder rechten Seite ein Delta. Die *Wirbel* und *Doppelschlingen* (5 – 8) haben zwei Deltas. Die *komplexen Muster* (9) können zwei bis vier Deltas aufweisen. – Die einen Muster sind offen, die anderen geschlossen. – Die *Bogen* öffnen sich beiderseits der Fingerspitze, die *Schlingen* nur auf einer Seite. Die *Wirbel* sind alle irgendwie geschlossen, entweder als konzentrische Kreise («Zielscheiben») oder als unterschiedliche Spiralformen, die sich nach rechts und oder nach links drehen. Die *komplexen Muster* können die merkwürdigsten Formen annehmen; sie treten am häufigsten am Zeigefinger auf.

Wir haben zwar für die einzelnen Faktoren keine fixfertige Deutung, werden aber trotzden kurz darauf eingehen für den Fall, dass sich jemand für diesen Stoff interessiert und ihn chiromantisch erforschen möchte.

Statistik

Es folgt ein Auszug aus Vogelius Andersens Untersuchung über die Häufigkeit der Wirbelmuster bei Männern und Frauen. Die Finger sind, beim Daumen beginnend, von 1 bis 5 numeriert; rechts und links werden durch R oder L angegeben (*Beispiel:* L2 = linker Zeigefinger). Die Reihe beginnt mit den am häufigsten vorkommenden Mustern und endet mit den seltensten.

	häufig				→					*selten*
Männer	R4	R1	R2	L4	L2	L1	R3	L3	R5	L5
Frauen	R4	R1	R2	L2	L4	L1	L3	R3	R5	L5

Praktisch bedeutet dies: Wenn jemand einen Wirbel am rechten Zeigefinger hat, so ist dies nichts Weltbewegendes. Hingegen sind Wirbel am Kleinfinger ungeheuer selten (abgesehen von jenen Fällen, wo alle Finger Wirbelträger sind); in unserer langjährigen Tätigkeit haben wir höchstens deren fünf gesehen!

Betreffend den Häufigkeitsunterschied zwischen Wirbel- und Nichtwirbel-Personen (auch unter dem geschlechtlichen Aspekt) haben andere Forscher bei über hundert Bevölkerungsgruppen in zwölf verschiedenen geographischen Regionen umfangreiche Untersuchungen durchgeführt. Im folgenden nun deren Ergebnis:

Nebst wenigen Ausnahmen hat sich herausgestellt, dass Männer mehr Wirbelmuster aufweisen als Frauen. Die niedrigste Wirbelquote findet sich bei gewissen afrikanischen Bevölkerungsgruppen, die höchste in Ostasien, bei den Indianern, Eskimos und der australischen Urbevölkerung.

Zur statistischen Einstufung der dänischen Bevölkerung bemerkt Vogelius Andersen: «Die angeführten Prozente stufen die dänische Bevölkerung höher ein als verschiedene Bevölkerungsgruppen in Nordskandinavien, Westeuropa, Polen, Ostpreussen und auch höher als mehrere negroide Rassen, die in Afrika leben oder aus Afrika stammen; jedoch tiefer als die meisten anderen Bevölkerungsgruppen in Europa, Asien, Australien, Nord- und Südamerika, Kanada, Grönland etc.»

Betreffend die Wirbelquote der untersuchten Gruppen stellt Andersen eine Liste auf: Der niedrigste Prozentsatz liegt bei 19 (Afrika) und der höchste bei 60 (Asien) bzw. bei 72 (Ostgrönland).

In einer anderen statistischen Tabelle zeigt er die prozentuale Verteilung von Bogen, radialen und ulnaren Schlingen und Wirbeln, ohne dabei die einzelnen Finger zu berücksichtigen (radial = Daumenseite, ulnar = Kleinfingerseite). Ich habe die Prozentzahlen abgerundet, die keinesfalls massgebend sein können, zumal die Untersuchung nur knapp 20 000 Dänen umfasste:

Männer				*Frauen*			
Bogen	Schlingen		Wirbel	Bogen	Schlingen		Wirbel
	radial	ulnar			radial	ulnar	
6,5	5	60	28,5	9,5	4	62	24,5

Es geht deutlich daraus hervor, dass die ulnaren Schlingen im Vergleich zu den radialen viel häufiger auftreten. Im folgenden nun die Prozentzahlen für die einzelnen Finger:

Wirbelmuster

	L1	L2	L3	L4	L5
Männer	30,2	30,7	17,7	33,0	9,5
Frauen	29,9	30,7	15,7	30,4	8,3
	R1	R2	R3	R4	R5
Männer	44,3	33,0	20,6	49,6	15,6
Frauen	36,2	32,2	14,4	39,8	9,7

Bogenmuster

	L1	L2	L3	L4	L5
Männer	4,2	15,0	10,1	2,7	2,0
Frauen	8,3	19,4	15,8	6,0	5,5
	R1	R2	R3	R4	R5
Männer	1,8	16,7	8,9	1,9	1,3
Frauen	5,0	17,2	11,2	4,3	3,1

Radiale Schlingen

	L1	L2	L3	L4	L5
Männer	0,3	20,4	1,7	0,3	0,03
Frauen	0,6	18,5	1,7	0,8	0,1
	R1	R2	R3	R4	R5
Männer	0,3	24,4	2,1	1,3	0,2
Frauen	0,4	16,1	1,0	1,0	0,2

Ulnare Schlingen

	L1	L2	L3	L4	L5
Männer	65,4	33,9	70,6	64,1	88,5
Frauen	61,2	31,4	66,8	63,1	86,1
	R1	R2	R3	R4	R5
Männer	53,7	25,9	68,4	47,2	83,0
Frauen	59,0	34,5	73,5	55,5	87,0

Die radialen Muster sind also am häufigsten am Zeigefinger zu finden, ebenso die komplexen Muster: Radiale Schlingen haben wir, soweit wir uns erinnern können, in Zwanzig Jahren unter Tausenden von Händen nur zweimal gesehen!

Diese Tabellen sind in vieler Hinsicht aufschlussreich und in bezug auf statistische Signifikanz interessant, sowohl was die einzelnen Finger als auch die Unterschiede zwischen Männern und Frauen angeht. Vogelius Andersens Dissertation enthält noch viele andere Tabellen und ist für Fingerabdruckinteressierte eine wahre Fundgrube.

Chiromantische Interpretationen

Der Bogen

Der Bogen ist das einzige Muster, das sich nur wenig von der Basis abhebt und nur schwach «bemerkbar macht». B. B. Hutchinson nennt ihn «das Salz der Erde»: Der Mensch orientiert sich am erdnahen, praktischen Leben und nimmt die Dinge, wie sie kommen. Er sucht nicht weit; seine Aufmerksamkeit richtet sich kaum auf Dinge, die ihn von der Familie und dem häuslichen Leben fernhalten. Er hat kein Bedürfnis, Kontakte aufzunehmen, zu missionieren oder sich geltend zu machen. Der Schwerpunkt des Musters liegt denn auch sinngemäss im untersten Drittel der Fingerspitze *(vgl. Kapitel «Die Dreiheit»)*. Hutchinson betont den Sinn fürs Praktische, die Loyalität, die innere Stärke und den Mut. Sie macht aber auch darauf aufmerksam, dass Leute mit mehr als vier Bogen die grösste Mühe haben, Gedanken und Gefühle auszudrücken.

Dieses Muster tritt vornehmlich bei Frauen auf, und zwar der Reihe nach am häufigsten am Mittelfinger, Zeigefinger und Daumen *(vgl. Statistik)*, also scheinbar mit «Vorliebe» an den *Arbeitsfingern* beziehungsweise auf der Ich-Seite. Tritt es überhaupt an Ring- und Kleinfinger auf, dann wahrscheinlich auch an allen anderen Fingern. Astrologisch ist es naheliegend, den einfachen Bogen mit den Qualitäten des Elementes *Erde* zu verbinden.

Manchmal hebt sich das Muster leicht ab und folgt der Form der Fingerspitze; das mittlere Drittel des Fingerglieds wird dabei miteinbezogen: Der Blick richtet sich auf die Welt und auf andere Menschen; die Person ist – wie das Muster – etwas offener und gelöster.

Der Zeltbogen

Der Zeltbogen richtet sich auf, wird geradezu gegen die Fingerspitze «gepresst»; in der Mitte steht die senkrechte Zeltstange – dieses Muster findet sich meistens am Zeige- und Mittelfinger: Der Blick richtet sich nach oben, nach dem ideell Möglichen, der Realität mehr oder minder enthoben.

Zeltbogenbetonte Menschen sind dafür bekannt, sich für ein Ideal, für eine höhere Sache einzusetzen – *Jupiter/Saturn-Prinzip!* In ihrem Wesen sind sie sensitiv und tendieren zu nervöser Anspannung; dies erinnert wiederum an *Neptun/Uranus-Qualitäten.* Ich kenne mehrere Zeltbogen-Personen mit utopischen Zielsetzungen, unter ihnen einen Architekten: Er hat grosse Visionen von der idealen Zukunftswohnung, die aber bis heute nicht über das Stadium des Reissbrettentwurfs hinausgelangt ist.

Hutchinson beschreibt den Zeltbogen als ein «-ismus»-Muster, was allerdings nicht als Zugehörigkeit zu irgendeiner ideologischen Gruppe verstanden werden sollte, es sei denn, das Linienbild deute diesbezüglich auf eine entsprechende Veranlagung. Grundsätzlich liegt es aber nicht in der Natur des Ich-Seite-betonten Menschen, sich in eine Gruppe einzuordnen. – Neigt oder öffnet sich das Muster zur Du-Seite hin, ist der Mensch Fremdimpulsen gegenüber offener. Jedes Muster, das in das oberste Drittel der Fingerspitze hinaufragt, deutet auf idealistische Qualitäten, was sich bei profaneren Naturen als Naivität äussern kann.

Ulnare Schlinge

Schlingen sind die häufigsten Muster; es gibt davon zwei Varianten, die *ulnare* und die *radiale,* wobei die radiale fast ausschliesslich am Zeigefinger vorkommt und bei Männern etwas häufiger ist. – Die Handkante ist Teil der ulnaren, der Daumen Teil der radialen Seite. Die ulnare Schlinge öffnet sich also zum Handrand, die radiale zum Daumen hin.

Menschen mit ulnaren Schlingen sind Du-Seite-betont; sie sind offen, aufnahmefähig und reagieren unmittelbar. Flexibilität, Anpassungs- und Kommunikationsfähigkeit sind ihre wesentlichsten Charaktermerkmale. Offen, freundlich, harmonie- und friedliebend, meiden sie wenn möglich Auseinandersetzungen im Umgang mit andern Menschen. Ihr ausgeprägter Sinn für die Wechselwirkung in den menschlichen Beziehungen verleiht ihnen zudem diplomatisches Geschick – hier herrscht das *Venus/Merkur-Prinzip.* – Erfahrungsgemäss findet sich die ulnare Schlinge fast ausschliesslich am Kleinfinger.

Radiale Schlinge

Die radiale Schlinge findet sich praktisch nur am Zeigefinger. Sie öffnet sich zur Ich-Seite hin, deutet auf eine etwas anarchistische oder zumindest eigenwillige Anlage. Unwillkürlich denkt man dabei an *Uranus*. (Mythologisch betrachtet verstanden sich Uranus und Jupiter ausgezeichnet; Uranus wurde von Saturn gestürzt, und so unterstützte er Jupiter gerne, als dieser seinerseits Saturn stürzen wollte.) Menschen mit radialen Zeigefingerschlingen sind in ihrem Denken introvertiert und individualistisch. Sie können nicht unmittelbar das Gedankengut anderer übernehmen; sie müssen eine eigene Betrachtungsweise entwickeln.

An den übrigen Fingern sind die radialen Schlingen sehr selten; wir haben damit nur wenig Erfahrung. Die Schlingen können sich zur Fingerspitze hinaufschwingen oder mehr oder weniger flach verlaufen. Normalerweise reichen sie bis zur Mitte der Fingerspitze, was auf Weitherzigkeit und auf Harmonie zwischen Zielvorstellung und physischer Realität hinweist.

Wirbelmuster

Die Wirbelmusterfamilie umfasst die *Zielscheibe* (den konzentrischen Kreis), die *Spirale* (nach rechts oder links drehend), die *Ellipse* (mehr oder weniger langgestreckt) und das *Pfauenauge* (Schlinge mit eingeschlossenem Auge).

Alle Wirbel sind in einem Kreissystem eingeschlossen und weisen an der Basis zwei Deltas auf. Die *Spiralen* haben immer eine Öffnung: Eindrücke werden aufgenommen. Die Öffnung kann sich zur Du- oder zur Ich-Seite richten und somit radialen oder ulnaren Charakter haben. Auch ein *Pfauenauge* ist radial oder ulnar. Die Ellipse nimmt einen grösseren Raum ein, sie hat nicht die Konzentration einer Spirale oder einer Zielscheibe, sie ist «elastischer» und weniger «fixiert».

Wirbel finden sich häufig am Ringfinger, Daumen und Zeigefinger (in dieser Reihenfolge) und sind bei Männern häufiger als bei Frauen. Sollte sich – neben neun Fingern ohne Wirbel – auf dem Mittel- oder Kleinfinger ein Wirbel befinden, dann erlangt dieser eine ausserordentliche Bedeutung.

Während der Bogen auf Anpassung, die Schlingen auf geistige Autonomie und der Zeltbogen auf spirituelles Streben hindeuten, symbolisiert der Wirbel die Fähigkeit, Eindrücke mit seismographischem Feingefühl zu registrieren und unbemerkt bis ins Detail zu analysieren.

Der Wirbel-Mensch ist introvertiert; er schaut wie durch ein Periskop und betrachtet so unbemerkt die Menschen und die Welt. Traditionell bezeichnet man ihn als «individualistisch» und «geheimnisvoll», wobei es grundsätzlich nicht in seiner Absicht liegt, einen solchen Eindruck zu erwecken. Da dieser Mensch langsam reagiert, haben andere oft den Eindruck, er verberge etwas. Doch alles geht bei ihm durch ein kompliziertes inneres Netzwerk, alles wird eingeordnet und verdaut – alles erfordert Zeit. Oft lächelt er zuvorkommend; dies sollte nicht als Zeichen des Einverständnisses missverstanden werden, denn meistens will er damit nur Zeit gewinnen. Man sollte ihn nicht zu schnellen Entschlüssen drängen, er ist nicht flexibel und neigt dazu, sich zu blockieren.

Der Wirbel kann auch mit einem Fernrohr oder Mikroskop verglichen werden: Der Mensch kann einzelne Details mit grösster Präzision behandeln, was bei der Arbeit ein Vorteil, beim Gefühlsaustausch jedoch eher ein Nachteil ist.

Alle vorerwähnten Qualitäten sind in Händen mit sechs oder mehr Wirbeln signifikant.

Der Wirbel findet sich am häufigsten auf dem *Ringfinger.* Hier deutet er auf einen ausgeprägten Sinn für Form und Stil, was sich in der Wahl von Kleidern und Schmuckstücken, vielleicht auch in der künstlerischen Entfaltung zeigt. Der Mondberg verrät uns, ob der Stil persönlich oder konventionell ist.

Ein *Daumenwirbel* deutet auf einen Menschen mit Arbeitswillen, Ausdauer und Beharrlichkeit, der sein Tempo selbst bestimmen will.

Ein *Zeigefingerwirbel* weist auf einen verstärkt introvertiert-individualistischen Charakter – auch im Bereich der Arbeit.

Ein *Mittelfingerwirbel* betont Ernst und Tiefe.

Allgemein kann gesagt werden, dass wirbelbetonte Menschen meist Einzelgänger sind. In ihrem ausgeprägt individualistischen, verborgenen und tiefgründigen Wesen sind sie *uranisch-plutonisch* geprägt.

Die Doppelschlinge

Die Doppelschlinge, die wie ein S oder wie ein Yin-Yang-Symbol aussieht, wird der Geschlossenheit und der zwei Deltas wegen unter die Wirbel eingeordnet, obwohl sie auch wirbelfremde Eigenschaften besitzt.

Sie befindet sich oft am Daumen und am Zeigefinger, also auf der Ich-Seite, und ist generell seltener als der Wirbel. B. B. Hutchinson hebt hier die Schwierigkeit hervor, klare Entschlüsse zu fassen: Der Mensch schwankt zwischen verschiedenen Meinungen hin und her, unfähig, sich zu entscheiden und entsprechend zu handeln. Und oft schiebt er Dringendes auf, bis die Umstände eine Stellungnahme erzwingen. Diese Deutung ist logisch, zumal Daumen und Zeigefinger Aktivität bzw. geistig-moralische Stellungnahme symbolisieren – *Mars* bzw. *Jupiter.*

Menschen mit Doppelschlingen sind ansonsten aber äusserst umgänglich und kontaktfreudig, insbesondere, wenn die Doppelschlinge ulnar-orientiert ist. Bei radialer Orientierung tritt das Individuelle stärker in den Vordergrund.

Die Fingermuster sind wie die Augen der Götter; die Doppelschlingen deuten diesbezüglich auf eine doppelte Sichtweise: Menschen mit diesem Muster besitzen zuwenig geistige Klarheit. Nicht nur fehlt es ihnen an Entscheidungsvermögen, sondern auch an einem gesunden Gleichgewicht zwischem geistigem und materiellem Streben. Für eine diesbezügliche genauere Analyse beachte man die allgemeine Orientierung der ganzen Hand, insbesondere das Gleichgewicht zwischen den drei Welten.

Wir können hier kein klares Deutungsrezept vermitteln; unsere Erfahrungen sind begrenzt, und es gibt unglaublich viele Variationen. Das S im Kerninneren kann so klein sein, dass das Muster fast den Charakter einer Spirale annimmt; es kann eher flach oder eher senkrecht verlaufen.

Komplexe Muster

Ein komplexes Muster kann in merkwürdigster Weise zusammengesetzt sein. Es kann sowohl offene wie geschlossene Bestandteile und bis zu vier Deltas aufweisen und findet sich fast ausschliesslich am Zeigefinger – eine Seltenheit, die sich schwer beschreiben lässt.

Man kann davon ausgehen, dass auch dieses Muster auf Unklarheit im Sehen und Verstehen hindeutet: so, als ob man durch eine Brille blickte, die zerbrochen war und schief zusammengeleimt wurde. Was die Anschauungen betrifft, so dürfte hier ein hohes Mass an Originalität vorliegen.

Handabdrücke

Ob man sich entschliesst, tiefer ins Studium einzudringen oder nicht, es ist immer eine gute Idee, Handabdrücke zu machen. Die dünnsten Linien sind auch bei guter Beleuchtung schlecht sichtbar, und wenn man die Verwandlungen der Linien verfolgen möchte, ist es eben notwendig, in regelmässigen Zeitabständen neue Handabdrücke zu machen. Darüber hinaus kann man die ersten Aha-Erlebnisse haben, wenn man die Abdrücke der ganzen Familie macht. Es offenbaren sich sofort Ähnlichkeiten und Verschiedenheiten zwischen den Familienmitgliedern.

Methode

Folgendes Material wird benötigt:

- Gummiwalze, ca. 10 cm breit und 2 cm dick (wie sie für Linoldruck verwendet wird);
- schwarze Wasserfarbe in der Tube (am geeignetsten ist «Japan Aqua» von Pelikan);
- Glas- oder Plastikplatte;
- Schreibmaschinenpapier;
- Frottehandtuch;
- feiner Filzstift oder Kugelschreiber.

Das Handtuch wird zwei- bis dreimal gefaltet, es dient als Unterlage. Aus der Tube werden etwa 2 cm Farbe gedrückt und gleichmässig auf der Platte verteilt. Es ist wichtig, die Hand zu entspannen, so dass ihre Oberfläche nicht angespannt ist. Nun werden mehrere dünne Farbschichten auf Handfläche und Finger aufgerollt. Ist die Hand rauh und trocken, muss man etwas mehr Farbe nehmen. Ist sie hingegen feucht, wird nur ganz wenig Farbe gebraucht; man muss auch schneller arbeiten, da durch die Feuchtigkeit die Farbe ausfliesst. Die meisten Anfänger begehen den Fehler, zuviel Farbe aufzutragen.

Jetzt wird die schwarze Hand aufs Papier gelegt, zuerst das Handgelenk, dann der Rest. Man darf nicht pressen oder spannen, doch sollten die Finger gestreckt sein. Die Hand gibt Druck gegen das Papier, am besten in der Mitte zwischen den Sehnen des Ring- und Mittelfingers. Mit der Kleinfingerspitze der andern Hand können die Schwimmhäute auf die Platte gedrückt werden, und schliesslich vergesse man nicht den Handrand und die Haut zwischen Zeigefinger und Daumen. Ist die Haut dünn, weich und feucht, sollte nicht zu stark gepresst werden. Anschliessend wird ein Handumriss gezeichnet. Der Daumenabdruck wird separat gemacht.

Als nächstes werden die Beschaffenheit der Haut und der Muskeln sowie Form und Länge der Finger notiert. Besondere Muskelausbuchtungen können mit kleinen Kurven am Rande des Umrisses markiert werden, da sie nicht unmittelbar aus dem Abdruck ersichtlich sind.

Die Farbe wird unter klarem, kaltem Wasser abgespült und abgerieben. Erst danach wird mit Seife gewaschen.

Photokopien

Ein gutes Kopiergerät kann ausgezeichnete Handabdrücke machen und hat auch den Vorteil, dass die Formen und Proportionen deutlich werden. Der Nachteil ist, dass viele Linien unsichtbar bleiben; auch ist es hier schwierig, gute Ausmessungen vorzunehmen.

Wichtig ist, sich daran zu erinnern, dass ein Handabdruck seitenverkehrt ist, wohingegen eine Photokopie ein *direktes* Abbild ergibt: eine gute Ergänzung!

PS: Die Farbe der Firma Pelikan hat mehrere Vorteile: Sie bleibt je nach Luftfeuchtigkeit mehrere Wochen auf der Platte feucht, muss also nicht jedesmal abgewaschen werden, und sie ergibt einen guten Kontrast, trocknet schnell und lässt sich leicht abwaschen.

Das Spiel der Götter und Planeten

Im Himmel

Wie die griechischen Götter auf dem Olymp thronen die Finger auf ihren Handbergen. Von dort aus überblicken sie – bildhaft gesprochen – die Geschehnisse auf der Erde, schauen in die Ferne und in die Zukunft. Jeder von ihnen blickt mit einem eigenen Auge, jeder hat eine eigene Schau und eine eigene Art der Betrachtung. Zusammen bilden die Finger den «Grossen Rat der Hand».

Wie die Götter der Mythologie und die Planeten der Astrologie sind auch die Finger Symbole der Urkräfte. Und deshalb ist es nicht verwunderlich, dass jedem Finger eine solche Gottheit und das entsprechende Planetenprinzip beigeordnet werden kann. Es gibt praktisch keine Episode in der mythologischen Überlieferung, die nicht zum Verständnis der Finger oder der Linien beitragen könnte.

Merkur

Merkur war bei den Griechen unter dem Namen *Hermes* der «kleine Bruder» im Olymp (in der Chiromantie der kleine Finger). Er war der Schelm, Diener, Botschafter, Wegweiser und Begleiter. Hermes war immer unterwegs, pendelte dauernd zwischen Himmel, Erde und Unterwelt hin und her. Als einziger der Götter hielt er sich regelmässig unter den Menschen auf. – Auch die Römer kannten ihn: Er war dort für den Handel zuständig und galt als Gott der Diebe und der Kaufleute.

«Das Auge» Merkurs ist praktisch ausgerichtet; es sieht das, was für den Alltag wichtig ist, achtet auf den Verkehr, passt sich den wechselnden Situationen an und bemerkt, was im Augenblick möglich, nützlich und praktisch ist.

Merkur ist das Prinzip des Denkens, ist zweckbezogen, intellektuell und sowohl geschäftlich als auch handwerklich geschickt. Wo er herrscht, sind Neugier und Lernbereitschaft angesagt, Sinn für Details und motorische Koordination sowie für Diplomatie und Psychologie; aber auch Lüge und Betrügereien.

Menschen mit einem dominanten *Merkurfinger* (Kleinfinger) sind im Handel und im Verkauf tätig, vielleicht auch als Wissenschaftler, Chirurg oder Handwerker (Präzision); manchmal auch im Showbusiness (wendig und schlagfertig). Bei markanten Abweichungen oder Schäden des Kleinfingers (vor allem bei Krümmungen) wird dieser Mensch auf indirekte Art kommunizieren, verschlüsselt, geheimnisvoll und diplomatisch. Er wird Mühe haben, sich dem andern offen zu stellen. Oft finden sich solche Merkmale bei Dichtern (jede Schwäche ist potentiell auch eine Spezialität, eine Besonderheit und eine Stärke).

Apollo

Apollo, Anführer der Musen, galt als Beschützer der Wissenschaften, der Musik und der bildenden Künste. Auf ihn beriefen sich die Gründer der griechischen Staatsordnung, auf der noch heute die modernen Demokratien fussen; er war der Gott des Humanismus und der Heilkunst (Orakel von Delphi). Apollo brachte Licht, brachte Freude und Schönheit unter die Menschen (die Sage erzählt, dass sogar der wilde Ares seinen Speer fallen liess und zu weinen anfing, als Apollo singend seinen Einzug auf den Olymp feierte). Er wollte die Menschheit aus ihrem irdischen Dasein herausheben und sie an der Unsterblichkeit teilnehmen lassen. Dabei überschritt er aber seine Kompetenzen, wofür ihn sein Vater Zeus fürchterlich bestrafte. Apollo wird oft mit der Sonne assoziiert – in der chiromantischen Tradition heisst der Ringfinger (Apollo) ja auch «Sonnenfinger».

Einige der modernen Handleser ordnen den Apollofinger der Venus zu. Dies ist aber aus mythologischer Sicht nicht einleuchtend: Venus war bei den Römern die Garten- und Fruchtbarkeitsgöttin (Stier/Venus) und gehörte zum vegetativen Leben. Bei den Griechen hiess sie Aphrodite, war anmutig, schön, einladend und begeisterungsfähig. Sie lebte ganz im Hier-und-Jetzt und liess sich von allen möglichen Situationen mitreissen – und vor allem von Männern (Waage/Venus). Bewusste Erkenntnis, übergeordnete Schau und humanistische Ideale gehörten nicht - wie bei Apollo – zu ihrem Aufgabenbereich. Und im Gegensatz zu Apollo war auch das Denken nicht ihre Stärke.

«Das Auge» Apollos richtet seinen Blick auf Ordnung, Harmonie, Form und Vollendung. Es sieht die Zusammenhänge und schöpft aus dem Wissen, das bereits erworben wurde: Apollo ist der Verwalter der *inneren* Bibliothek. Zu seinem Reich gehören aber auch der Orientierungssinn und der Sinn für Proportionen. Seine Tugend ist Mässigung, seine Laster sind Vermessenheit und Eitelkeit.

Ein ausgeprägter *Apollofinger* (Ringfinger) findet sich gehäuft bei Künstlern, Pädagogen und Heilern. Mit einem krummen Ringfinger (der sich an den Mittelfinger anlehnt) fühlt man sich in grossen Versammlungen – wie bei Festen und anderen gesellschaftlichen Anlässen – recht unwohl. Man schätzt das Vertraute und sucht sich für das Zusammensein einen intimeren Rahmen.

Saturn

Saturn (Chronos) gehörte nicht zu den griechischen Göttern. Als der Olymp entstand (wie übrigens auch die Zeitrechnung), war er längst von seinem Sockel gestürzt und vertrieben: Was er verkörpert, reicht über Raum und Zeit hinaus. – Die Römer verehrten Saturn als Gott der Arbeit und des Ackers. Jedes Jahr um die Zeit der Wintersonnenwende (wenn die Sonne in das Tierkreiszeichen Steinbock tritt), wurden die *Saturnalien,* ein riesiges Volksfest, gefeiert. Die Sklaven hatten frei und durften sich als Herren verkleiden – einige Geschichtsschreiber berichten sogar, dass Herren und Sklaven die Rollen vertauschten. Es ist zwar fragwürdig, ob sich dies praktisch durchführen liess, doch würde dies der traditionellen (zusätzlichen) Herrschaft Saturns im Tierkreiszeichen Wassermann (alle Menschen sind gleich, alle Menschen sind Brüder) entsprechen.

«Das Auge» Saturns richtet seinen Blick auf das materielle Überleben, auf Wohnung, Kleidung und Nahrung. Hier geht es um die Frage, welche Pflichten wir als Mitmensch und als Einzelmensch übernehmen müssen. Saturn ist das Prinzip, das dafür sorgt, dass wir die Grenzen nicht überschreiten, dass Gleichgewicht und Gerechtigkeit gewährleistet sind (Saturn ist im Zeichen Waage erhöht). Nicht ohne Grund gilt er in der Astrologie als «Hüter der Schwelle». Mit Saturn überlegt man sich, was

ökonomisch ist und wo gespart werden kann. Hier beschränkt man sich auf das Wesentliche, prüft alles auf seine Tauglichkeit und Beständigkeit und besitzt Geduld, Demut und Ausdauer. Zugleich wirkt Saturn aber als Spielverderber und Begrenzer der Lebensfreude.

Der *Saturnfinger* (Mittelfinger) ist normalerweise der längste unter allen Fingern – sein Potential reicht tatsächlich über Zeit und Raum hinaus. Menschen mit langen Mittelfingern fühlen sich oftmals zu einem Leben im Kloster hingezogen, beschäftigen sich mit okkulten Studien und setzen sich mit dem Leben nach dem Tode und dem «grossen Plan der Schöpfung» auseinander.

Ein gekrümmter Mittelfinger (meistens zum Ringfinger hin) ist ein Anzeichen dafür, dass jemand nicht gerne alleine ist. Solche Menschen suchen die Zweisamkeit oder die Gemeinschaft in der Gruppe (am Ringfinger lässt sich dazu Genaueres ablesen). Ist der Mittelfinger sehr kurz, lehnt es ein solcher Mensch im allgemeinen ab, sich langfristig zu verpflichten (häufig bei Junggesellen).

Jupiter

Jupiter (Zeus) war der höchste olympische Gott. Er ordnete sich nirgends unter, mischte sich nicht in das Leben auf der Erde ein und führte eine ausgesprochen isolationistische Politik. Das heisst aber nicht, dass er keine Dekrete erliess. Und in Streitfragen hatte er immer das letzte Wort. Wenn sich Zeus überhaupt um die Menschen kümmerte, dann besonders um die Einzelgänger, um Einwanderer, Fremdlinge und Verstossene. Er war der Gott des Individuums, hatte auch seine eigenen Gesetze und führte ein recht ausschweifendes Privatleben: Er schlief mit Titaninnen, Göttinnen und Sterblichen und zeugte eine Unmenge Kinder. Zeus war gar nicht standesbewusst. – Auch die Römer zählten Zeus zu ihren Göttern, hatten aber Angst vor ihm, vor allem wegen seiner Rechtssprechung: Bei Meineiden fürchtete man ihn als schlimmen Rachegott. Zu seiner Domäne zählte ausserdem auch die Standhaftigkeit der Soldaten.

«Das Auge» Jupiters richtet seinen Blick auf alles, was sinnvoll ist, was Wachstum, Autonomie, Selbständigkeit und Freiheit bringt (in der indi-

schen Astrologie ist Jupiter der sogenannte Signifikator für Geld und Kinder). Die Handleserin Agma *(vgl. «Vorwort von Louise»)* ist in ihrer Deutung des *Jupiterfingers* (Zeigefinger) sehr konsequent: «Jupiter bedeutet Arbeit und zeigt das Gebiet, worüber man Macht und Kontrolle hat.»

In mentaler Hinsicht könnte man den Jupiterfinger mit dem polaren Wesen eines Relais vergleichen: schwarz/weiss, gut/böse, richtig/falsch. Hier urteilt man danach, ob man mit etwas einverstanden ist oder nicht. Der Zeigefinger symbolisiert die auswählende Intuition und die Fähigkeit zur Gesamtschau, gleichzeitig auch die Forderung, sich über weltliche Autoritäten hinwegzusetzen und eigene Wahrheiten zu finden. In negativer Form (als Schattenprojektion) wird ein so geprägter Mensch sich als gnadenloser Prinzipienreiter zeigen.

Zeigefingerbetonte Menschen suchen sich Lebensbedingungen aus, bei denen sie die Entscheidungsfreiheit behalten. Der kurze Zeigefinger eines Menschen zeigt an (besonders wenn er tiefgestellt ist), dass dieser Entscheidungen generell aufschiebt; er lässt sich ausserdem leicht von Vaterfiguren beeinflussen und findet meistens erst spät zu einer eigenen inneren Autorität.

Auf der Erde

Hände kann man wie eine Landschaft betrachten, mit Häusern, Bergen und Wegen. Die Götter (Planetenprinzipien) bevölkern diese Landschaft und haben eigene Häuser und Berge, die zu ihnen gehören. Von dort aus können sie miteinander über die Verbindungswege (die Linien: das Kommunikationsnetz der Hand) kommunizieren. An den einzelnen Verbindungswegen (Linien) ist ersichtlich, ob sie eine gute Kommunikation haben (klare Linien) oder nur teilweise in Kontakt treten (Unterbrechungen, Wirrwarr, «Knopf in der Leitung»), ob sie sich böse anstarren oder freundlich zuzwinkern, ob sie auf Streit oder auf Zusammenarbeit eingestellt sind. Die geraden Linien weisen auf Zielstrebigkeit oder Zwanghaftigkeit hin, die kurvigen Linien auf Beschwingtheit oder Passivität.

Die chiromantische Literatur hat bestimmte Namen für bestimmte Linien überliefert. Die meisten Menschen kennen beispielsweise die Herzlinie, die Kopflinie oder die Lebenslinie. Doch für den Anfänger ist es meistens schwierig, diese Linien in den eigenen Händen zu finden: Sie befinden sich nicht dort, wo sie dem Rezeptbuch gemäss sein müssten, und falls man sie doch findet, weisen sie oftmals Verzweigungen und Verdoppelungen auf, so dass man erst recht verwirrt wird. Dazu kommt, dass man immer wieder auf Linien stösst, die noch gar keinen Namen besitzen und also auch keine Deutungsetikette. Dann gilt es, mit Wissen und Erfahrungen kreativ umzugehen und zu experimentieren, um eigene Interpretationen zu finden. Die folgenden Deutungen sind Beispiele der oben angesprochenen Linienverbindungen, wie diese mit astrologischer und chiromantischer Logik und Phantasie interpretiert werden.

Wenn Götter zusammen spielen

a) Ein Aspekt zwischen *Mars* und *Mond* findet sich beispielsweise bei der kurvenförmigen Kopflinie, die zwischen Aktivem Mars und Mondberg eine Verbindung schafft. *Deutung:* Die Initiativkraft des Mars führt ins Blaue und wird in einem Meer von Möglichkeiten, von Träumen und Phantasien (Mondberg) aufgenommen, wo sie schliesslich an ganz neuen Ufern strandet.

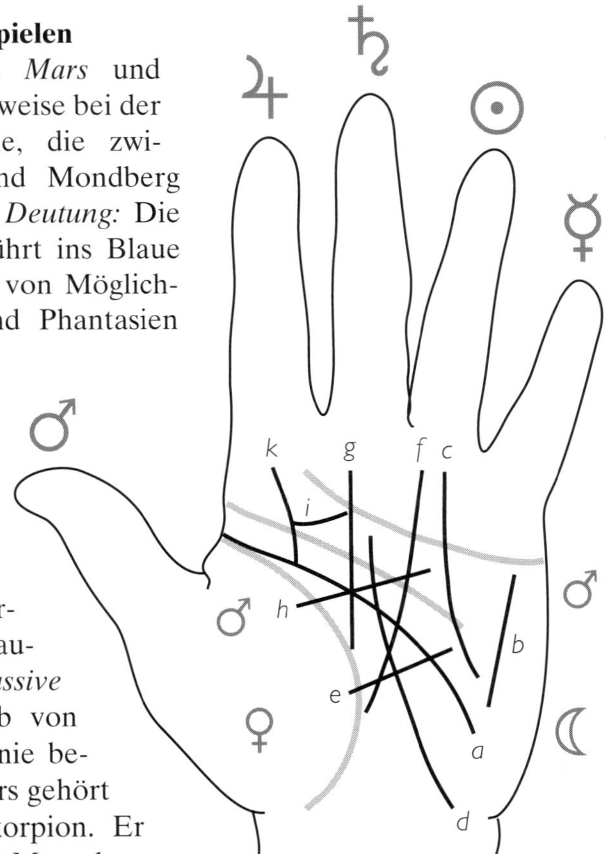

b) Bekanntermassen werden dem Mars zwei Berge zugeordnet: der *Aktive Mars* (Herrschaft im Widder) im Daumenwinkel und der *Passive Mars,* der sich unterhalb von Merkurfinger und Herzlinie befindet. Dieser Passive Mars gehört zum Tierkreiszeichen Skorpion. Er findet sich ausgeprägt bei Menschen aus der Politik oder der höheren Finanz- und Geschäftswelt. Solche Menschen können es sich nicht erlauben, ihre Gefühle preiszugeben, ohne an Einfluss, Macht oder errungener Position einzubüssen. Eine Verbindung zwischen dem *Mondberg* und dem *Passiven Mars* deutet aber die Fähigkeit zu intuitiver und superschneller Reaktion an. Wenn so jemand in einer Diskussion bedrängt wird, versucht er blitzschnell, das Gespräch auf ein Nebengeleis des eigentlichen Themas zu führen. Die Verbindung zwischen Mondberg und Passivem Mars wird meistens durch die Merkurlinie hergestellt.

c) Ein schwungvoller Kontakt zwischen *Mond* und *Sonne* ist da vorhanden, wo eine Kurve den Mondberg mit dem Apolloberg (unterhalb des Ringfingers) verbindet. Dies ist ein Popularitätsaspekt und findet sich beispielsweise bei Menschen, die durch die Medien bekannt sind oder sich vom Populären angezogen fühlen.

d) Ein Aspekt zwischen *Mond* und *Saturn* kann beispielsweise durch eine schräge Saturnlinie geschaffen werden, die bis zum Mondberg reicht. Dann steht der Mondberg im Dienste des Überlebens und der Stellung in der Gesellschaft. Das Hobby wird zum Beruf.

e) Eine Zusammenarbeit zwischen *Venus* und *Merkur* findet sich (häufig bei Frauen) in einer Linie, die die Lebenslinie (Sinnlichkeit, Berührung, Materie) mit dem Merkurraum (Handwerk, Geschick) verbindet. Wir nennen sie die «Stricklinie».

f) Die Linie zwischen Venus und Sonne (Apolloberg) ist meistens wohlwollend. Vielleicht ist man in eine reiche Familie hineingeboren worden oder in irgendeiner Weise von einem überströmenden Lebensgefühl getragen. Die Linie kann manchmal auch Faulheit anzeigen und die Erwartung, dass einem alles in den Schoss fällt.

g) Verbindungen zwischen *Venus* (Venusberg) und *Saturn* werden häufig durch die Hausbaulinie gebildet. Diese Linie zeigt Gründungsinitiative und Stabilitätsbestreben an, es geht vor allem um Familien-, Gemeinschafts- oder Firmengründungen oder um einen Hausbau. Sie verbinden thematisch den Stierbereich (Materie) der Lebenslinie mit Saturn, dem Symbol der Materialisation. In der langfristigen Bedeutung zeigt sich diese Kombination in einem Sinn für Wirtschaft und Stabilität.

h) Die Aspekte zwischen *Mars* und *Merkur* oder *Mars* und *Sonne* (Apollo) gehören zu den Prozesslinien. Ein Kontakt zwischen Aktivem Mars und Merkur zeigt sich oft als übertriebene Emsigkeit: so jemand redet zuviel, steckt seine Nase überall rein und bekommt oft Streit. Wir nennen eine solche Verbindung auch Einmischungslinie. Verbindungen zwischen Mars und Sonne andererseits haben mit Gesetzen, Organisationen und hierarchischen Ordnungen zu tun. Hier zeigen sich Probleme mit Erbschaften oder mit dem Finanzamt an. Dieser Aspekt wird oft von der Kopflinie (Marslinie) gebildet.

i) Einer der möglichen Aspekte zwischen *Mars* und *Saturn* wird durch eine waagrechte Linie zwischen Kopf- und Herzlinie gebildet. Eine solche

Linie findet sich bei Menschen, die für ihre klar formulierten Ziele Entsagung und übermenschlichen Durchhaltewillen aufbringen. Enorme Selbstbeherrschung, Disziplin und selbstauferlegte Zwänge prägen ihr Leben, was sich oft in strengen Übungen (beispielsweise religiöse Rituale oder Fastenkuren) zeigt. Alle waagrechten Linien zählen zu den sogenannten Sperrungen *(vgl. Kapitel «Die Sperrungen»):* solche Menschen neigen zu Fixiertheit. Wir nennen sie die Zähne-zusammenbeissen-Linie. Andere Verbindungslinien zwischen Mars und Saturn zeigen oft – wie auch in der traditionellen Astrologie beschrieben – Todesfälle an.

k) Kontakte zwischen *Mars* und *Jupiter,* also aufsteigende Linien vom Aktiven Mars zum Zeigefinger hin, heissen Ehrgeizlinien. Zum Tätigkeitsdrang des Mars gesellt sich das Wachstumsprinzip Jupiters. Die Lebenslinie strebt hier nach oben, will hoch hinaus – der Betreffende setzt immer neu an, peilt neue Ziele an und ruht sich nie auf seinen Lorbeeren aus. Probleme gibt es dann, wenn diese Jupiterlinien die Lebenslinie kreuzen oder beschädigen (unserer Erfahrung nach häufiger in Männerhänden). Die frühe Jugend ist von Machtkämpfen geprägt; der Betreffende muss in seinem Leben viel Durchsetzungsvermögen aufbringen, meistens weil sich die Autoritäten, die ihn umgeben, seinen Initiativen widersetzen. Er lässt sich jedoch, wenn nicht andere Zeichen dagegensprechen, kaum unterkriegen.

Uranus, Neptun und Pluto

Uranus, Neptun und Pluto, die drei transsaturnischen Planeten, haben bei unserem traditionellen System – bis auf die Uranuslinie – keinen festen «Wohnsitz» in der Hand. Sie symbolisieren das Unbekannte, sind die Erneuerer und die Zerstörer des Bestehenden und können an ganz verschiedenen Stellen der Hand ihre Signaturen hinterlassen.

Eigenschaften von *Uranus* fanden wir beispielsweise bei den Wirbel- und Radialmustern der Finger angezeigt, an der offenen Formation der Kopflinie und an den Linien des Mondbergs. In seinem Hochspannungsaspekt finden wir Uranus ausserdem im Venusgürtel, wo auch Neptun die Art des Erlebens beeinflussen kann.

Viele Handleser ordnen *Neptun* dem Wurzelbereich zu, Sperrungen werden hier «Giftlinien» genannt – schade um Neptun, dass er so zum Rauschplaneten degradiert wird. Oft ist die ganze Hand an den verschiedensten Stellen von ihm durchdrungen: Generell wird er sich durch Feinheit und Sensibilität verraten.

Plutos Intensität und Kompromisslosigkeit drückt sich in allen Sperrungen *(vgl. Kapitel «Die Sperrungen»)* aus, ebenso wenn eine Mittelzone gedrungen ist, beispielsweise wenn das Mittelglied der Finger kurz ist.

Die Form der Handkante

Überall, wo sich an der Hand Muskeln befinden, besteht eine Konzentration der Kräfte, ein Energiepotential. Eine solche Kräftekonzentration befindet sich auch in der *Ausbuchtung* («Buckel») der Handkante, die in vier verschiedenen Formen auftreten kann.

Wir orientieren uns in der nachfolgenden Interpretation dieser vier Ausbuchtungen an der griechischen Mythologie und folgen hierin den Spuren *Merkurs* auf seiner Reise vom Olymp auf die Erde und bis in die Unterwelt.

1. Die Welt der Sachlichkeit

Positiv: objektiver Überblick, Wissensdrang, Sinn für Details, Struktur und Ordnung.
Negativ: gefühlskalte Berechnung, Falschheit, Mangel an eigener Haltung, gefühlsmässige Nüchternheit.

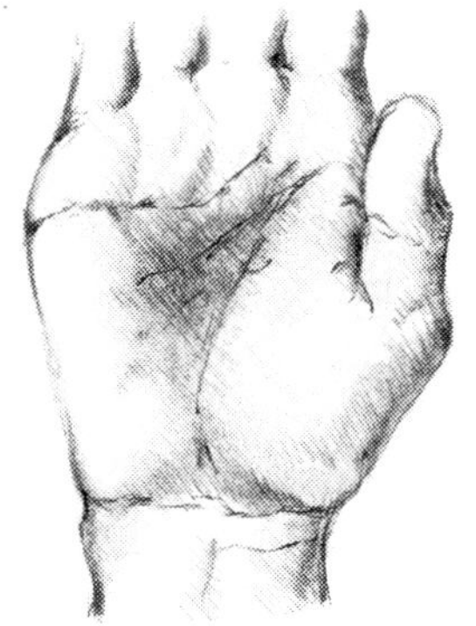

Diese Art der Ausbuchtung an der Handkante *(siehe Abbildung rechts)* findet sich bei Menschen, die sich durch leidenschaftsloses Denken auszeichnen (Halschakra). Sie haben Talent für den kühlen Umgang mit Zahlen und Regeln und können Informationen gut organisieren und speichern, verfügen also über eine Art «Computerdenken» (was aber nicht mit mathematischem Talent verwechselt werden darf, welches jene Kreativität verlangt, wie sie der Mondberg anzeigt).

Wie die oben aufgeführten Stichworte andeuten, besteht bei diesen Menschen die grosse Gefahr, dass sie nicht nur in ihrem Denken, sondern auch in mitmenschlichen Beziehungen «berechnend» sind.

Hier ist Merkur in seiner Eigenschaft als *Informationsvermittler* am Werk – in der griechischen Mythologie war eine seiner wichtigsten Aufgaben, den Menschen auf der Erde die Anordnungen von Göttervater Zeus mitzuteilen.

Charakteristische Typen: Konsul, Sekretärin, Jurist, Systemdenker.

2. Die Welt der Auseinandersetzung

Positiv: Unternehmungslust, Kampfinstinkt, starke Persönlichkeit, Konzentration der geistigen und gefühlsmässigen Kräfte.
Negativ: rücksichtslose Dominanz, «Superman», Grössenwahn, Manipulator.

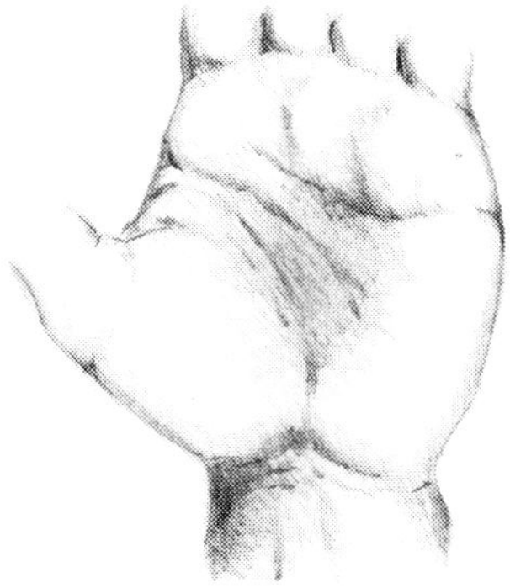

Wer an dieser Stelle *(siehe Abbildung links)* eine Ausbuchtung hat, ist – im Gegensatz zur ersten Gruppe – imstande, geistige Kräfte auf gezielte Art polemisch einzusetzen. Er ist emotional und kann spontan eingreifen (Herzchakra und Solarplexus). Es handelt sich hier um dominante Persönlichkeiten, die bewusst mit den Gefühlen der Massen spielen können; beispielsweise hatte Adolf Hitler an dieser Stelle eine enorme Ausbuchtung, aber auch Schauspieler wie John Travolta oder Silvester Stallone.

Klassisch-chiromantisch ist hier der Platz des *Passiven Mars,* während modernere Handleser hier oft Pluto hinsetzen. Wie aus der Astrologie bekannt sein dürfte, nimmt es Merkur mit der Wahrheit nicht immer so genau: Er richtet seine Fahne nach dem Wind.

Die griechische Mythologie erzählt, dass Hermes (Merkur) eine *Tarnkappe* besass, die er sich bei Hades geliehen hatte. Bei den Römern wurde Merkur als Gott der Kaufleute verehrt.

Charakteristische Typen: Politiker, Schauspieler, Unternehmer.

3. Die Welt der Originalität

Positiv: kreativer Praktiker, Charisma, Originalität, Spontaneität, psychische Intensität.
Negativ: suggestiv, psychische Aufdringlichkeit.

Diese Art der Ausbuchtung *(siehe Abbildung nächste Seite oben)* gehört zum Nachtbogen (Harachakra, Oberer Mondberg) – es handelt sich hier also um eine unbewusste Energie, die «automatisch» eingesetzt wird. Wie die Stichworte oben andeuten, findet sich dieser Ausbuchtung bei Menschen, die mit dynamisch-kreativer Ausstrahlung ausgerüstet sind, schnell reagieren können, originelle Ideen haben und praktische Lösungen finden.

Bei sehr gleichmässigen, trockenen und kräftigen Händen (dem Element Erde zugehörig) wirkt die Kreativität spezifisch auf materieller Ebene (handwerklich-kreatives Geschick), bei elastisch-beweglichen Händen (Element Luft) sieht man sie bei Menschen, die sich durch ihren unmittelbaren und unkomplizierten Umgang mit anderen auszeichnen. Dieser Typus strahlt Charme aus, kann aber auch durch seine Intensität recht aufdringlich wirken; man findet ihn entweder faszinierend oder anstrengend – oder beides.

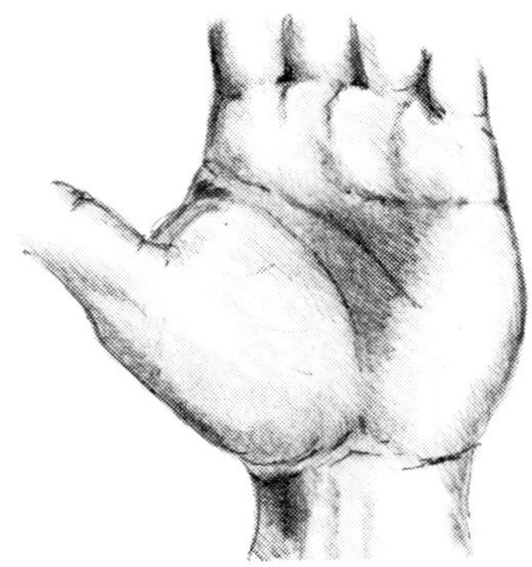

Der griechische Mythos erzählt, dass Hermes (Merkur) als neugeborenes göttliches Baby schon am ersten Lebenstag seine Wiege verliess, die Viehherde seines Bruders Apollo entführte und die Leier erfand – Hermes war der *Schelm* des Olymp.

Charakteristische Typen: Künstler, Erfinder, Discjockey.

4. Die Welt der Imagination

Positiv: archetypische Bilderwelt, das kollektive Unbewusste, aussersinnliche Wahrnehmungen.
Negativ: Wahnzustände.

Wer an der Wurzel, im untersten Mondberg, eine Ausbuchtung hat *(siehe Abbildung rechts),* wird mit aussergewöhnlichen Kräften ausgerüstet sein. Hier geht es um Themen, die im weitesten Sinne mit undogmatischer Religiosität und einem inneren Bezug zu den kosmischen Gesetzen zu tun haben. Eine Ausbuchtung an dieser Stelle deutet an, dass der Betreffende mit einem Bein in einer unsichtbaren Welt der Ahnungen, Visionen und Träume steht und einen Zugang zum Urwissen der Menschheit hat. Allerdings wird er dies selber oft nicht eingestehen, da diese Welt von der normalen Gesellschaft – zumal im Westen – mit Hölle und Wahn-

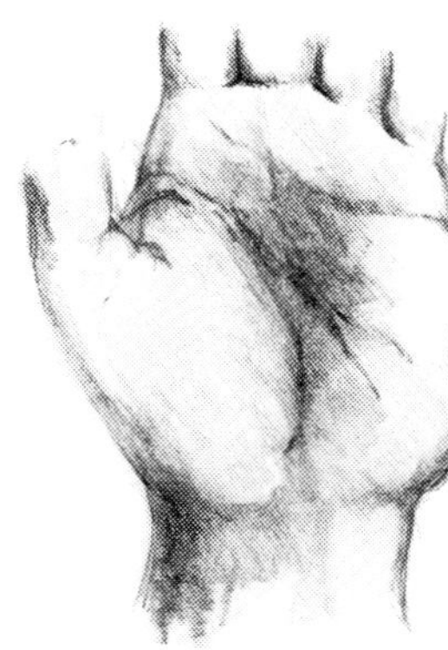

sinn verbunden wird. Manchmal machen diese Menschen einen lethargischen, «faulen» und abwesenden Eindruck auf andere und fordern durch ihre Unbeholfenheit den Schutzinstinkt anderer heraus.

Im alten Griechenland hatte Hermes auch die Funktion des *Psychopompos:* Er begleitete mit seinem Stab, den er sich von Apollo ausgehandelt hatte, die Verstorbenen in den Hades.

Charakteristische Typen: Seher, Träumer, Wanderer.

Die Form der Handbasis

Die Handbasis ist jener Ort, der ein Bild unseres Schicksals widerspiegelt; hier sind unser Fundament, die psychische Grundausrüstung und die Verknüpfung mit unserer kollektiven Vorzeit dargestellt – und die Antwort zu den Fragen: Welche Quellen und Reserven stehen zur Verfügung? Welche Kraft ist die tragende und antreibende?

Starke Muskeln am Handgelenk signalisieren immer, dass dieser Mensch grundsätzlich über enorme Urkräfte verfügt; sie können einerseits ein substanzielles Potential für schöpferisch-produktive Höchstleistungen anzeigen, andererseits aber auch die Gefahr andeuten, dass dieser Mensch seinen primitiven Instinkten ausgeliefert ist und seine Persönlichkeit sich noch in einem infantilen Stadium befindet.

Symbolische Bilder: Wurzelwerk des Baumes; Kiel des Schiffes.

Ich-Seite: *Unterer Venusberg*
Antrieb; Vitalität; Autonomie; der Wille zu überleben.
Bild: Ein sich entfaltender Keim unter der Erdoberfläche.

Du-Seite: *Unterer Mondberg*
Bildhaftes Erleben; Suggestibilität; Einstimmung.
Bild: Eine *Phantasia* dessen, was war, ist oder vielleicht sein wird.

Stehaufmännchen

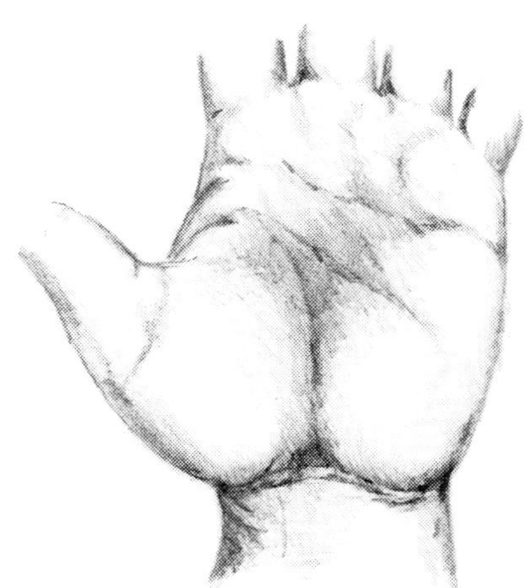

Die Form von Skelett und Muskeln im Unteren Venusberg sagt etwas über den «Rohbau» dieses Menschen aus. Das Skelett weist oft – an zwei verschiedenen Stellen – einen deutlich sichtbaren Winkel auf. Ein solcher *Winkel im Unteren Venusberg* findet sich bei Menschen, die imstande sind, ihr existenzielles Fundament von Grund auf selber zu schaffen (Bewegungsnaturell). Ein solcher Mensch ist selbständig, hat Durchhaltevermögen und kann Widerständen wirkungsvoll entgegentreten. Stichwort: *Hartnäckigkeit.*

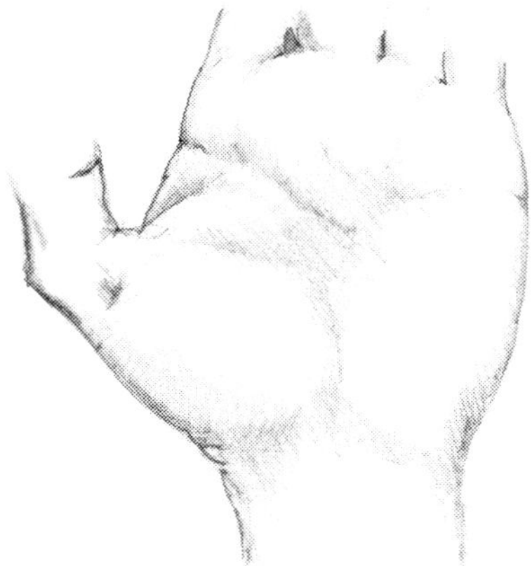

Hebelarm

Ein *Winkel am Daumenansatz* symbolisiert ein instinktives Gespür für die Schaltung, Lenkung, Dosierung und Differenzierung des Krafteinsatzes und zeigt somit Geschicklichkeit im Umgang mit Werkzeugen und Menschen an.

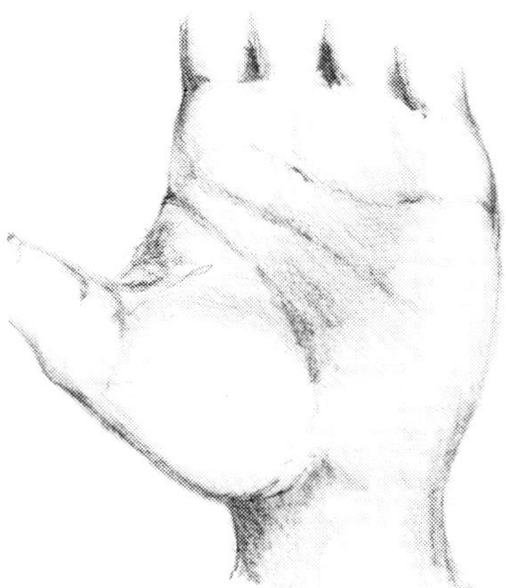

Erdball

Wenn die Muskulatur unter dem *Venusberg* eine Ausbuchtung aufweist, sprechen wir von *Vitalbomben* (Einfluss des Ernährungsnaturells). Ein solcher Muskelberg symbolisiert schnelle Regenerationsfähigkeit und – bei entsprechendem Ehrgeiz – ein grosses Leistungsvermögen.

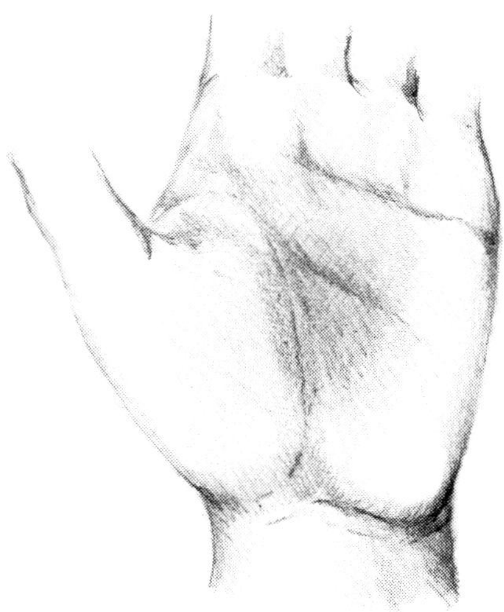

Treibanker

Starke Muskeln im *Unteren Mondberg* sind ein Anzeichen für Genialität – oder aber Irrsinn. Sie sind wie das *Radar des Rutengängers* und zeigen eine übersinnliche Wahrnehmungsfähigkeit an. Falls die allgemeine Handmuskulatur schlaff ist, verfällt man leicht in Passivität und versinkt in eine Welt aus Träumen, Wünschen und Sehnsüchten – man ist unschuldig, kindlich oder naiv und neigt zu Apathie oder Sucht.

In der Tiefe des Nachtbogens

Der tiefste Nachtbogen ist jener Raum, wo sich das grundlegende Geborgenheitsgefühl und das Selbstvertrauen des Menschen manifestieren – das Gefühl der Existenzberechtigung und der Wille, selber zu bestimmen *(vgl. Kapitel «Die Hälften und die Quadranten»).*

Stichworte: vorgeburtlicher Raum; Ursprung; Grundausrüstung; Wurzelbereich; Beine; physisches und psychisches Urvertrauen.

Der unterste Abschnitt der Lebenslinie

Wenn wir die menschliche Hand mit einem Baum vergleichen, so repräsentiert der unterste Abschnitt der Lebenslinie den Ort unserer Wurzeln: Wir stehen hier direkt mit den Urkräften der Natur in Verbindung und nehmen Nahrung und Wasser aus dem Untergrund auf *(vgl. Kapitel «Die Form der Handbasis»).*

Unsere Fähigkeit zu regenerieren hängt vom Zustand der Wurzeln ab, also von unserem Zugang zu den tieferschichtigen Kräften. Menschen mit guten Wurzeln wissen unbewusst, dass sie immer wieder bei der «grossen Urmutter» neue Kräfte schöpfen können; sie haben schon aus diesem Grunde keine Angst, sich auf «Äste hinauszuwagen» – es ist also ein Vertrauen in eine übergeordnete Instanz vorhanden.

Wer schwache Wurzeln hat, dem fehlt dieses Vertrauen: Er fühlt sich nicht getragen, nicht beschützt und seelisch nicht genährt. Wie ein Baum mit schwachen Wurzeln beim ersten kräftigen Windstoss umfällt, so lässt sich ein Mensch mit einem schwachen untersten Lebenslinienbereich bei Widerständen leicht entmutigen – er muss zuerst Wurzeln «wachsen lassen». Wer starke Wurzeln hat, verfügt über eine robuste Persönlichkeit – er ist ein *Stehaufmännchen.*

Jede Linie gibt Aufschluss über das Lebensgefühl, das körperliche Befinden und die Psyche des betreffenden Menschen – aber auch über seine Biographie. Alles, was unterhalb des Wurzelchakras (unterster Handbereich) liegt, gehört in diesem Sinne zum vorgeburtlichen Geschehen. Beispielsweise lassen sich hier die Geschehnisse während der Schwangerschaft ablesen; bildhaft gesprochen, kann der «liegende» Teil der Lebenslinie mit einem Embryo verglichen werden.

Haben die Lebenslinien in *beiden* Händen im untersten Teil eine harmonische Form – sind sie also lang, abgerundet und ohne Brüche – so können wir davon ausgehen, dass auch die Zeit im Mutterleib während der Schwangerschaft harmonisch und ungestört verlaufen ist. Die Mutter war gesund und mit sich selbst und ihrer Umgebung in Harmonie – sie hat sich auf das Kind gefreut. Leider sind selten beide Hände mit einer harmonischen Lebenslinie ausgestattet, meistens ist zumindest bei einer Hand die Lebenslinie im untersten Teil beschädigt.

Wenn in der *rechten Hand* Anzeichen einer Beschädigung im untersten Teil der Lebenslinie vorhanden sind, entspricht dies in erster Linie einer *physisch-materiellen* Belastung, der die Familie – und somit auch das ungeborene Kind – ausgesetzt war. Beispielsweise war jemand in der Familie schwer krank oder lebte diese in einer zu engen Wohnung, hatte zuwenig Geld, der Vater war im Krieg oder arbeitslos, die Mutter hatte einen Verkehrsunfall etc. Spezifisch zeigen sich hier auch physische Probleme des Babys selbst, beispielsweise wenn es unter Platzmangel litt (Zwillinge) oder durch Sturz- oder Frühgeburt auf die Welt kam.

Bei Beschädigungen im untersten Teil der Lebenslinie in der *linken Hand* handelt es sich vornehmlich um Anzeichen *psychischer* Probleme. Vielleicht hatte die Mutter Angst vor der Geburt oder wollte das Kind gar nicht, vielleicht konnte sie den Vater nicht heiraten oder litt unter existentiellen Grundängsten.

Bei der chiromantischen Analyse einer Hand ist es ungeheuer wichtig, das Wurzelgebiet inklusive unterster Bereich des Mondbergs genau zu untersuchen. Wir können nicht unmittelbar am Gehabe, am Auftreten, an der Kleidung oder an der Sprache einer Person erkennen, was sich in den beschriebenen tiefen Schichten ihres Bewusstseins (Nachtbogen) verbirgt. Man lässt sich leicht durch die Selbstdarstellung eines Klienten, die zur Ebene des Tagesbogens gehört («Spielregeln»), täuschen und möglicherweise durch dessen scheinbare Selbstsicherheit hinters Licht führen.

Es ist zwar für den Handleser sicher interessant und für den Klienten aufschlussreich, sich über die möglichen seelischen und biographischen Hintergründe einer allfälligen Wurzelverletzung zu unterhalten, doch ist damit noch nichts an der Kernproblematik verändert. Bei den Themen des untersten Nachtbogens reicht der blosse analytische Verstand nicht aus, um einen grundlegenden Heilungsprozess zu bewirken – generell empfehlen wir in diesen Fällen Körpertherapien.

Beispiele

Als wir bei einem unserer Kurse über das Thema Nachtbogen sprachen, zeigte eine ältere Frau ihre Hände: Im untersten Teil waren die Lebenslinien von mehreren fast senkrechten Linien durchquert. – Ihre Mutter war während der Schwangerschaft (zudem mit dem damals einjährigen Geschwisterchen der Frau) siebenmal umgezogen. Auch die spätere Biographie der Frau war von Unruhe geprägt – und von vielen Umzügen.

Die Wurzel der Lebenslinie der linken Hand dieser Frau *(siehe Abbildung rechts)* ist fast unauffindbar, die Lebenslinie selber verläuft Richtung Mondberg, anstatt unter dem Daumenballen in einem Bogen zurückzuführen.

Etwa ein Jahr vor der Geburt der Frau hatte die Mutter ein Kind tot geboren. Diese Erfahrung und die daraus resultierende Angst der Mutter hatte die ganze Schwangerschaft belastet.

Die Lebenslinie dieser Frau sieht im unteren Teil fast wie ein Besen aus und wird nicht von einer kurvenförmigen, sondern von einer senkrechten Inselformation getragen; die Schicksalslinie ersetzt bei dieser Hand die Lebenslinie *(siehe Abbildung rechts)*.

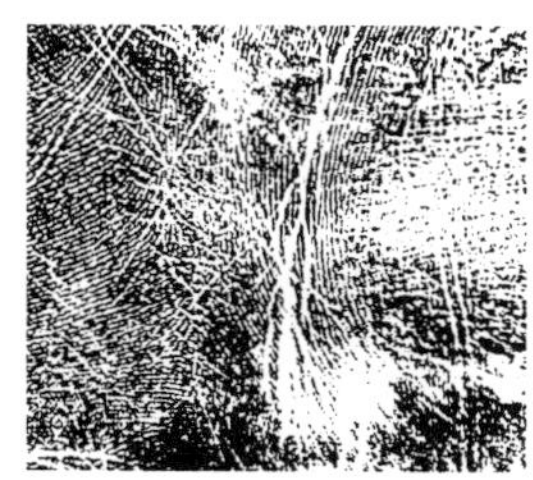

«Mich dürfte es eigentlich gar nicht geben, meine Eltern wollten mich gar nicht», erzählte die Frau. Ihr Vater war Alkoholiker, die Eltern wurden geschieden, als sie ein Jahr alt war. Sie war immer auf sich selbst angewiesen, da die Mutter täglich zur Arbeit musste.

Der Handleser Julius Spier hat die sogenannte *Pränatale Linie* beschrieben, die kurz unterhalb des Wurzelpunktes die Lebenslinie in Richtung Kleinfinger durchquert. Spier berichtet, dass diese Linie bei Menschen zu finden ist, deren Eltern sich eigentlich ein Kind des entgegengesetzten Geschlechts (Tochter anstatt Sohn oder umgekehrt) gewünscht hätten. Zwar sind uns bis heute die psychologischen Auswirkungen dieser Tatsache noch nicht restlos klar, die praktische Erfahrung hat jedoch die Regel von Julius Spier wiederholt bestätigt.

Diese Hand *(siehe Abbildung rechts)* gehört einem Mann, der bis zu seinem zehnten Lebensjahr wie ein Mädchen gekleidet wurde.

Der Untere Mondberg

Mondberg ist der Sammelbegriff all dessen, was auf der Du-Seite im Nachtbogen dargestellt ist *(vgl. Kapitel «Die Hälften und die Quadranten»)*. Wie der Venusberg und die Lebenslinie, so breitet auch er sich über ein grosses Gebiet aus, gehört zu den zwei untersten Chakren und muss bei der praktischen Deutung differenziert betrachtet werden. Traditionell wird zwischen *Unterem* und *Oberem Mondberg* unterschieden.

Die Prozesse, die im Nachtbogen angezeigt werden, sind unbewusst. Nicht der Verstand, sondern Stimmungen, Ahnungen, Sehnsüchte und Gefühle (Lust, Unlust, Begeisterung, Bezauberung und Angst) sind hier für das Verhalten und die Ereignisse massgebend. Die Themen des Mondbergs bewirken, dass wir nicht zu perfekt organisierten Robotern werden, sondern eben menschlich bleiben.

Die Du-Seite erzählt generell über die Art und Weise, wie wir uns mit der Aussenwelt auseinandersetzen, wie wir mit dem Nicht-Ich umgehen. Beim Tagesbogen dreht es sich dabei um die bewusste und sichtbare Kommunikation, um unsere soziale Stellung und unser Verhältnis zur Gesellschaft sowie zum politischen und kulturellen Leben. Beim Mondberg (Nachtbogen der Du-Seite) läuft der Austausch auf unbewusster Ebene ab; er ist nur begrenzt auf Einzelpersonen bezogen und schon gar nicht auf Gesellschaftsnormen.

Wie das unterste Stück der Lebenslinie gehört auch der unterste Bereich des Mondbergs zum Wurzelchakra, zum Ursprung, zum pränatalen Raum. Sinnbildlich können wir hier den Begriff *Verankerung* statt Verwurzelung (unterster Teil der Lebenslinie) einsetzen. – Auf das Körperliche übertragen, entspricht das Wurzelchakra den Beinen: Zum Unteren Venusberg gehört der stehende, der ruhende, der sesshafte Mensch, zum Unteren Mondberg der sich fortbewegende, der reisende, der suchende Mensch.

Psychologisch gesehen symbolisiert der Mondberg den Mut, das Bekannte, das Vertraute und Althergebrachte (Venusberg) zu verlassen, um einen Schritt ins Unbekannte und Unbegrenzte zu wagen; die Öffnung zu allem, was ausserhalb von Zeit und Raum liegt – was war, ist oder vielleicht sein wird *(vgl. Kapitel «Die Form der Handbasis»)*.

Durch den Unteren Mondberg strömt – bildlich gesprochen – das Übersinnliche ein. Wer in der Jungschen Psychologie bewandert ist, möge hier an die *archetypische, kollektive Bildwelt* denken. Auch die *Akashachronik,* die gesammelten Erinnerungen der Menschheit, gehört hierhin. Der Untere Mondberg ist die Pforte zur erfühlten Religiosität, zum intuitiven Wissen und zur kosmischen Ordnung mit ihren Gesetzen (Subjektive Achse). Die Du-Seite reicht hier bis ins allumfassende Universum.

In der alten chiromantischen Literatur wird auf dem Mondberg oft ein Schiff abgebildet *(vgl. Kapitel «Das Bild einer alten Geschichte»).* Hier sind also nicht nur psychologische Themen angesprochen, sondern auch ganz konkrete, die mit fremden Gebieten, fernen Ufern und weiten Horizonten zu tun haben.

In der *rechten Hand* geht es besonders um den Mut, reale Leitbilder zu verwirklichen und bisher unbekannte Möglichkeiten und unbekanntes Territorium zu erforschen. Im Unteren Mondberg der rechten Hand ist die Forderung eingraviert, sich von traditionsgebundenen Normen zu lösen und Neuland zu betreten.

Es ist kein Zufall, dass der Mondberg in der traditionellen Überlieferung mit Reisen zu tun hat: Er ist tatsächlich der Raum der weiten, unsichtbaren und unerforschten Horizonte. Mit der «Reise in den Mondberg» verlassen wir Nest und Sicherheit, den Schutz der Gruppe und der rationalen Voraussagbarkeit und begeben uns in tiefe Wasser. Hier kommen wir den Geheimnissen des Lebens auf die Spur – so gehören Themen wie Forschung, Drang nach Erkenntnis der verborgenen Gesetze und Fernweh zum Mondberg der rechten Hand.

Charakteristische Typen: Entdeckungsreisender, Tiefseetaucher, Chemiker, Historiker, Archäologe, Science-fiction-Autor.

In bezug auf die *Mythologie* sind alle Heldensagen «Berichte über den Unteren Mondberg der rechten Hand». Der arme Bauernsohn geht in die weite Welt hinaus, richtet Übermenschliches (Archetypisches) aus, bekämpft dunkle Mächte, Hexen und Drachen und bekommt als Belohnung die Prinzessin und das halbe Königreich. – Hier ist die Grenze des Menschenmöglichen aufgezeigt.

Zur *linken Hand* gehören der Wunsch, im Einklang zu sein mit den kosmischen Gesetzen, und die Überzeugung, von guten Geistern, von Gott und von Schutzengeln begleitet und beschützt zu sein. Hier geht es nicht um den Mut, in die physische Welt – den «gefährlichen, unkultivierten Dschungel» – hinauszugehen, sondern um jenen, auf die innere Entdeckungsreise zu gehen, die eigene tiefenpsychologische Unterwelt zu erforschen. Eine Individuation im Jungschen Sinne ist ohne die Themen des Unteren Mondbergs der linken Hand gar nicht denkbar.

Der griechische *Persephonemythos* erzählt von den Gefahren und Möglichkeiten des Mondbergs der linken Hand: Persephone war die junge Tochter Demeters, der Göttin der Kornfelder. Eines Tages trotzt sie den Warnungen und Mahnungen ihrer Mutter und pflückt beim Spielen auf der Wiese die Narzisse. Sofort öffnet sich in der Erde eine Spalte – der düstere Hades steigt herauf, raubt sie und entführt sie in die Unterwelt. Der trauernden Demeter gelingt es mittels eines Vertrages, dass sich die Tochter nur ein Drittel des Jahres (im Winter) im Hades aufhalten muss, jedoch zwei Drittel auf der Erde sein darf. Persephone wird neben Hermes/Merkur *(vgl. Kapitel «Die Form der Handkante»)* zur einzigen Gottheit, die sich zwischen Erde und Hades hin und her bewegen kann; sie wird in ihrer Eigenschaft als Königin der Unterwelt zur Begleiterin und Wegweiserin der Verstorbenen.

Der Untere Mondberg offenbart die verschiedenen Ebenen unseres Bezugs zur Unterwelt, wie sie die Geschichte von Persephone schildert:

- Wir tun so, als ob wir die Existenz der Unterwelt nicht kennen würden: Wir spielen unschuldig auf der Wiese und halten uns artig an Mutters Spielregeln.
- Wir sind in die Unterwelt entführt worden und nun – auf welche Art auch immer – mit dem Übersinnlichen in Kontakt; wir sind aber Gefangene (beispielsweise in einer psychiatrischen Klinik).
- Wir sind aus der Unterwelt zurückgekommen und können anderen über die nichtstoffliche Welt erzählen oder sie auf dem Weg in ihre Unterwelt begleiten (beispielsweise als Traumdeuter).

Sperrungen im Unteren Mondberg

Bei Sperrung des Unteren Mondbergs durch eine Querlinie *(vgl. Kapitel «Die Sperrungen»)* stellen sich folgende Probleme:

- Man hat Angst davor, den festen Boden unter den Füssen zu verlieren, vom Unbewussten überflutet zu werden. Angst, verrückt zu werden.
- Die Angst vor dem Irrationalen, vor dem Übermenschlichen wird verdrängt. Man getraut sich nicht, seinen eigenen Weg zu suchen und zu gehen und bleibt im Formalen hängen.
- Autoritätsgläubigkeit: Man getraut sich nicht, aus dem eigenen Urwissen zu schöpfen, und rennt von einem Medium zum anderen, um «die Wahrheit» zu erfahren. Aberglaube, Alpträume, Wahnzustände.

Beispiele

Der Mann, dem diese Hand gehört *(siehe Abbildung rechts),* befindet sich in einer psychiatrischen Klinik, seitdem eine innere Stimme ihm geboten hatte, seine Mutter zu ermorden. Der Mondberg ist abgesperrt, die Lebenslinienwurzel unauffindbar.

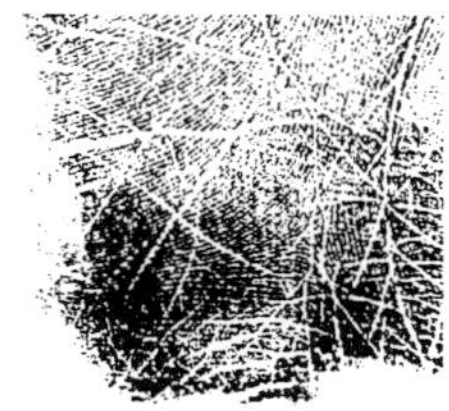

Auch diese Frau *(siehe Abbildung rechts)* war als junges Mädchen eine zeitlang in psychiatrischer Behandlung (der Mondberg der linken Hand weist Sperrungen auf). Sie ist heute ein bekanntes Medium und arbeitet als Heilerin. Es fällt auf, dass eine lange, schräge Linie die Sperrung durchquert. Diese Linie liegt auf der *Subjektiven Achse,* der Guruachse.

Auch bei dieser Hand *(siehe Abbildung rechts)* geht die lange Schicksalslinie durch die Sperrung – dieser Mann arbeitet ebenfalls als Heiler. Er war zwar nie Patient einer psychiatrischen Klinik (der Mondberg der linken Hand ist nicht gesperrt), hat aber Angst vor den eigenen verborgenen Kräften; er meidet Auseinandersetzungen, um nicht wütend zu werden, weil er dann «nicht weiss, was passieren könnte». Periodisch betreibt er, neben mehreren subtileren Tätigkeiten, auch intensiven Leistungssport und geht dabei «über die Grenzen seiner Kräfte hinaus». Er hat, wie er es ausdrückt, Energieblockaden im rechten Oberschenkel.

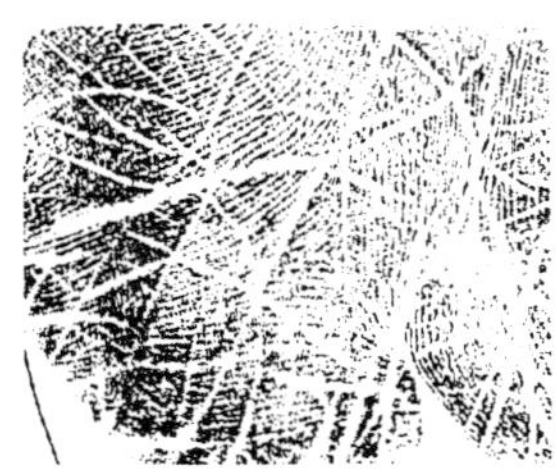

Diese Frau *(siehe Abbildung rechts unten)* leidet, wie die meisten Menschen mit Mondbergsperrungen, an Angst vor Wasser und vor dunklen Räumen. Sehr charakteristisch ist, dass sie sich zu sehr von Ansichten und Ratschlägen anderer Menschen beeinflussen lässt. Sie hat deshalb schon etliche spannende Projekte aufgegeben. Am Tage ihrer Geburt ist ein naher Verwandter von ihr ertrunken – ihre Familie hatte aber schon länger etwas geahnt und um den Verwandten gebangt.

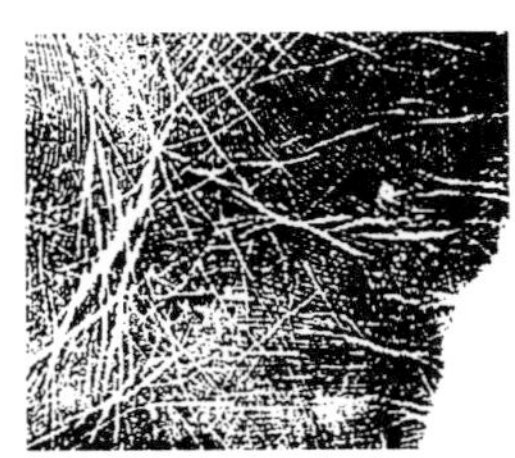

Der Obere Mondberg

Im Gegensatz zum Wurzelchakra (dem *kollektiven* Unbewussten) ist das Harachakra eng mit Kultur und persönlicher Biographie verbunden (dem *persönlichen* Unbewussten). Beim psychisch gesunden Menschen stehen die beiden Chakren in engem Austausch *(vgl. Kapitel «Stichworte zu den sieben Chakren»)*. Das Harachakra spiegelt Themen, die mit dem Alltagsleben zu tun haben:

Im *Venusberg* lässt sich das *Konstante* ablesen: Erlerntes, Gewohnheiten, Familienleben, Lebensstil, zur Verfügung stehende Kräfte.

Im *Mondberg* lässt sich das *Variable* ablesen: Stimmungen, Anpassungsbereitschaft, Aneignung neuer Fähigkeiten, Reaktionen auf Neues.

Schwebendes Bewusstsein

Der Mondberg (Nachtbogen) ist offen und nicht auf eine bestimmte Einzelheit ausgerichtet, ihm ist ein *«schwebendes Bewusstsein»* eigen; dies im Gegensatz zum Tagesbogen, wo das Bewusstsein fokussiert ist. Zwei Beispiele sollen den Unterschied illustrieren:

Ein guter Kellner hat ein waches, offenes Bewusstsein – er muss gleichzeitig für alle seine Gäste Gespür haben und auf den kleinsten Wink reagieren können.

Beim einem guten Verkäufer ist das anders – dieser muss sich auf den einzelnen Kunden konzentrieren können, sich dessen Wünschen annehmen und seine Ware entsprechend präsentieren.

Suggestion / Ausstrahlung / Charisma

Die vom Mondberg angezeigten Fähigkeiten ermöglichen es uns, mit der Aussenwelt mitzuschwingen und uns auf ihren Rhythmus einzulassen. Dies zeigt sich besonders dann, wenn sich in einer elastisch-dynamischen Hand eine Ausbuchtung befindet («kreative Kurve»).

Nehmen wir als Beispiel einen Discjockey: Er wird durch seine Plattenwahl die Stimmung im Lokal beeinflussen, gleichzeitig aber selber von der Stimmung seiner Zuhörer getragen und inspiriert. Sänger und Redner arbeiten unter ganz ähnlichen Bedingungen: Sie müssen psychisch präsent sein und während des Singens oder Redens den Kontakt zu ihrem Publikum aufrechterhalten können, die Stimmung aufnehmen können und sie gleichzeitig beeinflussen.

Der Zeitgeist
Das *schwebende Bewusstsein* bezieht sich auch auf den Zeitgeist. Ist der Mondberg auf die beschriebene Art spezifisch entwickelt, wird ein solcher Mensch eine Nase, einen Riecher dafür haben, was zur Zeit aktuell ist, was «in» ist (oder was demnächst «in» sein wird). Popmusiker sind ebenso typische Vertreter dieses Prinzips wie Erfinder *(vgl. Kapitel «Die Form der Handkante»)* und Geschäftsleute, die vom Zeitgeist, vom aktuellen Trend leben (Menschen der Modebranche, Verleger etc).

Häufige Linien
Die folgenden Linien sind ziemlich weit verbreitet und betreffen die Themen des Oberen Mondbergs:

- *Kurvenförmige Kopflinie:* Flexibilität in seinen Tätigkeiten.
- *Klare Merkurlinie:* praktisches Anpassungsvermögen; robustes Nervensystem.
- *Schräge Linien (Guruachse):* Hang zur Verehrung anderer.
- *Kurvenförmige aufwärtssteigende Linie:* sich von andern mitreissen lassen.
- *Abschnitte der Uranuslinie (Variante der Merkurlinie):* Erfindertum, Kontakt zum Zeitgeist.

Sperrungen im Oberen Mondberg

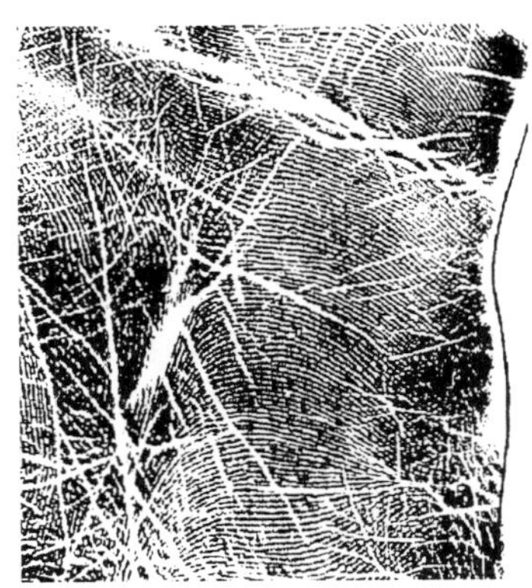

Die häufigste Sperrung wird durch eine losgelöste Kopflinie gebildet; sie befindet sich etwa 5–8 mm unterhalb der normalen Kopflinie und verläuft meistens parallel zu dieser. Die Sperrung trennt zwei Bereiche voneinander ab – sie hat «Deckelfunktion» und symbolisiert generell das Thema zuviel/zuwenig *(siehe Abbildung rechts).*

Der Mondberg ist der Wirkraum von Merkur; Handwerker und Kellner sind charakteristische Typen dieses Bereichs. Bei einer Sperrung findet man hier Menschen, die in bezug auf ihre Arbeit oft ein einseitiges Verhalten zeigen, das zur Manie ausarten kann: Da die Energie auf die Arbeit fixiert ist – und nicht schwebend und offen ist –, können andere Dinge des Alltagsgeschehens unbemerkt bleiben.

Man bemerkt etwa nicht, dass der kleine Sohn ohne Jacke im Schnee draussen spielt oder dass im Radio gerade wunderschöne Musik zu hören ist. Die Erlebniswelt ist abgespaltet – man weiss nicht mehr, was einem Freude macht und was einem guttut.

Die sichtbaren und physiologischen Symptome bei dieser Konstellation sind je nach Handtypus und Charakter der übrigen Linien verschieden, doch immer erscheint die Persönlichkeit auf einer bestimmten Ebene unangepasst:

– *Hektische Aktivität:* Der Betreffende arbeitet zuviel; das kann beispielsweise soweit gehen, dass er andere mit seiner Putzwut aus ihrem Territorium verdrängt. Sein Gefühl der Existenzberechtigung ist mit der Menge seiner Aktivität verknüpft.

– *Unverdaute Erlebnisse häufen sich an:* Da gewisse Erlebnisse nicht bewusst wahrgenommen werden, werden sie auch nicht verdaut. Dies kann unter Umständen zu gewaltsamen emotionalen Entladungen führen oder zum ewigen Repetieren alter Frustrationen.

– *Unsensibilität anderen gegenüber:* In den Augen anderer sind Menschen mit Sperrungen des Oberen Mondbergs häufig Spielverderber und Langweiler – sie machen nicht mit und nehmen nicht an spontan entstandenen Aktivitäten teil (beispielsweise dem Witzeerzählen).

– *Blockierung künstlerischer Talente:* Die Lernfähigkeit ist – wie bei allen Sperrungen – auch bei der Sperrung des Oberen Mondbergs einseitig und spezialisiert. Da solche Menschen auf greifbare Resultate zielen, schrecken sie vor psychischen Lernprozessen zurück und lassen vor allem ihre musischen Talente verkümmern.

Therapeutische Vorschläge

Wichtig bei Sperrungen des Oberen Mondbergs ist, sich auch für musische Aktivitäten Zeit zu lassen und je nach Talent entweder Gedichte zu schreiben, zu malen, Musik zu spielen oder zu tanzen. Meistens müssen zuerst verschiedene Dinge ausprobiert werden, bevor man sein eigenes Talentgebiet findet. Das Problem in diesen Fällen ist ja meistens, dass man gar nicht weiss, wozu man eigentlich Lust hat. Das Führen eines Tagebuches kann hier oft helfen, die eigenen Erfahrungen bewusst zu machen und zu verdauen.

Es kommt jedoch erfahrungsgemäss eher selten vor, dass Menschen mit Sperrungen des Oberen Mondbergs vor dem 28. Altersjahr offen für derartige Tätigkeiten sind; später allerdings, zwischen dem 28. und 33. Altersjahr, ändert sich dies und man kann hier oftmals eine geradezu verblüffende Wandlung der Persönlichkeit beobachten. Allerdings ist es nicht immer der Fall, dass solche Wandlungen sich in positiver Form auswirken, die Struktur kann auch zementiert werden.

Positive Wandlung: Der «Deckel» wird abgehoben, der Mensch entdeckt das bisher zugedeckte Potential – er wird spontaner und für andere interessanter.

Negative Wandlung: Der «Deckel» wird noch fester zugeschraubt. Die Wandlung wird in der Projektion erlebt (der Partner wandelt sich und löst die Partnerschaft auf; der Körper «wandelt» sich in Form eines Unterleibskrebses) – der Mensch wird hart und verbittert.

Varianten dieser Sperrung zeigen sich in Form von kleinen, dünnen Linien an der Handkante. Sie treten auf und verschwinden wieder, je nach Lebenssituation, und sind somit Anzeichen für das alltägliche Befinden: Die momentane Atmosphäre ist getrübt. Auf physiologischer Ebene zeigt sich das in Form einer «getrübten» Lymphe (eines der Reinigungssysteme im Körper).

Die Linien

Die Papillarleisten und die Linien bilden zwei verschiedene Netzwerke, sie sind wie Hintergrund und Vordergrund einer Landschaft. Sie werden in der Embryonalentwicklung mehr oder weniger gleichzeitig gebildet; die Lebenslinie ist die zuerst erkennbare Linie, danach entstehen Herz- und Kopflinie. – Für die medizinisch interessierten Leser ein Zitat aus der *Hautleistenfibel* von Rodewald und Zankl:[2)]

Entstehung der Beugefurchen
Die Beugefurchen werden zwischen dem zweiten und dritten Embryonalmonat gebildet und vervollständigen sich bis zum sechsten Monat. Für die Beugefalten und Papillarleisten gibt es ontogenetisch gemeinsame, parallelwirkende Anlagen, die später eine Transversalstellung der Falten und Leisten proximal von den Ballen hervorrufen und diese vom Handteller abgrenzen. Die Daumenfurche ist schon bei einem Embryo von 27 mm SSL vorhanden, die Dreifingerfurche und die Fünffingerfurche sind erst an einem Embryo von 40 mm SSL nachweisbar. Die Handfurchen treten nicht alle gleichzeitig auf, und sie werden nicht in einem Stück gebildet. Sie setzen sich vielmehr aus mehreren Segmenten zusammen, die allmählich verwachsen. Die Fünffingerfurche entsteht aus zwei, die Dreifingerfurche aus drei Segmenten. Ein Teil der pathologischen Handfurchen (wie beispielsweise das Auftreten einer typischen Vierfingerfurche) kommt wahrscheinlich als Folge von Störungen bei der Verschmelzung der radialen und ulnaren Segmente mit dem mittleren Teil zustande.

Die Mediziner nennen die chiromantischen Linien «Beugefurchen» oder «Beugefalten», eine Überlieferung aus der Zeit, als man glaubte, die Linien entstünden durch die Handbewegungen.

Daumenfurche =	Lebenslinie
Dreifingerfurche =	Herzlinie
Vierfingerfurche =	Simianlinie (Mongolfurche)
Fünffingerfurche =	Kopflinie

Chiromantisches zu den Linien

Die Linien geben Auskunft über Prozesse und Interaktionen zwischen Körper, Seele und Geist. Sie reflektieren die Beschaffenheit des Nervensystems und die Impulse, die vom Rückenmark und Gehirn durch das Nervensystem geschickt werden. Sie sind wie Spalten in der Haut, durch welche sonst unsichtbare Prozesse sichtbar werden.

Der Gesundheitszustand, seelische Regungen, geistige Impulse und biographische Muster zeigen sich im Linienbild, das im Laufe des Lebens Veränderungen erfährt. Beschaffenheit und Anzahl der Linien sind weitgehend durch Naturell und Typus bedingt.

Linienreiche und linienarme Hände

Die Anzahl der Linien sagt nichts aus über die Anzahl der Ereignisse im Leben eines Menschen. Robuste Pioniere und Abenteurer werden beispielsweise trotz vieler und intensiver Ereignisse in ihrem Leben nur ganz wenige Linien haben, stille Typen mit einem hektischen Innenleben dagegen wahrscheinlich viele.

Die Anzahl der Linien wird hauptsächlich mit dem Differenzierungsgrad des Nervensystems in Verbindung gebracht. Jede Linie ist wie eine Antenne zur äusseren und inneren Welt.

Linienarme Hände

Wenige Linien zeugen von Ruhe, «coolness» und Einfachheit: Hier lässt sich der Mensch nicht ohne weiteres ablenken; sobald ein Ziel oder eine Aufgabe definiert ist, werden die Energien konzentriert eingesetzt.

Negativ: Einspurigkeit, Insensibilität, Sturheit, Phantasielosigkeit.

Linienreiche Hände

Menschen mit vielen Linien haben «die Nerven ausserhalb der Haut»; sie können sich kaum von der Umwelt abschirmen. Oft haben Sie Mühe, sich zu konzentrieren, besitzen andererseits aber ein Gefühl für Nuancen und alternative Anschauungen. Die besondere Sensitivität öffnet sie den subtilsten Schwingungen.

Negativ: Nervosität, Hektik, Verwirrung, Inkonsequenz.

Unter den vier Elementen drücken sich Luft und Wasser, die Kommunikationsträger, durch Linienreichtum aus, die zwei «Arbeitselemente» Feuer und Erde durch einfache Linienbilder.

Beschaffenheit der Linien

Die Linien variieren in Breite, Tiefe und Schärfe. Ungeachtet des Elementes ist es jedoch von Vorteil, wenn sie klar und scharf gezeichnet sind. Klarheit in den Linien zeugt von einem klaren Geist und einem gut funktionierenden Körper.

«Wattige» Linien zeugen von geschwächter Vitalität und Konzentrationsfähigkeit und stehen in der Regel mit Krankheit oder mangelhafter Ernährung in Verbindung. Der Gemütszustand wird entsprechend labil und depressiv sein. Nach angemessener Behandlung wird sich das Linienbild gekräftigt haben.

Tiefe, scharfe Linien weisen – im Guten wie im Schlechten – auf einen kraftvollen, intensiven Charakter.

Breite Linien deuten auf einen passiv vegetierenden Menschen.

Dünne Linien finden sich bei sensiblen, sensitiven Menschen, welche die subtilsten Schwingungen registrieren.

Oberflächliche Linien deuten auf einen unmotivierten Charakter, der sich weder gedanklich noch gefühlsmässig oder arbeitsmässig engagieren wird. Dieser Mensch wird sich kaum über den Durchschnitt hinausheben.

Kleine Faustregel

Wenige, kräftige Linien finden sich typischerweise beim praktisch Arbeitenden. Viele, dünne, scharf gezeichnete Linien charakterisieren den geistig Arbeitenden.

Veränderungen der Linien

Die Linien verändern sich. Jeder kann sich davon überzeugen, indem er über ein paar Jahre hinweg regelmässig Abdrücke macht. Bei Kindern und Jugendlichen verändern sie sich schnell, mit zunehmendem Alter wesentlich langsamer, es sei denn, man werde krank oder ändere plötzlich und entschieden seinen Lebensstil und seine Wertanschauungen.

Veränderungen des Innenlebens werden also durch eine Veränderung der Linien erkennbar; diese erfolgt durch die geistig-seelisch impulsbedingten Funktionen des Nervensystems.

Veränderungen während der Embryonalentwicklung

Schon unmittelbar nach ihrer Entstehung im Embryonalstadium können sich die Linien durch Einflüsse der Mutter verändern. In der medizinischen Forschung ist man nichtchromosomenbedingten Krankheiten auf die Spur gekommen, die sich im Linien- und im Papillarmuster zeigen.

In der *Hautleistenfibel*[2)] werden unter anderem Alkoholismus und Röteln als auslösende Faktoren dafür angeführt, dass beim Kind Herz- und Kopflinie wie auch die Papillarstruktur anormale Formen annehmen (Simian, teilweise fehlende Kopflinie, abgesackte Herzlinie mit einem «Knick» in Richtung Saturn).

Verschiedene Ursachen für Veränderungen

Man kann nie mit Sicherheit wissen, ob Schäden im Linienbild durch Impulse aus Gehirn und Rückenmark oder durch Veränderungen im Nervensystem selbst entstehen. Das Fernsehgerät mag hier als Vergleich dienen: Bei Störungen auf dem Bildschirm können wir nicht immer wissen, ob die Ursache beim Sender (Gehirn/Rückenmark) oder beim Empfänger (Nervensystem) liegt. In der symbolischen Deutung jedoch spielt die «objektive Ursache» der Veränderung keine Rolle.

Im folgenden werden nun diesbezüglich ein paar drastische Beispiele gezeigt:

Kinderlähmung

Diese Hände *(siehe Abbildungen nächste Seite)* gehören einem Mann, der mit 31 Jahren an Kinderlähmung erkrankte. Die rechte Hand ist gelähmt

Linke Hand

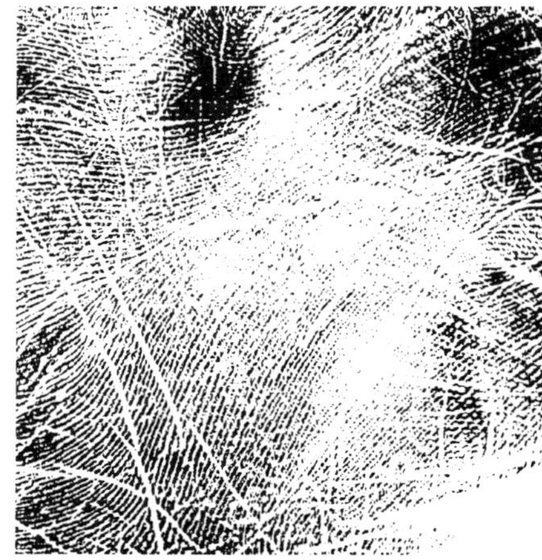

Rechte Hand

und kraftlos. Die primären Linien sind gänzlich verschwunden, geblieben sind lediglich zwei Merkurlinien als Zeichen dafür, dass die vegetativen Nervenfunktionen noch intakt sind.

Hier ist das Nervensystem angegriffen (Polio-Virus); dies ist die direkte Ursache der Linienveränderung. Zum Vergleich bilden wir auch die linke Hand mit ihrem lebhaften Linienbild ab.

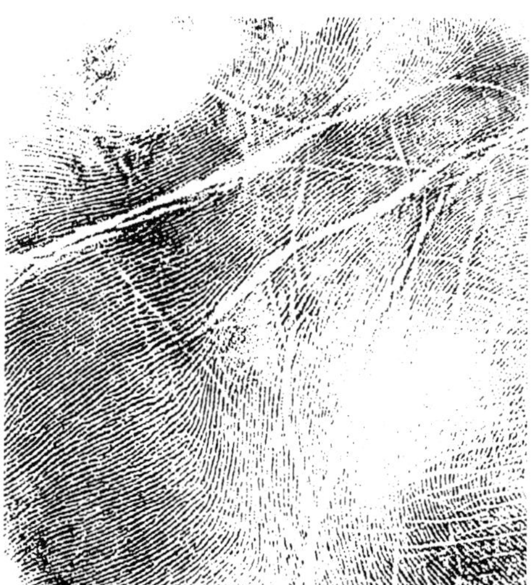

Abdruck August 1974

Unfall mit nachfolgender Operation

Diese Hände *(siehe Abbildungen links und nächste Seite)* gehören einem Mann, der bei einem Unfall beinahe seine rechte Hand verloren hätte. Während einer langen Operation gelang es den Chirurgen, Adern, Sehnen und mehrere Nerven wieder miteinander zu verbinden.

Man beachte die Einfachheit des ursprünglichen Linienbildes *(siehe Abbildung links)*! Die Hand ist robust, die Linien weisen auf Derbheit hin. Nach dem Unfall ist das Linienbild stark verändert *(siehe Abbildung rechts),* man kann kaum glauben, dass es sich um die gleiche Hand handelt. Nur die Papillarleisten und Fingerabdrücke sind noch dieselben. Jetzt gibt es kreuz und quer durch die Handfläche eine Unmenge dünner Linien – auffällig ist dabei die Operationsnarbe! Narben hinterlassen immer deutliche Spuren, hier sieht man die Schneidelinie und eine Zusammenziehung der Papillarleisten. Es ist unmöglich, Narben mit echten Linien zu verwechseln.

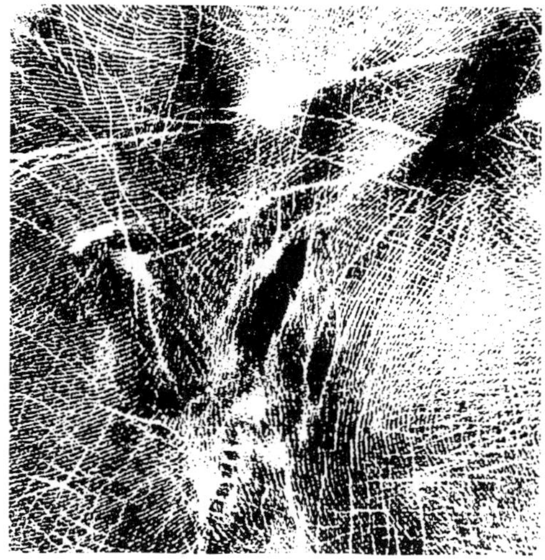

Abdruck Februar 1983 (Unfall November 1982)

Der spätere Abdruck zeigt, dass sich das Linienbild langsam stabilisiert hat *(siehe Abbildung rechts),* doch es wird nie wieder so werden, wie es ursprünglich war. Das Nervensystem hatte einen gewaltigen Schock erlitten, und viele Nerven wurden durchgetrennt. Im Laufe der Jahre hat sich der Mann seine Kraft und Beweglichkeit «zurückerobert», doch die Sensibilität der Fingerspitzen ist verlorengegangen: Er kann nicht mehr zwischen Schlüsseln, Zündhölzern und andern Gegenständen in seiner Hosentasche unterscheiden.

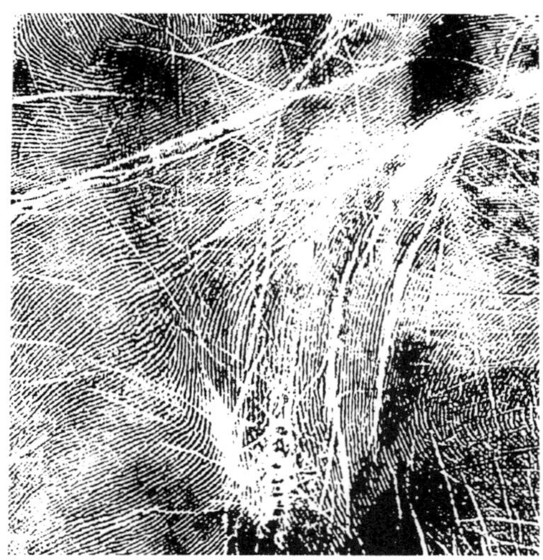

Abdruck 1989

Elektroschock

Ich hatte die Gelegenheit, Hände kurz nach einer Elektroschockbehandlung zu untersuchen. Ich war erschüttert, aber nicht erstaunt: Von den grossen Linien gingen in alle Richtungen haardünne, feine Linien aus.

Die Handflächen erschienen mir wie brüchiger Lack oder brüchiges Porzellan. Bei Elektroschock (Merkur/Uranus) wird unter Betäubung schwacher Strom durch das Gehirn geleitet; der Körper reagiert mit Krämpfen und partiellem Gedächtnisschwund. Das Nervensystem überträgt den Effekt auf die Handfläche – die Linien verändern sich.

Krankheit, Entzündungen, Vitamin- und Mineralmangel

Während Schwächeperioden können die Linien am Rande «wattig» und unklar werden, beinahe so, als wollten sie sich auflösen: Missmut, Verwirrung, Unsicherheit und Selbstvertrauensverlust machen sich bemerkbar – es entsteht eine unheilvolle Wechselwirkung zwischen Körper und Psyche.

Der Handleser sollte in diesem Fall auf eine bewusste, sorgsam ausgewogene und disziplinierte Lebensführung und Ernährung hinweisen, unter Umständen sogar einen Besuch beim Arzt anraten, denn einem Menschen in derartigem Zustand ist mit einer blossen Handanalyse nicht geholfen.

Hierzu erzählt Louise ein Beispiel: *Vor ein paar Jahren kam ein junger Pfarrer in die Beratung. Er gab an, über philosophische und religiöse Themen sowie über sein Verhältnis zur Kirche sprechen zu wollen; doch als ich sein Linienbild sah, wurde mir klar, dass er andere, akutere Probleme hatte. Seine Linien waren unklar, wattig und müde. «Du bist ja krank», sagte ich, «solange deine Linien so unklar sind, ist auch dein Geist unklar, und du bist wahrscheinlich nicht imstande, philosophische Gedankengänge durchzuführen oder wichtige Entschlüsse zu fassen. Es scheint viel dringender zu sein, dich mit dem Alltag und der Gesundheit zu beschäftigen.»*

Es stellte sich heraus, dass er sich in einer Ehekrise befand, monatelang zu wenig geschlafen und sich in Wirtshäusern herumgetrieben hatte. Ich empfahl ihm eine Fastenkur und machte ihn darauf aufmerksam, dass er wahrscheinlich unter Kalziummangel litt (er hatte keine Struktur und keine klare Zielsetzung; astrologisch gesehen hatte er «Saturnmangel»: Saturn hat Bezug zum Kalzium.) Drei Monate später kam er – nach einer Fastenkur – zurück: Sein Linienbild hatte sich wesentlich verbessert; sein Gesichtsausdruck übrigens auch. – Er hatte seine Stellung bei der Kirche gekündigt!

Eine natürliche Veränderung

Hier ist zweimal die gleiche Hand im Abstand von dreieinhalb Jahren abgebildet *(siehe Abbildungen nächste Seite)*. Als 17jähriger hatte dieser junge Mann mehrere Jahre lang sehr ungesund gelebt und unter anderem ziemlich viel Haschisch geraucht. Das Linienbild wirkt ausgesprochen unruhig, wirr und überladen. Besonders die Kopflinie weist Störungen auf (Inselbildungen und Auflösungstendenzen).

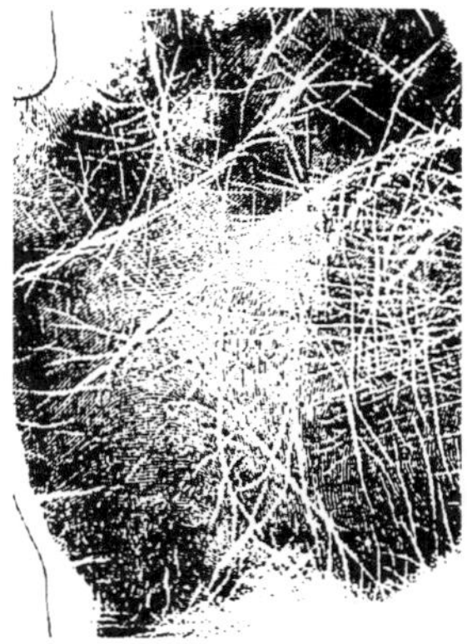

Abdruck mit 17 Jahren

Abdruck mit 20½ Jahren

Dreieinhalb Jahre später – mit 20½ Jahren – ist eine wesentliche Verbesserung erkennbar: Das Linienbild ist ruhiger und klarer, viele Störungen und hemmende Kleinlinien sind verschwunden.

Hier ist ganz allgemein hinzuzufügen, dass die Hände eines pubertierenden jungen Menschen in ihrem Linienbild sehr oft problematisch, das heisst unklar, desorientiert, diffus bis chaotisch wirken – ganz entsprechend dem Persönlichkeitsbild des Pubertierenden selbst. Es ist dies eine seelisch-geistig entwicklungsbedingte Erscheinung, die jedoch im Verlaufe der nachfolgenden paar Jahre in der Regel eine positive Veränderung erfährt.

Persönliche Verantwortung für die Linienentwicklung

Anlässlich eines Vortrags bei der «Chirological Society» in London wurde vor einigen Jahren eine interessante «case history» gezeigt. Sie macht deutlich, wie man die eigenen Linien verwandeln kann, wenn man will – und den Mut dazu hat! Es handelte sich dabei um einen Mann Mitte Zwanzig mit einer perfekten Simian («Mongolfurche») – eine typische Saturn/Mond/Pluto-Signatur *(vgl. Kapitel «Die Simian»).*

Während einer Periode von etwa drei Jahren arbeitete er durch Meditation, Therapie und bewusst gesunde Ernährung intensiv an sich selbst. Im Laufe dieser Arbeit öffnete sich die Simian ein bisschen in der Mitte (dort, wo die typische Verschmelzungsstelle liegt), und nach den drei Jahren hatten sich kleine Herz- und Kopflinienzweige gebildet. Bis damals hielt ich eine solche Veränderung noch für unmöglich und war daher tief beeindruckt.

Seither bin ich zur Überzeugung gelangt, dass es offenbar keine Grenzen dafür gibt, wie weit sich ein Linienbild verwandeln kann; nicht nur infolge von Krankheiten und Unfällen, sondern eben auch durch persönlichen Einsatz.

Meine ersten Handlesebücher liessen für solch freie Betrachtungsweise keinen Raum, dort wurden die Zeichen als unveränderliche Schicksalssignaturen gedeutet. Wenn man überhaupt eine Wahl hatte, so bestand diese lediglich darin, sich zu freuen oder sich zu grämen.

Als ich 1972 am jährlichen Kongress der SSPP zum ersten Mal Miss Hutchinson begegnete, bemerkte sie nach einem kurzen Blick in meine Hände: «Wenn Sie nächstes Jahr wiederkommen, möchte ich diese Linien nicht mehr sehen.» Sie bezog sich damit auf einige wirre, halb aufgelöste Merkur/Neptun-Linien: ein klassisches Zeichen für ungesunde und unregelmässige Lebensführung. Ich schämte mich, dass mein etwas chaotisches Leben Ende der sechziger Jahre so deutliche Spuren hinterlassen hatte. Seither sind die meisten dieser Linien «gesäubert»; doch es nahm mehrere Jahre in Anspruch, und ich war bei weitem nicht so energisch und konsequent wie der oben erwähnte Mann – aber eben gerade dieses absolute, kompromisslose Verhalten ist ein besonderes Wesensmerkmal des simianbetonten Menschen.

Sollte man also in den Händen Zeichen finden, vor deren Bedeutung man sich fürchtet, dann hat man die Chance, aus eigener Kraft eine Verwandlung herbeizuführen. Diese Zeichen sind natürlich nicht grundlos oder zufällig da; sie zeugen von Prüfungen und Hindernissen in der persönlichen Entwicklung, wobei die Kräfte – seien es die geistigen, seelischen oder physischen – gerade an diesen Widerständen wachsen. Die eigene Wahl entscheidet, ob man diese Herausforderung zur Entwicklung und Verwandlung annehmen will. Im Verlaufe eines solchen Entwicklungsprozesses werden sich einige Linienkombinationen verändern – oder sie werden verschwinden. Andere verändern sich vielleicht nicht; doch geht es hier auch darum, ein gegebenes Potential zu verwalten: Kräfte, die beim unreifen und unbewussten Menschen destruktiv wirken mögen und erst durch einen Wiederholungs- und Bewusstwerdungsprozess integriert und in bewusste Erfahrungswerte und Stärke verwandelt werden können.

Angst, Gewohnheit und Bequemlichkeit zu überwinden ist nicht einfach. Einzusehen, dass heilige Kühe und übernommene Wahrheiten sich als Lebenslügen und Illusionen entpuppen können, und daraufhin folgerichtig zu handeln, erfordert Mut und Entschlossenheit. – Sein Linienbild zu verwandeln heisst: *sich selbst verwandeln!*

Die klassischen Schicksalsdeutungen sind also in einem gewissen Umfang korrekt, besonders die sehr spezifischen Deutungen der winzigen Zeichen. Und solange diese Zeichen stabil sind, mag ihre Deutung auch «funktionieren»; doch diese Zeichen können sich verändern – und hier mögen dann Warnungen und Vorschläge des Handlesers eine Hilfe sein.

Die alten Regeln gehören in eine Zeit, als der Mensch noch ein Produkt der Tradition, ein Produkt seiner Gesellschaftsschicht und ihrer Normen war. – Das hat sich in der Zwischenzeit geändert: *Bewusstwerdung* als Weg zur Selbstfindung; *Bewusstsein* als Schlüssel zur Freiheit

Dogmatische Deutungen / Schicksalsdeutung

In der alten chiromantischen Literatur werden die Linien und Zeichen wie nach einem Fahrplan gedeutet. Einer der deutschsprachigen Klassiker liefert zum Beispiel detaillierte Deutungen für Kleinlinien an den einzelnen Fingergliedern, als ob diese Muster von der Geburt bis zum Tode unwiderruflich festgelegt wären. Allen, auch den mikroskopisch kleinen Zeichen, werden Bedeutungen zugeschrieben. – Entsprechende Detaildeutungen gibt es auch in der indischen Tradition; doch klugerweise betonen die Inder auch, dass der Handleser in seiner Voraussage nicht über die nächstfolgenden sieben Jahre hinausgehen sollte.

Eine indische Regel könnte bezeichnenderweise etwa so lauten: «Eine Linie von der Lebenslinie in den Saturnberg bedeutet Lebensgefahr durch vierbeiniges Tier.» Oder: «Ein Kreis auf dem untersten Ringfingerglied besagt, dass man Minister wird.» – Wenn man die Gelegenheit hatte, die Fluktuationen und Veränderungen der Linien zu beobachten, wird man sich einer solchen Deutungspraxis gegenüber recht skeptisch verhalten.

Des weitern darf bei der Schicksalsdeutung ein wesentlicher Aspekt nicht ausser acht gelassen werden: nämlich der genaue Zeitpunkt im Leben des Klienten, in welchem die Deutung durch den Chiromanten stattfindet. Diese Zeitqualität des Augenblicks – diese *Zeitdimension* – fehlt zum Beispiel einer Computerdeutung, wie sie bei Horoskopen versucht wird. – Eine umfassende, profunde Deutung ist demzufolge ohne Miteinbezug der erwähnten Zeitdimension nur in beschränktem Umfang möglich.

Die Zeit als Dimension spielt eine ungeheure Rolle bei jeder Schicksalsdeutung, und ein Zeichendeuter wird immer die Qualität des Augenblicks als Omen in seine Arbeit miteinbeziehen.

Längs- und Querlinien

Längs- und Querlinien unterscheiden sich in grundlegender Weise voneinander. Dies gilt sowohl für gerade Linien als auch für Linien, die in ihrem Verlauf ihre Richtung ändern.

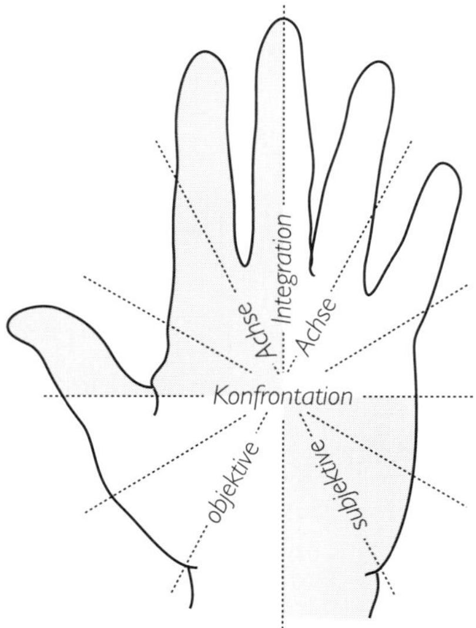

Querlinien

Die querliegenden Linien haben keinen guten Ruf, da sie von Hindernissen und Problemen zeugen; im positiven Sinne sind sie jedoch ausgesprochen entwicklungsfördernd. Dort, wo es eine Querlinie gibt, ist ein Zwang angezeigt, der uns dazu treibt, unsere Fähigkeiten zu entwickeln. Stärke wird nur durch Widerstand (Saturn) und Übung (Mars) erlangt. Keine grosse menschliche Leistung wurde je durch Bequemlichkeit vollbracht; kein Weltrekord wurde je im Lehnstuhl aufgestellt!

Doch es ist menschlich, seine Situation zu verfluchen, wenn man mitten in seinen Problemen steckt. Später wird man zurückblicken und begreifen, dass gerade die Schwierigkeiten einen weitergebracht oder gar zu einem Sieg geführt haben. Der Weise verflucht sein Schicksal nicht, lässt sich auch nicht von seinen Triumphen blenden; doch wir gewöhnlichen Menschen sind wie Spielbälle, die zwischen Jubel und Leid hin und her geworfen werden.

Es ist erstaunlich und doch sehr zutreffend, dass jene beiden Linien, die für die Entwicklung persönlicher Fähigkeiten und für die Erkenntnisprozesse entscheidend sind – die *Kopf-* und die *Herzlinie* –, beide zu den Querlinien zählen.

In ihrer Bedeutung ist eine Querlinie eng mit der Qualität jenes Bereichs verknüpft, in dem sie sich befindet – *Tagesbogen/Nachtbogen, die drei Welten, die sieben Chakren, Ich-Seite/Du-Seite* – wie auch mit der Qualität der Linien, zu welchen sie in Verbindung steht.

Längslinien

Die Längslinien sind wie Wege – an sich sind sie nicht aktiv. Ein Weg muss betreten werden, um Bedeutung zu erlangen; eine Längslinie liegt wie ein offenes Flussbett in der Hand. (Längs- und Querlinien können mit den Trigonen und Quadraten in der astrologischen Aspektlehre verglichen werden. Auch die Trigone symbolisieren *schlummernde* Talente, es sei denn, diese werden von Spannungsaspekten *geweckt* und zur Entfaltung gedrängt.)

Die Längslinien schaffen eine Verbindung zwischen *unten* und *oben:* Unten sind sie verankert und «schöpfen Nahrung», oben peilen sie ein Ziel an. Die primären Längslinien der Hand sind *Schicksalslinie, Sonnenlinie* und *Merkurlinie.* Ist eine Längslinie klar gezeichnet, wird, wenn die Zeit reif ist, die Bahn frei und das Ziel in Sicht sein. Ist sie hingegen unklar, schwankend oder durch Inselformationen gehemmt – oder ganz einfach abwesend –, ist die Bahn eben nicht frei und das Ziel ausser Sichtweite.

In der traditionellen chiromantischen Literatur werden die Längslinien normalerweise als aktiv gedeutet – «man erbringt eine besondere Leistung» –, doch sind wir der Meinung, dass bei solchen Leistungen immer eine Querlinie mit im Spiel sein muss. Wir definieren die Längslinien als «offene Wege und Möglichkeiten».

Die Bedeutung einer Längslinie ist eng mit ihrer Richtungslage, ihrer Lokalisierung und ihrem Anfangs- und Endpunkt verknüpft.

Gerade und kurvenförmige Linien

Bei der chiromantischen Betrachtung der Hand müssen wir immer zwischen *männlich* und *weiblich* unterscheiden – auch bei den Linien. *Gerade Linien* sind männlich, *kurvenförmige Linien* sind weiblich.

Stichworte zu den Querlinien (Ich/Du-Dynamik)
Männlich: Konzentration des Willens, Anspannung, Einspurigkeit.
Weiblich: Offenheit, Einmütigkeit, Fügsamkeit.

Stichworte zu den Längslinien (Bedingungen und Zielvorstellungen)
Männlich: Zielstrebigkeit, Zwang.
Weiblich: Lebensweg, von Umständen und Stimmungen bestimmt.

Querlinien

Die gerade (männliche) Querlinie
Wie schon erwähnt, fordern die querliegenden Linien Aktivität und Bewusstwerdung. Generell gilt: Die geraden Querlinien – besonders die waagrechten, die ja zum Urkreuz gehören – verraten einen Drang oder Zwang, sich selbst, eine Situation oder eine Aufgabe zu bezwingen: Dies kann ein Lebensthema sein!

Gerade Querlinien im *Kopflinienraum* charakterisieren oftmals eine verkrampfte, (selbst-) unterdrückerische Natur, die keine Entspannung erlaubt; in krankhaften Fällen auch Paranoia und Hingabeangst. Es leuchtet ein, dass diese waagrechten geraden Querlinien mit einer ausserordentlichen Leistungsfähigkeit zusammenhängen; doch die damit verbundene Anspannung führt andererseits auch oftmals zu psychisch-physischen Verspannungen und Blockierungen. Des weitern sind durch diese Linien häufig auch Macht- und Konkurrenzkämpfe angezeigt.

Fällt die gerade Querlinie schräg nach unten, ohne dabei den Kopflinienraum zu verlassen, lösen sich die Verkrampfungszustände – bei ungeminderter Leistungskapazität. Steigt sie schräg an, deutet sie auf weltliches Geltungsstreben – traditionell bezieht man sich hierbei auf die Öffentlichkeit.

Gerade Querlinien *im Herzlinienraum* zeugen von intensiver mentaler Aktivität, von einem analytischen, differenzierten Denken (Problemlösung auf abstrakter Ebene) oder von einem sprunghaftem Denken, das

Verbindungen zwischen vielen verschiedenen Themen herzustellen vermag (assoziatives Denken).

Waagrechte gerade Querlinien *zwischen Kopf- und Herzlinie* gehören zum Sperrungsthema (Simian-Qualität). Solche Linien haben saturnisch-zwingenden Charakter und deuten oft auf eine Tendenz, an festgefahrene, sture und einschränkende Normen und Prinzipien fixiert zu bleiben, die man während der Kindheit «einprogrammiert» bekam. Die unmittelbare Gefühlskommunikation ist hier beeinträchtigt.

Im unteren Bereich haben die waagrechten geraden Querlinien irrationalen Charakter: Die Blockierungstendenz der geraden Querlinie führt hier oft zu gestauten unbewältigten Ängsten und entsprechend zu gelegentlichen plötzlichen Entladungen – entweder als eine inflationäre Einwirkung aus dem Unbewussten (erdrückende Angst- oder Wahnzustände, vehemente Gefühls- und Triebentladungen etc.) oder als hemmungsloses Benehmen (beispielsweise bei Trunkenheit).

Diese Linien deuten auf Probleme mit tiefenpsychologischen Ursachen, die in der vorgeburtlichen Zeit und in den ersten Lebensjahren wurzeln.

Die kurvenförmige (weibliche) Querlinie

Im Herzlinienraum sehen die kurvenförmigen Linien wie Girlanden aus, sie «hängen» schalenförmig unter den Fingern. In der Handfläche sehen sie normalerweise wie Bogen aus.

In der Ich/Du-Dynamik sind kurvenförmige Querlinien Impulsen und Stimmungen gegenüber immer offen; sie betrachten den Kompromiss als positives Lösungsmittel bei gegensätzlichen Ansichten und versuchen sich so von Konflikten und Konfrontationen fernzuhalten.

Zum weiblichen Prinzip gehören Empfänglichkeit und Anpassung, die aber im negativen Falle in Schlappheit und Sichgehenlassen ausarten können. Die Offenheit und die Flexibilität erzeugen oft eine gewisse Labilität in bezug auf Arbeitseinsatz und Lebensstil; ein disziplinierter, konsequenter, stabiler Partner (männliche Eigenschaften) wäre in diesem Falle eine gute Stütze. Andererseits begünstigen weibliche Signaturen Phantasie und Gefühle. Im Kopflinienraum und im Nachtbogen nehmen diese Linien oft den Charakter sekundärer Kopflinien an. Sie gehen in der Regel von der Lebenslinie aus und verlaufen zur eigentlichen Kopflinie parallel. Manchmal liegen sie auch «losgelöst» im Mondberg; sie gleichen dann einer Kopflinie, deren erstes Stück «überschwemmt» und deshalb unsichtbar ist.

Solche losgelösten Linien repräsentieren autonome Persönlichkeitsanteile, die sich in der Jugend durch Hobby-Aktivitäten integrieren lassen; sie können jedoch später einen höheren Stellenwert bekommen, so dass sie in die eigentliche Zielsetzung miteinbezogen werden. Bevor eine Integration stattgefunden hat (das heisst: solange man sich nicht aktiv und bewusst mit dem betreffenden Thema auseinandersetzt), sind diese autonomen Persönlichkeitsanteile meist eine Quelle hemmender Schuld- und Minderwertigkeitsgefühle, welche dann oftmals in projizierter Form ausgelebt werden (Bewunderung, Entrüstung, Anziehung, Abneigung). Andere Symptome einer abgespalteten Funktion können psychosomatischer Natur sein: Hormonstörungen, Depressionen, Angstzustände, Unfälle und Zwangsvorstellungen kommen vor.

Eine kurvenförmige Querlinie wird beinahe immer von einer höherliegenden geraden Querlinie – meistens von der Kopflinie oder einem waagrechten «Anhängsel» (Krampflinie) – kontrolliert. Die untere Linie wird dann verdrängt und verliert an Wichtigkeit. Diese Kombination bewirkt mit Sicherheit die oben erwähnten Projektionsmechanismen *(vgl. Kapitel «Der Obere Mondberg»)*. – Psychologisch gesehen lässt sich die Ursache dieser Probleme in der Regel im Verhältnis zur Mutter finden: Die Effizienz und Rationalität der geraden Linie ist auf Kosten der intimen Gefühlsbedürfnisse unterstützt und belohnt worden; die Phantasiewelt des Kleinkindes wurde von einer problemgeladenen Erwachsenenwelt verdrängt. Es galt, die Spielregeln zu kennen: fleissig und tüchtig zu sein. – Das Bewusstmachen und Auflösen dieser Frustrationsstauungen erfordert bewussten Einsatz; manchmal wird eine Therapie notwendig.

Alle diese Themen werden in den Kapiteln *«Die Lebenslinie: zwischen Mars- und Venusberg»*, *«Die Kopflinie»*, *«Die Sperrungen»* und *«Die Zeitmessung an der Lebenslinie»* erneut angeschnitten.

Längslinien

Die gerade Längslinie

Die einzelnen Längslinien sind selten problematisch, da sie an sich weder eine Herausforderung der Bewusstwerdung noch des Kampfgeistes symbolisieren. Vielmehr geben sie über Bedingungen und Wege, über Nahrungsquellen und Ziele Auskunft.

Eine Längslinie, die wie mit dem Lineal gezeichnet ist, ist überaus klar definiert: Ein Talent kann entwickelt, ein Weg eingeschlagen werden; das Ziel ist offensichtlich, die Aufgabe wird akzeptiert.

Die senkrechte, Saturn-dominierte Lebenslinie

Bei den Längslinien, die – ungeachtet der Richtung – als Varianten der Schicksalslinie aufgefasst werden können, ist es wesentlich festzustellen, ob die Lebenslinie in irgendeiner Weise «beschädigt» wird.

Fällt die Lebenslinie selbst senkrecht durch die Handfläche, anstatt einen Bogen zu beschreiben, beherrscht die senkrechte Achse (Saturn) die Hand. Die Lebensbedingungen sind dann schicksalhafter Natur. So dürfte zum Beispiel die Kindheit stark von Pflicht (statt Spiel) und Einsamkeit (statt Gemeinschaft) geprägt gewesen sein. Die erste Lebenshälfte ist von Pflicht und Einengung geprägt. Mit echter Vitalität oder eigentlicher Selbstentfaltung kann erst ab Mitte Dreissig gerechnet werden (besonders entscheidend ist hier das 44. Altersjahr). Der Familienhintergrund liegt wie ein Joch auf den Schultern. Eine wesentliche Aufgabe besteht also darin, sich von den familiären und kollektiven Normen zu lösen.

Entscheidungen in bezug auf Partner, Lebensstil und Ausbildung erfolgen halbherzig. Das Harachakra ist durch diese Kombination belastet; die Fähigkeit, sich an den eigenen, persönlichen Bedürfnissen zu orientieren, ist verlorengegangen und muss wiedergefunden werden.

Talentwege

Schräggestellte, gerade Längslinien (Apollo-, Merkur-, Schräglinien vom Mondberg, Linien auf der Lebenslinie oder freistehende Linien im oberen Handraum) deuten auf konkrete Möglichkeiten der Talententwicklung. Die eigentliche Arbeit wird nicht von den Längslinien, sondern den Querlinien angezeigt. Lange Längslinien gehen in der Regel mit einer Achsen-Dominanz einher.

Die Längslinie des Tagesbogen

Im Tagesbogen weisen die Längslinien auf mögliche Ziele. Ob die Substanz gegeben ist, um diese Ziele zu verwirklichen, hängt weitgehend vom Nachtbogen und dessen Signaturen ab. Befindet sich eine Längslinie ausschliesslich im Tagesbogen, können die entsprechenden Talente und Interessen in der zweiten Lebenshälfte, wenn die Existenz bereits gesichert ist, ihre Erfüllung finden.

Die kleinen, mehr oder weniger senkrechten Striche zwischen Herzlinie und Fingerbasis symbolisieren keine selbständigen Entwicklungswege, die zu einem Ziel führen, sondern zeugen vielmehr von einer Verfeinerung des entsprechenden Interessengebietes. In einer linienarmen Hand wird eine einzige, klar gezeichnete Kleinlinie auf einem der Fingerberge dessen Thematik betonen – er wird dominant. Ist zudem der entsprechende Finger stark, ist das Ziel klar angezeigt.

Zerstreuung der Talente und Aktivitäten

Viele Längslinien (vornehmlich im Raum zwischen Kopflinie und Fingerbasis) verraten eine Streuung in bezug auf Talente und mögliche Ziele. Gute Charakterstruktur und Konzentrationsfähigkeit sind hier erforderlich, damit etwas Handfestes aus dieser Mannigfaltigkeit entstehen kann: Eine regelmässige Handform, ein guter Merkur, ein kräftiger Daumen und eine klare Kopflinie wirken fördernd.

Bei zu vielen weiblichen Signaturen müssen diese zahlreichen Längslinien als Oberflächlichkeit und Sprunghaftigkeit, die sich in verschiedene Interessengebiete verzetteln, gedeutet werden und zu keinem Fortschritt führen.

Die kurvenförmige Längslinie

Wenn die Längslinie eine Kurve beschreibt, ist sie weniger zielbewusst. Die Vorstellung eines Ziels ist diffuser, sie ist eher zufällig gewählt (Fremdeinflüsse) und entspringt nicht einem klaren Wunsch. Am Nachtbogen lassen sich keine festgelegten Ziele ablesen, hier ist der Nährboden und sind die Voraussetzungen der Persönlichkeit. Der Nachtbogen umfasst den Kollektivraum:

Persönlich: die Familie und die einheimische Kultur.
Unpersönlich: Zeitströmungen und irrationale (kollektive) Impulse.

Alle Linien im unteren Handraum gehören mehr oder weniger zum Wurzelnetz. Man sollte hier nicht scharf zwischen den einzelnen Namen der Längslinien unterscheiden: Sie sind alle irgendwie Lebens- oder Schicksalslinien. Wesentlich jedoch ist ihre Lokalisierung. Die kurvenförmige Linie deutet auf einen Menschen, der sich «einhüllen» und «tragen» lässt und die Impulse der Umwelt in sich aufnimmt.

Wir unterscheiden zwischen drei Räumen: *Venusberg, Mondberg* und die dazwischenliegende *saturnische Zone.* Eine kurvenförmige Längslinie gehört entweder zum Venusberg oder zum Mondberg und wird somit entweder an die Familie (Gruppe) gebunden oder irrationalen Einflüssen gegenüber offen sein.

Die traditionelle Literatur bietet folgende Varianten zur Deutung der kurvenförmigen Schicksalslinie, die aus dem *Mondberg* kommt, an: «Eine Person des anderen Geschlechts kommt einem zu Hilfe.» – «Die Karriere ist von Gunst oder Ungunst des Publikums abhängig.» – «Der Betreffende weht wie ein Blatt im Winde.»

Von der kurvenförmigen Schicksalslinie, die aus der *Lebenslinie* kommt, heisst es: «Die Persönlichkeit wird von der Familie unterstützt.» – «Die Persönlichkeit wird ‹in Liebe› erdrückt.»

Die Zone zwischen Venus- und Mondberg gehört thematisch zur senkrechten Achse *(vgl. Kapitel «Die Lebenslinie: zwischen Mars- und Venusberg»).*

Steile und kurvenförmige Längslinien

Es kommt eigentlich selten vor, dass sich ausschliesslich *kurvenförmige* Längslinien im unteren Handraum befinden. Oft werden daneben auch steile Linien verlaufen – die von den Kurven symbolisierten Inhalte werden dann eher wie ein «Hobby» behandelt. Manchmal lebt der Partner diese Inhalte aus (Projektion), doch dann meistens in einer primitiven Form.

Eine klassische Kombination besteht aus einer steilen Lebenslinie, einer Gesellschaftslinie und einer kurvenförmigen oder schrägen Linie auf dem Mondberg. – Deutung: Eine schon in der Jugend entstandene unglückliche Liebe zum «freien Künstlerleben» wird durch den Partner erlebt, der das Künstlerisch-Unabhängige vertritt und das ganze Geld ausgibt.

Mit einer Kombination aus steiler Lebenslinie und Gesellschaftslinie wird man mit einem selbstauferlegten Versorgerthema konfrontiert, bei dem das Materiell-Notwendige dominiert *(vgl. Kapitel «Die Milieu- und Gruppenlinien»).*

Die Sperrungen

Sperrungen sind Linien oder Linienstücke, die mehr oder weniger waagrecht in der Handfläche liegen. Sperrungen treten in verschiedenen Höhen der Handfläche auf: auf dem Mondberg (Wurzelchakra), als Verlängerung der Kopflinie am Handrand (Solarplexus) oder als Verlängerung der Herzlinie unter dem Mittel- und/oder Zeigefinger (Herzchakra).

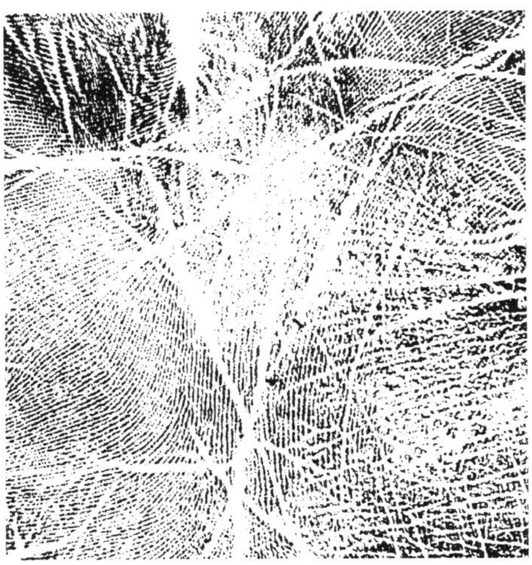

Man kann sich unschwer vorstellen, dass eine Sperrung einen bestimmten Bereich der Hand – und somit auch einen Teil der Persönlichkeit – isoliert, abspaltet und verdrängt.

Der Grad, das Ausmass und die Gefährlichkeit der Verdrängung hängen nicht nur von der Länge, der Tiefe und der «Sichtbarkeit» der entsprechenden Linie ab, sondern auch davon, wie weit der Handtypus und die anderen Linien auf die für eine konstruktive Konfliktbewältigung notwendigen Charakterwerte hindeuten. Vor allem zeugen lange und gut verwurzelte Lebenslinien von einer guten Basis, so dass man den Stürmen des Lebens dank innerer Sicherheit, Selbstvertrauen und Ruhe leichter begegnen kann.

Bei den Waagrechten wird unten von oben getrennt. In unserer Unterrichtssprache nennen wir sie «Deckel», weil sie eben wie Deckel wirken. Wenn man beispielsweise den Deckel eines Dampfkochtopfs zuschraubt und verhindert, dass der Dampf durch ein Ventil entweichen kann, wird der Druck unten steigen, bis der Topf explodiert. Je nachdem, wo die Sperrung liegt, gibt es auch beim Menschen Explosionen oder Überschwemmungen.

In der Sperrung konzentrieren sich die Kräfte in absoluten Forderungen und polarisierten Zuständen: Volldampf/Totalblockierung, entweder/oder, alles/nichts, immer/nimmer, gut/böse, Genie/Idiot etc.

Die waagrechten Linien betonen die Handlungsachse. Das Bewusstsein ist hier zielgerichtet und konzentriert sich auf Resultate, mit der Absicht, entweder einen erwünschten Zustand zu erreichen oder einen befürchteten Zustand abzuwehren. Im Prinzip können wir entweder einen Regentanz aufführen, damit es morgen regnen soll, oder aber einen, der die Dürre beenden soll. Es kann schwierig sein zu unterscheiden, wo die Kräfte aggressiv-draufgängerisch und wo defensiv-manipulierend eingesetzt werden.

Menschen mit gesperrten Händen sind immer anstrengend, sowohl für sich selbst wie für andere. Sie sind in mindestens einem Lebensbereich absolut, stur, einäugig, uneinsichtig und unnachgiebig und dazu noch zwiespältig und inkonsequent. Es gibt für sie Dinge, die indiskutabel sind. Interessant ist, dass sich in Partnerschaften die Sperrungen anziehen. Hat der eine eine Sperrung, wird der andere auch irgendwo eine haben.

In grösserem oder kleinerem Umfang werden wir alle, die wir uns mit Handlesen und ähnlichem befassen, in unseren Händen irgendwo eine Sperrung finden. Sperrungen zwingen uns weiterzugehen, mehr herauszufinden, klüger, einsichtiger und tüchtiger zu werden, kurzum: uns zu wandeln. Im Prinzip entsprechen die Sperrungen *Saturn-*, *Mars-* und *Plutospannungen* im Horoskop.

Die ausgeprägteste Form einer Sperrung stellt die *Simian* dar, bei der Kopf- und Herzlinie zu einer einzigen Linie verschmelzen *(vgl. Kapitel «Die Simian)*.

Die Lebenslinie: zwischen Mars- und Venusberg

Das Liebespaar

Innerhalb der Lebenslinie wohnen – bildlich gesprochen – Mann und Frau: *Mars* und *Venus*. Die Venus war zu römischer Zeit eine Garten- und Fruchtbarkeitsgöttin und die Beschützerin der weiblichen und männlichen Sexualität. Der *Venusberg* repräsentiert chiromantisch den *passiven* Aspekt der Sexualität: die Empfänglichkeit, die Sinnlichkeit, den Genuss und alles, was aus der Sexualität entsteht (Kinder). Der *Marsberg* (Aktiver Mars) repräsentiert den *aktiven* Aspekt der Sexualität; er ist der «Angreifer».

Volle, starke Muskeln im Bereich der Lebenslinie zeigen Lebenshunger und Tatkraft an.

Die Grenze zwischen Marsberg (Aktiver Mars) und Venusberg wird von einer oder mehreren tiefen Linien betont *(siehe Abbildung links)*.

Der Venusberg

Stichworte: Urfrau, Mutter, Haushalt, Familie, Tradition.

Die Schlagader der Hand verläuft durch den Venusberg. Symbolisch bedeutet dies, dass hier der Ort der Energieversorgung ist, die Feuerstelle, der Herd, der Kontakt zu den brennenden Magmamassen des Innern. Ein starker Venusberg lässt uns den eigenen Lebenspuls und Lebensrhythmus spüren und mit ihm im Einklang leben. – In der Astrologie herrscht die Venus im Erdzeichen *Stier,* dem Zeichen für Lebensraum, Nahrung und Komfort, für Talente, Ökonomie, Ressourcen, Sinnlichkeit und Musik.

Ein schön gewölbter, etwas weicher und gut geformter Venusberg zeigt musisches Talent an; volle, harte Muskeln verweisen auf eine grosse Produktionsenergie und Belastbarkeit. Falls der Venusberg flach ist, wird man sich kaum einen Job aussuchen, der viel physische und psychische Kraft erfordert (man wird also kein eigenes Geschäft führen).

Der Venusberg erstreckt sich vom ersten bis ins zweite Chakra *(vgl. Kapitel «Stichworte zu den sieben Chakren»)*. Im *Wurzelchakra* zeigt er das Fundament an, im *Harachakra* den Speicher, das Territorium und die Talente. Die traditionelle Chiromantie sieht hier die Familie repräsentiert und bewertet anhand der Muskelentwicklung das Familienthema.

Der Marsberg (Aktiver Mars)

Stichworte: Urmann, Jäger, Schäfer, Beschützer, Baumeister.

In der Astrologie herrscht Mars im Feuerzeichen *Widder* und symbolisiert somit motorische Aktivität und Schaffensdrang, Tat-, Schlag- und Antriebskraft, Initiative, Impuls, Aggression und Ungeduld.

Mars Silvanus war bei den Römern der Gott, der den Wald rodete; er führte die Auswanderer in neue Gebiete und gründete dort neue Siedlungen; ihm unterstanden alle Pionierleistungen. Ausserdem war es seine Aufgabe, die Stadt gegen Angreifer zu verteidigen. Er galt auch als Beschützer des Haushaltes, des Viehbestandes und der Saat.

Von der Machete des Waldroders bis zum Schwert des Kriegers ist kein weiter Weg: Mars wurde später auch als Kriegsgott verehrt. Er arbeitete in dieser Funktion mit Jupiter (Stator) zusammen, dem die Standhaftigkeit der Soldaten unterstand.

Der Marsberg gehört zum *Harachakra* (Arbeit) und zum *Solarplexus* (Durchsetzung).

Der Daumen als Verwalter

Der Daumen *(vgl. Kapitel «Der Daumen»)* ist der *Verwalter* von Venus- und Marsberg. Sein unterstes Glied *(Logik)* gehört zur Venus: Logik ist hier aber nicht als mentaler Prozess, als Gedankenreihenfolge aufzufassen, sondern als ökonomisches Denken, als dosierter Umgang mit Ressourcen und als Fähigkeit, mit den Kräften zu haushalten (Harachakra). Bei einer Unterentwicklung dieses Gliedes neigt man zu unüberlegtem und unökonomischem Einsatz der zu Verfügung stehenden Mittel.

Das oberste Glied (*Wille*) gehört zu Mars und zum Solarplexus; es gibt Auskunft über die Art der Ausführung einer Tätigkeit und über deren Stetigkeit (was sich eventuell als Sturheit zeigen kann).

Die Lebenslinie: von Venus zu Mars

Venus- und Marsberg werden von der *Lebenslinie* umzäunt: Sie ist – bildhaft gesprochen – die Bewahrerin und Beschützerin der Gesundheit und der Vitalität. Oft nennen wir sie auch «Gartenzaun» oder «Portemonnaie»: Was ausserhalb des Zaunes liegt, liegt ausserhalb des Familienbesitzes.

Die dänische Handleserin Agma *(vgl. «Vorwort von Louise»)* meint dazu: «Innerhalb der Lebenslinie ist man gebunden und verpflichtet (Familie, Schule, Ausbildungsstätte), ausserhalb kann man die Freizeitbeschäftigungen (Hobbys) ersehen.»

Ein grosser Gartenzaun beansprucht mit grösster Selbstverständlichkeit einen grossen Entfaltungsraum. – Wenn sich die Lebenslinie weit in den Handraum hinein ausbreitet, so zeigt dies, dass sich auch die Persönlichkeit in verschiedene Bereiche ausbreitet. Beispielsweise wird ein Mensch mit solcher Lebenslinie in einem Zug ohne zu zögern ein ganzes Abteil mit Hab und Gut belegen und sich sogar noch wundern, wenn andere sich daran stören.

Die Lebenslinie am Venusberg

Schön geschwungene, ungebrochene und glänzende Lebenslinien zeigen Wohlbefinden, befriedigte elementare Bedürfnisse und einen harmonischen Lebensstil. Wenn dieser Mensch grundsätzlich an Geld interessiert ist (was sich an der ganzen Hand zeigt), kann – zumal in späteren Jahren – mit Wohlstand gerechnet werden.

Linien, die in Richtung *Mittelfinger* aufsteigen, finden sich oft bei Menschen, die ein Familiengeschäft (beispielsweise einen Bauernhof) weiterführen, wo also Verantwortung (Saturn) für den Familienbesitz (Venus) übernommen wird. Ähnliche Linien sieht man dort, wo jemand in der Zielsetzung (Saturn) ökonomisch und/oder gefühlsmässig von der Familie (Venus) unterstützt wird.

Linien, die in Richtung *Zwischenraum Apollo-* und *Saturnfinger* (Ring- und Mittelfinger) aufsteigen, finden sich häufig sowohl bei Menschen im Gastgewerbe (bei den Besitzern, nicht bei den Angestellten) als natürlich auch bei nährenden, kochenden Müttern (oder Vätern).

Schräge Linien in Richtung *Merkurgebiet* (Geschicklichkeit, Handwerk) finden sich vornehmlich bei Menschen, die ganz nahe am Körper arbeiten, beispielsweise mit Stricknadeln.

Wenn die Lebenslinie einen oder mehrere Abstecher in den *Mondberg* aufweist («Beine» hat), zieht es den Menschen in die Ferne – er weitet dann seinen Lebensraum ins Ausland oder in eine Traumwelt aus.

Menschen mit *Löchern* oder *Schwachstellen* im Venusbereich müssen lernen, sich nicht ausbeuten oder verdrängen zu lassen; sie haben ein Loch im Gartenzaun – und meist ein Loch im Portemonnaie: Es ist leicht, ihnen die Früchte ihrer Arbeit und ihr Geld abzuknöpfen. Sie können nicht nein oder stop! sagen, sowohl was das Geld als auch ihre psychischen Kräfte anbelangt (ein tief angesetzter Kleinfinger verstärkt dieses Thema).

Die Lebenslinie am Marsberg (Aktiver Mars)

Am Marsberg kann man aus der Lebenslinie das Verhältnis von Einsatz und Gewinn ablesen. Bei klaren Lebenslinien wird produktiv gearbeitet.

In diesem Gebiet baut man – bildlich gesprochen – sein Haus und legt sein Fundament; ist die Lebenslinie hier schwach oder verstreut, kommt einem dabei allerlei in die Quere. Der Alltag gestaltet sich unstet, man wendet – aus welchem Grund auch immer – viel Zeit und Kraft für Nebensächliches auf, für Dinge, die unwichtig sind und nicht zum persönlichen Wachstum beitragen.

Wenn die Lebenslinie *mehrmals ansetzt,* also verschiedene kleine Ansätze hat, wird viel umgezogen, wofür man viel Zeit und Energie und wahrscheinlich auch viel Geld aufwendet.

Ist jener Teil der Lebenslinie, der den Marsberg betrifft, *schwach,* ist es für diesen Menschen schwierig, durch Arbeit reich zu werden – die Rentabilität seines Einsatzes ist zu klein. Wenn er trotzdem zu geordneten Wohn- und Familienverhältnissen oder gar zu Reichtum kommen sollte (wenn also der entsprechende Venusteil positiv aussieht), dann wird das frühestens ab Dreissig der Fall sein. Materieller Erfolg könnte dann mit «günstiger Ehe» (Venus) oder mit Erbschaft zusammenhängen (Familie).

Oft wird dieser Abschnitt von mehreren *schrägen Linien* durchquert (Prozesslinien); man neigt dann dazu, in Streitereien zu geraten – Mars kann recht hitzig sein. Die Prozesslinien stehen in diesem Fall in Funktion mit der Subjektiven Achse *(vgl. Kapitel «Die Zeitmessung an der Lebenslinie»).* Ein guter Rat für solche Menschen wäre, dass sie ihre Lebenskraft nicht mit «Kreuzzügen», das heisst Einmischungen in die Angelegenheiten anderer, vergeuden sollen.

Manchmal *bricht* die Lebenslinie *ab,* um einige Millimeter weiter neu anzusetzen. Der Betreffende wurde eventuell in einer Zeit geboren, als in der Familie «umgebaut wurde», als der Grenzpfahl nach aussen verschoben wurde (Erweiterung des Lebensbereichs) – er wird selber mindestens einmal im Leben seinen Lebensraum erheblich erweitern (meistens durch Auswanderung).

Die Lebenslinie in Richtung Jupiterberg

Oft schwingt sich die Lebenslinie oberhalb des Marsberges halbwegs zum Jupiterberg hinauf oder weist Abzweigungen dorthin auf.

Es ist in diesen Fällen wahrscheinlich, dass sich die Familie auf die eine oder andere Art (meistens durch den Vater repräsentiert) zur Zeit der Geburt in einem entscheidenden beruflichen Wachstum befand, neue Ideen umsetzte oder zu grösserer Macht und Autorität gelangte. Menschen mit dieser Linie werden auf ihrem Fachgebiet ausserordentlich strebsam sein *(vgl. Kapitel «Die Zeitmessung an der Lebenslinie» – Abschnitt «Die Ehrgeizlinie»).*

Als Faustregel kann man sich merken: Dort, wo die Lebenslinie expandiert, ist man auf «Eroberung» eingestellt.

Die Zeitmessung an der Lebenslinie

Die Lebenslinie dient in der Chiromantie auch als Massstab, um den Zeitpunkt bestimmter Ereignisse im Leben eines Menschen festzustellen – dies kann in beiden Zeitrichtungen des Lebens – Vergangenheit und Zukunft – vorgenommen werden. Mit der Lebenslinie können wir das Leben «von der Wiege bis zum Grab» verfolgen.

Die Grundstellung des Winkelmessers

Als Messgerät für die Bestimmung der Zeitpunkte benützen wir einen *Winkelmesser* (auch «Transporteur» genannt). *Jeder Gradstrich entspricht einem Lebensjahr!* Bei der ersten groben Einstellung wird der Anfangspunkt Null Grad (also «Null Jahre») gefunden, indem von der Basis des Zeigefingers eine senkrechte Linie auf die Lebenslinie gezogen wird (die Basis wird in drei Teile geteilt, der entscheidende Punkt liegt hinter dem ersten Drittel vom Handrand aus gemessen). Bei *59°–60°* liegt der *Wurzelchakrapunkt:* Dort kurvt normalerweise die Lebenslinie unter dem Daumenballen zurück. *90°* liegt ungefähr auf der Höhe des Knöchels, der unterhalb des Mondbergs ist *(siehe Abbildung rechts).*

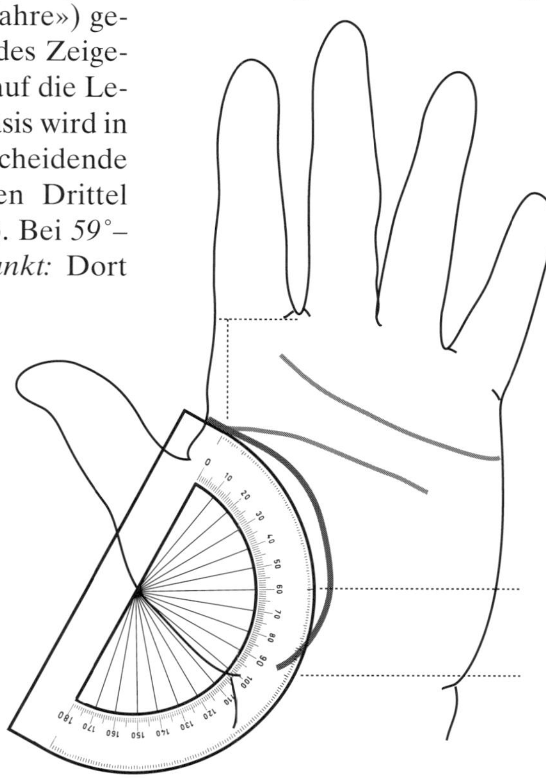

Als Messgerät für die Zeitmessung der Lebenslinie benutzt man einen Winkelmesser (Transporteur): Ein Grad entspricht einem Lebensjahr.

Diese Art der Zeitmessung ist linear und unterscheidet sich von der thematisch-zyklischen Bewertung einzelner Signaturen. Für die Zeitmessung an der Lebenslinie sind *alle* Markierungen wichtig: Jedes Zeichen (Achse, Unterbruch Querlinie, etc.) vertritt ein

Lebensthema – solange es sichtbar ist, zeugt es auch von einer bestimmten Eigenschaft und deren anhaltenden Wichtigkeit. Die Eigenschaft selber kann sich aber im Laufe des Lebens auf verschiedene Arten manifestieren. – In der Astrologie ist das gleiche Prinzip bekannt: Hat jemand das Potential, um Spitzensportler zu werden, beispielsweise einen starkgestellten Mars im Geburtshoroskop, wird er diese Eigenschaft irgendwann zwischen dem 14. und dem 35. Lebensjahr zur Entfaltung bringen können; falls er Erfolg hat, wird er auch zufrieden sein. Als 8jähriger hingegen hat er diese Möglichkeit noch nicht, sein Mars kann sich vielleicht nur in Raufereien mit den Schulkameraden bemerkbar machen, oder vielleicht ist der Knabe unangepasst und unbeliebt. Im 42. Altersjahr , wenn die «Blütezeit» der marsischen Energie vorbei ist, könnte sich der Mann als Rausschmeisser in einer Diskothek betätigen, um seinen Mars auszuleben. – In allen Phasen handelte es sich aber um den gleichen Mars!

Nachfolgend werden sich alle Zahlenangaben zur Lebenslinie auf die entsprechenden Grade resp. Lebensjahre beziehen.

Die Dreiteilung der Lebenslinie

Selten verläuft die Lebenslinie ohne Unterbrechung von oben bis unten. Oft ist sie zerstückelt oder kommt in doppelter Form vor. Abbrüche und Unterbrüche sind nicht etwa «Todespunkte», wie es die herkömmliche Meinung ist. Aus den Lebenslinien lässt nicht ersehen, wie alt jemand wird, vielmehr beschreiben sie Vitalität, Energiehaushalt und Lebensstil dieses Menschen. Auch mit einer schönen, langen und harmonischen Lebenslinie kann man früh sterben.

Man findet, zur Verzweiflung des Anfängers, zahlreiche Variationen der Lebenslinie, doch lassen sich in den meisten Fällen *drei Abschnitte* deutlich voneinander unterscheiden:

– das *obere,* zum Solarplexus und zur Kopflinie gehörende Stück;
– das *mittlere,* zum Harachakra und zur Schicksalslinie gehörende Stück;
– das *untere,* zum Wurzelchakra gehörende Stück.

Das oberste Stück der Lebenslinie

Das Verhältnis zwischen Lebenslinie und Kopflinie ist für die Deutung entscheidend. Die Kopflinie verkörpert entweder die *Tangente* der Lebenslinie (sie berühren sich in einem Punkt) oder ist ein Stück weit mit ihr verflochten (was man als *geschlossene Formation* bezeichnet) oder aber sie beginnt bis zu 1 cm oberhalb der Lebenslinie (was man als *offene Forma-*

tion bezeichnet) und verläuft dann oft parallel zu dieser *(vgl. Kapitel «Die Kopflinie»).* Bei 30–35 beginnt dann der mittlere Abschnitt der Lebenslinie.

Im Kapitel *«In der Tiefe des Nachtbogens»* wurde die Lebenslinien*basis* mit der Verfassung und den äusseren Umständen vor und bei der Geburt des entsprechenden Menschen in Verbindung gebracht. – Im *ersten* Abschnitt der Lebenslinie untersuchen wir die ersten Lebensjahre in bezug auf die persönliche Durchsetzung. Hier zeigt das Aussehen der Lebenslinie, wie jemand sein Leben in den ersten Jahren in den Griff bekommt – sie besitzt hier Querliniencharakter, was bedeutet, dass die konkrete Auseinandersetzung mit der Welt in den Brennpunkt rückt.

Dieses erste Stück der Lebenslinie entspricht der Lebensphase bis etwa Mitte Dreissig, also der Lern- und Aufbauphase des Lebens, jene Zeit, in der Möglichkeiten und Begrenzungen kennengelernt werden.

Es empfiehlt sich, dieses Lebenslinienstück und den Kopflinienanfang gleichzeitig zu beurteilen, nicht nur in der allgemeinen Deutung, sondern auch bei der praktischen Benutzung des Winkelmessers: Die Kopflinie kann durch eine Verlängerung der Gradstriche des Winkelmessers ausgemessen werden.

Das mittlere Stück der Lebenslinie

Zwischen ca. 35–59 hat die Lebenslinie den Charakter einer Längslinie und ist oft mehr oder weniger mit der *Schicksalslinie* verbunden: Die Schicksalslinie liegt parallel zur Lebenslinie, berührt diese oder ist gar mit ihr verschmolzen (bei einer Verschmelzung wird die Lebenslinie ziemlich dick).

Ein wichtiges Stichwort zur Schicksalslinie heisst *Integration* – die Integration in Familie und Gesellschaft. Der Lebensabschnitt zwischen 30 und 60 Jahren, astrologisch also der zweite Saturnumlauf, bezieht sich spezifisch auf diese Art der Integration (die Schicksalslinie heisst auch *Saturnlinie*). Normalerweise sind wir mit 30 Jahren ausgelernt, haben den Rahmen unseres Familienlebens und die Richtung des gesellschaftlichen Aufstiegs abgesteckt und sind bereits verschiedene Verpflichtungen eingegangen.

Zu diesem Abschnitt der Lebenslinie gehören: Lebensstil, Lebensqualität, Lebensgefühl, Lebensfreude, Lebenshunger, Lebensraum, Geld und Besitz (Harachakra). – *Volle, üppige,* von der Schicksalslinie nicht beeinträchtigte Lebenslinien findet man bei Menschen, die viel Platz brauchen und sich einen grossen Entfaltungsraum schaffen. Zu diesen Themen gehört natürlich auch die Gesundheit: Krankheit schmälert die Lebensfreude, die Lebensqualität und den Lebensstil.

Durch seine vertikale Richtung kann das mittlere Stück der Lebenslinie auch als *Längslinie* zum Zeigefinger (Jupiterfinger) hin aufgefasst werden. – Jupiter ist traditionell der Signifikator für Glück, Wachstum, Geld und Kinder.

Die Lebenslinie dieses Mannes *(siehe Abbildung links)* verläuft zwischen 30 und 40 nach innen. Er befand sich in dieser Periode in einer für ihn einengenden Partnerschaft. Die rechte Lebenslinie weitet sich im entsprechenden Zeitraum aus: Es war gleichzeitig eine Periode des materiellen und gesellschaftlichen Erfolgs.

Das unterste Stück der Lebenslinie

Wie bereits gesagt, zählt der unterste Abschnitt der Lebenslinie zu Ursprung und der vorgeburtlichen Zeit *(vgl. Kapitel «In der Tiefe des Nachtbogens»)*. Hier aber, bei der Lebenslinienmessung, gewinnt sie Bedeutung für die Phase des letzten Lebensabschnittes, also für die Zeit nach dem 60. Altersjahr. In dieser Zeit tritt die Wichtigkeit der gesellschaftlichen Stellung und die Verantwortung der Familie gegenüber normalerweise in den Hintergrund: Man hat seine Pflicht getan und darf sich zurückziehen, der Blick richtet sich nach innen.

Dieser Rückzug bezieht sich auch auf die physischen und emotionalen Kräfte; die Muskeln im Daumenballen (besonders die «Handmaus»: *vgl. Kapitel «Der Daumen»*) lassen nach und der Daumen zieht sich Richtung Handraum ein. Bildhaft könnte man sagen, dass sich der Mensch auch körperlich darauf vorbereitet, in den Mutterleib des Kosmos zurückzukehren.

Der Zustand des untersten Teils der Lebenslinie gibt Aufschluss sowohl über den Anfang, die Wurzel, als auch über das Ende des Lebens. – In der astrologischen Tradition sagt man, die Himmelstiefe (IC = Imum coeli), die ja die Spitze des vierten Hauses bildet, sei der Anfang und das Ende aller Dinge.

Nicht nur die Lebenslinie selbst, sondern auch Linien und Papillarmuster, die neben ihr verlaufen, lassen sich zeitlich ausmessen: Hier gilt das Prinzip: *gleiche Höhe = gleicher Zeitpunkt.*

Spurwechsel: die Sprünge

Es gibt linienarme und linienreiche Hände. In *linienreichen* Händen ist es generell einfacher, Ereignisse zeitlich auszumessen, da ja die sichtbaren Zeichen an der Lebenslinie zahlreicher vorhanden sind. In *linienarmen* Händen hingegen sieht es oft so aus, als ob die Lebenslinie nie eine Veränderung erführe. Doch dem sorgfältigen Beobachter fallen auch winzige Richtungsänderungen auf (beispielsweise wenn Papillarleisten durchquert werden).

Wenn die Lebenslinie ihren Verlauf ändert, wird mit Sicherheit zu diesem Zeitpunkt auch eine Veränderung im Lebensstil und im Lebensgefühl dieses Menschen eintreten; die äusserliche Manifestation zeigt sich dann öfters in Form eines Umzugs – die Kulissen werden umgestellt. Grundsätzlich kennt man *zwei* Richtungsänderungen der Lebenslinie:

- *Erweiterung/Vergrösserung:* Die Lebenslinie weitet sich Richtung Handraum aus.
- *Einengung/Rückzug:* Die Lebenslinie zieht sich Richtung Daumen zurück.

In der Hand dieser Frau *(siehe Abbildung rechts)* wird bei etwa 20 (wie übrigens auch bei 26 und 30) die Lebenslinie drastisch durchquert. Gleichzeitig ändert diese ihre Richtung und zieht sich Richtung Daumen zurück: Es beginnt eine längere Phase mit physischen und seelischen Schwierigkeiten. Bei 39 ändert die Lebenslinie ihre Richtung wieder: Sie expandiert nun (Richtung Handraum). Gleichzeitig (also am gleichen Ort) treten auch Veränderungen weiter aussen auf: Die Schicksalslinie richtet sich auf und ein Stück der Kopflinie wird sichtbar. – Die betreffende Frau nahm zu diesem Zeitpunkt eine neue Stelle an und ihr Leben verbesserte sich in vielerlei Hinsicht.

Wie bei dieser Frau *(siehe Abbildung rechts)* bricht die Lebenslinie manchmal ab (typischerweise bei 51), um dann links oder rechts weiterzufahren. Es ist dies eines der Zeichen radikaler Wechsel: Die Lebensbasis wird verändert (öfters mittels Auswanderung, die aber natürlich auch ohne solche Riesensprünge vorkommt!).

Korrektur des Winkelmessers: die Marksteine

Leider decken sich Grösse und Umfang der Lebenslinie nicht immer mit dem Format des Messgeräts. Oft ist der Bogen der Lebenslinie bei Männern grösser und derjenige bei Frauen und Kindern enger. Zudem kann die Lebenslinie doppelt auftreten (zwei parallele Lebenslinien). Entsprechend liegt die Lebenslinie also manchmal innerhalb und manchmal ausserhalb des Messgeräts.

Es empfiehlt sich deshalb, zu kontrollieren, ob die errechneten Grade der Zeichen tatsächlich zu den entsprechenden Altersjahren passen. Dafür benützen wir unsere sogenannten *Marksteine:* bestimmte Zeichen, die sich in den meisten Händen an ganz bestimmten Stellen finden lassen.

Die Ereignisse und Prozesse, die durch die Markierungen der Lebenslinie angezeigt werden, teilen wir je nach *Richtung* der kreuzenden Linie in verschiedene, in diesem Buch schon beschriebene Gruppen ein.

Die Ehrgeizlinie

Diese kleineren Linien, die wir *Ehrgeizlinien* nennen, finden sich vor allem im obersten Bereich der Lebenslinie, zwischen 0–21 *(siehe Abbildung unten).* Es gibt solche Ehrgeizlinien, die die Lebenslinie in Richtung Zeigefinger (Jupiterfinger) kreuzen, und andere, die entweder scheinbar die Lebenslinie in derselben Richtung verlängern oder aber direkt auf der Lebenslinie stehen. Eine sehr häufige Variante ist bei 21 in Frauenhänden zu finden.

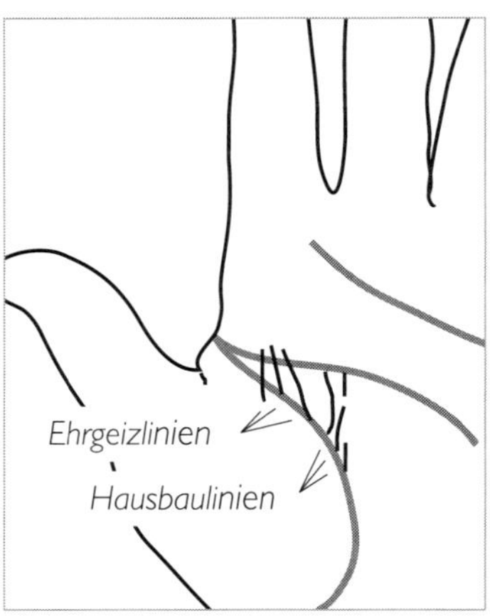

Die Hausbaulinie

Diese Linien *(siehe Abbildung links)* finden sich typischerweise bei 29/30, 35/36 und 39 – unterhalb des Mittelfingers auf der Lebenslinie – und reichen oft bis zur Kopflinie.

Die Prozesslinie

Im Gegensatz zu den aufsteigenden, senkrechten Linien haben die Prozesslinien eine Querschlägerfunktion: Sie berühren oder kreuzen die Lebenslinie (typischerweise bei 23, 29, 33 und 39) und sind manchmal kurz, ein ander Mal aber so lang, dass sie auch die Schicksalslinie und/oder die Kopflinie zu durchqueren vermögen und die Herzlinie unter dem Ringfinger berühren.

Hier geht es um Auseinandersetzungen mit Einzelpersonen oder mit Menschengruppen. Auf der konkreten Ebene handelt es sich oft um Rechtsstreitigkeiten (Scheidungen, Prozesse), es kann sich aber auch um rein ideologische Auseinandersetzungen handeln (Austritt aus einer politischen Partei, Verlassen einer Stelle oder Ausbildung).

In der traditionellen Literatur wird oft behauptet: «Sieht die Linie schön aus, weist sie auf glückliche Ehe – sieht sie schlecht aus, weist sie auf Scheidung.» Dies entspricht nicht unserer Erfahrung; diese Linien können zwar in Verbindung mit «Eheschliessungen» auftreten, doch steht dies dann meistens in Verbindung mit einer Abrechnung der Vergangenheit (beispielsweise man verliebt sich und lässt sich deshalb scheiden).

Die seelischen Prozesse sind recht akut, die Zeitdauer wird sich im Prinzip auf einen Augenblick des Erkennens oder des Sich-Verliebens begrenzen. Die praktischen Folgen ziehen sich jedoch meistens über ein Jahr hinaus.

Bei dieser Hand *(siehe Abbildung rechts)* erkennt man eine lange Durchschneidung der Lebenslinie bei 39/40. – Ein Jahr vorher wurde ein Geschäft erworben (kleine Hausbaulinie), jetzt musste man bereits Konkurs anmelden.

Die Waagrechte

Die waagrechten Durchschneidungen der Lebenslinie beziehen sich schlechthin auf alles, was mit Existenz zu tun hat. Die *Waagrechte* gehört thematisch zu den Sperrungen *(vgl. Kapitel «Die Sperrungen»),* die ja ebenfalls horizontal liegen. Solche Linien zeigen an, dass eine neue Lebensbasis gefunden werden muss, weil drastische Einwirkungen das Leben verändern; es kann sich hier um Operationen, Konkurse oder ähnliches handeln, und die Waagrechten finden sich gehäuft bei Menschen, die mehr oder weniger direkt von einem Krieg betroffen waren. Es ist wichtig zu beobachten, wie die Lebenslinie «nachher» aussieht: Nur wenn sie beschädigt ist (verkettet oder nach innen fallend), haben die Begebenheiten ernsthafte Folgen. *(Vgl. dazu auch Kapitel «Die Schicksalslinie».)*

Manchmal gehen die waagrechten Linien – wie auch die Prozesslinien – bis dicht an die Lebenslinie heran, ohne diese zu berühren. Wir sprechen dann von «Angriffen», von drohenden Situationen, die sich hier zeigen.

Die Lebenslinie dieser Frau *(siehe Abbildung links)* besteht bis zirka 36 aus kleinen, unzusammenhängenden Stücken. Bei 29 liegt eine Waagrechte (Markstein). – Sie trennte sich damals von ihrem politisch orientierten Bekanntenkreis. Bei etwa 34 liegt eine sekundäre Kopflinie; man beachte auch die lange Ehrgeizlinie.

Die Sekundäre Kopflinie

Zusätzliche Kopflinien können an verschiedenen Orten auftreten, häufig befinden sie sich am Handrand der Du-Seite (Handkante) – oder eben an der *Lebenslinie.* Wir nennen sie *Sekundäre Kopflinien,* wenn sie die Richtung einer normalen Kopflinie haben. Sie sind von unterschiedlicher Länge, manchmal nur 5 mm lang, manchmal durchqueren sie die ganze Handfläche oder tauchen tief in den Mondberg hinunter. Es kann sich auch um haarfeine Linien oder um (kaum sichtbare) Schattenlinien handeln. Häufige Auslösungen finden sich bei 20, 26 und 34. – Ist diese Linie lang, wird sie hier eine «zusätzliche Persönlichkeit» anzeigen, die – zumal in der Jugend – völlig unbewusst und irrational (Nachtbogen) funktioniert. Die zeitlichen Auslösungen solcher Linien korrelieren mit grossen Wandlungen: mit Stellenwechsel, Wohnungswechsel, Geburten, Ehen oder Scheidungen – je nach Charakter der Linie, beispielsweise ob sie gerade oder kurvenförmig ist, werden auch ganz neue Aufgaben an diesen Menschen gestellt. Man kommt in Situationen, die neue Verhaltensweisen erfordern. *(Vgl. dazu auch Kapitel «Die Schicksalslinie».)*

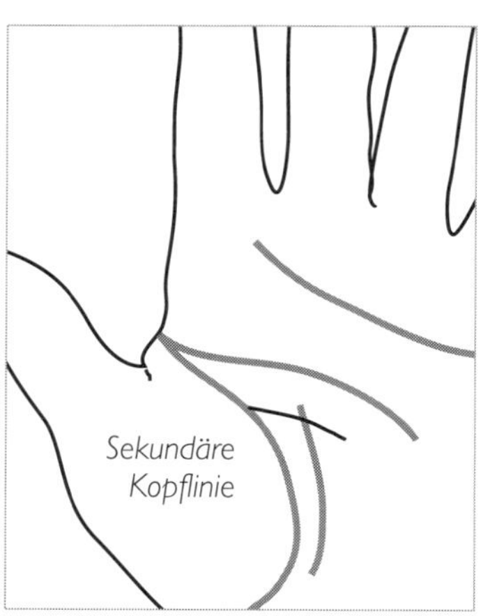

Beispiele
Eine Mutter mit zwei Kindern steht plötzlich allein; neben Haushalt und Kindern muss sie nun auch einer Arbeit nachgehen und sich um die Finanzen kümmern. – Oder: Eine Frau aus typisch intellektuellem Grossstadtmilieu heiratet einen Bauern und wird mit unbekannten Grössen wie Holzhacken und Schneeschaufeln konfrontiert. – Oder: Ein Mann, dessen Interessen sich bis anhin auf Geld und Stellung begrenzt haben, wird durch seine neue, recht ausgeflippte Freundin in einen Yogakurs gelockt – sein Leben wird nie mehr sein wie es war (dies, wenn die Linie in den Mondberg kurvt).

Gemeinsam an diesen Geschehnissen ist, dass sie alle plötzlich und überraschend eintreten (Nachtbogen). Die entsprechenden Perioden – sie dauern etwa ein Jahr – sind ungemein turbulent und anstrengend; doch nachher will sie niemand missen, da dieses Jahr eben sehr viele neue Möglichkeiten und Fähigkeiten an den Tag gebracht hat. «Erst damals wurde ich erwachsen», bemerken in etwa unsere Klienten dann.

Die Sekundäre Sonnenlinie

Diese Linien sind meistens etwa 1 cm lang und weisen in ihrer Verlängerung (im Geiste oder mit dem Lineal) auf den Ringfinger hin *(siehe Abbildung unten).* Meistens werden sie bei 45, 47 und 55 ausgelöst und weisen auf Eigensinnigkeit im Gesellschaftsleben hin, eventuell auch auf Erfolg oder Popularität und auf Erweiterung des Freundeskreises oder einer Interessengemeinschaft.

Die Startschusslinie

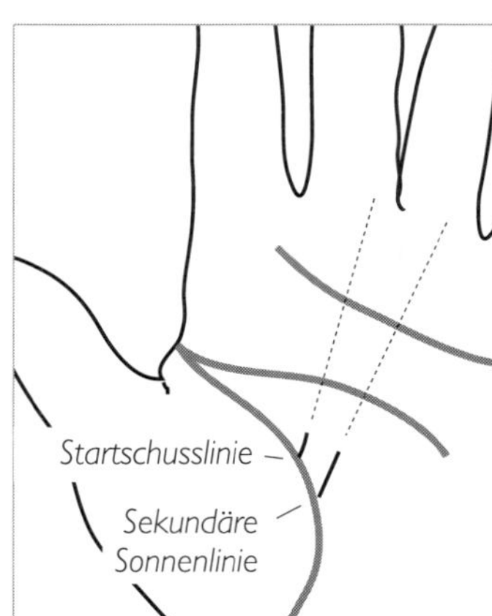

Die Startschusslinien sind meistens kleine aufsteigende Linien, die (im Geiste oder mit dem Lineal verlängert) an der Ringfingerseite des Mittelfingers enden *(siehe Abbildung rechts).* Sie finden sich häufig bei 41, aber auch bei 31 und 51, und zeigen an, dass hier ein neuer Weg gegangen wird. Sie fördern privat und/oder beruflich die Selbständigkeit.

Typische Stichworte: Entwicklung von Talenten; Verlassen einer langweiligen Ehe.

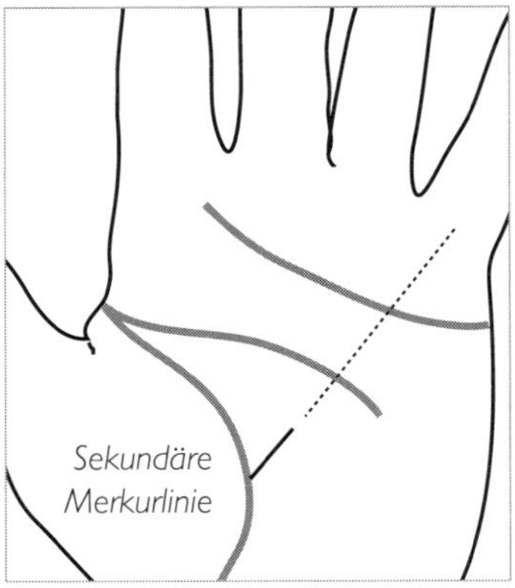

Die Sekundäre Merkurlinie

Diese Linien sind meistens längere Linien, deren Weiterführung (im Geiste oder mit dem Lineal) zum Kleinfinger hinweist *(siehe Abbildung links)*. Sie finden sich vor allem in den Spätfünfzigern und zeigen Veränderungen in bezug auf Beruf und/oder Wohnsitz an.

Für die Gesundheit sind sie ein eher kritisches Anzeichen, wenn die Lebenslinie durchschnitten wird.

Die Beine

Die «Beine» *(vgl. Kapitel «Die Beine der Lebenslinie»)* sind eigentlich Variationen des Vorangegangenen, beziehen sich aber spezifisch auf den Mondberg. – Die Welt wird im physischen oder im geistig/seelischen Sinne grösser, konkret handelt es sich meist um eine Reise oder um die Erweiterung des geistigen Horizonts: Neue Interessen machen sich im Leben bemerkbar. – Auslösungspunkte finden sich häufig bei 45 (oft ein langes «Bein»), 47, 49, 51, 55 («Sprungbein») und 61 («Standbein»).

Beispiele

Nachfolgend nun einige Beispiele für das Auffinden der Alterspunkte (auslösende Momente) bei der Zeitmessung an der Lebenslinie.

Beispiel 1 *(siehe Abbildungen rechts oben)*

14 bis 18: In den «Teens» (etwa zwischen 14 und 18 Jahren) zwei fast waagrechte Verbindungslinien zur Kopflinie;

21: Ehrgeizlinie;

25/26: Recht abrupte Richtungsänderung der Lebenslinie, gleichzeitig Variante der Hausbaulinie;

29: Kurze Sekundäre Kopflinie;

35–37: Drei verschiedene Themen: zuerst eine Sekundäre Sonnenlinie, dann eine Variante der Waagrechten, schliesslich ein kleines «Bein» (Kündigung der Stelle, anschliessend längerer Aufenthalt im Ausland);

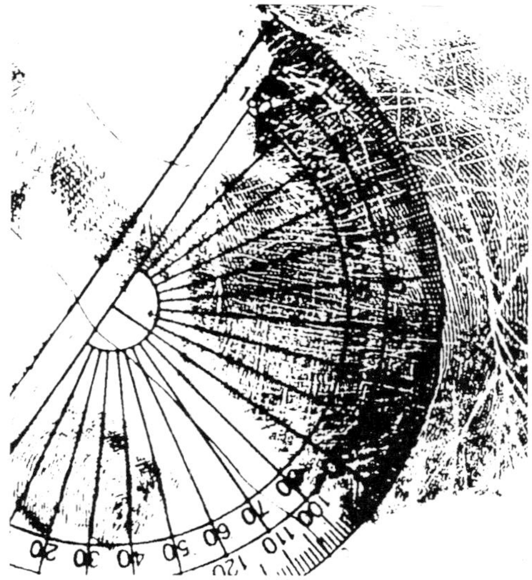

39: «Bein», hier eine etwas längere und dünnere Prozesslinie;

47: «Bein»;

57: Lebenslinie löst sich auf; auf der gleichen Höhe an der parallelen Schicksalslinie nochmals eine Verästelung bei 57 und 59.

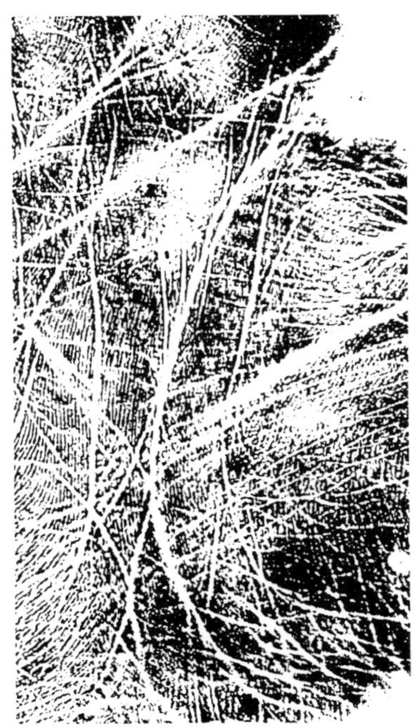

Beispiel 2 *(siehe Abbildung rechts)*

21: Ehrgeizlinie, gleichzeitig Beginn einer Inselformation;

24: Aufsteigende Senkrechte, Familienbildung;

26: Sekundäre Kopflinie (Tod der Mutter, Auswanderung);

28: Lebenslinie wird durchschnitten (chirurgische Operation);

39: Lange Hausbaulinie;

46: Variante der Hausbaulinie;

49: «Bein» (neue Ausbildung);

59: Sekundäre Merkurlinie;

61: «Standbein».

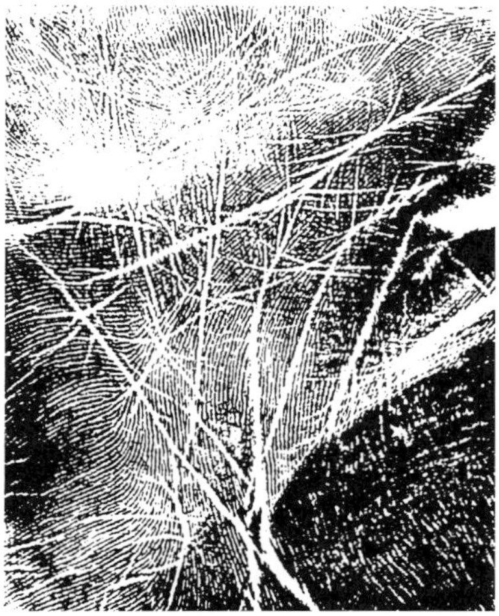

Beispiel 3 *(siehe Abbildung links)*

21: Ehrgeizlinie;

24: Aufsteigende Senkrechte, Lebenslinie wechselt ihre Richtung;

25/26: Auslösung einer Sekundären Kopflinie;

28/29: Lebenslinie wird von zwei Prozesslinien durchquert – thematisch damit verbunden ist der Bruch an der Herzlinie;

45: Lebenslinie ändert ihren Kurs Richtung Mondberg;

56: Lebenslinie mündet in eine Lebenslinie / Schicksalslinienformation, eine sehr häufige Kombination.

Die Beine der Lebenslinie

Sowohl bei der Lebenslinie als auch bei der Schicksalslinie werden die Gabelungen speziell beachtet – wir nennen die Gabelungen und Abweichungen an der unteren Lebenslinie «*Beine*». Dabei wird grundsätzlich zwischen drei verschiedenen Varianten unterschieden:

a) Standbein
Die Lebenslinie besitzt neben oder statt ihrer Kurve oder Verzweigung ein vertikales Stück senkrecht unterhalb des Mittelfingers; bei der Lebenslinienmessung meistens bei 61 *(vgl. Kapitel «Die Zeitmessung an der Lebenslinie»)*.

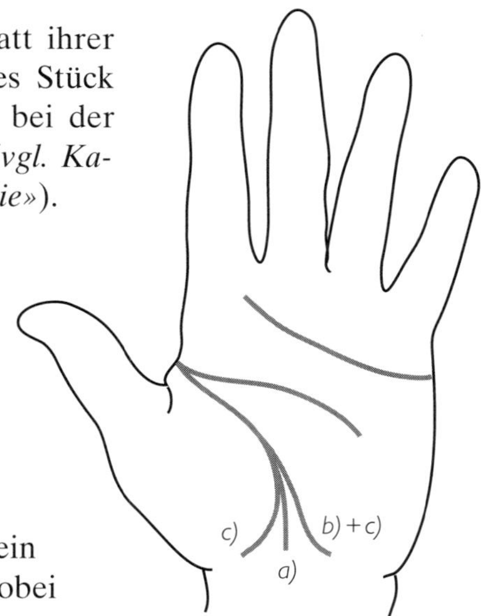

b) Sprungbein
Die Lebenslinie weicht von ihrer Rundung ab und «sucht» im Mondberg ihre Wurzel (oft bei 49, 55 oder 59).

c) Sprungbein und Ruhebein
Die Lebenslinie gabelt sich, so dass ein Zweig in Richtung Mondberg geht, wobei sie gleichzeitig ihren natürlichen Kurs unterhalb des Daumenballens fortsetzt (oft bei 55).

a) Standbein: die Senkrechte

Alle Themen, die sich unterhalb des Mittelfingers manifestieren, handeln immer vom Ernst des Lebens (Saturnstück der Kopflinie: Arbeitsdisziplin; Saturnstück der Herzlinie: Gewissenhaftigkeit und Pflichtbewusstsein). Und alles, was zum Urkreuz gehört, also waagrechte und senkrechte Linien, müssen wir als mühsame und herausfordernde Zeichen des Schicksals akzeptieren *(vgl. Kapitel «Die Kreuze»)*.

Wenn die Senkrechte wie hier schon im Wurzelbereich sichtbar ist, ist das ein Zeichen für einen mühsamen Lebensstart. Die frühe Kindheit, ja selbst die Bedingungen vor der Geburt sind von Zwang, Abweisung, Armut und Entbehrung geprägt; beispielsweise findet sich dieses Zeichen gehäuft bei Menschen, die während des Krieges geboren wurden. Die Existenzberechtigung ist im weitesten Sinne in Frage gestellt, Schuldgefühle prägen Grundeinstellung und Entscheidungen. Ähnlich wie bei einer fehlenden Lebenslinienwurzel ist es hier unerlässlich, sich eine Lebensbasis zu erarbeiten («Erst die Arbeit, dann das Vergnügen!»). Therapeutisch empfehlen sich – wie bei allen Wurzelproblemen – Körperbehandlungen.

Eine Variante entdeckte ein Freund vor ein paar Jahren, als er in einem Kinderheim arbeitete: Die Kinder hatten fast ausnahmslos dieses senkrechte Stück der Lebenslinie, dazu aber auch eine Gabelung Richtung Mondberg – ein «Standbein» und ein «Sprungbein» (Fremdeinflüsse). Seither nennen wir diese Kombination das «Waisenhauszeichen».

Diese Frau *(siehe Abbildung links)* stammt aus einer kinderreichen Familie. Als sie vier Jahre alt war, wurden die Eltern geschieden – sie wuchs bei Verwandten auf und war fortan vielen Übergriffen ausgesetzt. – Die Lebenslinie bricht im Harachakra (Talente, Territorium, Lebensfreude) ab: Die Frau konnte als Kind nicht ungestört spielen.

b) Sprungbein: in Richtung Mondberg

Begriffe, die der *Lebenslinie* zugeordnet werden, sind: stehen, ruhen, sitzen, liegen; Begriffe, die dem *Mondberg* zugeordnet werden: gehen, bewegen.

Charakteristisch für diese Linie, das «Sprungbein», ist die Ruhelosigkeit. Der Betreffende ist ständig in Bewegung, lässt sich nicht binden oder einfangen, und wenn er überhaupt privat oder beruflich sesshaft wird, dann frühestens nach Dreissig. Diese Menschen suchen ihre Zugehörigkeit ausserhalb des engeren Rahmens (die Astrologen mögen an das dritte Haus denken: Nachbarn, kleine Reisen; und an das fünfte Haus: Abenteuer). Meistens ist in solchen Fällen die Kindheit von Fremdeinflüssen geprägt; eventuell stammt die Familie aus dem Ausland. *Faustregel:* Je weiter sich diese Linie («Sprungbein») in Richtung Mondberg ausdehnt, desto weiter zieht es den betreffenden Menschen in die Welt hinaus.

In seltenen Fällen ist es die Lebenslinie selbst, die sich entsprechend ausbreitet. Wir begegneten vor vielen Jahren einem Mann mit dieser Formation und sagten ihm: «Sie müssen in einem anderen Erdteil geboren sein!» Es zeigte sich, dass sein Vater Schiffskapitän gewesen war und dass er während der ersten zwölf Lebensjahre mit seinen Eltern auf einem

Schiff durch die Welt gereist ist. – Hier fehlte also nicht nur die Verwurzelung der Familie, sondern auch die Zugehörigkeit zu einer nationalen Kultur (Hara-chakra).

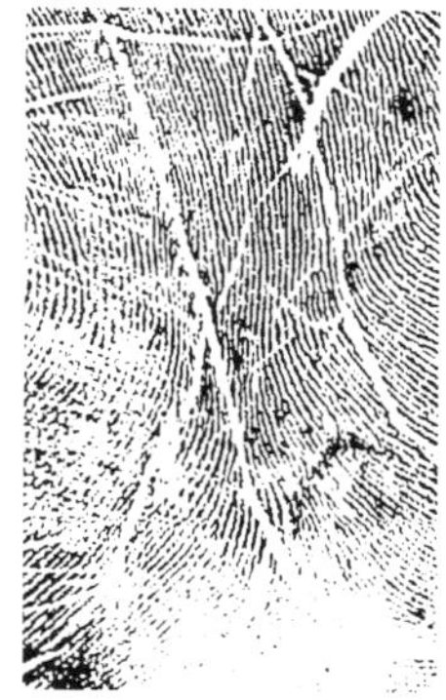

Der Mondberg hat bekanntlich eine starke Verbindung zu Schiffen *(vgl. Kapitel «Das Bild einer alten Geschichte»)*. Dieser Mann *(siehe Abbildung rechts)* hatte einen Kapitän zum Vater; im dritten Lebensjahr wurde er von seiner Mutter getrennt und wuchs zeitweise im Kinderheim auf. Er ist bis heute unverheiratet und hat Mühe, eine eigene Zielsetzung zu finden.

c) Sprungbein und Ruhebein: die Gabelung

Manchmal gabelt sich die Lebenslinie in ein «Ruhebein» und ein «Sprungbein». Biographisch betrachtet gibt es dann meistens sowohl stabile Wurzeln als auch starke Fremdeinflüsse; beispielsweise stammt die Familie teilweise aus dem Ausland – sie ist oft zweisprachig – oder aus zwei sehr verschiedenen Schichten der Bevölkerung: Man steht mit je einem Bein auf beiden Seiten.

Bei dieser Gabelung findet man sowohl eine feste Verwurzelung (Familie oder Stellung) als auch Rastlosigkeit und Bewegungsdrang (man ist oft unterwegs, beispielsweise als Vertreter oder Reiseleiter). Auch findet sich diese Formation immer wieder bei Dolmetschern. Die Beherrschung einer Fremdsprache ist nicht eine rein mentale Angelegenheit (Tagesbogen), sondern auch eine gefühlsmässige, instinktive (Nachtbogen) – astrologisch gesehen gehören Kommunikation, Sprache und Fahrzeuge zum dritten Haus.

Eine traditionelle Deutung sagt: «Ist der äussere Zweig einer Gabelung kräftiger als der innere, stirbt man im Ausland – ist dagegen der innere Zweig kräftiger, so kehrt man nach einem Auslandaufenthalt in die Heimat zurück.»

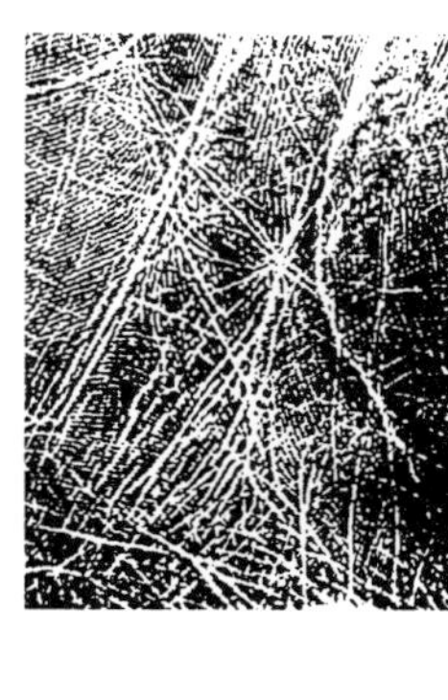

In meiner Familie gibt es viele Gabelungen – alle meine Verwandten sind viel gereist, die meisten sind sogar im Ausland wohnhaft. Mein Vater *(siehe Abbildung rechts)* war Ausländer, seine privaten und geschäftlichen Reisen ins Ausland brachten uns zu Hause viele neue Impulse.

Tanzbein: eine Variante

Die meisten Tänzer haben in ihren Händen die folgende Variante einer Gabelung – wir nennen sie «Tanzbein»: Die Gabelung weist eine Rundung auf und sieht graziös aus *(siehe Abbildung unten)*. Der Bewegungsdrang (die Beine) wird mit einer schwungvollen Leichtigkeit bereichert. *Charakteristischer Typus:* Tänzer, der häufig im Ausland auf Tournee ist.

Dieser Mann *(siehe Abbildung unten)* ist ein international bekannter Tänzer. Man beachte die zwei eleganten «Tanzbeine». Die Handkante buchtet sich nach aussen, ein Zeichen von emotionaler und kreativer Kraft und von der Fähigkeit, andere gefühlsmässig zu beeinflussen. *Deutung:* In seiner Gefühlsintensität sehr dominierend; deutliches Konkurrenzbewusstsein.

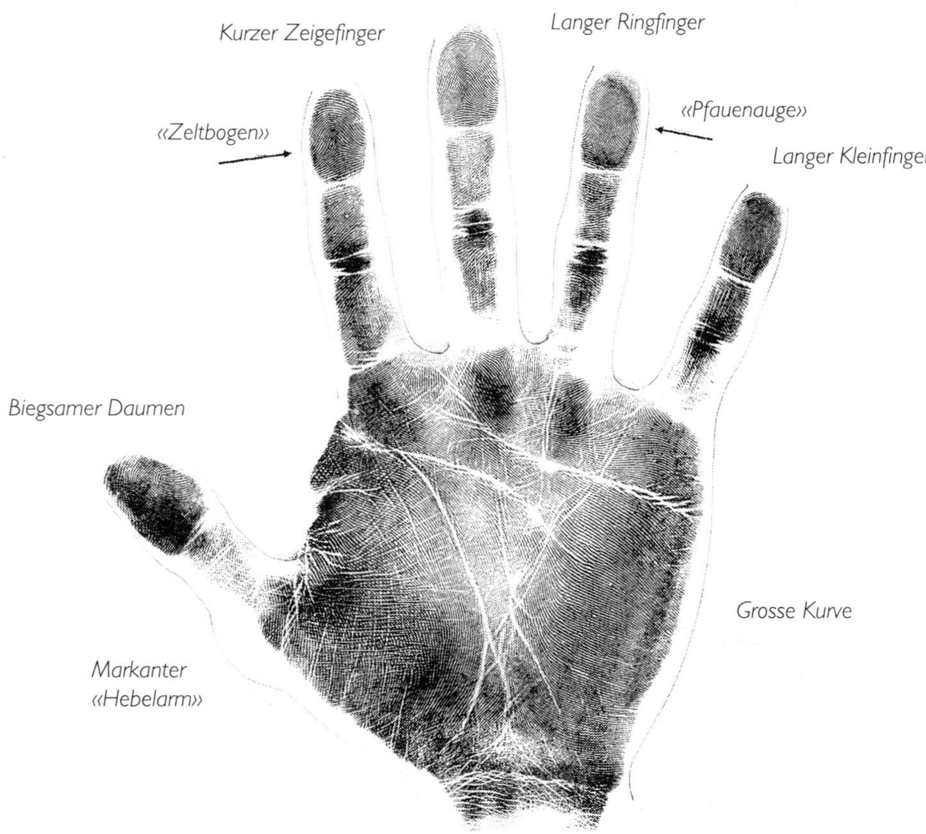

Der *Apollofinger* (Ringfinger) und der *Merkurfinger* (Kleinfinger) sind beide stark (dominante Du-Seite); ihre Linien sind deutlich gezeichnet, überhaupt sind die Linien unter diesen Fingern ausgeprägt. *Stichworte:* stilvolle, künstlerische Präsentation und strategische Koordination.

Der *Daumen* ist flexibel und tief angesetzt mit einem auffallenden «Hebelarm». Der *Venusberg* ist voll, in der Oberfläche etwas weich: Instinktsicheres Körperbewusstsein. Dieser Mensch arbeitet vom Harachakra aus und hat die Fähigkeit, sich blitzschnell umzustellen; er ist Stimmungsschwankungen ausgesetzt.

Man beachte, wie die *Kopflinie* anfangs gerade ist, um dann in der Papillarleiste eine Kurve zu beschreiben: willensbetonter Einsatz und Disziplin, flexibles Mitschwingen.

Der *Jupiterstrahl* läuft zum Passiven Mars, was auf die Fähigkeit hinweist, die Talente auf eine direkte und profitable Art umzusetzen.

Der *Zeigefinger* ist etwas kurz: Ruhm und Anerkennung sind wichtige Motivationen für die Arbeit.

Die Milieu- und Gruppenlinien

Ausserhalb der Lebenslinie findet sich oft eine zu ihr *parallele* Linie; wenn sich diese von der Wurzel der Lebenslinie bis zur Kopflinie erstreckt, kann sie sowohl als doppelte Lebenslinie als auch als kurvende Schicksalslinie betrachtet werden. Wichtig ist hier aber die Funktion dieser Linie als *parallele* Linie.

Ganz anders als die «Sprungbeine» *(vgl. Kapitel «Die Beine der Lebenslinie»),* die wie Raketen angesehen werden können, die den Orbit der Erde (Lebenslinie) verlassen, sind die parallelen Linien wie *Trabanten* der Erde, die durch die Schwerkraft in ihrer Bahn gehalten werden. Der Abstand zur Lebenslinie beträgt normalerweise etwa 7 mm, manchmal schmiegen sich die parallelen Linien ganz eng an sie an, dann beträgt der Abstand nur ca. 3 mm, oder sie verlaufen weiter weg, dann beträgt er ca. 15 mm.

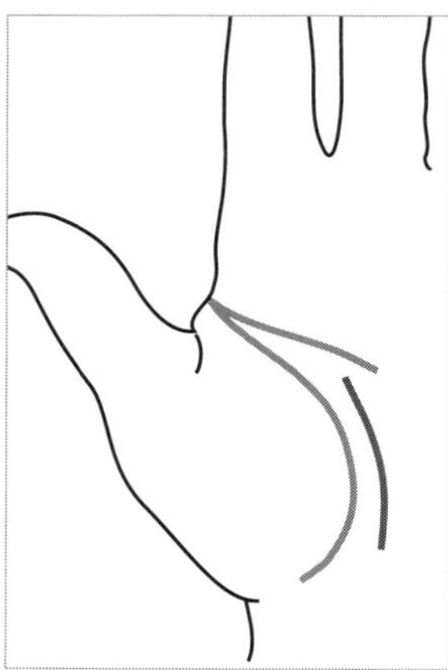

Die Milieulinie

Eine *kurvenförmige Schicksalslinie,* die der Lebenslinie folgt *(siehe Abbildung links),* bedeutet, dass Lebensweg, Lebenseinstellung, innerer Kompass und Zielsetzung sich an den Werten der Gesellschaft orientieren: Haltungen und Werte der Familie, von Gruppen und der Lokalkultur werden – zumal in der ersten Lebensphase – übernommen. Dieser Linie kann man «Bequemlichkeitsschicksalslinie» sagen; ihre Länge wird der Dauer der Anpassung entsprechen – ist sie sehr lang, kann es sich um eine lebenslängliche Anpassung handeln.
Saturn ist der Planet der Verpflichtungen, Aufgaben und Bindungen. Bei einer kurvenförmigen Schicksalslinie (Saturnlinie) lebt man in einer Gruppe, setzt sich für die Gemeinschaft ein und/oder wird von der Gemeinschaft getragen und unterstützt. In seinem Buch *Hands of Children* nennt sie der Handleser Julius Spier *Milieulinie.*

Diese Linie kommt typischerweise bei Heimleitern und Pfarrern vor, findet sich überhaupt dort, wo die Gruppenzugehörigkeit entscheidend ist (Zirkus, Theater etc.), also beispielsweise auch in Familien, die eine Firma besitzen und betreiben. Menschen, die in der *rechten Hand* eine Milieulinie aufweisen, werden eine traditionelle Ausbildung absolvieren: Auch während eines Studiums befindet man sich im Rahmen vorgegebener Spielregeln. – Schön gezeichnete Milieulinien zeigen Schutz, Regelmässigkeit, Bequemlichkeit und Sicherheit an, aber keine Förderung der individuellen Entwicklung. Wenn alles rund läuft, fehlt oft die Motivation, sich zu verändern und das Bestehende in Frage zu stellen.

Faustregel: Je länger die Milieulinie ist, desto mehr und länger wird dieser Mensch unter dem Schutz anderer stehen.

Typische Längen der Milieulinie

Manchmal liegt die parallele Kurve der Milieulinie nur im untersten Abschnitt *(siehe Abbildung rechts),* also im Wurzelchakra (bis zum Wurzelpunkt: 23 an der Längslinienmessung – *vgl. Kapitel «Die Schicksalslinie»*); wir nennen sie «Extraenergielinie». Sie bezieht sich hauptsächlich auf die Konstitution und auf die physische und psychische Grundausrüstung. – Die Verdoppelung verstärkt und *unterstützt* die Vitalität.

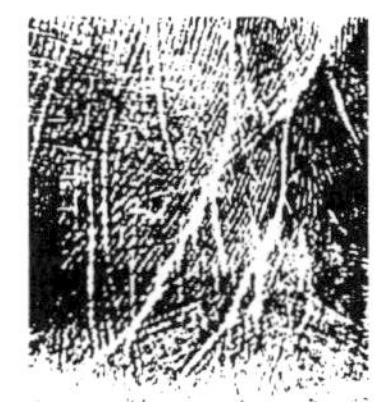

Diese Milieulinie *(siehe Abbildung rechts)* erstreckt sich bis zu einer Höhe, die etwa 25 bis 26 Lebensjahren entspricht (zirka in der Hälfte zwischen Wurzelpunkt und Kopflinie). Das bedeutet, dass der Lebensstil dieses Menschen zu diesem Zeitpunkt in Frage gestellt wird und eine Veränderung stattfindet; aus der lebenslangen Bedeutung dieser Linie kann man schliessen, dass immer für eine stabile Lebensbasis gesorgt sein wird (materiell und/oder seelisch).

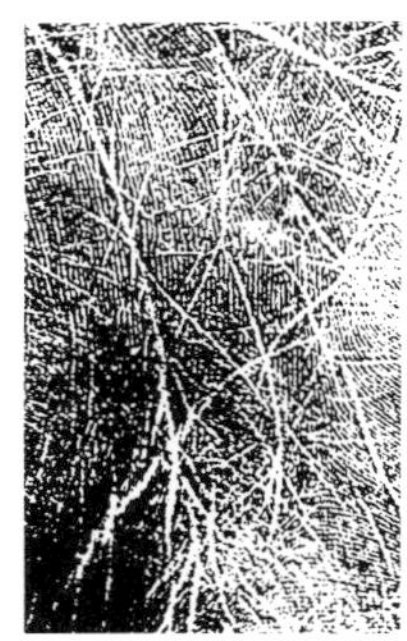

Diese Milieulinie *(siehe Abbildung rechts)* verläuft bis 30, weist also auf das 30. Altersjahr hin: Bei diesem Menschen wird eine Loslösung vom Bestehenden zu diesem Zeitpunkt erfolgen, doch die Dauerbedeutung der Linie weist auf einen vornehmlich konventionellen Lebensstil hin (Familie und/oder gesellschaftliche Position).

Bei dieser Hand *(siehe Abbildung links)* sieht man eine volle doppelte Lebenslinie. Wir nennen diese Variante *Grossfamilienlinie* oder *Ringmauerlinie,* je nachdem, wie sie aussieht. Die Ringmauerlinie ist etwas «steif»: Menschen mit dieser Linie verschanzen und isolieren sich und lassen andere nicht an sich heran (oft bei Einsiedlern zu sehen). Ist die Linie hingegen rund und harmonisch, heisst sie Grossfamilienlinie; diese zeigt ein grosses Potential an Energie an. Menschen mit dieser Linie «nehmen die nähere Umgebung in ihr Heim auf». – Bei beiden Linien ist es jedoch unwahrscheinlich, dass ihre Besitzer in ihrem Leben «einen Sprung ins Unbekannte» wagen, und wenn doch, dann frühestens ab Vierzig.

Diese Frau war bis zu ihrem 40. Lebensjahr *(vgl. Kapitel «Die Zeitmessung an der Lebenslinie»)* arbeitslos. In ihrem Leben ist sie der Auseinandersetzung mit dem eigenen Wesen ausgewichen, aus Angst, sich selber nicht zu genügen. Die Kopflinien in ihren beiden Händen verraten einen Charakter, der sich an praktischen Resultaten orientiert, die rechte Hand enthält sogar eine kleine *Angeberlinie* am Handrand. Der Mondberg weist eine Sperrung auf: Sie begibt sich nicht gerne ins tiefe Wasser. Die Frau hat eine pflegende und beschützende Natur, liebt Kinder, Tiere und Pflanzen.

Die typischen chiromantischen Bezeichnungen für Kurven an der Lebenslinie sind «bewahren» und «beschützen». – Ohne die Bewahrer und Beschützer der Tradition im weitesten Sinne gäbe es keine Festtage wie Weihnachten oder Ostern, keine Geburtstagsfeiern, keine Kindergärten, keine Schulen, Bibliotheken oder Museen. Wenn alle Menschen reiselustig und revolutionär wären, gäbe es keinen Zusammenhalt der Gruppen.

In dieser Hand *(siehe Abbildung links)* fallen Lebenslinie, Schicksalslinie und *Ringmauerlinie* zusammen (die Kurve der Lebenslinie ist durch ein steiles Stück ersetzt). Diese Frau hat sich immer abgeschirmt, lebt allein, trifft sich lediglich ab und zu mit der Familie.

Bemerkenswert ist auch der extrem kurze Kleinfinger, was darauf hindeutet, dass sie keinen Kontakt mit anderen aufnimmt.

Die Senkrechte an der Lebenslinie

Liegt die Senkrechte *(vgl. Kapitel «Die Beine der Lebenslinie»)* oder Stükke von ihr in bedrohlicher Nähe zur Lebenslinie, wird diesem Menschen in der Jugend der Zugang zu Lebensfreude, Wachstum und Wohlbefinden versperrt. Das Lebensbejahende der Lebenslinie wird unter dem Einfluss des sparsamen Saturns geschmälert.

Eindeutig ist dies, wenn steile, senkrechte Linien die Lebenslinie berühren oder mit ihr verschmolzen sind – oder wenn die Lebenslinie steif und senkrecht hinunter in die Handbasis verläuft (sie wird dann selbst zur senkrechten Schicksalslinie). «Arbeit ist dann ein Lebensstil», meint die dänische Handleserin Agma ironisch.

Die Senkrechte trennt Venusberg und Mondberg

Zu diesem Thema gehört normalerweise eine recht belastete Biographie. Die Kindheit ist von Entbehrungen geprägt; es fehlen Raum und Zeit, um mit sich selbst und dem Leben zu experimentieren. Man fühlt sich unterdrückt, erlebt emotionale oder physische Übergriffe und hat Angst, sich persönlich auszudrücken.

Die Senkrechte steht wie eine Mauer zwischen den Welten des Venus- und des Mondbergs, was meint: Schon die Eltern lebten in getrennten Wirklichkeiten, und für den Lebensstil eines Menschen mit dieser Linie ist es charakteristisch, dass die Welt des Alltags und der Pflichten nicht mit der Welt der Sehnsüchte und Hobbys in Berührung kommt. – Beziehungen laufen oft schief, da die Spontaneität beeinträchtigt ist und Schuldgefühle und Verlustängste vorherrschend sind. – Heilend wirken künstlerische Tätigkeiten, vor allem die Arbeit mit Lehm oder Stein (Saturn).

Die Mutter dieser Frau *(siehe Abbildung rechts)* verstarb früh, sie musste als älteste Tochter für den Haushalt und mehrere jüngere Geschwister sorgen; ihre Ausbildung ist zwar nicht besonders gut, sie hat aber eine verantwortungsvolle Stelle und ist kulturell sehr bewandert («belebter» Tagesbogen). Ihr grösstes Problem ist, dass sie den unmittelbaren und zwanglosen Kontakt zu anderen nicht herstellen kann; sie fühlt sich blockiert und isoliert (bemerkenswert ist hier der grosse Abstand zwischen Kopf- und Lebenslinie.)

Manchmal sieht man im unteren Bereich des Harachakras eine Unterbrechung der Lebenslinie, ein «Loch» von etwa 1 cm, das von der Senkrechten ersetzt oder durchquert wird *(siehe Abbildung links)*. Dieses Zeichens wird unter anderem im Alter von 22 bis 24 Jahren aktuell. Man fühlt sich dann schutzlos, ausgelaugt und identitätslos. – Es wird aber ein Leben lang daran gearbeitet werden müssen, die eigene Intimsphäre zu schützen und die eigenen Talente ernst zu nehmen *(vgl. Kapitel «Die Lebenslinie: zwischen Mars- und Venusberg»)*.

Dieser Mann *(siehe Abbildung links unten)* hat sich in vielerlei Hinsicht von andern ausnutzen lassen. Er war jahrelang für einen miesen Lohn die Stütze einer kleinen Firma. Obwohl er es gerne getan hätte, getraute er sich nicht zu kündigen, da er wusste, dass die Firma sonst eingehen würde (bemerkenswert ist die Sperrung der Herzlinie unterhalb von Saturn). Gleichzeitig hatte er eine schwächliche Frau, die er physisch und psychisch zu unterstützen hatte – für ihn selber allerdings blieb nicht viel Zeit und Energie übrig.

Dem Mann machte es viel Mühe, sich emotional auszudrücken und frisch von der Leber weg zu sprechen; er erzählte, dass seine Eltern nur sehr wenig miteinander sprachen. Die Mutter hatte im Estrich ein Atelier, der Vater im Keller eine Werkstatt. Er war ein Einzelkind (man beachte die Schwäche der Lebenslinie im Familienabschnitt).

Die Schräglinien aus dem Mondberg

Als wir die «Beine» und Abweichungen der Lebenslinie beobachteten *(vgl. Kapitel «Die Beine der Lebenslinie» und «Die Milieu- und Gruppenlinien»),* untersuchten wir gleichzeitig einen Aspekt der Schicksalslinie: ihre Wurzel und ihre Herkunft. Viele Menschen haben *mehrere Schicksalslinien* – oder zumindest mehrere Bruchstücke davon. Diese können aus verschiedenen Quellen des Wurzelgebietes «ihre Nahrung holen» und in verschiedenen Höhen der Hand auftreten – beispielsweise können sie losgelöst auf dem *Mondberg* «schwimmen».

Bei den meisten Menschen sieht man Schicksalslinienstücke auf dem Mondberg. Diese Linien sind schräg, liegen auf der Subjektiven Achse *(vgl. Kapitel «Die Kreuze»)* und repräsentieren unser Potential an Gefühlssehnsucht.

Des *Wanderers Herkunft* ist der Mondberg: Er ist immer unterwegs und stammt aus der Fremde. Alle «Kinder des Wanderers» werden Teile ihrer Schicksalslinie auf dem Mondberg aufweisen: Menschen, die ihre Herkunft nicht kennen.

Ein Mann, der die ersten zwölf Lebensjahre mit seinem Vater durch die Welt segelte, fand sein Zuhause nicht in der Sphäre der Lebenslinie, sondern in derjenigen des Mondbergs. Er gehört zu den Ausnahmen: Das Schicksal der meisten Menschen beginnt in der Heimat, in der vertrauten Umgebung der Familie.

In Grönland, wo der Abstand zwischen den Siedlungen sehr gross ist, ist es Sitte, dass ein Mann seine Frau dem einsamen Wanderer über Nacht zur Verfügung stellt – eine Tradition, um der Inzucht der Sippe entgegenzuwirken.

Die vier Grosseltern, die ein Mensch haben kann, können alle verschiedener Herkunft sein: Eine Grossmutter stammt aus der Heimat, die andere aus dem Nachbardorf, ein Grossvater kommt aus einem fremden Land, der andere ist ein Waisenkind, dessen Herkunft unbekannt ist – sie liegt in der Sphäre des Mondbergs.

Eigentlich ist es nicht der konkrete Vater, den ein Mensch mit solchen Anzeichen auf dem Mondberg sucht, denn: Der physische Vater gehört zum Venusberg, zum biologischen Erbe. Dieser Mensch aber sucht nach dem geistigen Vater, mehr nach dem Richter, nach dem weisen Mann

(«Guruachse»), der wie mit Adleraugen sowohl das Ganze als auch das Detail im Auge zu behalten vermag.

Die modernen Kommunikationsmittel haben all dem, was durch die Schräglinien repräsentiert wird, zu grosser Verbreitung verholfen: Beispielsweise ist die Astrologie mit ihrer Hilfe – mindestens seit die Presse bekanntmachte, dass das ehemalige amerikanische Präsidentenpaar Ronald und Nancy Reagan sich einer Astrologin bedienten – ein Begriff in der ganzen westlichen Welt – was allerdings auch eine Profanierung und Kommerzialisierung dieses geistigen Wissens zur Folge haben kann.

Die modernen Kommunikationsmittel haben auch die verschiedensten Kulturen einander nähergebracht: Wir können jetzt in den Supermärkten türkische Lebensmittel kaufen und wissen kollektiv, wie auf Mallorca gelebt wird.

Der Mondberg stimuliert unser *Reizbedürfnis,* der Venusberg hingegen unser Sicherheitsbedürfnis. – Der Mondberg entspricht dem Wasserelement, der Venusberg dem Erdelement. *Schräglinien* findet man unter dem Merkurfinger (Kleinfinger) und unter dem Apollofinger (Ringfinger).

Schräglinien unter dem Apollofinger

Diese Linien haben ihren begrenzten Raum, man findet sie innerhalb von Apollos Herrschaftsbereich – vor allem bei Menschen, die in Gemeinschaften und Gesellschaften leben und arbeiten. Beispielsweise finden sich solche Schicksalslinien oftmals bei Piloten und Stewardessen *(siehe Abbildung rechts oben)* – viele Stewardessen lassen sich nach ihrer Arbeit bei der Fluggesellschaft von Firmen anstellen, die mit modernen Geschäftsmethoden und Kommunikationsmitteln arbeiten und einen starken Bezug zum Zeitgeist haben – es handelt sich dabei um verschiedene sich entsprechende Ebenen dieser Schicksalslinie.

Auch bei Musikern, Schauspielern und anderen Künstlern findet man oftmals Teile ihrer Schicksalslinie in diesem Bereich *(siehe Abbildung rechts oben)*. Wie Piloten führen auch sie ein unregelmässiges Leben, arbeiten am Wochenende und am Abend, sind dabei aber feste Verpflichtungen eingegangen und in eine Gemeinschaft eingebettet, ausserdem haben sie mit anderen Gruppen zu tun. Diese Menschen reiten ebenfalls auf der Welle des Zeitgeistes.

Weiter findet sich diese Schicksalslinie bei Modeschöpfern und erfolgreich experimentierenden Unternehmern.

Stewardess

Sängerin

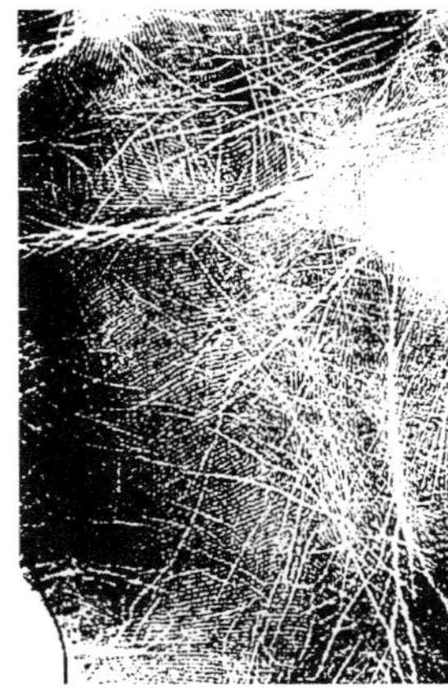

Schauspielerin

Schräglinien unter dem Merkurfinger

Ganz aussen an der Handkante «gehen Merkur und Uranus über Ordnungen und Konventionen hinaus». – Dies ist ein anarchistischer Bereich, wo Gedanken und Stimmungen der Logik und Ordnung entzogen sind. Die Griechen sagten: Uranus ist der Himmel, Merkur hat die Tarnkappe.

Wenn ein Stück der Schicksalslinie aus der Tiefe des äusseren Mondbergs kommt, so kann man das bildhaft sehen als eine Suche nach den grossen Geheimnissen. Die Frage ist hier nur, ob ein Mensch mit diesem Zeichen dies weiss oder nicht, und ob er fähig ist, mit unklaren psychischen Meldungen umzugehen. – Hier kann man nie wissen, auf welchem «Trip» man ist und wohin es einen zieht. Einige dieser Menschen sagen, sie seien auf einem fremden Stern geboren.

An sich sind diese Menschen naiv und unkritisch: Alles wird bei ihnen durch «die gleiche Leitung geschickt». In der Praxis ist es wichtig herauszufinden, ob sich der Betreffende Wissen und Fähigkeiten angeeignet hat, um seine Existenz bewältigen zu können. – Diese Linien werden in der Pubertät, mit zirka *15 Jahren*, aktuell. Oftmals unterliegen diese Jugendlichen Verführungen anderer (Sekten), sie haben einen starken Hang zu Religiosität und Mystik und/oder zu langen Reisen.

Auch mit *25 Jahren* werden die Linien wichtig: Es kommt dann oft zu entscheidenden Kontakten mit wichtigen Menschen, die Auslöser für eine geistige Neuorientierung sind und existenzielle Fragen aufkommen lassen.

Illustration zur Guruachse

Nicht ganz zu Unrecht haben Menschen mit Linien auf dem Mondberg oft das Gefühl, aussergewöhnlich zu sein, denn sie (wie die Linien) wurzeln im Bereich der Urbilder und streben nach oben, nach einer Personifizierung dieses innern Bildes. Wenn dazu noch die Funktionsachse betont ist (beispielsweise durch eine Prozesslinie), erzeugt die Schräglinie beim jungen Menschen entsprechende Wünsche und Träume: Zirkusartist, Rockstar, Rallyeheld oder Priester möchte er werden, irgendetwas, wodurch er den Durchschnitt überragt und kollektive Gefühle in Bewegung setzt.

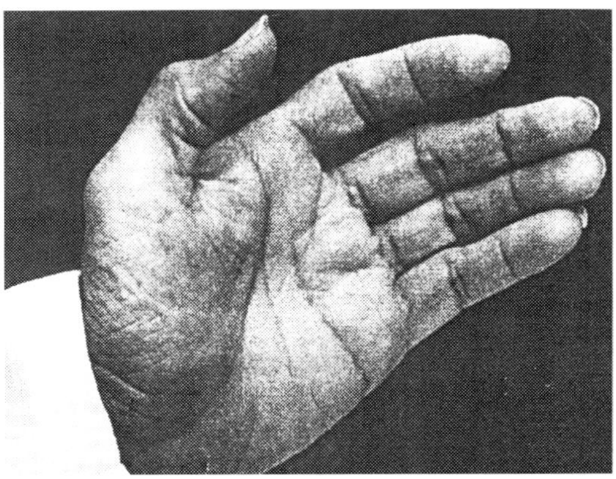

Die Hand Bhagwans

Einem Mann wie *Bhagwan* («Osho») ist genau dies gelungen *(siehe Abbildung links)* – seine Schicksalslinie verlief, mit seiner Lebenslinie verschmolzen, vom tiefen Mondberg bis hin zum Zeigefinger schräg über die Hand: Er hatte eine grosse psychische Macht über die Massen.

Seine Lebenslinie expandierte weit in den Du-Raum hinein: Die ganze Welt war sein Spielplatz – die Schräglinie war zugleich eine Gesellschaftslinie. Es kann nicht oft genug betont werden: Dieselbe Linie kann mehrere Funktionen in sich tragen – entscheidend ist ihre Lage und ihre Richtung!

Nun, nicht alle Menschen mit Schräglinien werden Bhagwans, nicht alle ein Elvis Presley oder ein Karajan. Wenn man selber die durch die Schräglinie symbolisierten Wünsche nicht erfüllen kann (dazu braucht es eine starke dynamische und elastische Hand mit charismatischer Ausbuchtung an der Handkante), werden sie projiziert: Man sucht sich dazu ein Vorbild, einen Guru oder einen Helden, eventuell einen Ehemann, der diese Qualitäten verkörpert.

Man kann sich aber auch als unverstandenes Genie fühlen und sich dem Alkohol oder anderen Suchtmitteln hingeben.

Auch die Kopflinie kann als Schicksalslinie funktionieren, nämlich dann, wenn sie bis tief in den Mondberg hinunterreicht.

Beachtenswert: Menschen, die ungern den Boden unter den Füssen verlieren und nicht so viel riskieren – beispielsweise mit einer kritischen Lebenslinienwurzel oder bei starker Einengung der Lebenslinie –, suchen die Befriedigung ihrer durch die Schräglinien symbolisierten Träume oft in Romanen und Biographien, in Phantasien und Tagträumen.

Überhaupt ist es hier entscheidend, dass die Lebenslinie ein Gleichgewicht zu den Schräglinien bildet, sonst kann diese Person ihre Eindrücke und Inspirationen nicht verarbeiten und verwerten, also nicht in die materielle Welt hinaustragen. Man könnte dies mit einem Fischer vergleichen, der nicht rechtzeitig mit seinem Fang in den Hafen zurückkehrt: Wenn seine Fische verdorben sind, kann er sie nicht verkaufen und er wird verarmen und schliesslich verhungern.

Also: Die Lebenslinie und ihre Wurzel müssen bei der Bewertung der Schräglinien immer mitberücksichtigt werden!

Die Kopflinie

Die Kopflinienzone der Hand entspricht im Horoskop der Horizontachse (Aszendent/Deszendent), dem Grenzgebiet zwischen Nachtbogen und Tagesbogen. *Stichworte:* Arbeit, Durchsetzung, Existenzbewältigung, Initiative, Resultate, Einsatz des Willens, Anwendung des Wissens, Geistesgegenwart und Reaktionen auf Impulse von aussen.

In der chiromantischen Literatur ist hier mitunter von «Denken» und «Intelligenz» die Rede. Damit ist aber nicht abstrakte und theoretische Erkenntnisarbeit gemeint, sondern vielmehr eine andere Art von Intelligenz: strategische Vernunft und «Bauernschläue»

In der Praxis betrachten wir *alle Linien* in der Mitte der Hand – seien sie nun kürzer oder länger, kurvenförmig oder gerade, quer oder schräg – als Kopflinien oder als Kopflinienstücke. Die Kopflinie gehört zum Solarplexus *(vgl. Kapitel «Stichworte zu den sieben Chakren»)* und hat Steuerungsfunktion.

Ein Vergleich aus der Welt der Autos: Die Konstitution der Hand, also die Form, entspricht dem Wagentyp – eine dynamische, elastische Hand mit starkem Daumen wäre ein BMW, eine kleine, zerbrechliche Hand mit lockerem Daumen ein 2 CV. Der Fahrer entspricht der Kopflinie – er bestimmt Richtung und Tempo. Je gerader die Kopflinie ist, desto

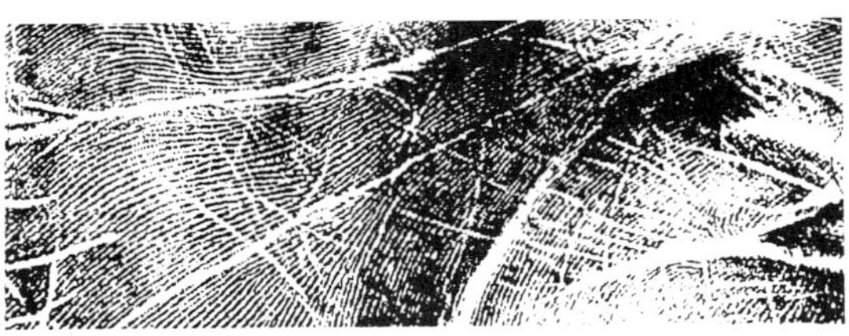

Gerade Kopflinie

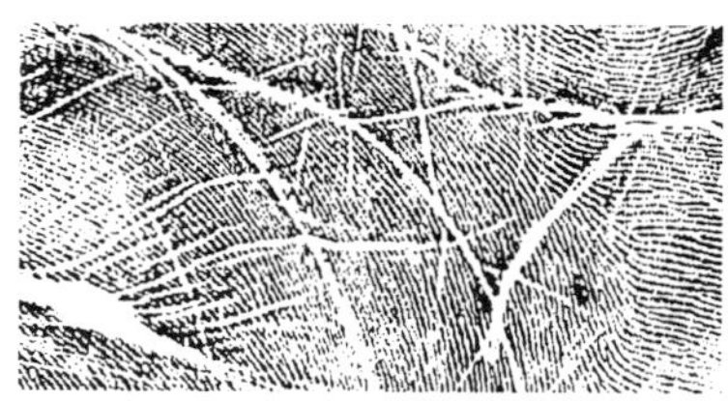

Kurvenförmige Kopflinie

Kopflinie spaltet sich unter dem Mittelfinger

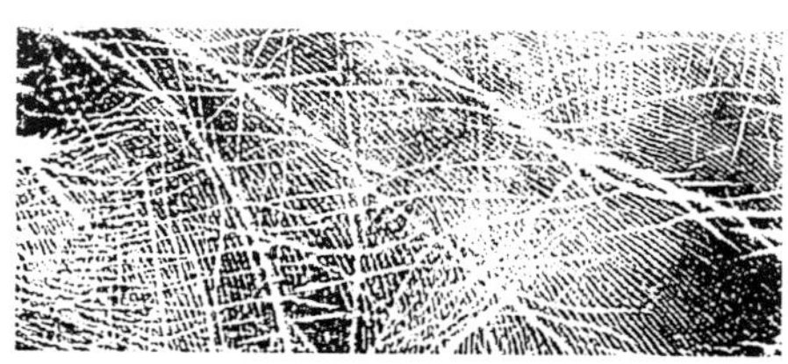

Kleiner Bruch unter dem Mittelfinger

gerader (zielbewusster und konzentrierter) wird gefahren; bei einer kurvenförmigen Kopflinie hat auch die Strasse viele Kurven und Umwege *(siehe Abbildungen vorhergehende Seite).* Entsprechend den unterschiedlichen Temperamenten der Fahrer findet man auch unter den Kopflinien die mannigfaltigsten Typen: aggressive, ungeduldige, verwirrte oder gar ängstliche.

Inselbildung unter dem Mittelfinger

Bei der Beurteilung der Kopflinie (wie auch bei allen anderen Linien) sollte man darauf achten, ob sie konsequent, einheitlich und harmonisch wirkt oder ob nicht. Oft besteht sie aus verschiedenen Abschnitten, wobei ein Stück klar, ein anderes «wattig» und ein drittes schlaff sein kann. Sie kann sich auch aus einem geraden und einem kurvenförmigen Stück zusammensetzen, manchmal tritt sie verdoppelt oder gar «vervielfältigt» auf. – In bezug auf Länge, Richtung und Eindeutigkeit gibt es unzählige Varianten, von denen nur einige häufig vorkommende hier beschrieben werden *(siehe Abbildungen).*

Das A und O bei der Beurteilung einer Linie sind Spannkraft, Lebhaftigkeit, Dynamik und Ausstrahlung. Den Anfänger werden diese Eigenschaften verunsichern, da man sie nicht «objektiv» messen kann – das ändert sich aber mit zunehmender Erfahrung.

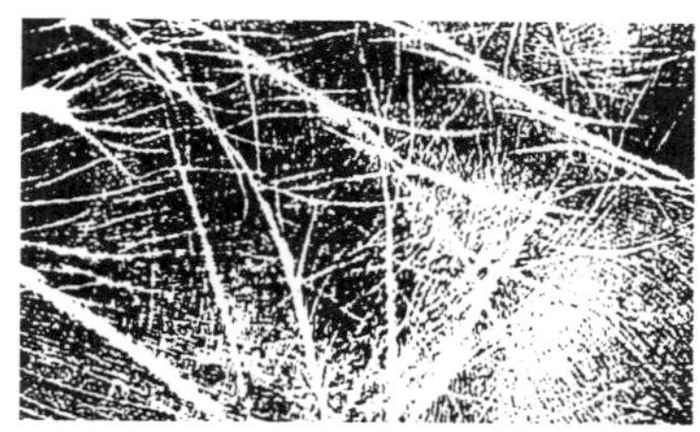

Mehrere Spaltungen

Kräftige und widerstandsfähige Hände vertragen schwache Kopflinien gut (es ist genug Energie vorhanden, auch wenn viel davon vergeudet wird) – starke Kopflinien können unregelmässige, weiche oder blutlose Hände stärken (mit den vorhandenen Energien wird gezielt umgegangen).

Starke und schwache Kopflinien

Wenn die Kopflinie klar geschnitten ist, schwungvoll aussieht (sie darf mit Vorteil, nachdem sie den Mittelfinger passiert hat, eine leichte Kurve beschreiben), unbeschädigt ist und am Anfang die Lebenslinie tangiert oder leicht von dieser getrennt ist, kann man sie als stark bezeichnen.

starke Kopflinie

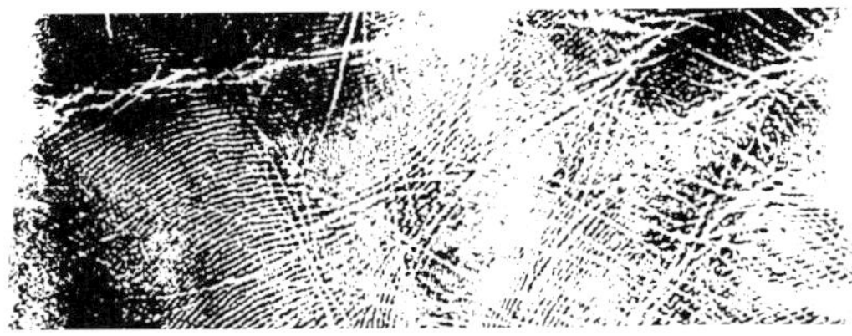

schwache Kopflinie

Stärkezeichen
Folgende Merkmale können als *Stärkezeichen* angesehen werden *(siehe auch Abbildung oben)*:

- klar geschnitten (konzentrierter Einsatz);
- schwungvoll (flexibel);
- ohne Bruchstellen (kein Energieverschleiss);
- harmonischer Kontakt zur Lebenslinie (realistische Einschätzung der Erfolgschancen).

Schwächezeichen
Folgende Merkmale können als *Schwächezeichen* angesehen werden *(siehe auch Abbildung oben)*:

- sinkt von Anfang an ab (gibt schnell den Geist auf);
- «wattig» (keine Spannkraft, keine Konsequenz);
- verzettelt oder mit Inseln versehen (Konzentrationsmangel);
- liegt auf einer Papillarleiste (keine Eigendynamik).

Bei Brüchen, Spaltungen und Verdoppelungen beachte man den Zustand der einzelnen Stücke; diese Zeichen können folgendermassen gedeutet werden:

Brüche:	Viel Energie wird gebraucht, um am Ball zu bleiben.
Spaltungen:	Verschiedene Lebensgebiete erfordern Kontrolle.
Verdoppelungen:	Verschiedene Seiten der Persönlichkeit müssen durch Entwicklung diverser Fertigkeiten trainiert werden.

Verstückelte Kopflinien
Nicht selten besteht die Kopflinie aus verschiedenen, voneinander unabhängigen Stücken *(siehe Abbildung nächste Seite oben):* Dies ist für den Betreffenden und seine Umgebung recht anstrengend, denn es braucht

viel Lebenserfahrung, um sich selbst, seine Reaktionen, seine Kräfte und seine Wirkung auf die Umwelt kennenzulernen. Bis zum 40. Lebensjahr wird man von mehreren, plötzlich auftretenden Veränderungen der Lebensumstände geprägt sein – es kommt zu diversen Ausbildungen und/oder zu vielen Partnerschaften.

Grundsatz
Auf der *Ich-Seite* bezieht sich die Kopflinie auf die «Steine, die man selbst ins Wasser wirft», auf der *Du-Seite* bezieht sie sich auf Resultate und Reaktionen *(vgl. Kapitel «Die Hälften und die Quadranten»).*

Faustregeln
Je weiter die Kopflinie in die Du-Seite hinein vorstösst, desto mehr wird man darauf bedacht sein, bestimmte Wirkungen in der Umwelt (bei Personen oder in der Gesellschaft) zu erzielen; man ist resultat- und konkurrenzorientiert.

Wenn die Kopflinie von Anfang an in Richtung Mondberg kurvt, wird man seine Energie nicht auf gesellschaftlichen oder beruflichen Aufstieg konzentrieren, sondern lässt sie lieber fliessen, lässt sich lieber von Situationen und Menschen, von Lust und Laune beeinflussen.

Lange, klare und gerade Kopflinien sind potentiell sehr leistungsfähig, man erzielt mit konzentriertem Krafteinsatz seine Resultate; wenn sie bis zum Handrand vorstossen (Sperrungsthema), geht man in dieser Hinsicht oft zu weit.

Sobald die Kopflinie irgendwelche Kursänderungen macht, wechselt die Energieausrichtung; unregelmässige (beispielsweise «wellenförmige») Kopflinien sind gute Zeichen für Aktivitäten, die viel Wechsel bringen, beispielsweise zwischen mentaler und praktischer Arbeit.

Oft ist die Kopflinie auf der Ich-Seite verkettet, auf der Du-Seite jedoch klar. Dies ist ein Zeichen dafür, dass der Betreffende eher angestellt ist, als freiberuflich tätig sein wird (er zeigt Schwäche in bezug auf selbständige Initiative, Stärke jedoch in bezug auf Ausführung und Präsentation ihm übergebener Arbeiten).

Die Blütezeit der Kopflinie

Der Solarplexus und somit auch die Kopflinie haben ihre Blütezeit im Alter von 35 bis 36 Jahren, manchmal etwas früher, manchmal etwas später *(vgl. Kapitel «Stichworte zu den sieben Chakren»)*. In dieser Zeit werden grosse, wichtige Wechsel in der Art des Energieeinsatzes stattfinden. Viele Menschen sind jetzt initiativ, klettern die Stufen der Gesellschaft hoch, erleben Erfolg und erzielen entscheidende Resultate. Persönliche und berufliche Erfahrung fussen jetzt auf soviel Fundament und Selbstvertrauen, dass privaten oder geschäftlichen Partnern klare Bedingungen gestellt werden können. Man fragt sich beispielsweise, ob die eigene Leistung angemessen entschädigt wird und ob genug Handlungsfreiheit da ist: Falls nicht, stellt man ein Ultimatum und bricht gegebenenfalls aus den Strukturen aus.

Es kommt auch vor, dass man mit der eigenen Unerfülltheit konfrontiert wird, die Schuld aber «den anderen» zuschiebt: Man wird unsicherer und aggressiver als früher – ein unheilvoller Lösungsweg.

Wer schon älter als Mitte Dreissig ist, wird von innen her spüren, auf welche Art seine Kopflinie wirkt – er ist alt genug, die entsprechenden vorhandenen Möglichkeiten, die Stärken und Schwächen, zu erkennen.

Die Unterteilung der Kopflinie

Jeder Kopflinienabschnitt repräsentiert ein unterschiedliches Arbeitsstadium, das durch den jeweils darüberstehenden Finger charakterisiert wird. Die Kopflinie reicht meistens bis auf die Höhe des Ringfingers, seltener bis an die Handkante (Höhe Kleinfinger). Im folgenden nun die Bedeutungen der Kopflinienabschnitte unterhalb des entsprechenden Fingers:

Jupiterfinger: Initiative, Arbeitsbeginn;
Saturnfinger: Vertiefung, Selbstdisziplin, Arbeitsprozess;
Apollofinger: Formgebung, Präsentation;
Merkurfinger: Reproduktion, Geschäftstüchtigkeit.

Diese Unterteilung kommt sowohl bei kürzeren als auch bei längeren Verläufen der Kopflinie in Anwendung. Ein Beispiel, das die verschiedenen durch die Finger repräsentierten Themen illustriert: Ich gehe in die Küche, um einen Kuchen zu backen (Jupiter), mische die Zutaten zusammen und stelle den Kuchen eine Stunde in den Ofen (Saturn). Dann ist er eigentlich fertig, aber ich kann ihn noch geschmackvoll dekorieren und «zur Schau stellen» (Apollo) und ihn auf dem Markt verkaufen (Merkur).

Ein anderes Beispiel: Ich will (Jupiter) meinem Sohn einen komplizierten Vorgang erklären: Ich konzentriere mich auf den Inhalt (Saturn) und suche die pädagogische Form (Apollo). – Oder: Ich fange ein Medizinstudium an (Jupiter), studiere lange Jahre und erwerbe mir alle Grundkenntnisse (Saturn); jetzt weiss ich, was ich wissen muss, doch wenn ich akzeptiert werden möchte, muss ich meinen Professoren mein Wissen beweisen, um die Bestätigung zu bekommen (Apollo).

Unter dem Jupiterfinger

Unterhalb des Jupiterfingers können wir zwischen drei verschiedenen Formen der Kopflinie unterscheiden *(siehe auch Abbildungen unten)*:

Tangente:	leichter Kontakt zur Lebenslinie;
geschlossene Formation:	längere Verkettung mit der Lebenslinie;
offene Formation:	grosser Abstand zwischen Kopf- und Lebenslinie.

Tangente

Wenn die Kopflinie die Lebenslinie leicht berührt oder nur wenig von ihr getrennt ist (bis etwa 2 mm), hat sie «Erdkontakt», das heisst, dass dieser Mensch in seiner Einschätzung (Kopflinie unterhalb Jupiterfinger: Beurteilung) bei der Durchführung seiner Projekte realistisch bleibt.

Geschlossene Formation

Wenn die Kopflinie mit der Lebenslinie verknüpft ist (in extremen Fällen bis zu 20 bei der Lebenslinienmessung), bedeutet dies, dass dieser Mensch

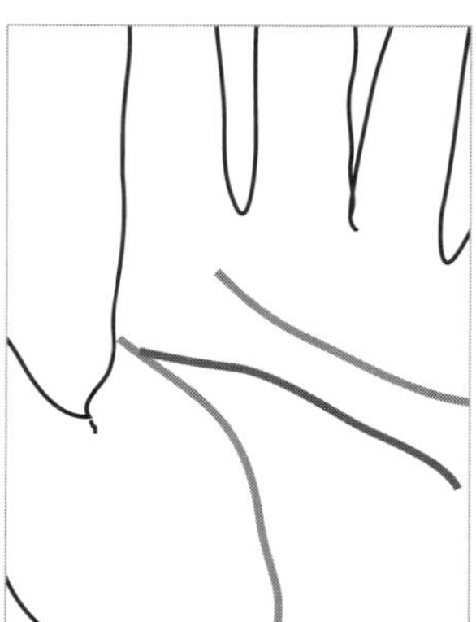

Tangente

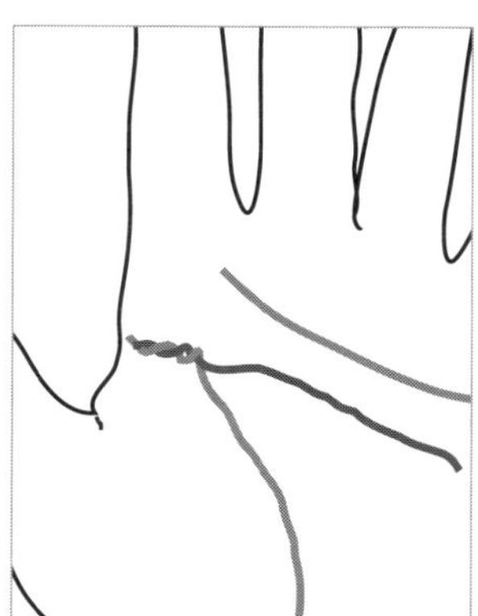

Geschlossene Formation

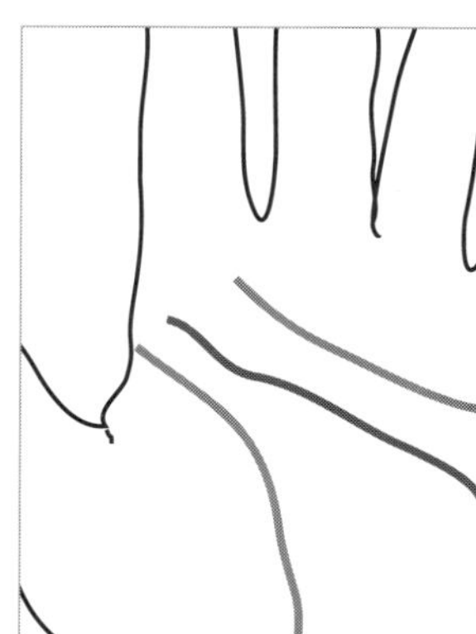

Offene Formation

in seiner Einschätzung übervorsichtig ist, dass er die Konsequenzen seiner Initiativen so lange abwägt, bis es unter Umständen zu spät dafür ist. Es besteht hier auch die Tendenz, sich zu sehr an Autoritäten zu binden – die Mutter, der Ehepartner oder der Chef bestimmen, wann und wie gehandelt wird (traditionell wird dies die «sensitive» Kopflinie genannt), man lässt sich von andern bevormunden.

Doch als «Schicksalsleser» müssen wir uns immer wieder bemühen, zwischen «Huhn und Ei» zu unterscheiden: Einige Menschen mit dieser Kopflinie lassen sich knechten, andere eben nicht. Auf jeden Fall wollen wir die Betreffenden ermutigen, auch selber einmal die Initiative zu ergreifen.

Offene Formation

Die Kopflinie kann auch ganz von der Lebenslinie getrennt sein (im Extremfall bis zu 15 mm). An sich ist dies eine «Hals-über-Kopf-Linie»: Solche Menschen sind oft voreilig und haben die Tendenz, ihre Kräfte, ihre Zeit und ihre Ressourcen zu überschätzen. Sie lernen eher durch eigene Versuche als durch die Erfahrungen oder Ratschläge anderer. Die Tradition nennt die Linienformation «insensibel» (astrologisch: *Mars/Uranus-Qualität*). Bei der Beurteilung einer offenen Formation ist es unerlässlich, die Lebenslinie und vor allem den Zustand ihrer Wurzel zu beachten: Sie wird darüber Auskunft geben, ob sich der Betreffende auch tatsächlich getraut, Unkonventionelles in Bewegung zu setzen, oder ob es sich lediglich um einen «ungeduldigen, dummen Hagestolz» handelt. Indessen kann auch dieser Mensch mit zunehmender Reife zu einem selbständigen Handeln finden. – Eine offene Formation ist oft ein Zeichen geistiger Frühreife auf Kosten der gefühlsmässigen Entwicklung. In manchen Fällen kann eine weite offene Formation eines der Zeichen dafür sein, dass man als Kind ganz sich selbst überlassen war (keine Rückendeckung von «Mutter Erde»).

Einige chiromantischen Autoren sind der Meinung, dass sich offene Formationen bei Menschen mit gefährlichen Berufen wie beispielsweise Löwenbändiger vermehrt finden. Das entspricht nur begrenzt unserer Erfahrung. Ein Löwenbändiger braucht Körperkontakt und eine organische Verbindung zum Leben auf der Erde, die der offenen Formation eben fehlt. Wir haben bei Akrobaten und Stuntmen gesehen, dass sie in der linken Hand oft geschlossene (innerlich wissen sie genau, was sie tun) und in der rechten offene (es sieht äusserlich recht halsbrecherisch aus) Formationen der Kopflinie haben.

Keine Lebenslinie unter der Kopflinie

Manchmal fehlt unter der Kopflinie die Lebenslinie *(siehe Abbildung rechts)*. Dies findet sich bei Menschen, die sich absolut unkonventionell verhalten und sich über Erwartungen der Familie hinwegsetzen. Diese Formation darf aber unter keinen Umständen mit einer langen Bindung oder Verkettung verwechselt werden!

Unter dem Saturnfinger

Wenn die Kopflinie unter dem Mittelfinger (Saturnfinger) harmonisch mit dem ersten Stück zusammenhängt, wird dieser Mensch auch in den Phasen seines Lebens, in denen er tiefe, aber vielleicht schmerzhafte Einsichten über sich gewinnt, nicht verzagen und die Ausdauer haben, Stein um Stein in seinem Fundament aneinanderzureihen.

Manchmal spaltet sich die Kopflinie hier in ein kurvenförmiges und ein gerades Stück, bei Verlängerung des Winkelmessers *(vgl. Kapitel «Die Zeitmessung an der Lebenslinie»)* oft bei 13. Beim geraden Stück (eine «Zähne-zusammenbeissen-Linie») handelt es sich um selbstauferlegte Zwänge: Mit enormer Disziplin werden bestimmte Programme absolviert (so beispielsweise religiöse Rituale, Fastenkuren oder Sportaktivitäten), wobei andere Lebensbereiche möglicherweise aber sehr schlampig gehandhabt werden (alle Menschen mit Waagerechten neigen zu Fixiertheit).

Wenn die Kopflinie schon vor dem Saturnfinger «ausrutscht» (was besonders bei der offenen Formation zu sehen ist), bedeutet dies, dass die Aktivität dieses Menschen schon bald nach der ersten Begeisterung (Jupiter) nachlässt. – Die Linie eignet sich nicht für langfristige Projekte.

Unter dem Apollofinger

Manchmal geht ein Zweig der Kopflinie vor oder unter dem Ringfinger nach oben Richtung Herzlinie und Merkurfinger. Dieser Mensch hat den Ehrgeiz, berühmt zu werden, öffentlich «sichtbar zu sein» und in einschlägigen Kreisen zu verkehren – was ihm irgendwie auch gelingt. Diese Öffentlichkeit ist nicht unbedingt gross, und wenn, dann ist der erworbene Ruf nicht unbedingt schmeichelhaft; Varianten der Formation finden sich auch bei Skandalen.

Wenn die Kopflinie vor dem Ringfinger ihre Richtung «ruckartig» zum Mondberg hin ändert *(siehe Abbildung links),* wird dieser Mensch nur unter Druck (beispielsweise durch die angezeigten Themen einer steilen Schicksalslinie) den Dingen «den letzten Schliff geben», er wird sich nicht um sogenannte Äusserlichkeiten kümmern.
Wenn sich die Kopflinie in eine *gerade* und in eine *abfallende* Linie gabelt *(siehe Abbildung unten),* zeigt dies zwei Seiten eines Menschen: Er wird

einerseits ein Tagträumer sein und ist beeinflussbar, lässt sich leicht mitreissen und faszinieren (abfallende Linie), andererseits steht er unter «Imponierzwang» und will sich als Mann von Welt zeigen (gerade Linie).

Diese beiden Energierichtungen passen nur schlecht oder gar nicht zusammen. Zumal in der ersten Lebenshälfte werden sich diese Eigenschaften gegenseitig in die Quere kommen. So weicht dieser Mensch oft vor klaren Konfrontationen zurück, ist unschlüssig und abwartend, kann aber andererseits unter Stress explodieren.

Wenn die Kopflinie einen Bruch aufweist, dann meistens hier *(siehe Abbildung unten).* Es kann zu Erschöpfungszuständen kommen, weil der

Du-Seite-Teil dieses Menschen keinen Energienachschub von der Ich-Seite bekommt (die Leitung ist unterbrochen). Jener Teil des Menschen, der zur Du-Seite gehört, orientiert sich an Bedürfnissen und Möglichkeiten der Umwelt, ohne aber jenem Teil, der zur Ich-Seite gehört, genügend Rechnung zu tragen und zu prüfen, ob auch dieser Teil einverstanden ist. – Es ist hier dringend notwendig, sich gegenüber den (oft vermeintlichen) Forderungen der Umwelt abzuschirmen und eigene Talente zu entwickeln. Das 34. Altersjahr ist entscheidend: Es kommt zu recht dramatischen Kursänderungen in zielsetzungsmässiger und privater Hinsicht.

Die Gabelung des Schriftstellers, Erfinders oder Anwalts

Dies sind die traditionellen Namen für eine Gabelung am Ende der Kopflinie im Apollo/Merkur-Gebiet. Beide Zweige der Gabelung kurven leicht abwärts und haben deshalb keine entgegengesetzten Interessen. Die untere Linie schöpft aus der Welt der Phantasie, die obere vermag, konkret zu verwirklichen. Diese Gabel gibt Wendigkeit in der Auffassung und in der Bewältigung von Situationen. Da hier aber alles mehrdeutig verstanden wird, kann Ehrlichkeit zum Problem werden, und die «Wahrheit» wird oft zu einer Frage von Sichtweise und Formulierung.

Unter dem Merkurfinger

Normalerweise reicht die Kopflinie bis zum Ringfinger. Sollte sie oder Teile von ihr bis zur Handkante gehen, also auch unter den Kleinfinger (Merkur) verlaufen, gewinnt die Du-Seite enorm an Bedeutung. Ganz selten verläuft die Kopflinie wie ein Lineal von einem zum anderen Ende, meistens kann das letzte Stück mehr oder weniger eindeutig als «Anhängsel» charakterisiert werden *(siehe Abbildung unten)*.

Auf jeden Fall ist hier das Thema Sperrung aktuell *(vgl. Kapitel «Die Sperrungen»)*. Die Persönlichkeit dieses Menschen hat etwas Zwanghaftes an sich und wird extrem konkurrenz- und resultatorientiert sein.

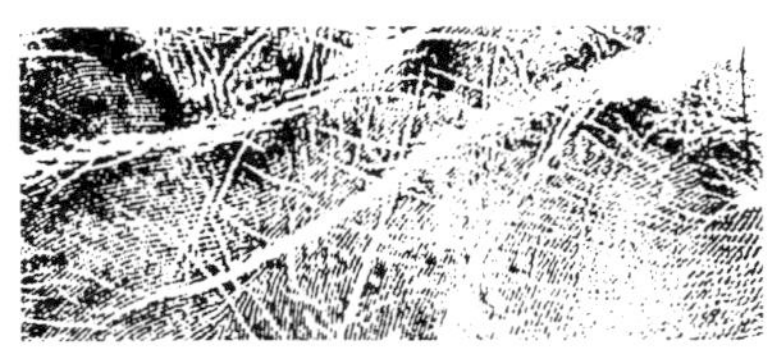

Zu den Stichworten des Solarplexus gehört auch das Begriffspaar gewinnen/verlieren. Menschen mit dieser Kopflinie halten danach Ausschau, ob jemand stärker, schneller oder besser ist als sie – die Leistungen anderer werden zum Massstab der eigenen Leistungen erhoben. – Die einen nehmen diese Herausforderung an, scheuen keine Mühe, um immer besser zu werden, andere schrecken davor zurück, gehen in die Defensive, sind handlungsunfähig, aus Angst, mit der eigenen Unzulänglichkeit konfrontiert zu werden.

In Fällen von Menschen, die die Herausforderung aktiv annehmen, kann es vorkommen, dass vor lauter Geschäftigkeit das «schwebende Bewusstsein» des Mondbergs darunter leidet *(vgl. Kapitel «Der Obere Mondberg»)*: Man weiss nicht, wozu man eigentlich Lust hat. Hingegen reagieren diese Menschen – offen oder verborgen – blitzschnell, wenn sie sich angegriffen fühlen. Hier findet sich eine reproduzierende Verhaltensweise, es besteht die Gefahr, andere nachzuahmen, statt selber schöpferisch zu sein (Plagiatoren).

Wenn die Kopflinie wie ein Lineal verläuft, lautet das Motto etwa: «Ärmel hochkrempeln – Probleme sind zum Lösen da» (allerdings muss hier wieder darauf geachtet werden, ob die Handwurzel entsprechende

Widerstandskraft und Bodenständigkeit anzeigt). Dieser Mensch wird gut funktionieren und von sich selbst behaupten, er hätte keine Probleme. Allerdings ist das Bedürfnis, die Kontrolle und auch die Oberhand zu behalten, ausserordentlich stark – die Hingabefähigkeit ist ein Problem. Die Umwelt wird sie als recht manisch und unsensitiv erleben.

Die Angeber- oder Hochstaplerlinie

Diesen Namen haben wir solchen Linien gegeben, die oberhalb der normalen Kopflinie losgelöst am Handrand verlaufen *(siehe Abbildung unten);* er hat sich aus unseren persönlichen Erfahrungen mit Menschen abgeleitet. Charakteristisch ist, dass die Linie scheinbar an der Handkante beginnt; manchmal berührt sie die Kopflinie.

Linien am Handrand sind im Prinzip reaktiv. Sie orientieren sich an Situationen, Gelegenheiten und Möglichkeiten der Umwelt. Ihre Stärke ist, dass sie blitzschnell bemerken, wo kurzfristig ein Vorteil erreicht werden kann. Merkur tritt hier, wieder doppelzüngig, als Verwandlungskünstler, als «Gott der Kaufleute und Diebe» in Erscheinung *(vgl. Kapitel «Das Spiel der Götter und Planeten»).*

Damit soll aber nicht gesagt sein, dass alle Menschen mit dieser Linie von vorneherein Lügner und Schwindler sind, doch ist es für einen Menschen mit dieser Linie auch bei hoher persönlicher Ethik oder extremer Bestrafungsangst schwer, diesen Teil seiner Persönlichkeit in den Griff zu bekommen. Da die Linie nicht mit der Ich-Seite in Kontakt steht, wo Verantwortung (Saturn) und persönliche Stellungnahme (Jupiter) zu Hause sind, ist ihre Dynamik autonom: sie funktioniert «automatisch».

Geschäfts- und Geldleute haben diese Linie oft in der Hand, wobei durchaus die Gefahr besteht, dass ihre Geschäfte irgendwann zum Ruin führen (vielleicht durch Betrug: ungedeckte Checks etc.). Die chiromantische Literatur sagt, diese Menschen hätten viele Gegner. – Das wundert uns gar nicht, denn jeder wird mit seinem Schatten konfrontiert. Die Angeber- oder Hochstaplerlinie befindet sich im Tagesbogen, im Raum der Öffentlichkeit. Übrigens ist Lügenhaftigkeit chiromantisch nicht auf dieses Gebiet begrenzt: Zu allen Sperrungen gehört das Thema *Verdrängung* – da ist die Lüge nicht weit (man kann/will sich nicht erinnern).

Die Schauspielerlinie

Eine Variante der Hochstaplerlinie ist die *Schauspielerlinie.* Sie liegt etwas höher und beschreibt manchmal einen Bogen in Richtung Ringfinger. Es handelt sich hier wieder um die Themen Doppelzüngigkeit und Wendigkeit, doch werden die Energien oft im Darstellerischen ausgelebt, beispielsweise als Schauspieler, Lehrer oder Werbefachmann. Die Schauspielerlinie hat manchmal den Charakter einer Herzlinie, manchmal den einer Kopflinie.

Verdoppelungen

Wenn *mehrere* Kopflinien in der Hand sind, kann man je nach Qualität oder Persönlichkeit der einzelnen Linien empfehlen, mehrere verschiedene Leben zu leben: beispielsweise eines in der Stadt, das andere auf dem Lande – das eine als Geschäftsmann, das andere als Yogalehrer. Der Handleser braucht für die Kommunikation mit Menschen, die mehrere Kopflinien haben, Geistesgegenwärtigkeit. Oft weiss er nicht, mit welchem Teil er gerade spricht.

Bei *Verdoppelungen* oder *Spaltungen* wird das Leben dieses Menschen viele Umbrüche und radikale Änderungen beinhalten, so dass er alle Teile seiner Kopflinie ausleben kann. Solche Widersprüche sind ein schwieriges Thema, und die Persönlichkeit kann hin und her gerissen sein, beispielsweise ist der Mensch eine zeitlang extrem faul, dann wieder extrem fleissig. – Eine klar gezeichnete Schicksalslinie hilft hier, die recht verschiedenen Persönlichkeitsanteile in den Dienst einer klaren Zielsetzung zu stellen. Fehlt die Schicksalslinie, ist man in der ersten Lebenshälfte ein Spielball der Geschehnisse und der eigenen Inkonsequenz (Arbeit, Ausbildung, Partnerschaft).

Wir dürfen aber nicht vergessen, dass jemand, der mit mehreren Kopflinien ausgerüstet ist, auch potentiell in verschiedenen Welten herrschen kann und ein grösseres Spektrum der Entfaltungsmöglichkeiten zur Verfügung hat.

Die Herzlinie

Bei der Herzlinie nähern wir uns dem Himmel und der Götterwelt: Hierhin gehören alle Gefühle, die nicht dem Selbsterhaltungstrieb entstammen: Gewissen, Ehrfurcht, Hoffnung, Enttäuschung, Gerechtigkeit und Solidarität; ebenso Bedürfnisse, die über das Lebensnotwendige hinausgehen: Leitbilder, Sinnfindung, geistiger Austausch, Ästhetik und Kultur. Bei den Themen der Herzlinie geht es um höhere Werte, um Moral und Ethik, um die Einstellung zum Leben, um das Menschenbild und die Zukunft der Menschheit.

Die Liebe

In der chiromantischen Literatur wird die Herzlinie oft zur Linie der *Liebe* ernannt – die kleinen waagrechten Linien zwischen Herzlinie und Kleinfinger werden sogar *Ehelinien* genannt. Wenn wir in den Händen lesen, müssen wir zwischen verschiedenen Aspekten der Liebe unterscheiden:

Der *Venusberg* repräsentiert «den Herd», die Wärmequelle der Liebe; hier findet der Handleser das Bedürfnis nach Wärme und Nähe sowie den Wunsch, Wurzeln zu schlagen und eine Familie zu gründen, dargestellt; ebenso die Fähigkeit, sich instinktiv mit anderen zusammenzutun, sie zu nähren, zu wärmen und zu beschützen *(vgl. Kapitel «Die Lebenslinie: zwischen Mars- und Venusberg»)*. Ein grosser Venusberg symbolisiert ein grosses Herdfeuer: Solche Menschen vermögen ihren Liebesbeziehungen Geborgenheit zu geben; mit einem schwachen Venusberg hingegen (und ebenso mit schwachen Lebenslinien) werden sie diese bei ihren Partnern suchen.

Auch der *Mondberg* beinhaltet Aspekte der Liebe: Hier finden sich Romantik und Sehnsüchte dargestellt und die Bereitschaft, sich mitreissen und verführen zu lassen. Die Bilder des Mondbergs sind kollektiv und undifferenziert (manchmal kindisch): «Der Prinz auf einem weissen Pferd», «Die gute Fee» oder «Die unschuldige Prinzessin» *(vgl. Kapitel «In der Tiefe des Nachtbogens»)*. Wenn jemand auftaucht, auf den solche Bilder projiziert werden können, sind die Themen des Mondbergs angesprochen (der Mondberg zählt zum Wasserreich und eignet sich gut für Spiegelungen und Verzerrungen). Beim Nachtbogen geht um die Befriedigung der Urbedürfnisse, einschliesslich der Sexualität (auch sexuelle Phantasien gehören hierhin).

Geistige Einstellung

Die Liebe der Herzlinie ist die der Nächstenliebe und Mitmenschlichkeit. Die Herzlinie ist – wie auch die Kopflinie – eine *Querlinie:* die Kopflinie repräsentiert praktische und emotionale Herausforderungen, die Herzlinie *geistige*. Die Herzlinie verläuft – im Gegensatz zur Kopflinie – von der Du-Seite zur Ich-Seite. Das Kennenlernen, Verstehen, Respektieren und Tolerieren des *Nicht-Ichs* (des andern) sowie soziale Einstellung und Verantwortungsbewusstsein gehören zu den positiven Themen der Herzlinie.

Aber auch sie ist eine *Intelligenzlinie* (in der alten Literatur heisst sie auch «Mensalis»).

Die Reifezeit der Herzlinie

Wie die Kopflinie, so braucht auch die Herzlinie ihre Reifezeit; mit Vierzig wird der Mensch in Situationen kommen, in denen er zu den hier angesprochenen Themen Stellung nehmen muss *(vgl. Kapitel «Die Schicksalslinie» – Abschnitt «Die Zeitmessung an der Längsachse»).*

«Wertkrise» und «Midlife-crisis» sind zu Schlagwörtern der modernen Zeit geworden. Vor nicht allzu langer Zeit lag in unserem Kulturkreis die mittlere Lebenserwartung nur bei etwa fünfzig Jahren, heute liegt sie wesentlich höher: Deshalb müssen sich nicht mehr nur einzelne, sondern die meisten Menschen damit auseinandersetzen, wie sie ihre «zweite Lebenshälfte» verbringen wollen. – Um den vierzigsten Geburtstag wird allgemein eine Auflösung der früheren Werte erlebt. Es meldet sich das Bedürfnis, sich zurückzuziehen und nachzudenken, das Leben von einer höheren Warte aus zu betrachten. Die oft hektische Aktivität der Dreissiger (Kopflinienbereich) tritt in den Hintergrund.

In den Vierzigern wird die Stellung innerhalb der Gesellschaft und der Familie revidiert, auch Umgangs- und Freundeskreis werden unter die Lupe genommen. Man fragt sich, welche Tätigkeiten und Menschen einem noch etwas bedeuten und wird geiziger mit Energie und Zeit. Die Tragfähigkeit der Beziehungen wird überprüft, man setzt Qualität vor Quantität und fragt sich – mehr oder weniger bewusst –, ob Visionen und Zielvorstellungen auch dem konkreten Leben entsprechen. Ideale und persönliche Ethik können nicht mehr vom Alltag getrennt werden, ohne dass Gewissenskonflikte oder gar psychosomatische Krankheiten auftreten.

Ehrlichkeit und Echtheit sind Forderungen der Herzlinie – diese Ehrlichkeit kann aber auch Opfer kosten: Man kann nicht Pazifist sein und gleichzeitig in einer Waffenfabrik arbeiten, man kann nicht über den Materialismus schimpfen und sich gleichzeitig vom reichen Ehemann, den man eigentlich verachtet, aushalten lassen.

Die Intensität und der Umfang der Prozesse und Umbrüche in diesem Lebensabschnitt sind individuell. – Leiden wird derjenige, der sein Selbstwertgefühl zu sehr von der Umwelt abhängig gemacht hat: vom Status oder von der Schönheit des Ehepartners, vom Bekanntenkreis, von der beruflichen Stellung oder von seinen Kindern. Er wird jetzt durch Verlust des einen oder andern dazu gezwungen, seine Werte zu revidieren.

Das Verhältnis zu den anderen Linien

Die Linien spiegeln das Bewusstsein, die Gedanken und die Interessen eines Menschen wider. Entsprechend verheissen linienreiche Bereiche eine Fülle an Bewusstseinsenergie. Dort, wo die meisten Linien vorhanden sind, ist die mentale Aktivität am grössten.

Das Verhältnis zur Kopflinie

Wenn wir die Herzlinie in bezug auf ihre Länge und die Zusatzlinien (auch bei der Herzlinie findet man Verzweigungen und Verdoppelungen) mit der *Kopflinie* vergleichen, erhalten wir Aufschluss darüber, ob die *Sphäre der Ideale* mit der *Sphäre der Durchsetzung* in Harmonie steht.

Ist die Herzlinie wesentlich stärker als die Kopflinie, so wird dieser Mensch zwar viele Zukunftsvisionen haben, aber kaum die Ausdauer, sie in die Praxis umzusetzen. Im umgekehrten Fall, also wenn die Kopflinie stärker ist, wird der Betreffende wohl Arbeiten und Resultate vorweisen können, doch über Sinn und Zweck seiner Aktivitäten wird er sich kaum im Klaren sein.

Der Abstand zur Kopflinie

Der Abstand zwischen Herzlinie und Kopflinie (in der Literatur «Viereck» genannt) kann unterschiedlich gross sein: Am kleinsten ist er natürlich bei einer Verschmelzung *(vgl. Kapitel «Die Simian»)*, er kann aber auch bis zu fast 2 cm betragen.

Je *kürzer* der Abstand, desto kürzer ist der Abstand zwischen *Idee* und *Tat* – Erkenntnisse können hier aus den persönlichen Lebenserfahrungen wachsen. Der Betreffende ist typischerweise künstlerisch oder handwerklich tätig, vielleicht beschäftigt er sich intensiv und unmittelbar mit anderen Menschen (beispielsweise als Krankenpfleger oder im Verkauf).

Der kürzeste Abstand zwischen den beiden Linien findet sich manchmal unter dem Zeigefinger, manchmal unter dem Mittel- oder dem Ringfinger: So wird sich der Betreffende auf jenem Gebiet unter Druck gesetzt fühlen, welches durch den entsprechenden Finger repräsentiert wird: Er ist in diesem Bereich blockiert oder handelt ohne Perspektive.

Kleiner Abstand

Ist der Abstand zwischen Herzlinie und Kopflinie *gross,* wird dieser Mensch das Leben von einer höheren Warte aus betrachten. Man theoretisiert viel, organisiert und macht Pläne. Oft findet sich diese Formation bei Künstlern, die viel auswendig lernen müssen (beispielsweise bei Sängern oder Schauspielern). Manchmal wird hier zu lange nach übergeordneten, endgültigen Ganzheitslösungen gesucht, so dass die Phase der Ausführung gar nie eintritt. Bei Streitigkeiten neigt ein solcher Mensch dazu, sich von der konkreten Situation zu distanzieren und die Problematik so lange auf einem prinzipiell-abstrakten Niveau zu diskutieren, bis der Gesprächspartner (der wahrscheinlich einen kurzen Abstand zwischen Herzlinie und Kopflinie hat) den Faden verliert und völlig verunsichert ist.

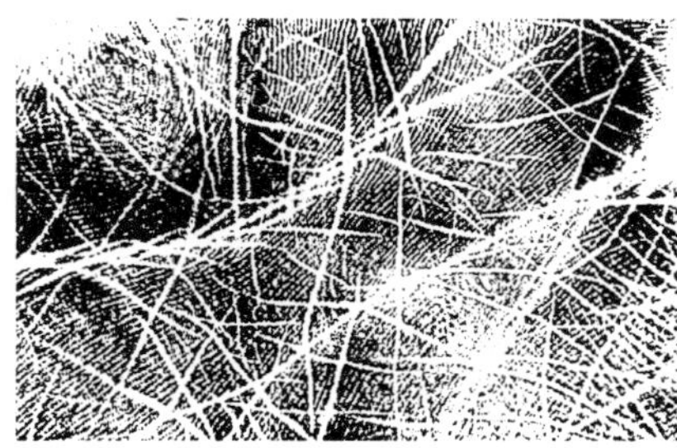

Grosser Abstand

Die Qualität in bezug zur Kopflinie

In den meisten Händen ist die Herzlinie breiter als die Kopflinie (mit winzigen Verästelungen versehen). Das ist im Prinzip auch gut so: Die Kopflinie darf gerne klar und scharf geschnitten sein, denn sie handelt von Aufgaben, bei denen sich der Mensch konzentriert einsetzen muss.

Bei der Herzlinie hingegen gelten andere Kriterien: Ihr Thema ist es, wie der Mensch Verständnis für andere erlangen kann und sich selbst und anderen vergeben lernt. Ist die Herzlinie zu scharf, zu tief oder zu gerade, so hat sie etwas Unnachgiebiges, Prinzipienfestes und Radikales an sich, so dass bei dieser Person Empfänglichkeit und Flexibilität eingeschränkt sein dürften.

Das Verhältnis zur Lebenslinie

Ist die Herzlinie lang, die *Lebenslinie* jedoch «unterversorgt», so wird dieser Mensch wohl grosse Ideale haben, die zur Verfügung stehenden Kräfte und der Sinn für die Realität werden aber knapp bemessen sein: Er schwebt in den Wolken.

Schöne, lange Herzlinien sind zwar an sich erfreulich, doch wie eine Baumkrone ohne kräftigen Stamm und tiefe Wurzeln nicht überlebensfähig ist, so braucht auch die Herzlinie eine entsprechende Lebenslinie – ansonsten wird man sich selber betrügen und Illusionen erliegen.

Kurvenförmige oder gerade Herzlinien

Kurvenförmige Herzlinien haben ein unmittelbares Verhältnis zu den Themen gut/böse, richtig/falsch, schwarz/weiss. Personen mit dieser Linie urteilen aus dem Stegreif, was aber nicht etwa bedeutet, dass sie immer recht haben. In der Auswahl von Gesprächspartnern sind sie kritikloser als Menschen mit geraden Herzlinien. Sie sind nicht auf grosse Leistungen aus, sondern erwarten diese von anderen: Sie warten, bis andere ihnen «die Apfelsinen in den Turban werfen».

Kurvenförmige Herzlinie

Menschen mit *geraden* Herzlinien ringen um die Wahrheit, machen sich eine Vorstellung von der Welt, theoretisieren und wollen Beweise – ein Philosoph wird kaum eine kurvende Herzlinie haben. In der Kommunikation mit anderen sind sie fordernd, prüfen alles genau und formulieren exakte Prämissen. Sie stellen an sich selbst hohe Anforderungen und wollen perfekt, richtig und gut sein.

Gerade Herzlinie

Brüche / Verzweigungen / Verdoppelungen

Wie die Kopf- und die Lebenslinie erscheint die Herzlinie nur selten als ungebrochene Linie. Meistens weist sie Brüche, Verzweigungen (Spaltungen) und Verdoppelungen auf, und zwar wie bei den anderen Linien an ganz bestimmten Stellen, die unter dem Aspekt der Finger und ihrer Berge beschrieben werden können.

Der Handleser betrachtet es bildhaft: Von der Herzlinie aus hat er Ausblick auf den Olymp und in den Himmel: Hier thronen die vier Götter (Finger) Jupiter, Saturn, Apollo und Merkur *(vgl. Kapitel «Das Spiel der Götter und Planeten»).* – Jeder von ihnen stellt uns seine besondere Art des Sehens und Erkennens zur Verfügung. Bei *Linienbrüchen* ist der zuständige Gott vom Himmel gestürzt, und wir haben ihn aus den Augen verloren.

Ein Bruch der Herzlinie zeigt an, dass es bei diesem Menschen Dinge gibt, die nicht in sein Weltbild passen, Dinge, die er eigentlich nicht akzeptieren kann, Dinge die er nicht sehen will – Gedanken, die er nicht zu Ende denken will.

Biographisch drückt sich das so aus, dass die Eltern, die ja die Götter des Kleinkindes sind, allzu früh zu ganz gewöhnlichen Sterblichen werden. Da es keine Eltern gibt, die Götter sind, und wir sie früher oder später alle als Menschen erkennen, haben alle kleinere oder grössere Schäden an ihren Herzlinien. Übrigens hatten auch die olympischen Götter im alten Griechenland nur allzu menschliche Laster und Schwächen.

Unter dem Apollofinger

Unter dem Ringfinger (Apollo) findet sich eine der typischen Bruchstellen der Herzlinie *(siehe Abbildung unten).* Im Gebiet Apollos (Sonne) geht es um Bildung und Selbstdarstellung, um Spielregeln und Umgangsformen. Ist hier der Energiefluss unterbrochen (Bruch der Herzlinie), ist das Verhältnis zu Gruppen (wobei die Gruppe auch aus zwei Personen bestehen kann) entweder ein Problem oder eine Spezialität – oder beides. Dieser Bereich gehört zur Du-Seite der Hand, hier ist der «Schaufensterbereich»:

Wie eine Familie zu Hause lebt (untere Lebenslinie auf der linken Seite), *wie* sich ihr internes Zusammengehörigkeitsgefühl gestaltet, *wie* sie Geborgenheit und Verwurzelung verkörpert, das ist eine Sache – eine andere ist es, wie sie sich nach *aussen* zeigt, welches Gesicht sie den Menschen ausserhalb präsentiert: wie sie ihr *Schaufenster* schmückt.

Ist die Herzlinie unterhalb des Apollofingers unterbrochen, so wird sich dieser Mensch mehr oder weniger bewusst sein, dass er aus einer besonderen Familie stammt, dass bei ihm zu Hause andere Spielregeln gelten als in der übrigen Welt. Dabei ist es interessant, dass unter Geschwistern vielleicht nur eines diesen Bruch hat – und nur dieses wird seine Herkunft als Schwierigkeit empfinden. Die Eltern sind in Wahrheit niemals an unseren Problemen schuld, sie können höchstens auf die Knöpfe drücken, die bereits vorhanden sind. – Eine unserer Kursteilnehmerinnen hatte in der linken Hand an der Herzlinie unterhalb des Apollofingers ungewöhnliche Zeichen: Ihr Vater war in der dänischen Widerstandsbewegung gewesen, was natürlich Kameraden und Nachbarn gegenüber absolut geheimgehalten werden musste.

Für das Kind und für den jungen Menschen ist es sehr wichtig, «normal» zu sein, so zu sein «wie die andern». Mit einem Bruch an der Herzlinie unterhalb des Apollofingers wird man sich nicht mühelos den kollektiven Spielregeln, dem kollektiven Benehmen anpassen können, sondern sich irgendwie durch einen Sonderstatus auszeichnen (beispielsweise als Klassenclown, kleiner Professor oder Protestler). Vertrauensbrüche können ernsthafte Probleme darstellen.

Auch im Berufsleben kommt es zu Sonderstellungen; diesen Menschen fehlt eben der Sinn, herkömmliche Umgangsformen und Spielregeln einzuhalten (oftmals haben sie eine abgebrochene Ausbildung): Sie fallen aus dem Rahmen und wecken deshalb bei andern manchmal Verachtung oder Neid, manchmal Bewunderung.

Einige praktische Vorschläge

Menschen mit einem Bruch der Herzlinie unterhalb des Apollofingers sollten folgendes beachten:

Bemühe dich nicht, dich so zu benehmen wie die anderen – du wirst dadurch einen gekünstelten Eindruck erwecken und deine Aussenseiterrolle in negativer Richtung verstärken.

Achte darauf, deine Andersartigkeit nicht provozierend zu betonen, deine Rolle nicht zu überspielen, sonst musst du dich nicht wundern, wenn du abgewiesen wirst.

Bemühe dich, deine Eigenart konstruktiv zu fördern, deine eigene Ausdrucksform zu finden und deine Talente zu entwickeln – entweder im Schriftstellerischen oder im Visuellen (Fotografie etc.). Lass dich dabei nicht durch die eigene Sprunghaftigkeit (durch den Bruch symbolisiert) einschüchtern.

Verzweigungen
Manchmal verbindet sich unterhalb des Apollofingers eine Spaltung der Herzlinie mit einer Spaltung der Kopflinie, so dass eine *Sperrung* entsteht *(vgl. Kapitel «Die Sperrungen»).* Angst vor Blamage und Konformismus sind bei diesen Menschen oft vorherrschend, sie laufen Gefahr, sich nur noch schablonenhaft auszudrücken. – Wir kennen einen Rockmusiker mit dieser Formation: Er spielte jahrelang nur in altbekannter Weise und wunderte sich, dass er als Solist nicht berühmt wurde. Als er sich mit 51 Jahren endlich getraute, seinen eigenen Stil zu spielen, hatte er sofort durchschlagenden Erfolg.

Biographisch steht diese Formationen unter anderem mit dem 13. und 14. Lebensjahr in Verbindung: Es kommt zu radikalen Änderungen im Verhältnis zu Kameraden (Verluste oder Gewinne) und zu häufigen Wohnungs- und Schulwechseln.

Unter dem Saturnfinger
Unter dem Mittelfinger (Saturn) findet sich seltener ein Bruch, dafür umso öfter eine Spaltung oder eine «Haltestelle» (wenn also die Linie hier endet). Diese Spaltung ist meistens gerade, manchmal jedoch leicht geschwungen – sie kann kürzer oder länger sein, und zuweilen bildet sie mit einem Zweig aus der Kopflinie eine Sperrung *(siehe Abbildung rechts).*

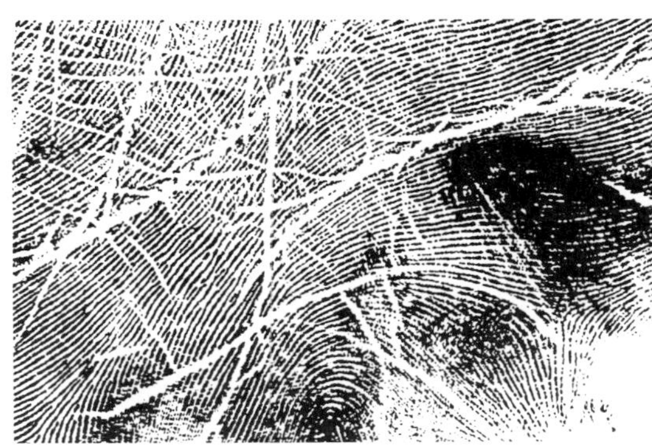

Die innere Stimme
Die Themen des Mittelfingers beziehen sich auf den Sinn für Verpflichtung, Verantwortung und Demut. Aus spiritueller Sicht ist hier der Kontakt zum «grossen Plan», zur höheren Ordnung dargestellt; das Prinzip der *Religio:* die innere Rückbindung. Hier finden wir zur eigenen Mitte und zur inneren Stimme, hier dominiert die Sammlungsachse *(vgl. Kapitel «Die Kreuze»),* symbolisiert durch den Bruderschaftsring *(vgl. Kapitel «Fingerringe erzählen»).* Das Konzept der Verantwortung kann aber sowohl übertrieben werden (Bestrafungsangst) als auch scheinbar übersehen werden (Nihilismus); in beiden Fällen gilt es, der *inneren* Stimme Gehör zu verleihen.

Wenn Apollo die Gesetze der Gesellschaft repräsentiert, so geht es bei Saturn um die Einstellung des einzelnen zur Gerechtigkeit und zur Angemessenheit, um des «Messers Schneide» und um den goldenen Mittelweg. – In der römischen Tradition unterstand die mythische «aurea aetas», das goldene Zeitalter, in welchem Harmonie, Gerechtigkeit und gleichmässige Verteilung der Güter herrschte, dem Saturn; allerdings gibt es in einer Welt der vollständigen Harmonie auch nicht das Bedürfnis, sich in Frage zu stellen und daher als Individuum zu entwickeln.

Für den einzelnen gilt es hier, seinen *eigenen* inneren Halt, seine *eigenen* Lebensgesetze und seine *eigene* Ethik zu finden. Die von einer problematischen Herzlinie unterhalb des Saturnfingers geprägten Menschen werden in unserer Kultur mit Sicherheit stark von unserem Menschenbild und von den engstirnigen Moralvorstellungen der Kirche geprägt sein – Beim Gebot: «Du sollst deinen Nächsten lieben, wie dich selbst» darf man eben «sich selbst» nicht vergessen: Nur wer für sich selbst sorgt (im geistigen wie im physischen Sinne), wird imstande sein, auch für andere wirklich zu sorgen. Wer sich beispielsweise ein Leben lang opfert, sich anpasst und zu allem ja sagt, wird mit grösster Wahrscheinlichkeit eines Tages krank und auf die Pflege «der Nächsten» angewiesen sein. Hier geht höchstens im buchhalterischen Sinne die «Leistungsbilanz» auf – der Menschheit ist damit nicht gedient. Auch die kirchlichen Konzepte eines Fegefeuers und eines Jüngsten Gerichts haben Wesentliches zu den weitverbreiteten Schuldgefühlen, Ängsten und zur Unterdrückung der Eigenverantwortung beigetragen.

Alle, die hier eine Sperrungslinie (eine der häufigsten Varianten nennen wir *Linie des guten und anständigen Bürgers*) haben, sollten sich fragen, wie oft sie sich aus Angst, falsch zu handeln, über die innere Stimme hinweggesetzt haben. «Ich kann meine Ehefrau (oder meine Firma) doch nicht verlassen, sonst geht sie unter ...» – Dieser und ähnliche Sprüche sind in diesem Zusammenhang dem Handleser sehr verdächtig.

Grenzen

Man kann sich bei Mittelfingerstörungen der Herzlinie auch umgekehrt verhalten: Manchmal ist nicht das kritiklose Einhalten, sondern das hemmungslose Überschreiten der abgesteckten Grenzen ein Problem. Wer sich keinem Gott verpflichtet fühlt, an keine höhere Ordnung glaubt oder Glück und Unglück dem Schicksal zuschreibt («es ist sowieso alles schon festgelegt»), kann sich ja ohne Rücksicht auf die Konsequenzen so benehmen, wie es ihm gerade passt. Er kann wie ein kleines Kind der Befriedigung unmittelbarer Bedürfnisse nachgehen – er kann stehlen, huren, betrügen und töten (destruktive Grenzüberschreitung).

Wer seinen *eigenen* Gesetzen folgt, ist im Weltlichen sich selbst überlassen. Die *wirkliche Freiheit* allerdings findet er nur in der eigenen Verantwortung, in den inneren Gesetzen, die eben niemals destruktiv sind.

Die Themen der Herzlinienbrüche unterhalb des Saturnfingers werden unter anderem zwischen dem 44. und 46. Lebensjahr ausgelöst *(vgl. Kapitel «Die Schicksalslinie»)*.

Unter dem Jupiterfinger

Bei problematischen Anzeichen der Herzlinie unter dem Zeigefinger (Jupiter) handelt es sich meistens um eine *Sperrung,* um ein gerades Verlängerungsstück der Herzlinie, das unter Umständen bis an den Handrand der Ich-Seite verläuft.

Autoritäten und das eigene Urteilsvermögen

Bei solchen Sperrungen wird die innere Autorität entweder unterdrückt oder missbraucht – oder beides. Eine Sperrung hat ja sowohl «Deckelfunktion» wie auch Willens- und Kampfqualität *(vgl. Kapitel «Die Sperrungen»)*. Auf jeden Fall ist das Verhältnis zu Autoritäten und zu Vaterfiguren ein schwieriges Kapitel. – In der indischen Handlesetradition heisst der Jupiterberg «pitri sthana»: Vaterraum.

Bei der Unterdrückung durch eine Autoritätsperson ist der unsichtbare Draht zum eigenen Inneren, zum obersten inneren Richter unterbrochen – der Betreffende hat kein Vertrauen zu seinem eigenen Urteilsvermögen. Aus dem intensiven Bedürfnis heraus (gerade Linie), die Wahrheit zu kennen, sie zu besitzen und aus der Angst, falsch zu urteilen (alle Menschen mit Sperrungen haben Angst), schliesst man sich der Meinung oder dem Dogma einer geistigen Autorität an. Es kann dies beispielsweise der Vater, der Ehemann, der Chef, der Pfarrer oder die Partei sein. Da hier ein wesentlicher Aspekt der Ich-Seite unterdrückt wird, gewinnt die Du-Seite kompensativ enorm an Bedeutung. Menschen mit Jupitersperrungen der Herzlinie lassen sich oft von Merkurtypen (Intellektuelle oder Menschen, die gut argumentieren können) beeindrucken und beeinflussen – sie müssten sich vor Augen halten, dass derjenige, der redegewandt ist, nicht unbedingt recht hat, und sich darin üben, in Streitfragen bei dem zu bleiben, woran sie selber glauben.

Manchmal, vor allem wenn die Hand an sich stark ist, sind Menschen mit dieser Sperrung selber die Unterdrücker: Mit missionarischem Eifer versuchen sie, andere von ihren Meinungen zu überzeugen – deren Individualität und geistige Freiheit werden nicht gross respektiert.

Menschen mit einer Jupitersperrung der Herzlinie *(siehe Abbildung unten)* müssen lernen zu warten, bis sie um Rat gefragt werden. Die Herzlinie verläuft von der Du-Seite zur Ich-Seite: Diesen Spiess kann man nicht umdrehen!

Die schlimmsten Unterdrücker sind diejenigen, die sich selber unterdrücken lassen: Zuerst verleiben sie sich eine diktatorische Philosophie ein, um dann mit dem Schwert in der Hand andere bekehren zu wollen (Kreuzzüge, Scientologen etc.). Jupiter als Garant für die Freiheit des einzelnen ist hier in grossen Schwierigkeiten.

Die Herzliniensperrung unterhalb des Jupiterfingers wird unter anderem in der Periode zwischen dem 44. und 49. Alterspunkt aktuell, je nachdem, wie früh sie sich von der Herzlinie abspaltet.

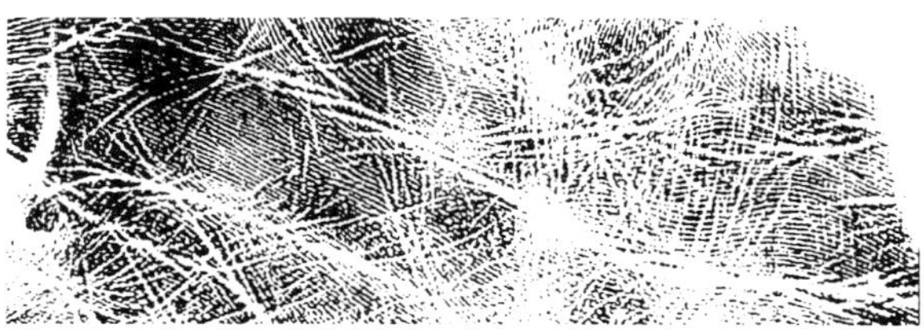

Es empfiehlt sich, bei der Deutung auch den *Mondberg* zu beachten: Ist er «getrübt» oder abgesperrt, gibt es zusätzliche Schwierigkeiten mit der inneren Religiosität und mit dem Glauben an die kosmische Ordnung. *Kritische Lebenslinien* sind ein Anzeichen dafür, dass die Glaubwürdigkeit der von Jupiter repräsentierten eigenen Autorität unterminiert ist; man zweifelt dann an sich selbst: Warum soll ich den Lebensweisheiten desjenigen Vertrauen schenken, der nicht einmal mit dem eigenen Alltag und der eigenen Familie klarkommt?

Die Simian

Manchmal gibt es statt einer Kopflinie und einer Herzlinie eine einzige Querlinie: eine Sperrung von Handrand zu Handrand; diese heisst traditionell *Simian* – auch Affen-, Mongol- oder Vierfingerfurche. Sie ist – nicht ganz zu Unrecht – eine der gefürchtetsten chiromantischen Formationen. Wenn wir im Unterricht eine Simian zeigen, wird der Raum von einem atemlosen Schweigen erfüllt und jene Teilnehmer, die selber eine Simian haben, verstecken diese diskret.

Nur selten ist sie so eindeutig wie hier *(siehe Abbildung rechts):* in den meisten Fällen setzt sie sich aus verschiedenen Linienstücken zusammen oder weist Abzweigungen nach oben oder unten auf. Doch Sperrung ist Sperrung: alle Varianten werden mehrere der charakteristischen Eigenschaften und somit auch mehrere Themen der typischen Simian enthalten.

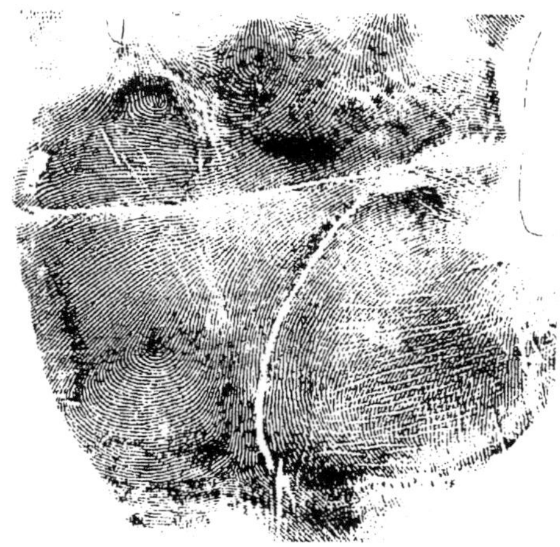

Menschen mit einer Simian sind Querschläger, fühlen sich über Normen und Spielregeln erhaben und fallen durch die Widersprüchlichkeit ihrer Persönlichkeit und ihres Schicksals auf. Sie führen ein Doppelleben – wie etwa «Dr. Jekyll and Mr. Hyde» – und sind abwechslungsweise «Underdog» oder «Overdog». Sie pendeln, wie alle Menschen mit Sperrungen, zwischen Selbstüberschätzung und Selbstunterschätzung hin und her, neigen zu Masslosigkeit, Übertreibung und Grössenwahn. Sie haben vom Leben und von sich selbst starre Vorstellungen, die nicht in Frage gestellt werden. Ihr Leben ist von Unbeständigkeit, von Kehrtwendungen und von dramatischen Umbrüchen geprägt; nach einem totalen Zusammenbruch können sie wie Phönix aus der Asche steigen.

Einige Kurzgeschichten

Eine Frau mit Simianvarianten in beiden Händen hatte Karriere als Politikerin gemacht und sich dann auch als Bürgermeisterin ihrer Stadt zur Wahl gestellt. Als sie in dieser Zeit eines Abends in der Küche stand und das Radio einschaltete, wurde gerade ein Interview mit einer Politikerin gesendet. Sie hörte ein Weilchen zu und empörte sich schliesslich darüber, wie diese Politikerin am Radio um den heissen Brei herumredete und dem Journalisten statt klare Antworten nur leere Floskeln bot. Plötzlich wurde ihr klar, dass sie selbst es ja war, die am Radio sprach! Sie war zutiefst erschüttert, als sie einsah, dass nicht gemeinnützige Ideale, sondern persönliche Eitelkeit ihre Arbeit prägte. In der Folge zog sie ihre Bürgermeisterkandidatur zurück. – Nicht alle Simian-betonten Menschen sind so einsichtig.

Ein Kursteilnehmer mit einer Variante der Simian vertraute uns zum Thema Doppelleben an, er hätte neben seiner Ehefrau noch drei Freundinnen, wobei keine von der Existenz der anderen wüsste.

Ein junger Mann mit einer Simian in der Rechten war arbeitslos, hatte kein Geld und seit Jahren Streit mit seinem reichen Vater. Eines Tages suchte er ihn auf und sagte zu ihm: «Ich bleibe hier in deiner Stube sitzen, bis du mir Geld gibst.» – Er blieb so lange, bis der Vater die Polizei kommen liess.

Ein 53jähriger Mann mit einer Simian heiratete eine 23jährige Frau – der Altersunterschied garantierte, dass er in der Beziehung die Oberhand behielt.

Tagesbogen und Nachtbogen bei der Simian

Der Tagesbogen ist der Raum des Lichts, der mentalen Welt (Leitbilder, Zukunftsvorstellungen, Ideale), der Nachtbogen jener der Dunkelheit, der unbewussten Welt (Ressourcen, Erfahrungen, Instinkte, Sehnsüchte, Bedürfnisse).

Bei einer Sperrung (Simian) ist der Kontakt zwischen Tagesbogen und Nachtbogen unterbrochen, sie stehen somit auch nicht in harmonischem Austausch: Formulierte Ideale werden nicht durch konkrete Bedingungen verwirklicht, *Fundament* und *Vision* stimmen nicht oder nur bedingt überein. Bei Sperrungen im Tagesbogen setzt sich der mentale Willen über Wünsche und Erfahrungen des Nachtbogens hinweg.

Die Mongolfurche

Die Mongolfurche ist berüchtigt, weil sie bei Mongoloiden zu finden ist – wichtiger ist aber in diesem Zusammenhang, dass sich Mongoloide hauptsächlich durch die Papillarleistenstruktur und die Länge des Daumens und des Kleinfingers (beide sind meistens extrem kurz) auszeichnen. Eine Simian oder Mongolfurche ist nicht ein Zeichen dafür, dass der Betreffende primitiv, unbegabt oder dumm ist. Ganz im Gegenteil: Solche Menschen erbringen durch ihre enorme Konzentrationskraft oftmals ganz besondere Leistungen, sei es im intellektuellen, politischen, geschäftlichen, handwerklichen oder musischen Bereich.

Die chiromantische Literatur berichtet manchmal auf haarsträubende Weise über die Mongolfurche: «Lähmungen bei den Vorfahren», «Selbstmordgefährdung» und ähnliches – wir haben bei unserer Arbeit hierfür keine Bestätigung gefunden.

Das Problem bei Menschen mit einer Simian oder Mongolfurche ist eigentlich nicht, was sie machen, sondern was sie *nicht* machen. Eine sperrende Linie bedeutet nicht nur extreme Intensität und extreme Konzentrationsfähigkeit, sondern auch extreme Fixiertheit und Scheuklappenmentalität. Solche Menschen sind einseitig und entwickeln ganz bestimmte Eigenschaften auf Kosten anderer. Beispielsweise sind sie intellektuell überentwickelt, gefühlsmässig jedoch wie ein Kleinkind; oder umgekehrt: «grosse Faust – kleines Hirn».

Doppelleben

Bei der Simian sind Nachtbogen und Tagesbogen getrennt: Solche Menschen haben zwei getrennte Persönlichkeiten. Die eine kann sich als Stadtmensch zeigen, ihr gefallen Kultur-, Geschäfts- und Gesellschaftsleben – die andere als Naturmensch, sie fühlt sich im Freien, bei Tieren und Pflanzen zu Hause.

Der Durchschnittsmensch hat ja mit *einer* Persönlichkeit reichlich zu tun – *zwei* Persönlichkeiten erschweren die Aufgabe enorm, das Leben wird im Prinzip doppelt so schwierig. Normalerweise wird ein Mensch mit einer Simian zuerst eine Persönlichkeit aus seinem Bewusstsein verdrängen, sie ignorieren und sich ganz auf die andere konzentrieren. Beispielsweise wird er entweder Professor der Wirtschaftswissenschaften (Tagesbogen) oder aber Herkules im Zirkus (Nachtbogen).

Die unterdrückte Persönlichkeit wird als minderwertig betrachtet und fristet ein kümmerliches Dasein. In unsere Praxis sind nur immer simianbetonte Menschen gekommen, die die Nachtbogenseite unterdrückten, wohl weil jene, die die Tagesbogenseite ausschalten, kaum dorthin gehen, wo mit mentalen, philosophischen und psychologischen Konzepten gearbeitet wird – wie beispielsweise bei uns.

So können also Menschen mit einer Simian im Gesellschaftsleben und in ihrer beruflichen Stellung anerkannte Kapazitäten sein, im Privatbereich und in ihrem Gefühlsleben sich aber wie ein dreijähriges Kind benehmen. Ihre Biographie offenbart dann oftmals, dass die Eltern einen Übermenschen aus ihnen machen wollten, eine sogenannte Intelligenzbestie, und auf gesellschaftlichen Erfolg den grössten Wert legten, so dass für das natürliche Wachstum sozialer Eigenschaften kein Platz und keine Zeit übrigblieb. Diese Menschen bemühen sich, Superman oder Superwoman zu sein, und fühlen sich oftmals als verkanntes Genie.

Sehr viel konzentrierte Energie wird gebraucht, um ein solches Image aufrechtzuerhalten. Sobald die Konzentration nachlässt (beispielsweise bei Erschöpfungszuständen), tritt die Nachtbogenseite der Persönlichkeit hervor: Ess- und Trinkgelage sowie sexuelle Exzesse können die Folge sein.

Ist die Sperrung nicht ganz umfassend – beispielsweise wenn nur eine Hand gesperrt ist, nach oben und unten Linienabzweigungen verlaufen oder sie aus mehreren Stücken besteht –, so werden einige Bereiche ein Doppelleben führen: Man kann dann gleichzeitig völlig verschiedenen Tätigkeiten nachgehen, völlig verschiedene Bekanntenkreise haben (die meistens nichts voneinander wissen) oder mit verschiedenen Partnern zusammensein. Diese Menschen fühlen sich überall nur halb zu Hause.

Männer mit einer Simiansperrung sind meistens Angeber. Sie sprechen oft mit herablassender Selbstgefälligkeit, wissen alles besser, können alles und haben die totale Kontrolle. Frauen dagegen sind eher diskreter, unterschätzen sich sogar meistens und unterlassen es oft zu experimentieren, etwas zu wagen, aus Angst, mit der eigenen Unzulänglichkeit konfrontiert zu werden. Es fehlt aber sowohl Männern wie Frauen die realistische Selbsteinschätzung.

Verhältnis zu Grenzen

Für den Superman und für die Superwoman gibt es per definitionem keine Grenzen: Die Sperrung ist ja das Gegenteil einer Senkrechten – diese setzt Grenzen. Menschen mit einer Sperrung beanspruchen für sich – offenkundig oder verborgen – einen Sonderstatus, Sonderrechte und eine Sonderbehandlung («quod licet jovi, non licet bovi»). Dabei gehen sie oftmals zu weit, treiben es auf die Spitze und erkennen die Grenze erst, wenn diese bereits überschritten ist – wenn es meist zu spät ist. Bei introvertierten Menschen sieht man scheinbar das Gegenteil: Aus Angst vor einem Fiasko werden die Grenzen erst gar nicht abgetastet, man wartet zu lange, bis schliesslich der Zusammenbruch erfolgt. Das Verhalten ist hier oftmals selbstzerstörerisch.

Besondere Fähigkeiten

Die Fähigkeit zu verdrängen, so zu tun als ob, ist nicht immer ein Nachteil. In akuten, unvorhergesehenen Situationen wie beispielsweise bei Unfällen, Feuer, Tumulten oder Panik sind diese Menschen oftmals diejenigen, die sich von ihren Gefühlen nicht mitreissen lassen, einen kühlen Kopf bewahren und instinktiv richtig handeln. Simian-Menschen sind krisenfest und eignen sich für Berufe, bei denen Unberechenbares zur Tagesordnung gehört: Feuerwehr, Polizei, Psychiatrie etc. Vielfach funktionieren sie am besten, wenn sie keine Zeit zum Nachdenken haben. Auch sind sie imstande, Übermenschliches zu leisten, beispielsweise können sie monatelang 20 Stunden pro Tag arbeiten und physische und psychische Bedürfnisse auf die Seite schieben.

Besondere Beachtung verdient die Simian als *Heilerlinie.* Durch die Sperrung werden Energien des Nachtbogens gestaut, die nun in konzentrierter Form auf andere übertragen werden können. Solche Fähigkeiten werden manchmal schon in der Jugend entdeckt und bereits angewandt, meistens jedoch ist dies erst in der Lebensmitte der Fall. Menschen mit Sperrungen machen in ihrem Leben viele Wandlungen durch – sie können aber auch zur Wandlung anderer beitragen.

Wandlung und Verwandlung

Erfahrungsgemäss sind die Wandlungen vom 40. Lebensjahr an besonders entscheidend *(vgl. Kapitel «Die Schicksalslinie» – Abschnitt «Die Zeitmessung an der Längsachse»).* Dieser Lebensabschnitt gilt ja generell als Beginn der grossen Wertverschiebungen, doch scheinen Menschen mit Sperrungen stärker als andere davon betroffen zu sein: Jetzt findet die grosse Demaskierung statt, sei es, weil aus einem inneren Drang die bisherigen Normen und Wertmassstäbe über Bord geworfen werden, sei es, weil Verlust oder Krankheit einen dazu zwingen, sich neu zu orientieren (die Astrologen dürfen an *Skorpion-* und *Plutoeinflüsse* denken).

In günstigen Fällen wird aus dem Entweder-oder ein Sowohl-als-auch. Solche Menschen können jetzt beginnen, sich ernsthaft mit den verdrängten, angsterregenden («minderwertigen») Inhalten der Psyche zu beschäftigen, was zu einem neuen Bekanntenkreis, manchmal auch zu einer neuen Ausbildung führt.

Der Umgang mit der Simian

Der Umgang mit einer Sperrung und spezifisch mit einer Simian ist von Überraschungen geprägt. Wenn diese Menschen sich ihrem Tagesbogen gemäss unterhalten, haben sie Überblick und Kontrolle, argumentieren vernünftig, passen sich den geltenden Spielregeln an und zeigen sich verständnisvoll und solidarisch – lediglich eine etwas blasierte Ausdrucksweise und ein leicht nasaler Sprechton lassen den Kundigen aufhorchen. Doch im Alltag (Nachtbogen) scheinen die schönen Philosophien und Ideale nicht mehr zu existieren; sie gelten nur in der Theorie.

Unsere praktische Erfahrung zeigt, dass man sich in diesen problematischen Fällen nicht rücksichtsvoll und diplomatisch verhalten sollte, auch nicht versuchen, in einer «stillen Stunde» ruhig über vorhandene oder mögliche Probleme zu diskutieren, sondern vielmehr in zugespitzten Situationen mit direkten Auseinandersetzungen reagieren muss. Soziales Verhalten können diese Menschen nur im Hier-und-Jetzt, im Brennpunkt zwischen Tages- und Nachtbogen entwickeln.

Es sind Machtmenschen. So wie sie Teile ihrer selbst verachten und unterdrücken, versuchen sie auch mehr oder weniger raffiniert, ihre Mitmenschen zu kontrollieren. Sie operieren häufig mit ultimativen Forderungen, mit Entweder-oder-Drohungen. Man sollte sich nie von ihnen erpressen lassen, sondern im Gegenteil solchen Menschen gegenüber selber ultimativ und konsequent auftreten: Nur vor autoritärem Verhalten haben sie Respekt. Auch sollte man nie versuchen, sie an einem (hoffnungslos unrealistischen) Vorhaben zu hindern: Nur durch Erfahrung mit Grenzen werden sie Grenzen kennenlernen.

Wenn Menschen mit Sperrungen in die Besprechung kommen, empfiehlt es sich, ihnen reinen Wein einzuschenken. Wir haben über die Jahre etliche von ihnen bei ihren Wandlungen begleitet: Gnadenlose Ehrlichkeit haben sie schlussendlich besonders zu schätzen gewusst.

Kopflinie oder Herzlinie?

Die Simian ist an sich eine selbständige Linie mit selbständiger Psychologie. Doch lässt sich am Charakter der Linie feststellen, ob sie zur Kopflinien- oder zur Herzliniengruppe gehört – oder zu beiden. Die *Herzlinien-*

sperrung kommt dann zur Geltung, wenn die Simian etwas höher liegt und auf der Du-Seite wie ein kleiner Tannenzweig fein verästelt ist. Menschen mit dieser Sperrung haben überspannte und unrealistische Ideale, erwarten von sich selbst und anderen einen selbstlosen Einsatz für eine «gute Sache», ignorieren das allzu Menschliche und lassen keine negativen Gefühle zu. Manchmal werden sie bis aufs Blut ausgebeutet.

Die *Kopfliniensperrung* fokussiert auf Leistung, Durchsetzung und Anerkennung. Eventuelle Niederlagen werden auf materieller oder gesellschaftlicher Ebene erlitten.

Rechts und links

Bei manchen Zeichen ist es schwierig, streng zwischen rechts und links zu unterscheiden. Es wird kaum überraschen, dass gerade Sperrungen sich auch hier über die allgemeinen Deutungen hinwegsetzen – es ist, als ob *einmal Sperrung immer Sperrung* bedeuten würde.

In der *rechten* Hand treten Sperrungen allerdings unmittelbarer und deutlicher in Erscheinung, hier ist der Querschlägerstatus dauerhaft und betrifft die Bereiche Ausbildung, Arbeit, gesellschaftliche Stellung etc.

In der *linken* Hand beziehen sich Sperrungen auf fixe Ideen und Verweigerungen, besonders im Privatleben, bei der Freizeitbeschäftigung und dem intimeren Umgang mit andern.

Einige Varianten und Kombinationen

Bei offenen Formationen

Ist die Simian von der Lebenslinie getrennt, dann «hängt sie in der Luft». Eine indische Regel sagt dazu: «Eltern früh gestorben». Diese Regel hat sich in den wenigen Fällen, die wir kennen, im Prinzip bestätigen lassen, nur darf man sie nicht ganz so eng auffassen: die Eltern können für ein Kind beispielsweise auch aufgrund von Alkoholmissbrauch nicht vorhanden sein.

Wenn sich die Ungeduld eines Menschen mit einer offenen Formation *(vgl. Kapitel «Die Kopflinie» – Abschnitt «Unter dem Jupiterfinger»)* zu den absoluten Ansprüchen, die durch die Simian repräsentiert werden, gesellt, so wird es für ihn besonders schwierig sein, sich in ein bestimmtes Gebiet zu vertiefen und sich für langfristige Projekte (beispielsweise eine Ausbildung) zu engagieren: Er möchte am Ziel angekommen sein, bevor der Weg eingeschlagen ist.

Bei einem Bruch unter dem Apollofinger
In unserer Praxis sehen wir häufig die Variante, bei der sich ein Teil der Kopflinie mit einem «abgestürzten» Teil der Herzlinie zu einer Sperrung verbindet *(vgl. Kapitel «Die Herzlinie» – Abschnitt «Unter dem Apollofinger» und Kapitel «Die Kopflinie – Abschnitt «Die Schauspielerlinie»).* Personen mit dieser Linie sind umsichtiger und weniger stur als solche mit einer reinen Simian, haben aber ebenfalls ein grosses Bedürfnis nach gesellschaftlicher Geltung.

In weichen Händen
Sind die Hände weich oder gar zudem unregelmässig und flexibel, so haben diese Menschen besondere Mühe, mit den Schwierigkeiten der Simian umzugehen, weil dann die Ausdauer fehlt, ihnen wirkungsvoll entgegenzutreten. Sie brauchen klar definierte Regeln und Aufgaben, um nicht in Depressionen zu fallen. Ihre Macht wenden sie mittels Gefühlstyrannei an.

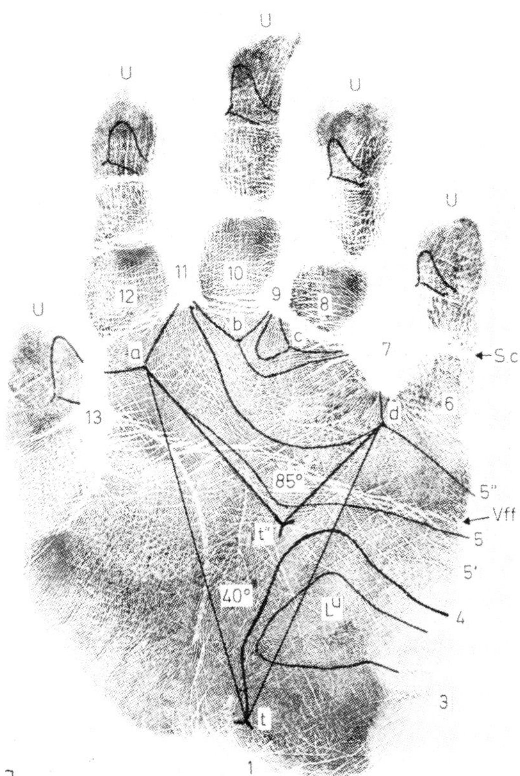

Mongolismus
(Downs Syndrom, Trisomi 21)
Dieser Handabdruck stammt aus der *Hautleistenfibel*[2] und gehört zu einem mongoloiden Patienten. Wir bringen dieses Beispiel, damit keine Zweifel darüber aufkommen, wie sich Mongolismus in den Händen auszudrücken pflegt.

Der Abdruck ist mit den Notizen der Mediziner zu den Papillarleisten versehen. Die geraden Striche zwischen dem Jupiterdelta (a) und dem Merkurdelta (d), dem Ankerdelta (t) und dem dazwischenliegenden Delta (t") sind Winkelbezeichnungen, die im Klassifikationssystem der Mediziner wichtig sind.

Der Mondberg weist eine seltsame, nach aussen gerichtete Schlinge auf; im Nachtbogen nimmt er den grössten Raum ein. – Sowohl Daumen wie auch Kleinfinger sind ausserordentlich kurz, der Kleinfinger hat, was typisch ist, nicht zwei, sondern nur eine Falte. Die Finger sind im grossen und ganzen aussergewöhnlich kurz.

Die Lebenslinie ist sehr eng. Diese Linien gehören zum hypersensiblen Typus; man bemerke den fadendünnen Venusgürtel. Zwischen Kopf- und Herzlinie gibt es – nicht ganz unerwartet – eine simianähnliche Brücke.

Dieser Mensch lebt in einem Traumzustand, ist aber zugleich den kleinsten Regungen gegenüber ungeheuer empfindlich; seine psychischen Antennen sind feinfühlig wie ein Seismograph. Die unentwickelten Finger zeugen von einem unentwickelten Intellekt, und der schwache, eingeklemmte Daumen zeigt, dass der Wille sich zu behaupten oder selbständig zu handeln gänzlich fehlt.

Ein Staatsrechtsprofessor

«Das Risiko eines Scheiterns ist bei jedem Handlungsschritt in der Politik gegeben, aber jetzt muss man vorangehen.» – Dieses Zitat stammt aus einem Interview der «SonntagsZeitung» mit dem Staatsrechtler *Alfred Kölz*. – Seine Hand ist kraftvoll, die Handflächen eckig, der Tagesbogen schön entwickelt: Sein Beruf ist ein «Tagesbogenberuf» *(siehe Abbildung unten)*.

Die Finger sind auf einer Geraden angesetzt: Dieser Mann gehört also zu den Unschlagbaren. Seine Geste ist offen, er ist bereit, ihm zuge-

spielte Bälle aufzufangen, wobei allein der Kleinfinger etwas zurückhaltend ist: Seinen letzten Trumpf gibt er nicht preis.

Seine *Simian* ist perfekt – dazu passt das folgende Zitate aus dem gleichen Interview: «*Der EWR-Beitritt könnte tatsächlich einen Impuls für den Prozess Richtung Totalrevision auslösen … Der Machtzuwachs des Bundesrates ist keine neue Erscheinung. Diese Entwicklung läuft seit fünfzig Jahren ab. Macht kann man nur mit Macht kontrollieren, also müssen wir das Parlament entscheidend stärken … Wir müssen handeln, weil sonst gefährliche Entwicklungen eintreten können, indem dieses Land immer ferner von den Bürgern und Bürgerinnen regiert wird, weil sie nicht mehr mitmachen und die Verständigung zwischen den sozialen und kulturellen Gruppen je länger, je weniger funktioniert.*»

Der Venusgürtel

In linienreichen Händen befinden sich zwischen Herzlinie und Fingerbasen meist einige Querlinien: der *Venusgürtel.* Klassischerweise beschreibt dieser einen schalenförmigen leichten Bogen, der sich von der Schwimmhaut zwischen Merkur- und Apollofinger bis zur Schwimmhaut zwischen Jupiter- und Saturnfinger erstreckt. Oft ist er jedoch nur in Bruchstücken vorhanden oder aus einer Kette von mehr oder minder parallel zueinander verlaufenden kleinen Linien(stücken) zusammengesetzt.

Traditionsgebundene Handleser schreiben dem Venusgürtel Lasterhaftigkeit, Genusssucht, Launenhaftigkeit, Dekadenz und unmoralischen Lebenswandel zu; neuere Bücher berichten allerdings auch von «geistreicher, ästhetischer oder literarischer Arbeit».

Der Venusgürtel *(siehe Abbildungen rechts)* zeugt von Aktivität in der obersten der drei Welten *(vgl. Kapitel «Die Dreiheit»)* und gehört in erster Linie zum Empfindungsnaturell; er deutet Hypersensibilität und -sensitivität an – selbst die feinsten Schwingungen werden wahrgenommen.

Der Venusgürtel betont die differenzierenden Aspekte des Halschakras *(vgl. Kapitel «Stichworte zu den sieben Chakren»).* Das Halschakra (chiromantisch: Übergang zwischen Fingern und Handrumpf) symbolisiert die Integration der grundlegenden sinnlichen Bedürfnisse und Eindrücke (Essen, Beobachtungen, Informationen); hier, am Anfang des «Verdauungssystems», wird sortiert, bewertet, kategorisiert.

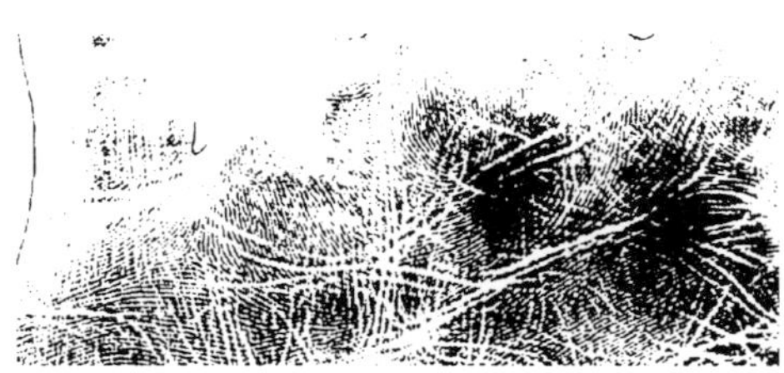

Dieser Teil der Hand stellt einen zusätzlichen Filter dar. Der Mensch ist in seiner Beurteilung kritisch und nuanciert; subtile Details werden bemerkt – ein Steak und ein Glas Rotwein sind nicht nur da, um den Hunger zu stillen und den Durst zu löschen; ein Musikstück ist nicht nur eine Geräuscherscheinung, ein Gespräch nicht nur Geplauder. Ein Mensch mit Venusgürtel erlebt mehrschichtig, ist qualitätsbewusst und stellt entsprechend hohe Ansprüche. Häufig fühlt er sich in seiner Erlebniswelt nicht verstanden.

Doch werden diesbezüglich nicht nur an andere Menschen hohe Forderungen gestellt, auch der eigene Ausdruck, das, was von innen nach aussen vermittelt wird, unterliegt demselben Perfektionismus.

Wir können aus unserer Erfahrung die sogenannte «Launenhaftigkeit» bestätigen, wobei diese Launenhaftigkeit durchaus auch eine Form der hier typischen Hypersensibilität bzw. Hypersensitivität darstellen kann. Da der Venusgürtel-Mensch fast seismographisch «alles» registriert – entsprechend seiner aussergewöhnlichen mentalen Aktivität –, ist er dort, wo es viele Eindrücke zu verarbeiten gibt, wie beispielsweise an einer Party, schnell erschöpft und kann plötzlich die Szene verlassen, um sein Nervensystem zu schonen. Zudem hat er recht exklusive Erwartungen an das gesellschaftliche Niveau: Wenn der Umgangston in einem bestimmten Kreise zu grobschlächtig oder roh ist, wird er sich bald nach sublimerer Gesellschaft umsehen. Auch seine Genussfreude bestätigt sich hier: Dieser Mensch sucht im Sinnlichen das Optimum der Sinngebung, den letzten Schliff und Pfiff, sei es beim Sehen, Hören, Essen oder in der Erotik.

Weist die Hand auf Masslosigkeit und Mangel an Selbstbeherrschung hin, könnte man auch den etwas altmodischen Ausdruck «Hang zu depraviertem und unmoralischem Lebenswandel» benutzen; hier geht es also nicht mehr nur um Genussfreude als vielmehr um Genusssucht.

Kurven und Geraden

Der Venusgürtel kann gerade oder kurvenförmig sein. Eine gerade Querlinie hat immer zwingenden Charakter; hier besonders auf der intellektuellen Ebene. Sie findet sich bei Literaten oder bei anderen geistig aktiven Menschen, die auf feinste Begriffsnuancierungen Wert legen (natürlich besonders, wenn Merkur und das Luftelement generell stark vertreten sind).

Der *girlandenähnliche* Venusgürtel gibt sich passiv-empfangend dem Genuss hin, der *gerade* sucht ihn aktiv, während der *kurvenförmige* ihn hoffend erwartet.

Der Venusgürtel in der linienarmen Hand

Nur selten findet sich der Venusgürtel in einer linienarmen Hand, sollte dies der Fall sein, muss ihm grosse Bedeutung beigemessen werden.

Ein langer Venusgürtel

Ist der Venusgürtel sehr lang, nimmt er zugleich den Charakter einer doppelten Herzlinie an. Er erstreckt sich dann oft bis zum Merkurberg, wo er sich mit den Ehelinien verbindet. Die Forderungen sind in diesem Fall extrem; es dürfte für den Partner schwierig sein, diesem Menschen jemals gerecht zu werden! Das Bewusstsein des Fordernden umfasst stets mehrere Erlebnisdimensionen gleichzeitig: Er fordert also zu viel aufs Mal.

Berufe

Wie alle anderen Linien drückt sich der Venusgürtel dem Handtypus gemäss aus. Doch allgemein deutet er auf eine künstlerische Verfeinerung oder Ästhetisierung der Arbeit. Je nachdem finden wir hier ausübende Künstler, Köche, Kunsthandwerker, Dichter, Geigen- und Flötenspieler oder Menschen, die Kunstwerke (Gemälde, Skulpturen etc.) oder künstlerische Darbietungen (Tanz, Gesang, Theater) bewerten, wie beispielsweise Kunstkritiker.

Astrologischer Kommentar

Obwohl diese Linien zu Recht den Namen der Venus tragen, finden sie sich häufig bei Vorherrschaft der Planeten *Uranus* («elektrische» Nervosität, blitzartige Gedankenverbindungen) und *Neptun* (Sensibilität, Utopie) und der Zeichen *Jungfrau* (Kritik, Unterscheidung) und *Wassermann* (Klarheit, mentale Abstraktion).

Nicht selten erscheint wie hier *(siehe Abbildung rechts)* der Venusgürtel oberhalb einer Simian. Es handelt sich um die rechte Hand eines talentierten, autodidaktischen Kunstmalers. Seine Ausbildung an der Kunsthochschule dauerte nur zwei Tage. Man bemerke die spatelförmige Kuppe des Ringfingers!

Diese Frau *(siehe Abbildung rechts)* ist Gesangslehrerin

an einer Musikhochschule. Zu ihren Aufgaben gehört unter anderem zu bewerten, welche Stimme «eine Zukunft» hat; sie bestimmt also, wer zum Studium an der Musikhochschule zugelassen wird.

Die Sonnenlinie

Bei der Einrichtung des Olymps und der Arbeitsverteilung der Götter ernannte Zeus seinen Sohn *Apollo* zum Anführer und Dirigenten der neun Musen: der Inspiratorinnen für Tragödie, Komödie, Tanz, Flötenspiel, Epik, Lyrik, Chorgesang, Astronomie und Geschichtsschreibung; Apollo sollte an den Festen der Götter für Unterhaltung sorgen.

Auch im Handlesen ist seine Linie jene Linie, welche Sonnenlicht, Lebensfreude und Kunst vermittelt; die Linie, die uns über die Notwendigkeiten und Trivialitäten des Alltags herauszuheben vermag. In der Regel verbindet die *Sonnenlinie* den Harabereich mit dem Apolloberg. Sie stellt einen Kontakt zwischen den Talenten (Venusberg) und ihrem individuellen Ausdruck (Apollo) her, sie ist das Bindeglied zwischen Natur und Kultur, zwischen Rohmaterial und differenzierter Form.

Im klassischen Sinne ist die Sonnenlinie ein Erfolgs- und Geldzeichen; ein Zeichen dafür, dass die Persönlichkeit imstande ist, durch Stil und/oder Arbeit zu überzeugen. Es heisst, Sonnenlinienmenschen seien geschätzt, beliebt und berühmt und verstünden es meisterhaft, durch Ausstrahlung und Charme die Aufmerksamkeit unmittelbar an sich zu reissen. Es heisst weiter, sie seien «Salonlöwen» mit einem Hang zu Eitelkeit, Luxus und Verschwendung.

Die indische Überlieferung wiederum betont die Sonnenlinie als ein Zeichen des Kultivierten und des Gelehrten, desjenigen, der die Veden rezitierte (wichtig ist hier, dass eine entsprechende Bildung der herrschenden Klasse vorbehalten war, der Betreffende unterschied sich also schon durch seine Geburt von der Masse des Volkes).

Unsere Erfahrung bestätigt beide Aspekte. Eine Sonnenlinie deutet grundsätzlich auf natürliche Stilsicherheit im Auftreten und in der Präsentation wie auch auf die natürliche Fähigkeit, sich persönlich auszudrücken, ohne die Spielregeln des Comme-il-faut zu verletzen. Der Sonnenlinienmensch meistert die Kunst, gleichzeitig Individualität und integrierte Persönlichkeit darzustellen.

Dazu kann – muss aber nicht – materieller Wohlstand gehören; man kann sich auch ohne Geld reich fühlen: reich an Entfaltungsmöglichkeiten (Talenten) oder reich an Wissen. (Der Ringfinger deutet auf einen Sinn für harmonische Ordnung und Einordnung; der Venusberg auf einen Sinn für das «Einverleiben», er ist der Speicher. – Eine gute Verbindung dieser beiden Prinzipien ergibt eine «gut organisierte Bibliothek».)

Wer keine Persönlichkeit ist oder hat, an den wird man sich schwer erinnern, der tritt nicht als Einzelwesen aus der Gruppe heraus, hat kein besonderes Merkmal, ist anonym oder uniform. Man kann Tricks benützen, um die Aufmerksamkeit an sich zu reissen. Man kann dicke Ketten tragen oder Ringe an jedem Finger; man kann sich extrem auffällig anziehen oder sich extrem stark schminken. Dann präsentiert man sich als (vermeintliche) «Persönlichkeit», indem man schon genormte Rollen und Formen übertreibt. Dies hat zwar generell mit der Du-Seite, aber an sich nichts mit der Sonnenlinie zu tun (Merkur: Imitation).

Der Sonnenlinienmensch ist individuell, er vertritt sich selbst. Diese natürliche Fähigkeit ist allerdings bei entsprechenden Brüchen an Kopf- und Herzlinie behindert. Dann wirken Arbeits-, Darstellungs- und Umgangsformen oft forciert und stereotyp.

Bei Sonnenlinien wird aus einer Überfülle an Energien geschöpft, vor allem, wenn der Fluss der Lebenslinie ohne Schäden (Löcher, Blockaden, Fehlen der Basis) ist. So sind Sonnenlinienmenschen auch gute Pädagogen. Sie können ihren Unterricht aus einem Überschuss an Wissen und Erfahrung heraus frei gestalten: Die Unterrichts*form* ist dann Ausdruck des Persönlichkeits*inhaltes,* die Arbeit strahlt vor Engagement und mitreissender Begeisterung.

Typische Startstellen

Es ist für die Sonnenlinie ein Vorteil, mit dem Venusberg in direktem Kontakt zu stehen. Sie fühlt sich dann von vorneherein (biographisch: in der Kindheit) in ihrer Wesensart (linke Hand) akzeptiert oder im Materiellen (rechte Hand) unterstützt und hat entsprechend keine Angst, sich privat oder beruflich zu profilieren.

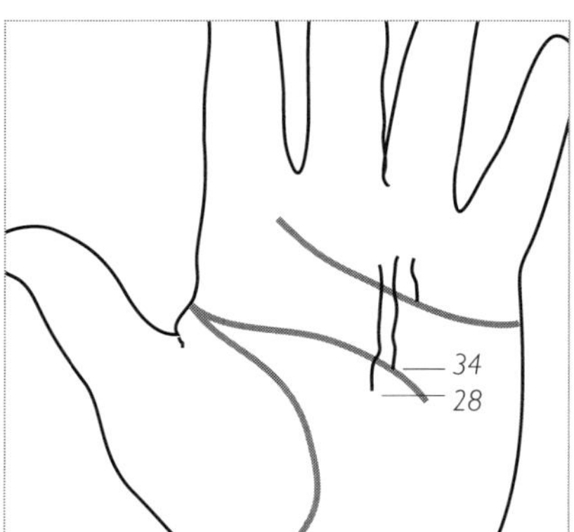

Oft «startet» die Sonnenlinie unterhalb der Kopflinie bei 28 oder gerade oberhalb bei 34 *(vgl. Kapitel «Die Schicksalslinie»):* Bei 28 (Harabereich), ist meist eine kunsthandwerkliche, bei 34 (Solarplexus) eher eine wirtschaftliche Durchsetzung angezeigt *(siehe Abbildung links).*

Eine weitere typische «Startstelle» liegt bei 38. Hier sind oft Geschäfte und Geld mit im Spiel, es handelt sich dabei oft um Erfolg durch Reklame, Lay-out, Dekoration und Präsentation *(vgl. Kapitel «Die Herzlinie» – «Schaufensterbereich»).*

«Startet» die Sonnenlinie erst auf der Herzlinie, dann bezieht sie sich nicht mehr direkt aufs Schöpferische oder Wirtschaftliche. Diese Linie ist vor allem in differenzierten Händen häufig und deutet auf Offenheit für kulturell schöngeistige oder künstlerische Themen. Dieser Abschnitt der Sonnenlinie zeugt von Streben nach Verfeinerung, nach Kultur (Museums- und Konzertbesuche etc.).

Manchmal verbindet sich die Sonnenlinie mit Linien aus dem Mondberg; die betreffenden Menschen sind dann bei eventuellem Erfolg Exponenten des Zeitgeistes, reiten auf den Wellen der Modeströmungen (Popmusiker, Modeschöpfer). In selteneren Fällen läuft die Sonnenlinie von der Handbasis direkt in Richtung Ringfinger: Hier scheinen besondere Heilerfähigkeiten vorzuliegen (Apollo galt als Vater des Äskulap). Eine derart starke Linie wird für die ganze Persönlichkeit prägend sein; Apollo ist hier wahrscheinlich der Herrscher der Hand.

Bei dieser Hand entspringen sowohl Schicksals- wie Sonnenlinie dem Mondberg *(siehe Abbildung rechts).* Die Sonnenlinie beschreibt einen Bogen in Richtung Ringfinger (zwischen Kopf- und Herzlinie ist sie etwas schwächer, oberhalb der Herzlinie sehr stark). Diese Handeignerin führte jahrelang ein exklusives Kleidergeschäft, viele «Berühmtheiten» kauften bei ihr ein. – Man beachte auch die langen Kopf- und Merkurlinien: Sie ist eine geschäftstüchtige Frau, die sich durchsetzen kann.

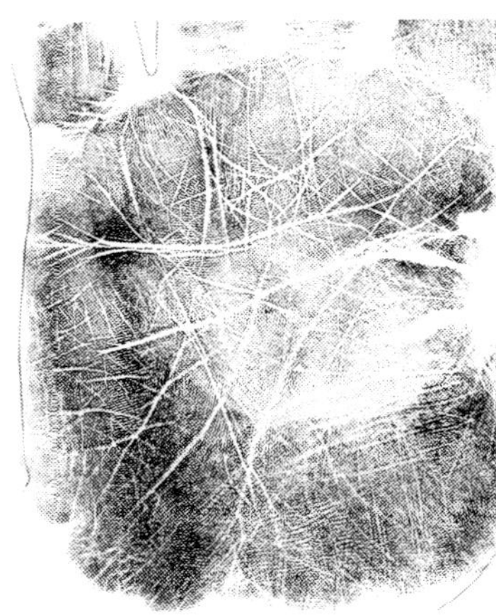

Einige Kombinationen

Eine Hand mit schöngeformtem, langem Ringfinger und mit vollem Venusberg stärkt die Qualitäten der Sonnenlinie und liefert sozusagen die nötigen Voraussetzungen zum erfolgreichen Künstler oder Kunsthandwerker. Traditionell schlägt man dann vor, die Zeitmessung der Sonnenlinie entlang vorzunehmen.

Traditionell heisst es auch, dass eine Sonnenlinie bei unauffindbarer oder schwacher Schicksalslinie nicht viel bringen wird. Es fehlen dann Tiefe, Konsequenz und Durchhaltevermögen in der Zielverfolgung; man verlässt sich zu sehr auf seinen Charme und auf den Zufall. Im umgekehrten Fall, da, wo die Schicksalslinie klar gezeichnet ist, kann bei einer Sonnenlinie mit Anerkennung gerechnet werden (betrifft vor allem die rechte Hand).

In einer plumpen, undifferenzierten Hand, die für ästhetisches Raffinement nichts übrig hat, ist die Sonnenlinie lediglich ein Hinweis auf vulgäre Geldprahlerei; in einer gehemmten, etwa durch Sperrungen verkrampften Hand auf ein blosses Einhalten dekadenter und überholter Gesellschaftsnormen.

Es kommt vor, dass Menschen mit starker Sonnenlinie weder eine starke Persönlichkeit noch Geld noch künstlerischen Erfolg aufweisen. Es lohnt sich dann, die Basis und die Kopflinie genauer unter die Lupe zu nehmen. Es kann eben sein, dass die betreffende Person ein schwaches Selbstvertrauen (schwache Basis) oder wenig Durchsetzungsvermögen (schwacher Daumen und schwache Kopflinie) hat. Die schöne Sonnenlinie wird dann wahrscheinlich in projizierter Form gelebt: Der Ehepartner oder der Bekanntenkreis werden die Sonnenlinienmerkmale aufweisen.

Die Merkurlinie

Die Merkurlinie liegt auf der Achse zwischen dem «Wurzelpunkt» der Lebenslinie und dem Kleinfinger. Sie ist selten in ihrer ganzen Länge sichtbar, manchmal fehlt sie sogar. Meistens tritt sie in Bruchstücken auf, und oftmals ist sie stellenweise verdoppelt.

Im Oberen Mondberg

Die Astrologen bemerken, dass dieser Bereich dem sechsten Haus entspricht: Auch hier geht es um Routine, um praktische Alltagsbewältigung und Anpassung an den Alltag. *Stichworte zum Harachakra:* Verarbeitung, Rationalisierung, praktisches Erfindertalent, Fleiss, täglicher Umgang mit Familie und Haustieren, Einüben von Reflexen, Dienstleistungsgewerbe.

Damit ist eigentlich schon alles gesagt: Wer an dieser Stelle ein schönes, das heisst klares Stück Merkurlinie hat, wird seinen Alltag gut bewältigen, seine Materie kennen, rationell arbeiten und mit den Ressourcen umsichtig haushalten. In beruflicher Hinsicht wird sich dieser Mensch praktisch und/oder theoretisch sorgfältig und gründlich ausbilden lassen, um sich später gar zu spezialisieren. Wir nennen dieses Linienstück im Unterricht «das Erlernen einer Technik und deren Fachsprache».

Sind die Hände *steif,* konzentriert sich die Tätigkeit auf Materie und Präzision (beispielsweise Architekt, Metzger); sind sie eher *geschmeidig,* wird der Umgang mit Menschen gesucht (Kellner, Friseur).

Hier der Abdruck einer Frau *(siehe Abbildung unten),* die «alles» kann: Die Hand deutet auf einen erdhaften Charakter. Der Daumen ist steif, die Linien klar: Sie webt, strickt, schneidert, tapeziert, renoviert Möbel, macht Wein und Konfitüre, pflegt den Garten. Daneben bewältigte sie lange Jahre sowohl Familie wie Beruf (Porzellan bemalen), und später liess sie sich zur Ergotherapeutin ausbilden.

Man beachte die Klarheit der beiden Merkurlinien. *Faustregel* bei dieser Kombination: Man hat mindestens zwei «Werkstätten». – Nur selten sind sie so schön und klar wie hier. Manchmal gibt es eine *Vielfalt kleinerer Merkurlinien.* Es handelt sich dann meistens um einen Menschen, der einen sehr aktiven und bewegten Alltag hat; um einen Menschen, der unter Umständen viele verschiedene Fähigkeiten besitzt, andererseits aber nervös und unruhig ist und daher Mühe hat, sich für längere Zeit derselben Aufgabe zu widmen. Zudem ist bei dieser Linienkonstellation eine längere, abgeschlossene Ausbildung eher unwahrscheinlich.

Ich selbst bin so ein Fall *(siehe Abbildung links).* Meine Merkurlinien kommen und gehen – ich kann nicht lange an der gleichen Aufgabe bleiben (ich finde es beispielsweise äusserst schwierig, kontinuierlich an diesem Buch zu arbeiten) und habe auch keine abgeschlossene Ausbildung.

Im Kopflinienbereich

Schneidet die Merkurlinie die *Kopflinie* im rechten Winkel, darf man sie keinesfalls übersehen oder gar unterschätzen, selbst wenn sie nur ganz kurz ist.

Diese Frauenhand *(siehe Abbildung links)* ist eher länglich schmal, etwas knotig und weich. Die Linien erscheinen allgemein oberflächlich. Die Lebenslinie schliesst unten nicht ab, und die Kopflinie startet losgelöst von der Lebenslinie und verläuft Richtung Mondberg.

Damals, als mich die betreffende Person besuchte (sie war etwa 28) glaubte ich, einen recht abhängigen und träumerischen Menschen vor mir zu haben, was in vielerlei Hinsicht auch stimmte. Doch unterschätzte ich gerade eben die Klarheit ihrer Merkurlinie. Diese junge Frau arbeitete als Regisseurin, galt als kompetent und zuverlässig und bekam entsprechend viele grosse Aufträge. Später allerdings gab sie diese Tätigkeit auf, weil das Arbeitsklima, der Stress und die vielen Auseinandersetzungen sie psychisch zu sehr belasteten.

In der traditionellen chiromantischen Literatur gilt eine gute Merkurlinie als positiver Ausgleich für allfällige Schwächen an Kopf- und Lebenslinie.

Auf diesen zwei Handabdrücken *(siehe Abbildungen nächste Seite oben)* ist die Merkurlinie auch oberhalb der Kopflinie deutlich sichtbar.

Hier befinden wir uns im Tagesbogen, auf der Ebene des Solarplexus und teilweise auch des Herzchakras (entspricht astrologisch dem Energiebereich des siebten und achten Hauses). In diesem Raum deutet die Merkurlinie auf Geschäftstüchtigkeit (Kaufleute, Börsenmakler, Reiseunternehmer etc., aber auch Betrüger, Diebe, Hochstapler – wie dies der Gottheit Merkur entspricht). Die beiden betreffenden Menschen sind äusserst kompetent und fleissig; sie verstehen es meisterhaft, ihre Fähigkeiten gezielt einzusetzen, also zur richtigen Zeit am richtigen Ort zur Geltung zu bringen, und dadurch das Wachstum ihres Unternehmens erfolgreich voranzutreiben: Beide führen rentable Firmen.

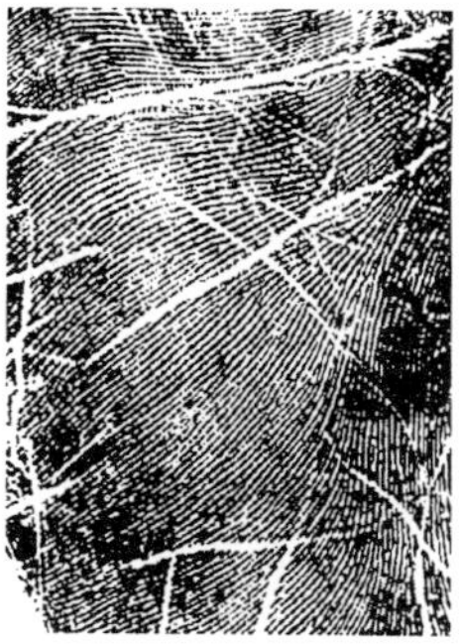

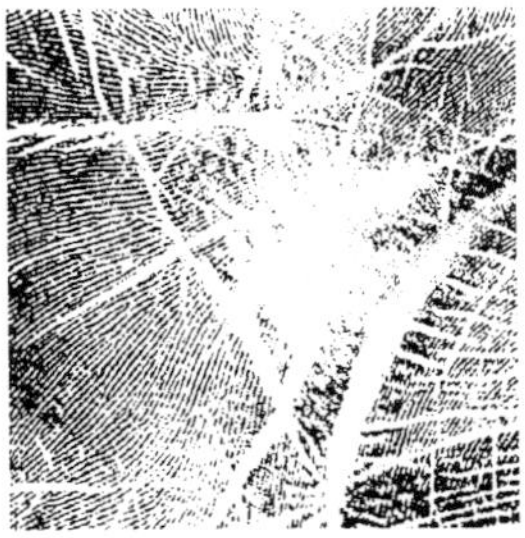

Beide Handabdrücke weisen unter der Herzlinie neben der klassischen Merkurlinie auch kleine, schräge Linien auf, die aus dem Ringfingerraum kommen. Diese deuten auf ein Talent für kurzfristiges, konjunkturbedingtes Planen; man findet sie, wie hier, bei Geschäftsleuten und bei Menschen, die erfolgreich an der Börse handeln.

In der traditionellen chiromantischen Literatur nennt man die Merkurlinie oft *Gesundheitslinie* oder *Leberlinie.* Eine «Kochbuchregel» dazu lautet: Besser keine Merkurlinie als eine unklare oder zerstückelte. Nun, grundsätzlich sind wir als Handleser nicht medizinisch spezialisiert. Wenn wir uns überhaupt zur Gesundheit äussern, dann vor allem im Zusammenhang mit dem Zustand des Gesamtlinienbildes (wattige, unklare Linien etc.) und allfälligen Schäden in den Papillarleisten («Körner», Auflösungserscheinungen). Bei Krankheit ist es sinnvoll, anhand des betroffenen Chakras und der betroffenen Körperhälfte die entsprechend damit zusammenhängenden seelischen und geistigen Probleme unter die Lupe zu nehmen.

Die Uranuslinie

Eine Sonderstellung innerhalb des Bereichs der Merkurlinien nimmt die Uranuslinie ein, die auch *Intuitionslinie* genannt wird. Sie ist eine halbkreisförmige Linie entlang dem Handrand, die den untersten Mondberg mit einem Punkt ca. 1 cm unterhalb des Kleinfingers verbindet. Sie verschmilzt in der Mitte der Hand unter Umständen mit der Merkurlinie, oben eventuell mit der Ehelinie.

Diese Linie ist äusserst selten und muss dort, wo sie auftritt, als wertvolles und günstiges Zeichen gesehen werden. Sie schafft eine Verbindung zwischen der unpersönlichen Welt der archetypischen Bilder, des *kollektiven Unbewussten,* und der persönlichen Welt der geistig klar strukturierten Kommunikation (die Ehelinie gehört zum Halschakra). Sie vermag verborgene Erinnerungen und Erfahrungen direkt ins gegenwärtige Denken und Planen miteinzubeziehen.

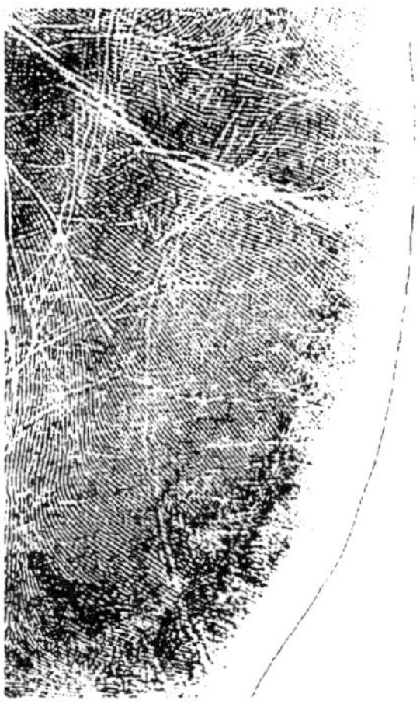

Johans fast durchgehende Intuitionslinie

Allerdings bedarf der Begriff *Intuition* einer Erläuterung. Viele Leute verfügen auch ohne Intuitionslinie über ein grosses Mass an Intuition. Einige werden vieles «spüren», können wie auf einem inneren Film Vergangenes oder Zukünftiges blitzartig erfassen, andere wissen instinktiv, dass es beispielsweise die Mutter ist, die gerade anruft; einige finden mit ihrer Intuition Wasseradern oder heilende Pflanzen, andere wiederum können bei einer Auswahl von 25 verdeckten Spielkarten die gesuchte richtige finden etc.

Die Uranuslinie deutet an sich nicht, wie oft behauptet wird, auf Hellsichtigkeit. Vielmehr geht es hier um superschnelle geistige Prozesse – sogenannte Geistesblitze –, also um eine Fähigkeit, Vergangenheit, Gegenwart und Zukunft, Mögliches mit scheinbar Unmöglichem in Blitzesschnelle geistig miteinander zu verbinden, kurz: um originelle, teils geniale geistige Fähigkeiten. Die Uranuslinie erinnert an den RAM (random acces memory) des Computers: Die Informationen sind blitzartig da, wenn sie gebraucht werden, der Betreffende ist – im Gegensatz zum Hellsichtigen – imstande, seine Eingebungen rational einzuordnen und umzusetzen.

In einer *erdigen, konstruktiven* Hand deutet die Uranuslinie wahrscheinlich auf eine Erfindernatur, in einer *weicheren, unregelmässigeren* Hand eher auf jemanden, der sich – ungeachtet prophetischer Gabe – mit tiefenpsychologischen Inhalten unter dem mythologischen Aspekt beschäftigt, also mit den archetypischen Kräften der menschlichen Seele (wie C. G. Jung).

Kurze Bemerkung an die Astrologen

Heute wird gesagt, Uranus sei der Planet der Astrologie. Das stimmt nur begrenzt. Uranus ist der Planet des Sensationellen, des Aussergewöhnlichen, des Neuen. Da die Astrologie in unserer Zeit immer noch weitgehend zur Subkultur gehört, ist ein Uranuseinfluss notwendig, um mit ihr überhaupt in Kontakt zu kommen. In Indien (wie in früheren Zeiten auch bei uns) ist *Merkur* der Planet der Verwandlung (Tarnkappe), der Alchemie und eben auch der Astrologie. Doch schadet es dem Astrologen bestimmt nicht, auch eine Uranuslinie zu haben.

Die rechte Hand von C. G. Jung

Die Hand ist kräftig und gut proportioniert; die drei grossen Linien sind klar und scharf gezeichnet *(siehe Abbildung rechts)*. Die Basis, der Nachtbogen, ist im Verhältnis zum Tagesbogen etwas stärker betont, die Lebenslinie ist ausserordentlich schön geschwungen und gut verankert. Arbeits- und Produktionskapazität gehen über das Normale hinaus; die Hand strahlt grosse Lebenskraft und Vitalität aus. Man kann kaum glauben, dass C. G. Jung bei diesem Abdruck bereits 75 Jahre alt war; die Linien sind weder «müde» noch «verbraucht».

Ein Mensch mit solch einer Grundausrüstung ist in allem, was er macht, energisch. Die vielen Längslinien zeugen von seinen vielseitigen Interessen und Talenten.

Jung hat in erster Linie durch seine herausragenden Leistungen im Bereich der Tiefenpsychologie weltweit grosse Berühmtheit erlangt. Er war jedoch nicht nur ein grossartiger Seelenforscher, sondern auch ein grosser Mystiker mit einer tiefen Liebe zur Natur, zu Abgeschiedenheit und Stille. Des weitern verfügte er über beträchtliche künstlerische Fähigkeiten.

Die Proportionen der Hand und der Finger deuten diesbezüglich auf den Naturmenschen, das Linienbild auf den Geisteswissenschaftler. Apollo ist Herrscher: Der Ringfinger ist hochgestellt, die Sonnenlinie ist ausserordentlich klar gezeichnet. Apollo bestätigt hier Jungs Liebe zur geistigen Arbeit, Wissenschaft und Kunst, ebenso seine gesellschaftliche Geltung, seinen weltweiten Ruhm und seine Ehrenauszeichnungen. Der Arzt, der Künstler und der Gelehrte: sie alle sind «Apollos Kinder».

Jupiter ist ein bisschen tiefgestellt, doch sein Berg ist gross und «zieht die Kopflinie an» (offene Formation und Ehrgeizlinien). Ein tiefgestellter Jupiter zeugt unter anderem von einem ausgeprägten Bedürfnis nach Sicherheit in Heim und Familie, ebenso von Bescheidenheit und Wertschätzung anderen Menschen und ihrer Arbeit gegenüber.

Die Finger gehören zum intuitiven Typus; die Mondberglinien auf der subjektiven Achse und die Kurve der Kopflinie zeigen, dass Jung intuitiv-visionär grosse kollektive Zusammenhänge erfassen konnte. Die zahlreichen Linien auf dem Mondberg verraten auch Flutwellen von Phantasien.

Seine Selbstdisziplin und sein enormer Arbeitswillen werden von den zahlreichen Sperrungen zwischen Kopf- und Herzlinie angezeigt. Diese Sperrungen deuten mitunter auf einen zwanghaften und defensiven Cha-

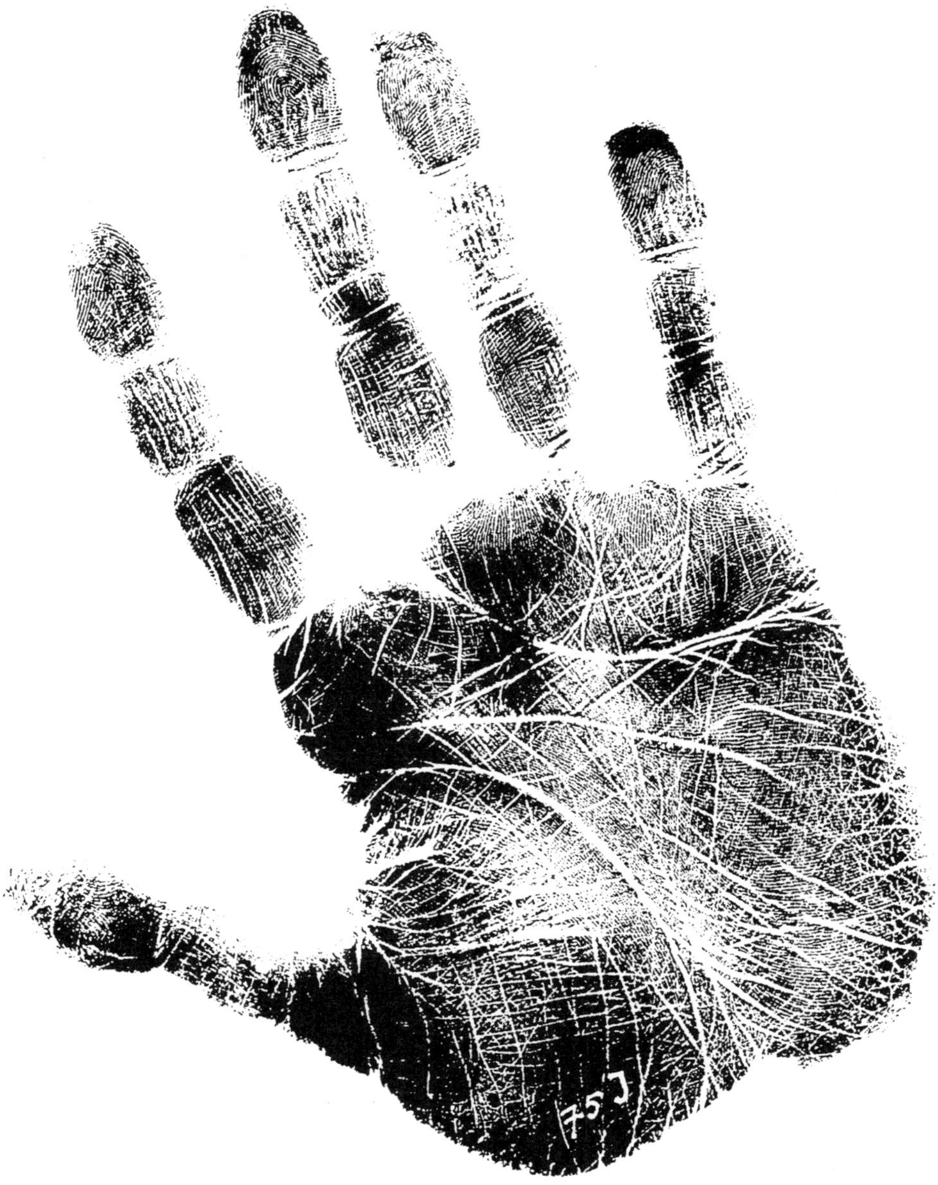

rakter. Jungs Gewissenhaftigkeit, Gründlichkeit, Beharrlichkeit und Tiefe tragen saturnische Züge. Demgegenüber deutet der Handtypus an sich auf eine eher impulsive und ungeduldige Natur.

Jung wusste in seinen frühen Gelehrtenjahren seine damals revolutionären und insofern provozierenden psychologischen Theorien mit griechischen und lateinischen Zitaten so zu unterlegen, dass selbst die spitzfindigsten Kritiker die Waffen strecken mussten (tiefgestellter Jupiter, starker Apollo und starker Merkur; Sperrungen).

Er war Pionier (offene Formation) und Exponent einer kollektiven Strömung («Guruachse»). Spiritualität, Irrationalität und «Okkultismus» (subjektive Achse) erhielten dank seiner Arbeit einen festen Platz in der Psychologie, die in ihren damals enggefassten biologischen und kausalen Erklärungsmodellen beinahe erstarrt wäre. Seine Systematik und seine Fähigkeit, geistig stilvoll und erhaben zu präsentieren, sind aus den Qualitäten des Luftquadranten und aus den Sperrungen ersichtlich.

Sein religiöses Suchen spiegelt sich in den vielen Linien des tiefsten Mondbergs wider: Er unternahm zahlreiche innere und äussere Reisen.

Jung ist heute sowohl der «Guru» unzähliger «etablierter» wie «alternativer» Psychologen als auch der «Garant» für deren fachspezifische Deutungsarbeit.

Die Anerkennung muss ihm wichtig gewesen sein (typisch bei tiefgestelltem Jupiter), doch dürfte er sich wohl kaum etwas aus der Verherrlichung gemacht haben, mit welcher er später bedacht wurde.

Die Schicksalslinie

Die klassische Hauptspur der Schicksalslinie – auch *Saturnlinie* genannt – erstreckt sich von der Handbasis bis zum Saturnfinger. Eigenschaften, die Saturn in der Astrologie zugeordnet werden, können ohne weiteres aufs Handlesen übertragen werden: Schwere, Mass, Fundament, Rahmen, Dauer, Struktur, Grenzen, Einschränkungen, Verzicht, Einsamkeit, Konzentration, Verantwortung, Verpflichtung, Angst, Sparsamkeit, Zeit, Uhr; Hüter der Schwelle, auf Messers Schneide etc.

Die Schicksalslinie erzählt von der Stellung des Ichs in Familie und Gesellschaft, sie zeigt den Grad an Bindung (Freiheit) und Stabilität (Flatterhaftigkeit). «Zuviel» Schicksalslinie bringt Hemmung und Unfreiheit, «zuwenig» Desorientierung und Hemmungslosigkeit.

Sehr unregelmässige, sehr weiche Hände sowie Hände mit unklaren Linien brauchen unbedingt eine Schicksalslinie, sonst fehlen ihrem Leben Halt und Richtung. Eckige, kraftvolle Hände brauchen für ihre Existenzbewältigung nicht unbedingt eine Schicksalslinie.

Wir betrachten *alle* Längslinien als Schicksalslinien. Es gibt oft deren mehrere.

Ursprung und Ziel

Grob gesehen hat die Schicksalslinie drei mögliche Ausgangspositionen:

Aus dem Venusberg
Familie, Traditionen und die umgebende Kultur prägen den Lebensweg. Wenn die Schicksalslinie eine leichte Kurve beschreibt, wird man dabei materiell und/oder seelisch unterstützt.

Aus der Mittelachse
Das Schicksal wird aus eigener Kraft gestaltet.

Aus dem Mondberg
Der Lebenskurs ist von Schwingungen und Stimmungen abhängig. Fremde Menschen beeinflussen die Geschehnisse.

Zielrichtung

Die Schicksalslinie peilt den Jupiter-, Saturn- oder Apollofinger an. Der jeweilige Berg wird auf mögliche Zukunftsvorstellungen hinweisen. Im Linienverlauf können Kursänderungen eintreten.

Die Zeitmessung an der Längsachse

Die Zeitmessung an der Schicksalslinie entlang ist sowohl linear wie auch zyklisch, das heisst, Ereignisse und Prozesse lassen sich einerseits wie Perlen an einer Schnur der Reihe nach bestimmen, anderseits geht es hier um Themen, die wiederholt aktuell werden.

In der Astrologie gibt es unzählige sogenannte *Progressionsmethoden* zur Berechnung der Auslösungszeitpunkte von Geburtskonstellationen. Man unterscheidet beispielsweise die Sekundärprogression (1 Tag nach der Geburt entspricht 1 Jahr, also 1 Sonnenumlauf) von der Tertiärprogression (1 Tag nach der Geburt entspricht 1 Mondumlauf). So steht der 3. Lebenstag thematisch sowohl mit dem 3. Lebensmonat wie mit dem 3. Lebensjahr in Verbindung, der 13. Lebenstag mit dem 13. Lebensmonat und dem 13. Lebensjahr etc. Der grosse Zyklus entfaltet sich durch kleinere Zyklen.

Wahrscheinlich gibt es im Handlesen ebenso viele Progressionsmethoden wie in der Astrologie. Wir werden hier nur zwei von den Skalen präsentieren, die sich bei unserer Arbeit bewährt haben: eine *grosse* und eine *kleine*. Die kleine erstreckt sich vom 15. bis zum 26., die grosse vom 23. bis zum 48. Lebensjahr. In den Beispielen wird die *grosse* erläutert, auf die kleine wird ab und zu hingewiesen.

Jedes Alter lässt sich recht genau charakterisieren. So wie Zahnwechsel und Pubertät bei jedem voraussagbar sind, sind andere, körperlich weniger sichtbare Prozesse und Aufgaben zu ganz bestimmten Zeitpunkten «fällig». Seelische, geistige und körperliche Eigenschaften rücken zu ganz bestimmten Zeitpunkten in den Brennpunkt, werden entwickelt oder getestet.

Wir leben von Geburt an in verschiedenen Daseinsdimensionen, doch steht in der Jugend das Körperlich-Seelische (untere Chakren), später das Geistig-Seelische (obere Chakren) im Vordergrund.

Wenn sich der junge Mensch allzusehr mit Theorien und abstrakten Denkmodellen beschäftigt (Tagesbogen), verliert er den Bezug zur Realitätssphäre und somit auch die Möglichkeit zur existenziellen Unabhängigkeit. Wenn der Ältere sich nicht um Einsicht und Toleranz bemüht, bleibt er in Gewohnheiten hängen (Nachtbogen), wird vielleicht auch bitter, hart, depressiv und/oder physisch krank.

Wir versuchen hier die Längslinienmessung so linear wie möglich darzustellen: Der *Harabereich* erstreckt sich etwa zwischen dem 24. und 28. Alterspunkt/Lebensjahr (Lern- und Experimentierphase), der *Solarplexus* zwischen dem 30. und 38. (persönliche Durchsetzung und gesellschaftlicher Aufbau), das *Herzchakra* zwischen dem 41. und 48. (Wertanschauungskrisen, Neuorientierungen). Die *Grenzgebiete* sind «Mischräume».

Darüberhinaus leben wir eben auf allen Gebieten gleichzeitig, wobei sich gegenwärtige Entwicklungen und Ereignisse weder von den vergangenen noch von den zukünftigen isolieren lassen.

Ein bestimmter Punkt in der Hand lässt sich also nicht mit einem bestimmten Datum festnageln. Um das *Wesen* der Zeit zu erfassen, benötigen wir Erlebnisdimensionen, die über das Alltagsbewusstsein hinausgehen, wo Uhr und Kalender mit präziser Regelmässigkeit voranschreiten.

Auf der Suche nach Werten und Themen der verschiedenen Altersstationen haben uns die Lehre von den planetarischen Zyklen und die Zahlensymbolik entscheidend weitergeholfen. Die Lebensjahre 22/23, 29/30, 36/37, 44, 51/52, 59 etc. sind alle Unterteilungen des *Saturnzyklus*. Für sie gelten saturnische Stichworte wie «Einengung oder Konsolidierung», «Basis erreichen oder verlieren» und «Strukturumbrüche in Familie und gesellschaftlicher Stellung».

Der *Mondknotenumlauf* (mit 18 2/3, 28, 37 1/3, 46 2/3 etc.) berührt Themen wie «Eingang/Ausgang», «Einschalten/Ausschalten», «Anknüpfen/Ablösen».

Thematisch ähnliche Aufgaben wiederholen sich auch im *10er-Rhythmus*. Wie in der Schule kann man in verschiedenen Klassen sitzenbleiben: Hat man beispielsweise die Aufgaben bei 28 unbefriedigend gelöst, werden sie bei 38 nochmals serviert, je nachdem nochmals bei 48 etc.

Links und rechts

Die Rechte ist immer eingeschaltet, wenn Konkretes zu erledigen ist. Wenn sie nicht gebraucht wird, ruht sie aus. Für linke und rechte Hand benützen wir die gleiche Messmethode, doch sind sie nicht immer harmonisch aufeinander abgestimmt. Es kommt vor, dass sie entgegengesetze Bedürfnisse und Eigenschaften aufweisen. Deutlich ist dies bei Bindungs- und Freiheitszeichen. Dazu ein paar generelle Deutungen:

Rechts viele Bindungszeichen (Lebens-, Kopf- und Schicksalslinie verschmolzen), *links überwiegend Freiheitszeichen* (offene Formation, Schicksalslinie aus dem Mondberg): Der Betreffende wird einerseits in bezug auf Ausbildung und Berufswahl vorsichtig und vernünftig vorgehen, wird einen Stein auf den anderen legen; andererseits hat er ein recht turbulentes Privatleben, geht langfristigen Verpflichtungen aus dem Wege und hat wahrscheinlich ein spannendes Hobby.

Links Bindungszeichen, rechts Freiheitszeichen: Es sieht unmittelbar so aus, als ob die Persönlichkeit zum einen sorglos und unabhängig spielerisch ihren Weg durchs Leben fände; zum andern lauern Selbstzweifel und vielleicht grosse Abhängigkeit von Familie oder Partner. Die Linke wird nicht erlauben, dass die Sicherheit aufs Spiel gesetzt wird, auch wenn die Rechte auf grosse Abenteuer hinweist.

Bei der Zeitmessung immer beachten, ob die Linke *ja* oder *nein* sagt!

Die Koordinaten der Zeitmessung

Wir messen die Strecke zwischen *Handwurzel* und *Saturnberg,* auch wenn keine Linie zu sehen ist *(siehe Abbildung unten).* – Die folgenden Skizzen zeigen Durchschnittshände. In der Praxis sind Hände sehr unterschiedlich gross; alle werden *proportional* ausgemessen.

Zum Glück gibt es an der Schicksalslinie, wie auch an der Lebenslinie, ganz bestimmte Stellen, wo bestimmte Signaturen häufig vorkommen, so dass man mit zunehmender Übung das Alter eher an der Art der Linienformation als an der exakten Höhe erkennen lernt. Wir nähern uns hier der Signaturendeutung: «Mit dieser Linie wirst Du im 38. Lebensjahr heiraten, ein Haus bauen etc.»

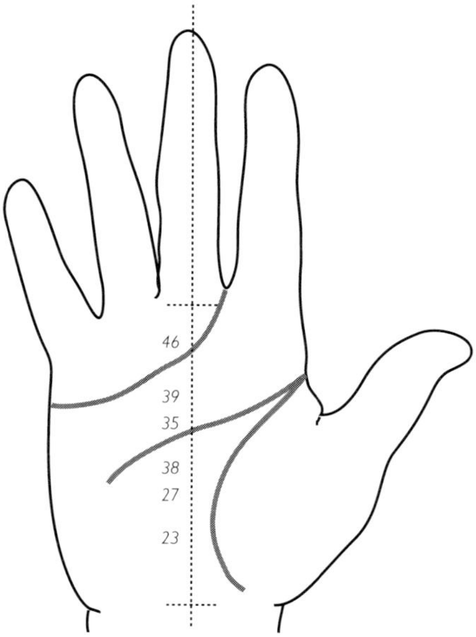

Grosse Skala

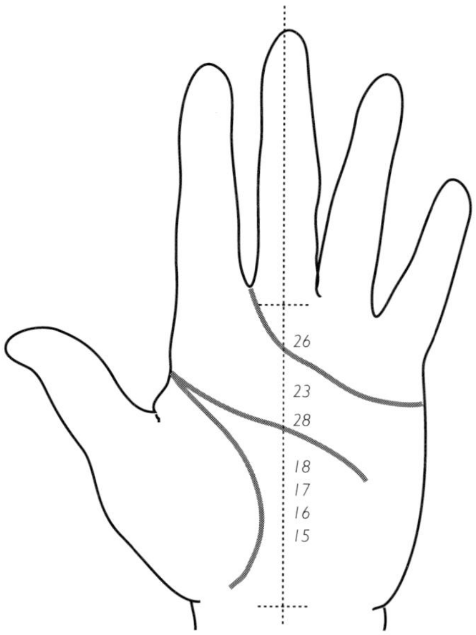

Kleine Skala

Messeinheit
Je nach Abstand zwischen Kopf- und Herzlinie ergibt sich eine gedrängtere oder eben eine gedehntere Messeinheit *(siehe Abbildungen rechts)*.

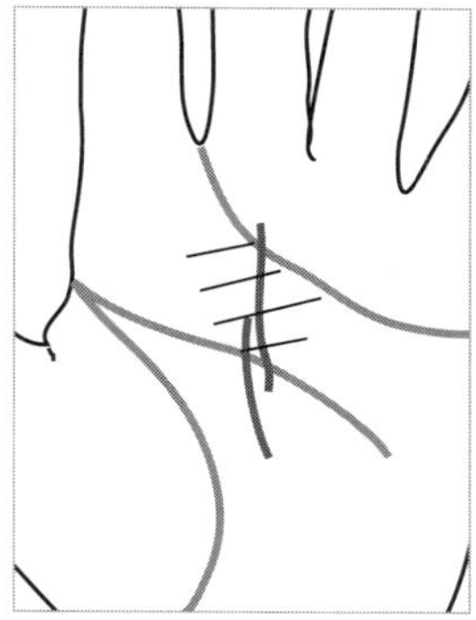

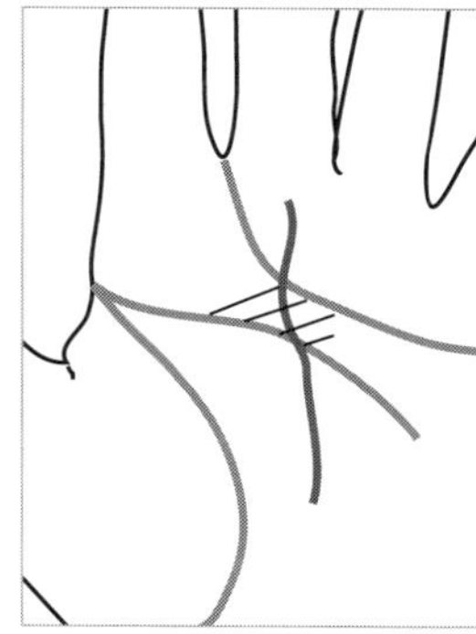

Gleiche Höhe – gleiche Zeit
Unterhalb der Kopflinie gilt die Zeitmessregel *gleiche Höhe = gleiche Zeit.* Eventuelle Zeichen auf dem Mondberg oder an der Lebenslinie sowie Hausbau- und Prozesslinien, Papillarleistenmuster sowie Ausbuchtungen geben wichtige Informationen *(siehe Abbildung rechts in der Mitte)*.

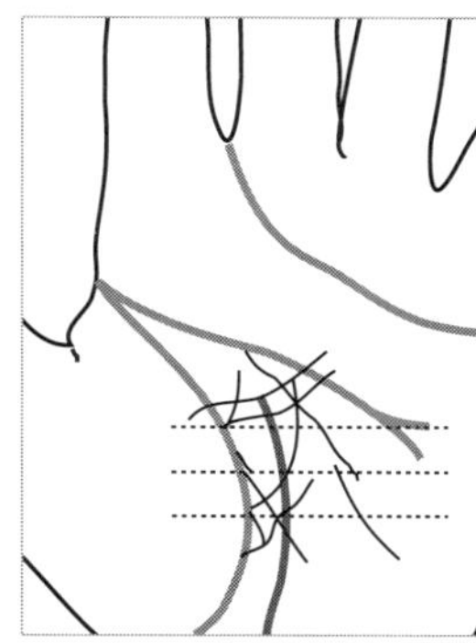

Gleiche Linie – verschiedene Bedeutungen
Verbindungslinien zwischen Kopflinie und Herzlinie werden mehrmals ausgemessen, sowohl an der Längslinie wie auch an ihren Kontaktstellen. Das Thema der Linie betrifft dann oft einen ganzen Lebensabschnitt.

Gleiches Zeichen – verschiedene Zeitpunkte
In der Signaturendeutung gehören zu jedem Zeichen verschiedene Altersstufen. In der Illustration *(siehe Abbildung unten links)* werden an Kopf- und Herzlinie einige Alterspunkte zwischen 34 und 48 gezeigt; diese gehören zu einem System, das in diesem Buch nicht weiter erläutert wird. – Sie dienen als Stützen bei der Längslinienmessung.

Zum Beispiel kann eine Prozesslinie bei 39 (an der Längslinie) und bei 41 (an der Herzlinie) ausgelöst werden *(siehe dazu Abbildung ganz rechts)*. Deutung: Meinungsverschiedenheiten (Prozesslinie) in bezug auf

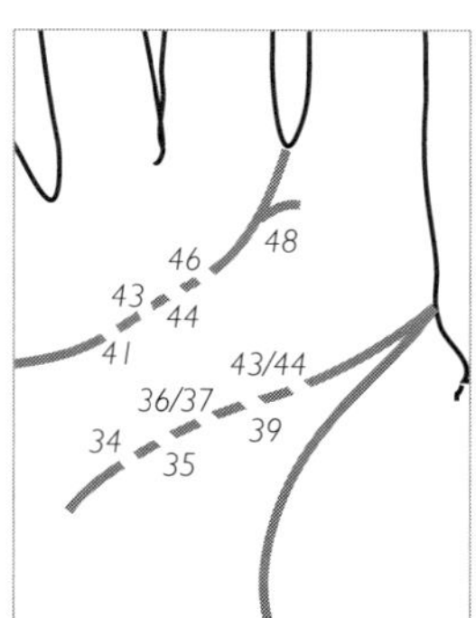

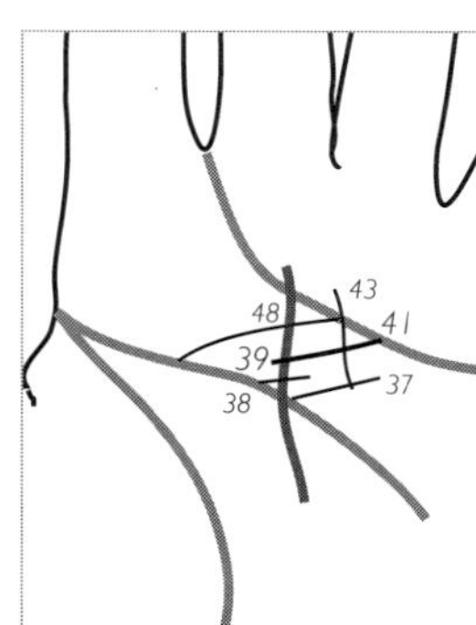

die Form des privaten, beruflichen oder gesellschaftlichen Zusammenseins (Herzlinie) bedrohen die Integrität der Persönlichkeit.

Die Schicksalslinie und ihre Waagrechten

Bei der senkrechten Saturnlinie aus der Handwurzel wurde mehrmals auf einen mühsamen Lebensstart hingewiesen. Saturn ist dann dominant; sein Zyklus wird durchgehend wichtige Veränderungen in häuslicher, familiärer sowie beruflicher und gesellschaftlicher Hinsicht beinhalten (Stellen- und Wohnorts- bzw. Wohnungswechsel, Eheschliessung, Scheidung, Geburten, Todesfälle). Die Alterspunkte beziehen sich auf die *grosse Skala.*

22/23
Entsprechend entscheidend wird diese Periode, wenn *steile Linien* an der Wurzel auftreten:

Man muss sich zusammenraffen, hart an der privaten und beruflichen Basis arbeiten – man muss erwachsen werden. Auf gleicher Höhe sind steigende Merkurlinien und fallende «Beine» häufig; auch Sperrungen auf dem Mondberg.

26
Die *Saturnlinie* entspringt (manchmal senkrecht) etwa in der Hälfte zwischen Handwurzel und Kopflinie. Sie kann sich auch als Verlängerung einer Gruppenlinie aufrichten:

Diese Linienversion nennt man «Rücken-aufrichten-Aspekt». Man wird selbständiger, baut etwas für sich auf; ob im Beruf oder als Freizeitbeschäftigung bestimmt weitgehend die Schicksalslinie der linken Hand. Ist diese mit der Lebenslinie verstrickt, begibt man sich nicht auf «dünne Äste» hinaus.

29/30 (kleine Skala 18)
Die *Saturnlinie* erscheint «wie aus dem Nichts» und steigt ziemlich gerade hinan:

Sie zeigt einen Menschen, der sich seinen Selbstrespekt erobert und bereit ist, hart für dessen Bewahrung zu arbeiten. Häufig gründet man eine Familie oder tritt eine feste Stelle an (links bzw. rechts). Klassisch heisst es, der Betreffende habe bis zu diesem Zeitpunkt ein unorganisiertes Leben geführt, vieles ausprobiert und dabei viele Rückschläge erlitten: eine autodidaktische Kombination.

Die Saturnlinie kann hier von einer zentimeterlangen Waagrechten durchquert werden. Sie zeigt, dass eine völlig neue Basis erarbeitet werden muss (Dauer etwa 1 1/2 Jahre). *In der Zeitmessung begegnen sich 29/30 der Längslinienmessung und 29/30 der Lebenslinienmessung.*

31
Die *Saturnlinie* löst die Gruppenlinie ab:

Ablösung von den Normen einer Gemeinschaft (Familie, Schule, Arbeitsplatz) und Übernahme grösserer persönlicher Verantwortung. – Variante: Ausserhalb der bestehenden Schicksalslinie erscheint eine neue.

35/36 (kleine Skala: 20)
Die *Senkrechte* ändert an der Kopflinie ihre Spur, setzt etwas weiter aussen fort:

Diese Kombination ist ausserordentlich häufig und findet sich bei Menschen, die ein Angestelltenverhältnis zugunsten einer selbständigen Tätigkeit auflösen, beispielsweise für die Gründung einer eigenen Praxis (Ärzte, Psychologen, Rechtsanwälte etc.).

36
Kopflinie weist eine waagrechte Spaltung unter dem Ringfinger auf:

Die Persönlichkeit wird emotional und praktisch extrem herausgefordert; sie muss lernen, schnell und konstruktiv auf Herausforderungen zu reagieren. Meist wird mit Erfolg eine grössere Leistung vollbracht.

39
Waagrechte Verbindungslinie zwischen *Kopf-* und *Herzlinie* (bei sehr engem Abstand) oder Zusammenfliessen der Kopf- und Herzlinie (tiefliegende Simian):

In beiden Fällen tiefgreifende Selbstkonfrontationen und Änderungen des Weltbildes (betrifft vor allem den politischen und geistigen Standpunkt).

40
Waagrechte wenige Millimeter unter der Herzlinie; ist eine Sperrung zwischen Kopf- und Herzlinie, wird sie dann auch bei 43 (Herzlinie) und 44 (Kopflinie) ausgelöst:

Kehrtwendung und Neuorientierung: Ein rentables Geschäft wird plötzlich verkauft, weil man den Rest des Lebens nicht mit Geldverdienen verbringen möchte. – Oder man entscheidet, durch drastische Umstände herausgefordert, selber die Verantwortung für seine Situation zu übernehmen.

41–43

Bei der *Simian* (der grossen Sperrung) fällt in dieser Periode die grosse Wende – alles wird in Frage gestellt:

Es kommt vor, dass sich die Saturnlinie auf dieser Höhe auflöst, um dann ein paar Millimeter weiter oben ihren Verlauf fortzusetzen. Betroffene meinen dazu: «Ich war wie entkleidet, wusste nicht mehr, wer ich bin.» Die Saturnlinie ist die Grenze zwischen Ich- und Du-Seite. Wenn sie in Auflösung geht, löst sich auch die Ich-Grenze auf.

44

Waagrechte Spaltung der *Herzlinie:*

Grosse physische und materielle Veränderungen sind notwendig (entspricht 1 1/2 Saturnumläufen): Das Haus wird umgebaut, die Familienstruktur verändert sich, die Berufsaufgaben fordern andere Qualitäten. Auch das Selbstbild ändert sich: Man sieht sich selbst mit den Augen der anderen und entdeckt bei sich neue Fähigkeiten. Es wird wichtig, etwas für den Körper zu tun, vor allem, wenn diese waagrechte Spaltung auch als Kopflinienspaltung unter dem Zeigefinger/Mittelfinger auftritt. Hier droht Überanstrengung. Das entsprechende Gebot lautet: Sparsam umgehen mit der Zeit und den Kräften!

46

Eine Spaltung der *Herzlinie,* meistens nicht ganz waagrecht (beschreibt oft einen leichten Bogen Richtung Jupiterfinger):

Man schmiedet Pläne für das Alter, plant auf längere Sicht einen Rückzug aus den Verpflichtungen. Häufig sind Gründungen mit gemeinnützigem Zweck: Schulen, Museen etc.

Gleichzeitig wird man oft mit der persönlichen Vergangenheit konfrontiert: Die Kinder und/oder die eigenen Eltern bereiten beispielsweise Schwierigkeiten; man muss Stellung nehmen.

48/49

Herzliniensperrung unter dem Zeigefinger:

Im positivsten Falle wird hier mit Klischeevorstellungen und geistigen Autoritäten aufgeräumt; man findet zurück zur inneren Stimme und zur eigenen Wahrheit. Oftmals werden leitende Funktionen (auch Ehrenämter) übernommen. Auch eine «geistige Verjüngungsphase» könnte eintreten: Beziehungen zu jüngeren Menschen werden angeknüpft.

Manchmal hat diese Herzliniensperrung die Qualität einer Prozesslinie und bringt tatsächlich langwierige Gerichtsverfahren (findet sich bei Starrköpfen, die um jeden Preis recht behalten wollen; Prozesse fallen nicht zu ihren Gunsten aus).

Die Prozesslinien

33

Die *Saturnlinie* wird von einer kurzen Linie durchquert:

Die Persönlichkeit zeigt sich streitsüchtig, fühlt sich herausgefordert, die Ellenbogen zu zeigen; protestiert gegen Einschränkungen, macht sich breit (Solarplexus): Meistens betrifft dies nur das Verhältnis zur näheren Umgebung. Ist die Linie jedoch länger, wird es notwendig, prinzipielle Entscheidungen zu treffen und sich konsequent durchzusetzen: Beruf oder Mutterschaft? Kommunismus oder Antroposophie?

37

Prozesslinie als ansteigende Abspaltung der Kopflinie unter dem Mittelfinger (wichtig der Mondknoten bei 37 1/3):

Vertragsänderungen; Anfang oder Ende von Beziehungen. – Auf der Ereignisebene gibt es Konfrontationen mit Autoritäten (Chef, Guru, Ehemann) und autoritären Systemen. Im Falle einer Krankheit wird man automatisch aus dem Umfeld herausgerissen, das einem nicht mehr entspricht. Des weitern ergeben sich zu diesem Zeitpunkt häufig Kontakte zu spirituellen Kreisen.

Es gibt eine Variante dieser Linie, die gegen den Ringfinger kurvt: Die Tradition spricht hier von Öffentlichkeit und Veröffentlichung.

39 (kleine Skala: 23)

Prozesslinie zwischen Kopf- und Herzlinie (hat gleiche Richtung und oft gleiche Länge wie die bei 33):

Dies sind Einmischungslinien. Manchmal stehen sie deutlich mit der Kopflinie in Verbindung, manchmal mit der Herzlinie, je nachdem, ob man sich selber in eine Sache einmischt oder sich hineinziehen lässt.

Die Auseinandersetzungen beziehen sich meistens auf das Verhältnis zum Staat, zu Organisationen oder zu Fachverbänden (Herzchakra). Es kommt unter Umständen zu Gerichtsverfahren. Diese Prozesse führen oft zu einer Kursänderung der Saturnlinie.

41

Diesen Alterspunkt erkennt man oft an einem aus der Herzlinie fallenden *kleinen Ast*. Dieser Ast deutet auf die Ideale des Zusammenseins, gleichzeitig aber auch auf mögliche Enttäuschungen in Beziehungen. Meistens stösst er nicht in die Schicksalslinie ein, betrifft also geistig-seelische Prozesse, die nicht direkt zu konkreten Änderungen führen.

43

Dieser Alterspunkt wird oft auch durch einen *Herzlinienast* markiert, der meistens die Saturnlinie kreuzt. Wenn der Abstand zwischen Kopf- und Herzlinie eng ist, kann dieser Ast mit der 39-Linie zusammenfallen (wird also zweimal gelesen): Hier zeigt sich unter Umständen eine Bedrohung etablierter Zusammenarbeit (auch Ehe).

Ist man berufstätig, deutet dieser Herzlinienast auf grosse Schwierigkeiten in der Firma, meistens weil diese kein Geld (mehr) hat und/oder Intrigen den Arbeitsplatz beherrschen – hier wird man sich umorganisieren müssen.

Die gleiche Linie (ihre sichtbare oder unsichtbare Verlängerung) kann auch auf die Kopflinie hindeuten: Sie zeigt einen Menschen, der sich frei macht, Verantwortung abgibt, um sich vermehrt der persönlichen Entwicklung (persönliche Initiativen: Marsgebiet) zu widmen.

Die Sekundären Kopflinien

29/30

Sekundäre Kopflinien liegen an der Lebenslinie oder auf der Du-Seite.

Im Mondberg können waagrechte Linien liegen: grössere oder kleinere «Deckel» *(vgl. Kapitel «Die Sperrungen»)*. Ihre Thematik wird meistens beim ersten vollen Saturnumlauf ausgelöst. – Ist die Kopflinie kurvenförmig, können sie dort als Abspaltung auftreten.

35

Bei *schwungvoller Kopflinie* zweigt unter dem Apollofinger ein Ast Richtung Handkante (etwa 15 mm) ab:

Er deutet auf beruflichen und gesellschaftlichen Aufstieg; die Persönlichkeit zeichnet sich durch Dynamik und Energieüberschuss aus.

38

Verdoppelung der Kopflinie zwischen Kopf- und Herzlinie unter dem Apollofinger, mündet in die Saturnlinie ein:

Man nennt sie Liebhaberlinie; sie hat dramatisch-emotionalen Charakter und deutet auf darstellerisch-kreative Fähigkeiten, die entwickelt werden können. Ihr Name besagt, dass diese Fähigkeiten oftmals projiziert werden: Man verliebt sich also in einen Menschen, der solche Eigenschaften besitzt.

Wenn die Linie sehr lang ist und womöglich bis zum Handrand vorstösst, kommt es zu grossen Änderungen in der gesellschaftlichen Position, beispielsweise berufsbedingten Emigrationen.

Auch die Kopflinienstücke nahe der Handkante (Krampf-, Angeber- und Schauspielerlinien) werden in dieser Lebensphase besonders aktuell. Sie sind im gesellschaftlichen Sinne Erfolgszeichen (beispielsweise Geschäftseröffnungen), deuten diesbezüglich aber auch auf Konkurrenzkämpfe.

Die Schräglinien

Im Kapitel über die schrägen Mondberglinien *(vgl. Kapitel «Die Schräglinien aus dem Mondberg»)* wurde bereits das 15. und 25. Altersjahr erwähnt.

Die Thematik der Schräglinien wird auch bei $27\,^{1}/_{4}$ (Mondumlauf) ausgelöst, wenn sie auf dieser Höhe in die Saturnlinie einfliessen. Hier vereinen sich zwei verschiedene Schicksalslinien zu einer: Es bietet sich vielleicht die Möglichkeit, den Traumberuf auszuüben, oder es kann ein Wunsch in Erfüllung gehen. (Kleine Skala: 17.)

Des weitern wird durch den Einfluss anderer Menschen Einsicht in eine neue Welt gewonnen. Ist man bereits verheiratet, sieht man den Partner mit anderen Augen: seine bisher unbemerkten Stärken oder Schwächen kommen an den Tag. Dabei werden auch einige Projektionen zurückgezogen («Guruachse»).

In beruflicher und privater Hinsicht wirken kurze, leicht kurvenförmige Linien, die sich zur Saturnlinie gesellen, fördernd: Neue Zukunftsperspektiven zeichnen sich ab.

Oft liegt ausserhalb der Saturnlinie eine kleine Schräglinie, die nicht die Mittelachse erreicht (Höhe 25–27). Sie deutet darauf hin, dass in dieser Periode viel Interessantes läuft, was nicht direkt das häusliche oder berufliche Leben verändert (Yogakurs, aussereheliche Beziehung etc.).

35
Eine *Schräglinie* verbindet sich erst an der Kopflinie mit der Schicksalslinie (sie erscheint meistens nicht im Wurzelteil, sondern erst im Harachakra):

Grosse schöpferische Kräfte, an deren Entwicklung schon jahrelang im verborgenen gearbeitet wurde, werden ans Licht gebracht. Diese Linie verspricht Pionierleistungen.

Die Beine

«Beine» *(vgl. Kapitel «Die Beine der Lebenslinie»)* gabeln sich in der Wurzelgegend von der Lebenslinie ab. An der Längslinie gemessen, wird ihre Thematik mit 23 oder 24 Jahren aktuell (kleine Skala: 15 oder 16). Es kommt dabei zu kleineren oder grösseren Entwicklungen: Reisen, Wohnungswechsel und kürzere Ausbildungen (Kurse).

Die Gruppen- und Öffentlichkeitslinien

Die Gruppenlinie wird oft auf der Höhe 24 sichtbar. In der linken Hand typisch für Familiengründung, in der rechten für den Beginn einer längeren Ausbildung (beispielsweise an der Hochschule).

Eine ähnliche Deutung kann gegeben werden, wenn auch die Lebenslinie selbst erst hier erscheint, wenn also die Wurzel fehlt. In diesem Falle kann sie «Fuss fassen»: Es tritt eine wesentliche Verbesserung der Lebensbedingungen ein.

Die Sonnenlinie

Die Sonnenlinie erscheint typisch an vier verschiedenen Stellen.

Bei 25/26 als Abzweigung der Saturnlinie:
Selbständige, berufliche Expansion (wird manchmal in der Projektion durch den Partner erlebt).

Bei 28 – ca. 5 mm unterhalb der Kopflinie:
Debüts auf künstlerischem, kunsthandwerklichem oder pädagogischem Gebiet. Typisch sind Erstaufführungen und Erstausstellungen.

Bei 34 auf der (häufig leicht kurvenförmigen) Kopflinie stehend:
Firmengründungen oder andere berufliche Unternehmungen (Zusammenarbeit, Partnerschaft). Zeit: 34.

Bei 38 als Öffentlichkeitslinie:
Gesellschaftlicher und sozialer Aufstieg, wirtschaftlicher Erfolg.

Die Merkurlinie

Die Merkurlinie hat viele Startstellen: Wo sie erscheint, bringt sie Entwicklung von Fähigkeiten und deren Umsetzung.

Ein praktisches Beispiel

Zum Thema Zeitmessung nachstehend ein konkretes Beispiel: meine eigene rechte Hand *(Louise)*. – Das Linienbild ist unten von «Beinen» und Schräglinien geprägt *(siehe Abbildung unten)*. Bei meiner Geburt hatten meine Eltern keinen festen Wohnsitz, wir pendelten damals zwischen drei verschiedenen Wohnungen hin und her.

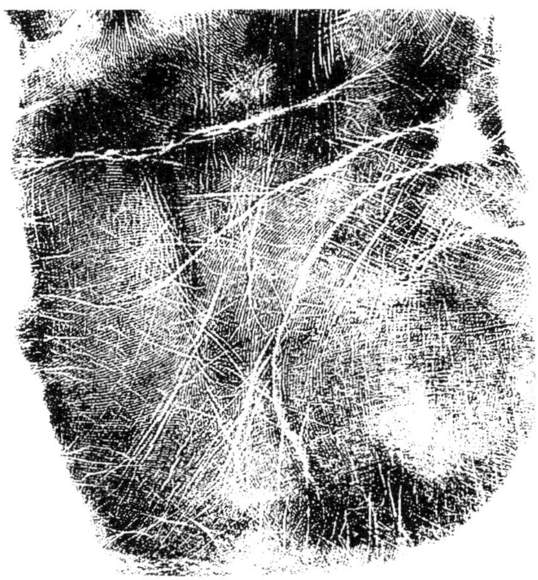

15 1/2 – Bein:
Ging ins Ausland; wohnte alleine.

17 1/2 – lange Schräglinie berührt die Schicksalslinie:
Lernte damals meinen ersten Mann kennen.

20 1/2 – Waagrechte an der Kopflinie:
Wir haben geheiratet und bekamen das erste Kind. Haushalt, Kind und Studium plus alle Spielregeln forderten viel Organisation, Konzentration und Energie.

23 – Prozesslinie:
Brach das Studium ab; kam auch mit der Ehe nicht mehr ganz klar.

23 – Bein:
Wohnungswechsel.

24/25 – Bein und Neuansatz der Schräglinie auf dem Mondberg:
Erneuter Wohnungswechsel; gleichzeitig erster Kontakt mit der Astrologie; zwischen 25 und 26 Scheidungsbeginn.

26 – Beginn der Schicksalslinie:
Wusste zum erstenmal, was ich werden wollte, und begann recht zielbewusst darauf hinzuarbeiten. Auswanderung.

29 – Querlinie auf dem Mondberg unter Apollo:
Vom Spital kam die Meldung, ich solle mich sofort operieren lassen (Krebs im Anfangsstadium). Entschloss mich nach einer schlaflosen Nacht, die Operation nicht durchführen zu lassen, und suchte einen Heiler auf, der das Problem innert zwei Monaten erledigte. Ich beschäftigte mich in den folgenden Jahren intensiv mit alternativen Heilmethoden.

36 – Waagrechte an der Kopflinie:
In diesem Jahr gab es viele Probleme mit der Pubertät; es gab grosse Machtkämpfe. Ich fühlte mich gegen die Wand gestellt und für diese Entwicklung verantwortlich; musste lernen, aus dem Stegreif Entscheidungen zu treffen und wenn nötig drastisch einzugreifen. Auch beruflich kam es zu mehreren Entscheidungssituationen.

37 – Öffentlichkeitslinie (bei 37 1/3):
Als eine der Hauptpersonen in einem Film über Astrologie kam ich tatsächlich an die Öffentlichkeit. Auch Zeitungen und Zeitschriften haben sich mit dem Film beschäftigt.

Aussergewöhnliche Hände

Es kommt vor, dass Menschen mit mehr als fünf Fingern an jeder Hand auf die Welt kommen. Hier muss der Handleser recht kreativ arbeiten! Das Phänomen ist medizinisch als «Polydaktylie» bekannt und kann unter anderem auf einen angeborenen Herzfehler hinweisen; es kann aber auch eines der Symptome verschiedener anderer genetisch bedingter Krankheiten sein.

Diese Hände *(siehe Abbildung unten)* sind sehr schön geformt, man bemerkt kaum den zusätzlichen Finger. In den meisten derartigen Fällen handelt es sich um einen kurzen, abgespreizten Kleinfinger, hier jedoch scheint der Ringfinger verdoppelt zu sein. In unserer Kultur werden diese «überflüssigen» Finger aus kosmetischen Gründen operativ entfernt. – Die Hände auf diesem Bild gehören einem Kolumbianer.

Es gibt auch Menschen mit *zusammengewachsenen* Fingern und Zehen («Syndaktylie») und deformierten Hände (meist durch Einfluss schädlicher Medikamente während der Embryonalentwicklung). Wir kennen keine Deutungsregeln für diese Phänomene – der Handleser möge hier darauf achten, welche Finger doppelt vorkommen oder welche fehlen.

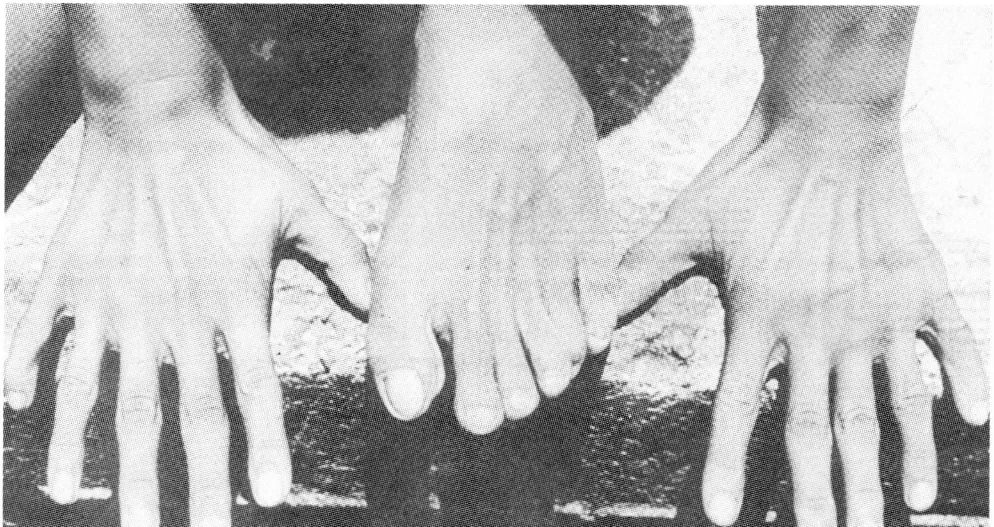

Bibliographie

1) Th. J. Berry: *The Hand as a Mirror of Systemic Disease,* F. A. Davis Company.
E. Scheimann: *Better Health through Palmistry.*
Henri Mangin: *Medizinische Handdiagnostik,* Rascher Verlag, Zürich.
Charlotte Wolff: *Die Hand als Spiegel der Psyche.*

2) A. Rodewald und H. Zankl: *Hautleistenfibel* (ein für Mediziner ausserordentlich interessantes Buch).

3) Wissenschaftliche Verlagsgesellschaft: *Universitas Nr. 506,* Stuttgart, August 1988.

4) C. H. Vogelius Andersen: *The Finger Prints of Danish Males and Females,* Nyt nordisk forlag, Arnold Busck, 1969.

5) Beryl. B. Hutchinson: *Your Life in Your Hands,* Neville Spearman Ltd., 1967.

6) Noel Jacquin: *The Hand of Man,* 1933, u. a.

7) Getrud I. Hürlimann: *Handlesen ist erlernbar,* M & T Verlag, Chur, 1981.

Dane Rudhyar/Leyla Rael-Rudhyar
Der Sonne/Mond-Zyklus
Ein Schlüssel zum Verständnis der Persönlichkeit
Format 17 x 24 cm, geb., 192 Seiten
ISBN 3-907029-06-2

Dennis Elwell
Das kosmische Netzwerk
Astrologie – eine neue Wissenschaft
Format 17 x 24 cm, geb., 224 Seiten
ISBN 3-907029-08-9

Eve Jackson
Jupiter
Der alte Wohltäter in einem neuen Licht
Format 17 x 24 cm, geb., 184 Seiten
ISBN 3-907029-07-0

Martin Freeman
Astrologische Prognosemethoden
Format 17 x 24 cm, geb., 152 Seiten
ISBN 3-907029-02-X

H. H. Schöffler
Gœthes Leben aus den Sternen
Kleines Lesebuch der Transitastrologie
Format 15 x 21 cm, kart., 208 Seiten
ISBN 3-907029-10-0

H. H. Schöffler
Mozart und die Musik der Sterne
Ein astrologischer Lebenslauf
Format 15 x 21 cm, kart., 170 Seiten
ISBN 3-907029-16-X

Jim Lewis/Ariel Guttman
Astro*Carto*Graphy-Atlas
Mit Horoskopen und Biographien
Format 21 x 28 cm, brosch., 328 Seiten
ISBN 3-907029-14-3

100 zeitgenössische Filmschauspieler und Filmschauspielerinnen
Lebensläufe und Horoskope
Format 21 x 29,7 cm, kart., 208 Seiten
ISBN 3-907029-09-7

100 Regisseure und klassische Filmschauspieler und Filmschauspielerinnen
Lebensläufe und Horoskope
Format 21 x 29,7 cm, kart., 208 Seiten
ISBN 3-907029-11-9